重庆蓝皮书

BLUE BOOK OF CHONGQING

重庆文化和旅游

发展报告（2023）

冉华章 主编

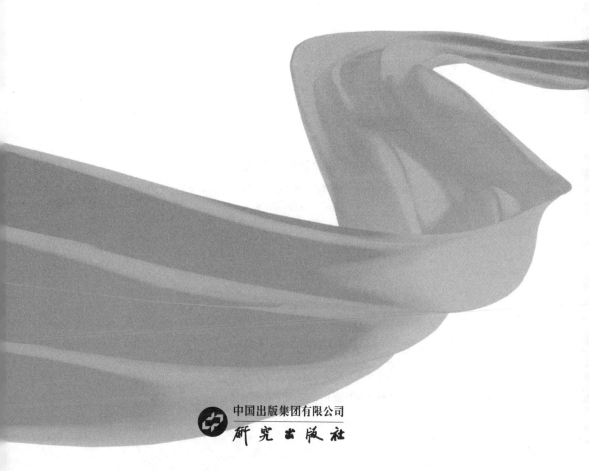

中国出版集团有限公司

研究出版社

图书在版编目（CIP）数据

重庆文化和旅游发展报告. 2023 / 冉华章主编.
北京：研究出版社，2024.12. -- ISBN 978-7-5199
-1757-9

Ⅰ. G127.719；F592.771.9

中国国家版本馆 CIP 数据核字第 2024SY0983 号

出 品 人：陈建军
出版统筹：丁　波
策划编辑：寇颖丹
责任编辑：韩　笑

重庆文化和旅游发展报告（2023）

CHONGQING WENHUA HE LÜYOU FAZHAN BAOGAO (2023)

冉华章　主编

研究出版社 出版发行

（100006　北京市东城区灯市口大街100号华腾商务楼）
北京中科印刷有限公司印刷　新华书店经销
2024年12月第1版　2024年12月第1次印刷
开本：710毫米×1000毫米　1/16　印张：26.25
字数：416千字
ISBN 978-7-5199-1757-9　定价：108.00元
电话（010）64217619　64217652（发行部）

编委会

序　言

　　2023年，重庆市文化旅游系统坚持以习近平新时代中国特色社会主义思想为指导，全面贯彻党的二十大精神，深入学习贯彻习近平文化思想和习近平总书记关于旅游工作的重要论述，坚决落实市委六届二次、三次、四次全会部署，紧紧围绕建设文化强市和世界知名旅游目的地目标，唯实争先、埋头苦干，全市文化旅游高质量发展取得新的成效。

　　文旅主要经济指标实现新突破。文旅经济强劲复苏，形成了一条从年初回暖，到"五一"、端午走热，再到暑期、国庆火爆的"井喷式"增长曲线。重点监测的130家A级旅游景区接待游客1.53亿人次，同比增长98.9%；接待过夜游客突破1亿人次，同比增长88.1%；"两江游"客运量达346.2万人次，同比增长272.7%。全年文化及相关产业增加值、旅游及相关产业增加值分别达到1239.32亿元、1206.82亿元，同比分别增长7.5%、13.5%。

　　服务全市发展大局取得新进展。巴蜀文化旅游走廊建设走深走实，川渝合作开行巴蜀文化旅游走廊主题列车，"百万职工游巴蜀"活动带动出游近100万人次。组建川渝文旅企业联盟，联动253家企业打造开放合作平台，启动"旅游中国看巴蜀"等宣传活动。对外交流合作领域有效拓展，澜湄旅游城市合作联盟总部申报工作取得积极进展。联合西部陆海新通道沿线国家和地区，发起设立陆海新通道旅游推广联盟倡议，得到积极响应。文旅赋能乡村振兴持续深入，新增市级乡村旅游重点镇6个、重点村48个，市级休闲农业和乡村旅游示范乡镇30个、示范村85个，南川、奉节入选全国文化产业赋能乡村振兴试点。

　　重庆文旅影响力实现新提升。重庆旅游继续保持热度，在抖音、携程等新媒体上，重庆文旅热度居全国前列。全市新增国家工业旅游示范基地2个、国家文化产业和旅游产业融合发展示范区建设单位2个、全国乡村旅游精品线路8条、中国20世纪建筑遗产项目4处；彭水县阿依河社区、城口县东安镇农旅融合工作入选《2023世界旅游联盟——旅游助力乡村振兴案例》；万州区柱山乡、綦江区东溪镇入选首届全国古村古镇保护利用十佳案例；长江三峡旅游产品、梁平区"渔米路"入选"交通运输与旅游融合发展典型案例"。重庆入选"2023亚太三大旅游节庆城市"，被《中国·长江文化发展城市指数报告2023》列为标杆城市。

　　文艺精品创作生产收获新成绩。舞剧《绝对考验》获十三届中国舞蹈"荷花奖"，民族管弦音乐《朝天扬帆》等9部重点扶持作品成功首演，京剧歌曲《愿得长江万里清》等100余个小型节目完成创作，川剧《巴蔓子将军》等3部作品创排工作稳步推进，川剧《江姐》等优秀剧目参加全国展演，原创艺术品牌"江畔音乐会"线上线下观众超过1000万人次。9家市属院团开展演出1700余场，同比增加81.4%，覆盖观众85万余人次。各区县也积极努力，创作演出了一批群众文艺精品。

　　公共文化服务建设迈上新台阶。新增图书馆分馆115个（累计1957个）、文化馆分馆51个（累计1323个）、新型公共文化空间40个（累计318个），每万人拥有公共文化设施面积增至760平方米。全市文化馆、公共图书馆一级馆率均位列西部第一，全市公共文化服务质量满意度位列全国第三。开展品牌群文活动2万余场次，各类"送文化下乡"活动3.6万场次，川渝阅读"一卡通"等文化惠民工程基本实现全覆盖。

　　文旅产业发展呈现新气象。印发《重庆市"十四五"旅游营销奖励方案（2023）》，积极出台推动旅游业恢复提振政策措施，全市旅行社出入境团队旅游业务有序恢复，招引落地首家外商投资旅行社。向中国人民银行重庆市分行推荐重点企业294个，发放贷款110余亿元。新增市级文化产业示范园区6个、基地16个。全市文化市场主体、旅游市场主体数量保持较快增长，分别达到16.24万家（新增1.88万家）、2.56万家（新增3428家）。市级文化产业示范园区入驻企业达2.37万家、总营收665.28亿元，市级文化产业示范基地总营收83.1亿元，产业集聚效应明显。

文化遗产保护增添新活力。市政府与国家文物局签订深化文物保护利用改革战略合作协议，与国家文物局及长江沿线省市联合印发《三峡文物保护利用专项规划》，及时出台让文物活起来扩大中华文化影响力的具体举措，出台《重庆市红色资源调查认定办法》。完成川陕革命文物保护利用专项规划、长江国家文化公园（重庆段）建设实施方案和规划编制，稳步推进钓鱼城遗址、白鹤梁题刻、川渝宋元山城体系、川渝盐业体系、蜀道（荔枝道重庆段）申遗工作，首个长江三峡考古遗址公园——忠县皇华城正式对外开放。成功举办全国首届石窟寺保护国际论坛、文物保护技术装备学术研讨会暨文物保护技术装备应用展，配合市委宣传部举办2023长江文明论坛，相关工作得到市委、市政府和国家文物局高度肯定。国家级、市级文化生态保护实验区建设有序推进，5所院校入选中国非遗研培高校，3家非遗工坊获评全国非遗工坊典型案例。

广播电视和网络视听发展打开新空间。"第1眼新闻"入选首批全国广电新媒体联盟，圆满完成全国两会、成都大运会、杭州亚运会等重大安全播出保障任务。市级应急广播系统完成平台搭建和系统调试工作并投入运行，中国广电（重庆）数据中心建成投用，6个项目入围"全国智慧广电网络新服务"公示名单。"中国视听作品拉丁美洲推广工程项目"入选国家广播电视总局产业发展项目库。广播电视综合人口覆盖率、区县电视频道高清化率保持全国前列。

数字文旅建设涌现新亮点。"文化·巴渝文物""文化·惠游重庆""文化·公共文化服务优享"应用"三张清单"通过联合论证审查，纳入数字重庆建设应用"一本账"。积极谋划区县文化和旅游领域"一件事"，已论证通过7个。加快打造文旅数字化场景，积极推进"上云用数赋智"，加快元宇宙、虚拟现实等新技术应用开发，积极打造"天下大足""黄水森林乐园""飞跃重庆"等沉浸式文旅体验新空间，文旅产品体验感和互动性进一步增强。

行业治理能力取得新成效。全年办理营业性演出审批2681件，开展文化市场执法18.5万人次，检查各类市场主体7.5万家次，查办案件1163件，稳妥处置文化、旅游举报投诉9300余起，"票串串""带路党"等旅游乱象得到有力遏制。4个案件入选2022—2023年度全国文化市场综合执法重大案件，1个案件被国家文物局评为全国文物行政处罚"十佳案卷"，第三届全国文化市场综合执法岗位练兵技能竞赛中，重庆市参赛项目获全国第三名。

2024年是新中国成立75周年，是实现"十四五"规划目标的关键之年，是现代化新重庆建设从全面部署到纵深推进的重要之年，是改革攻坚突破的奋斗之年。对全市文化和旅游系统来说，是改革创新实现突破之年，是文旅消费从疫后恢复到持续扩大的一年。全市文化和旅游系统将坚持文化铸魂、文化赋能，坚持旅游为民、旅游带动，努力创作更多优秀文艺作品、提供更多优秀文化产品和优质旅游产品，推进文化和旅游深度融合，为加快建设文化强市和世界知名旅游目的地担负起新的文化使命。

目　录

>> 专题篇

>> 区县篇

>> 特载篇

综合篇

2023年重庆文化旅游发展综述

办公室

2023年，全市文化旅游系统坚持以习近平新时代中国特色社会主义思想为指导，全面贯彻党的二十大精神，深入学习贯彻习近平文化思想和习近平总书记关于旅游工作的重要论述精神，坚决落实市委六届二次、三次、四次全会部署，着眼现代化新重庆建设，紧紧围绕建设文化强市和世界知名旅游目的地目标，唯实争先、埋头苦干，全市文化旅游高质量发展取得新成效。

一、新时代党的建设持续加强

（一）主题教育扎实开展

突出运用红色资源，扎实推动学习贯彻习近平新时代中国特色社会主义思想主题教育走深走实、彰显"红岩味"，在学思践悟中坚定理想、锤炼党性、指导实践、推动工作。举办主题教育知识竞赛和微宣讲比赛，组织开展"榜样面对面"党的二十大精神宣讲活动60余场，建立党的二十大精神文旅精品课程库，征集精品课程42门，推出相关报道3000余篇，"两微一端"新媒体矩阵推送报道300余条次。

（二）党建新高地加快建设

深入贯彻落实市委六届三次全会精神，全面加强新时代党的建设。始终把党的政治建设放在首位，坚决拥护"两个确立"、做到"两个维护"。着力构建党建统领整体智治体系，优化党建工作考核办法和指标，实施党建引领工作绩效考核方案。深入推进全面从严治党，层层压实管党治党主体责任，持续纠治"四风"，深化运用监督执纪"四种形态"，完成6个委属单位党组织巡察工作。加强领导班子和干部队伍建设，严格按照新时代好干部标准选人用人，着力锻造高素质文化旅游干部队伍。深化模范机关创建，着力推进"红岩先锋·四强支部"建设，聚力打造新时代"红岩先锋"变革型组织。

（三）意识形态管理落地落实

全面落实意识形态工作责任制。开展全市论坛清理整治专项行动，摸排2021—2023年党政机关及其他主体举办的论坛活动2984场，取消61场、降级2场、规范40场。举一反三，切实做好户外大屏管理工作。扎实开展文化旅游系统专项清理整治，健全社会组织意识形态风险防范化解工作体系，建立风险评估制度、定期报告制度、重大问题处置制度、信息管理工作制度等，全覆盖清查文化旅游行业单位和社会组织3000余家，确保意识形态领域安全稳定。

二、服务全市重大战略取得新成效

（一）巴蜀文化旅游走廊建设走深走实

印发实施《重庆市贯彻落实〈巴蜀文化旅游走廊建设规划〉实施方案》《巴蜀文化旅游走廊建设工程十项行动计划（2023年）》，联合申报成渝地区双城经济圈国家文化和旅游创新改革试验区，推动实施巴蜀非遗文化产业园、川渝石窟寺保护传承与科技创新等重大项目14个，累计完成投资169.8亿元。成渝合作开行巴蜀文化旅游走廊主题列车，启动"百万职工游巴蜀"活动，带动出游超过100万人次，拉动消费10亿元以上。举办巴山蜀水精品文创展、成渝双城蜀绣展、双城文化艺术周等一系列活动20余场。

（二）对外开放交流合作提质增效

澜湄旅游城市合作联盟总部落户重庆取得进展，总部筹备工作有序推进。发起成立陆海新通道旅游推广联盟，发布陆海新通道国际旅游合作（重庆）倡议，联手打造"国际旅游合作示范区"。举办中新（重庆）文化和旅游产业联盟2023旅游产品发布暨交流对接会，开展"新加坡·重庆周"文化旅游系列活动。制定发布入境旅游营销奖励方案，成立全市首家外商投资旅行社。组织国际文旅交流推介活动30余场，重庆被世界节庆协会评定为"2023亚太旅游节庆城市"。

（三）区域文化旅游联动发展步伐加快

深入实施《重庆长江三峡地区旅游一体化发展规划》，联合湖北召开2023年渝鄂轮值主席会议，联合中国旅游景区协会在万盛经开区召开第七届中国景区创新发展大会。举办2023武陵文旅大会、武陵山原生民歌艺术节、武陵山冰雪季、武陵山国际音乐季、第七届渝东南生态民族旅游文化节等活动，推动渝东南文化旅游加快发展。加强鲁渝文旅协作，新挂牌鲁渝共建"孔子学堂"14个，开展"十万山东人游重庆"等活动。创新援藏方式，开展"万人游昌都"营销活动，组织游客1.6万余人。

三、文化事业繁荣发展开创新局面

（一）艺术创作展演再创佳绩

舞剧《绝对考验》获第十三届中国舞蹈"荷花奖"，舞蹈作品《务图窝妥》获第十二届"小荷风采"全国少儿舞蹈展演银奖。川剧《江姐》等10部剧目5个节目入围新时代舞台艺术优秀剧目展演等10个全国选拔性重要艺术展演，舞剧《杜甫》等6部精品剧目赴全国巡演63场。全市美术馆开展展览269个，9家市属院团开展演出1707场，覆盖观众85万余人次。举办首届重庆都市艺术节，除夕夜首届重庆都市艺术节焰火表演整体曝光量超过17亿人次。举办"新时代新征程新重庆"2023年新春音乐会、2023中国顶尖舞者成长计划，培育新型演艺空间35个。

（二）公共服务质效持续提升

新增国家一级图书馆4个、图书馆分馆115个、文化馆分馆51个、新型公共文化空间40个，每万人拥有公共文化设施面积增至760平方米。全市文化馆、公共图书馆一级馆率均位列西部第一。举办"阅读之星""红岩少年"等品牌阅读活动、"大家唱""舞动山城"等品牌群文活动2万余场，完成送戏曲进乡村2800余场，送综合性流动文化服务进村3.3万余场，创新实施中小学生（幼儿）公共图书馆图书借阅卡免费开通、全市川渝阅读"一卡通"项目建设全覆盖、"巴·掌书"进轨道交通等文化惠民工程，完成文化志愿服务配送14.70万次，惠及群众3247.29万人次，全市公共文化服务质量满意度位列全国第三。

（三）文旅赋能乡村振兴取得实效

开展重庆市乡村"村晚""大地欢歌 乡约四季"系列活动70余场，江津区"村晚"成为2023年全国"村晚"示范展示活动五个分会场之一。新增市级乡村旅游重点镇6个、重点村48个，市级休闲农业和乡村旅游示范乡镇30个、示范村85个，8条线路入选全国乡村旅游精品线路。组织评定市级智慧旅游乡村示范点13个。彭水县阿依河社区、城口县东安镇农旅融合工作入选《2023世界旅游联盟——旅游助力乡村振兴案例》；万州区柱山乡、綦江区东溪镇入选第一届全国古村古镇保护利用十佳案例。

四、文化遗产保护利用率有效提升

（一）文物保护管理不断加强

推动市政府与国家文物局签订《深化重庆文物保护利用改革战略合作协议》，与国家文物局、湖北省人民政府等5部委2省市联合发布《三峡文物保护利用专项规划》，编制《川渝石窟寺国家遗址公园（重庆片区）总体规划》，印发《重庆市红色资源调查认定办法》。启动开展第四次全国文物普查。编制《长江国家文化公园（重庆段）建设保护实施方案》，基本完成长征国家文化公园重庆段建设任务。开展"考古中国"重大项目——"川渝地区巴蜀文明进程研究""蜀道考古研究"，实施考古发掘62项，出土文物标本6100余件（套）。举办2023长江文明论坛、首届石窟寺保护国际论坛，发表《气候变化背景下石窟寺保护大足宣言》。挂牌成立市革命文物保护中心，中小石窟寺保护利用被纳入全国示范工程，市文物考古研究院入选国家文物局首批文物事业高质量发展案例，重庆文物保护利用改革经验做法被国家文物局专题推介。

（二）文物活化利用成效明显

印发《贯彻落实〈关于让文物活起来 扩大中华文化国际影响力的实施意见〉的具体举措》，发布川陕苏区首批革命文物主题游线路。皇华城考古遗址公园开园，成为长江三峡首个开园的考古遗址公园。举办国际博物馆日、文化和自然遗产日川渝主会场活动，推出295项特色活动。"红岩革命故事展演"入选国家文物局、教育部"大思政课"优质资源示范项目，"永远的三峡"系列教育课程获评全国文博社教十佳案例，3个展览获评国家主题展览集中推介项目，2个项目入围中华文物新媒体传播精品推介项目名单。组织开展博物馆云上寻访体验、中华文物我来讲等特色活动，全市70所高校近11万名大学生参与。推动"博物馆热"持续升温，新增展览695个，开展社教活动6500余场，接待观众约3000万人次。

（三）非遗保护传承更加活跃

制定出台《重庆市文化生态保护区管理办法》，推进武陵山区（渝东南）土家族苗族文化生态保护实验区建设，启动市级文化生态保护区创建。承办长江沿线国家级非遗代表性传承人、全国非遗与旅游融合发展等培训班8期，5所高校成功入选中国非遗传承人研修培训计划参与院校名单，3家非遗工坊获评全国非遗工坊典型案例。组织开展视频直播家乡年、非遗购物节等非遗传承实践活动237场，参与群众达600万人次。

五、文化旅游产业发展稳进向好

（一）全力加快文旅企业发展

制定《提升旅游消费推动旅游业高质量发展行动计划（2023—2027）》，出台旅行社组客观演营销奖励政策。举办第八届中国西部旅游产业博览会、第三届中国温泉产业博览会等活动，签约项目84个，总金额超过550亿元。持续落实旅行社质量保证金暂退、缓交补足期限延期1年政策，724家旅行社暂退缓交金额1.78亿元。建立市、区县两级重点文旅企业（项目）融资需求名单对接机制，推荐294个重点企业（项目），信贷放款264.46亿元。全市文化市场主体、旅游市场主体分别达到16.24万家（新增1.88万家）、2.56万家（新增3428家）。

（二）全力推进文旅项目建设

科学编制市级政府投资项目三年滚动规划，将12个项目纳入市政府三年滚动规划，项目总投资估算43.52亿元。两江大型主题乐园文旅项目前期工作有序推进。与渝北区共同建设全市首家动漫产业园区，积极筹备电竞嘉年华活动。举办首届中国剧本娱乐嘉年华系列活动，稳步打造"剧本娱乐之都"，《重庆·1949》入围全国沉浸式文旅新业态示范案例。启动重庆旅游美食"渝味360碗"征集评选活动。遴选公布2023—2025市级文化产业和旅游产业重点项目60个，总投资1340.28亿元，完成招商引资签约项目93个，签约总金额超过633亿元。7个文旅项目入选2023中国旅游产业影响力案例。

（三）全力激发文旅消费活力

举办第八届文旅惠民消费季等活动，发布文旅活动200余项、惠民措施70余项，网络惠民活动发放市级补贴210万元，联动商家及平台发放惠民补贴超500万元，带动消费超1亿元。新增国家级旅游休闲街区5个、国家工业旅游示范基地2个、国家等级旅游民宿5个、国家文化产业和旅游产业融合发展示范区2个、国家级夜间文化和旅游消费集聚区3个，新命名市级夜间文化和旅游消费集聚区5个、市级文化产业示范园区6个、基地16个，涪陵—武隆—丰都、黔江—酉阳—秀山被列为国家文化产业和旅游产业融合发展示范区建设单位。2个区县入选首批全国文化产业赋能乡村振兴试点，重庆温泉十二金钗系列微短剧花样促消费入选2023旅游促消费创新实践典型案例。2023年，全市文化及相关产业、旅游及相关产业分别实现增加值1239.32亿元、1206.82亿元，同比增长7.5%、13.5%；重点监测的130家A级旅游景区共接待游客1.53亿人次，同比增长98.9%；全市接待过夜游客1.03亿人次，同比增长88.1%。

六、文化旅游融合发展持续深入

（一）数字赋能提升融合质效

制定实施《数字文旅建设总体方案》，"文化·惠游重庆""文化·公共文化服务优享""文化·巴渝文物"应用"三张清单"纳入全市应用"一本账"，推出"云上重图"数字资源平台。持续抓好重庆公共文化云建设，年均服务超5000万人次，累计访问量突破3亿人次，提供文化资讯3.35万条。全面推进云上博物馆建设，8家博物馆上线并成功入选2023国家广播电视总局数字文化新应用项目。大足区旅游景区智慧化体系入选2023科技助力旅游高质量发展典型案例。

（二）文旅融合品牌加速传播

举办2023世界大河歌会、长江三峡文化旅游论坛等一系列节会活动，"两江游"客运量达346.2万人次，同比增长272.7%。推出"旅游中国看巴蜀""文化中国看巴蜀"两大主题宣传，传播量5000多万人次。开展"非常重庆、非常好耍"主题宣传活动，全矩阵传播量突破1.14亿人次。联合抖音推出"国庆来渝找文物"抖音挑战赛，累计播放量突破5276.8万人次。"最宠游客的城市"——重庆市城市品牌塑造与传播案例入选2022—2023年度省域及城市品牌优秀案例，"重庆云海列车"营销推广活动获评文化和旅游部旅游宣传推广优秀案例。

（三）文旅融合精品亮丽呈现

认定市级旅游度假区1个，成功创建国家A级旅游景区31个，总数达到294个，精品景区高于全国平均数。涪陵武陵山大裂谷景区完成5A级旅游景区创建，巫山巫峡·神女景区加速5A级旅游景区创建，合川钓鱼城通过国家景观质量评定。联合中国旅游饭店业协会召开中国饭店行业发展大会，举办全市旅游星级饭店技能大赛。推出旅游休闲街区、露营基地、旅游演艺、沉浸体验等文旅融合新产品50个、旅游线路100条。长江三峡旅游产品、梁平区"渔米路"分别入选全国第一批交通运输与旅游融合发展十佳案例、典型案例，奉节农文旅融合发展新路入选2023绿色旅游目的地创新发展典型案例，"千年巴蜀酿·醉美津泸宜"川渝非遗旅游品牌推广活动入选2023非遗与旅游融合特色活动典型案例，《天下大足》沉浸式体验项目入选全国智慧旅游沉浸式体验新空间，万盛经开区文旅融合发展案例获评"文旅惠农"全国首批专项典型案例。

七、广播电视网络视听凝心聚力

（一）主流舆论声势壮大

聚焦学习宣传习近平新时代中国特色社会主义思想，电视端播出相关报道2449条次，移动互联网端发布相关稿件2198条次，点击量4.13亿次。重庆市全国两会宣传报道4次受到中央宣传部和国家广播电视总局点名表扬，重庆卫视公益广告宣传2次受到国家广播电视总局通报表扬，"第1眼新闻"入选首批全国广电新媒体联盟。举办2023年重庆市广播电视和网络视听行业荣誉发布活动。与广西等4省区广电部门联合举办首届西部陆海新通道视听公益广告大赛，共建视听公益广告联盟。

（二）安全播出工作保障有力

开展电视套娃收费和操作复杂治理工作，优化升级电视机终端626万台。加强应急广播系统建设，建成区县应急广播平台38个、应急广播终端6万余组，播发信息122万条次，重点保障时段值班值守3.4万余人次，圆满完成成都大运会、杭州亚运会等14场次重大安全播出保障任务。

（三）内容建设提质增量

建成高清频道38个，区县电视频道高清化率达82.4%，高于全国县级频道42个百分点。完成重点网络剧申请规划备案208部、通过规划43部、成片上线8部。开展新闻"百佳"推优、季度推优等活动，21件作品获国家广播电视总局奖项。"中国视听作品拉丁美洲推广工程项目"入选国家广播电视总局产业发展项目库，与墨西哥电视台、哥伦比亚国家电视台签约"中国时段"项目，电视中国剧场亮相拉美。

八、文化旅游行业治理全面加强

（一）文旅市场环境持续向好

严厉打击"不合理低价游"、虚假宣传等突出问题，整治"票串串""带路党"等旅游乱象，查办案件1163件，4个案件被评为2022—2023年度全国文化市场综合执法重大案件，1个案件被评为全国文物行政处罚"十佳案卷"。推行营业性演出分级分类监管模式，规范重庆市大型营业性演出市场秩序。强化信用体系建设，渝中区被评定为全国第二批信用经济试点地区。旅游城市满意度继续保持全国前列。

（二）行业系统保持安全稳定

围绕特种设备及高风险旅游项目、三峡库区景区危岩地灾防治等重点，统筹开展安全生产大排查大整治大执法，检查场所3076家，督改问题隐患845个。就旅游安全高效联动、协同推进经验做法在全国文化和旅游行业安全生产培训会议上作交流发言，齐抓共管构建大旅游大安全格局有关做法被《中国应急管理》杂志报道刊发。

（三）文旅发展保障不断夯实

全面开展委属事业单位和文化企业资产摸排，制定"一企一策"改革方案，为"三攻坚一盘活"做实基础工作。稳步推进《重庆市川剧保护传承条例》协同立法工作。持续推进"证照分离"、"全渝通办"、"文化娱乐场所准营"、一件事一次办等工作，提高政务服务效能，优化文化旅游领域营商环境。组织成渝两地100余名文化旅游中青年人才交流研讨。联合厦门大学，培养50名重庆文化旅游复合型高级人才及经营管理人才。1个项目入选2023年度文化艺术职业教育和旅游职业教育提质培优行动计划。

2023年重庆市文化和旅游发展情况分析报告

财务处、科技与大数据处

2023年，全市文化旅游系统坚持以习近平新时代中国特色社会主义思想为指导，全面贯彻党的二十大精神，深入学习习近平文化思想以及习近平总书记文化、文物和旅游工作有关重要论述，坚决落实市委六届二次、三次、四次全会部署，紧紧围绕建设文化强市和世界知名旅游目的地目标，唯实争先、埋头苦干，全市文化旅游高质量发展取得新成效。

一、主要指标情况

（一）机构和人员

2023年末，重庆市纳入统计范围的各类文化、文物和旅游机构共有7147个，较2022年减少71个，同比下降1.0%；从业人员10.62万人，同比增长3.4%。

表1　2023年重庆市文化旅游及相关产业机构和人员情况

单位	机构数（个）			从业人员数（人）		
	2022年	2023年	同比增幅（%）	2022年	2023年	同比增幅（%）
总计	7218	7147	−1.0	102669	106150	3.4
公有制艺术表演团体	19	19	持平	1583	1595	0.8
公有制艺术表演场馆	18	18	持平	77	75	−2.6
图书馆	43	43	持平	1045	1079	3.3
文化馆	41	41	持平	932	932	持平

续表

单位	机构数（个）			从业人员数（人）		
	2022年	2023年	同比增幅（％）	2022年	2023年	同比增幅（％）
文化站	1031	1031	持平	4056	4068	0.3
美术馆	17	17	持平	132	132	持平
艺术教育业	2	2	持平	525	638	21.5
文化科研	1	1	持平	37	39	5.4
文化和旅游行政主管部门	40	40	持平	1706	1789	4.9
其他文化和旅游机构	58	55	-5.2	1424	1116	-21.6
娱乐场所	1378	1364	-1.0	12547	12667	1.0
互联网上网服务营业场所（网吧）	1608	1442	-10.3	7529	7100	-5.7
非公有制艺术表演团体	1119	1014	-9.4	15773	13664	-13.4
非公有制艺术表演场馆	49	48	-2.0	1629	1008	-38.1
经营性互联网文化单位	154	91	-40.9	2371	3264	37.7
艺术品经营机构	73	78	6.8	669	916	36.9
演出经纪机构	121	131	8.3	2322	3781	62.8
旅行社	818	1101	34.6	9197	10911	18.6
星级饭店	139	124	-10.8	11502	10709	-6.9
A级景区	272	294	8.1	23900	27270	14.1
文物业（因2023年统计口径变化，民办博物馆未纳入，导致机构数和从业人员数减少）	217	193	-11.1	3713	3397	-8.5

（二）文化、旅游、文物经费

1. 文化和旅游经费

2023年，全市文化和旅游部门总收入43.19亿元，较2022年的43.5亿元下降0.71%。财政拨款收入24.39亿元，较2022年的24.11亿元增长1.16%。从2019年到2023年，重庆市的财政拨款预算收入年平均增长2.7%。

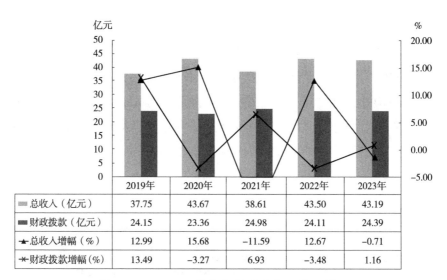

	2019年	2020年	2021年	2022年	2023年
总收入（亿元）	37.75	43.67	38.61	43.50	43.19
财政拨款（亿元）	24.15	23.36	24.98	24.11	24.39
总收入增幅（%）	12.99	15.68	−11.59	12.67	−0.71
财政拨款增幅(%)	13.49	−3.27	6.93	−3.48	1.16

图1　2019—2023年文化和旅游部门收入情况

2. 文物经费

2023年，全市文物业总收入14.26亿元，较2022年的10.80亿元增加32.04%，其中财政拨款11.99亿元，较2022年的9.35亿元增长28.24%。2023年文物经费增加额度较大主要原因为基本建设投入较大，达2.54亿元，占财政拨款的21.2%。

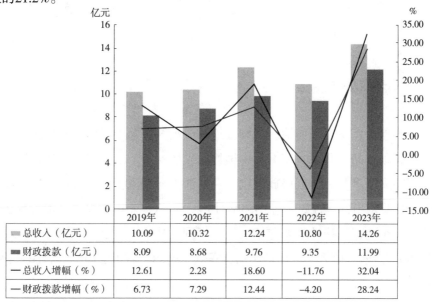

	2019年	2020年	2021年	2022年	2023年
总收入（亿元）	10.09	10.32	12.24	10.80	14.26
财政拨款（亿元）	8.09	8.68	9.76	9.35	11.99
总收入增幅（%）	12.61	2.28	18.60	−11.76	32.04
财政拨款增幅（%）	6.73	7.29	12.44	−4.20	28.24

图2　2019—2023年文物业收入情况

（三）文化和旅游及相关产业增加值

2023年，全市文化及相关产业实现增加值1239.32亿元，同比增长10.4%，占GDP比重4.1%；全市旅游及相关产业实现增加值1206.82亿元，同比增长13.5%，占GDP比重4.0%。2019年到2023年，文化及相关产业增加值年均增长6.4%，旅游及相关产业增加值年均增长4.1%。

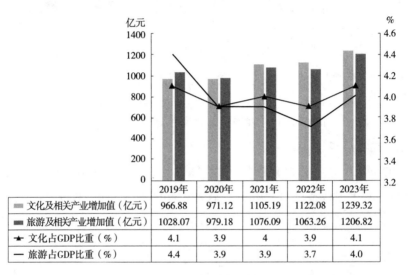

	2019年	2020年	2021年	2022年	2023年
文化及相关产业增加值（亿元）	966.88	971.12	1105.19	1122.08	1239.32
旅游及相关产业增加值（亿元）	1028.07	979.18	1076.09	1063.26	1206.82
文化占GDP比重（%）	4.1	3.9	4	3.9	4.1
旅游占GDP比重（%）	4.4	3.9	3.9	3.7	4.0

图3　2019—2023年重庆市文化旅游及相关产业增加值及占GDP比重

二、艺术创作演出

艺术创作展演再创佳绩。舞剧《绝对考验》获第十三届中国舞蹈"荷花奖"，舞蹈作品《我画我家》获中国舞蹈家协会第十二届"小荷风采"全国少儿舞蹈展演金奖，原创民族歌剧《一江清水向东流》获第五届中国歌剧节优秀剧目奖。川剧《江姐》等10部剧目5个节目入围新时代舞台艺术优秀剧目展演等10个全国选拔性重要艺术展演，舞剧《杜甫》、芭蕾舞剧《归来红菱艳》等6部传递重庆人文气质的精品剧目赴全国28个城市巡演63场，深受观众追捧。

文化演出市场全面恢复。随着国内疫情结束，演出市场全面恢复，演出场次、观众人次和演出收入大幅增长。全市公有制艺术表演团体原创首演剧目15部，国内演出场次0.31万场，国内演出观众200.04万人次，演出收入5952万元。公有制艺术表演场馆演出场次1447场，艺术表演观众49.28万人次。

表2　公有制艺术表演团体情况

类别	单位	2022年	2023年	同比(%)
国内演出场次	万场	0.19	0.31	63.2
国内演出观众人次	万人次	117.4	200.04	70.4
演出收入	万元	2825.6	5952	110.6

表3　公有制艺术表演场馆情况

类别	单位	2022年	2023年	同比(%)
国内演出场次	万场	0.05	0.14	180
国内演出观众人次	万人次	17.21	49.28	186.35

三、公共服务

（一）机构、从业人员相对稳定

2023年末，纳入统计的全市公共文化机构1267个（不含文化市场机构数）。其中公共图书馆43个，文化馆41个，文化站1031个。纳入统计的全市公共文化机构从业人员11463人，同比下降0.5%，其中公共图书馆从业人员1079人，文化馆从业人员932人，文化站从业人员4068人。

（二）公共图书馆

2023年，公共图书馆总藏量2915.66万册，全年总流通人次2534.91万人次，书刊文献外借675.03万人次、1580.69万册次。阅览室座席数41165个，全市公共图书馆为读者组织各类讲座2161次，40.16万人次参加；举办展览1526次，360.93万人次参观；举办培训班2320次，13.44万人次参加。实际使用房屋建筑面积41.38万平方米。

表4　全市公共图书馆基本情况

类别	单位	2022年	2023年	同比(%)
总藏量	万册	2727.01	2915.66	6.9
总流通人次	万人次	1552.09	2534.91	63.3
书刊文献外借人次	万人次	465.48	675.03	45.0
书刊文献外借册次	万册次	1149.45	1580.69	37.5
组织各类讲座	次	1551	2161	39.3
举办展览	次	1288	1526	18.5
举办培训班	次	1418	2320	63.6
阅览室座席数	个	36878	41165	11.6
建筑面积	万平方米	41.06	41.38	0.8

（三）群众文化机构

2023年，全市共有群众文化机构1072个，提供各类文化服务48774次，文化服务惠及1648.79万人次。共举办展览5474次，273.28万人次参观；组织文艺活动26595次，1132.46万人次参加；举办各类训练班16652次，培训103.46万人次；组织公益性讲座625次，10.39万人次参加。

四、旅游业发展情况

2023年，据统计测算，全市接待过夜游客1.03亿人次，同比增长88.1%；全市重点监测的130家A级旅游景区共接待游客1.53亿人次，同比增长98.9%；全市旅游及相关产业实现增加值1206.82亿元，同比增长13.5%，占全市GDP比重4.0%。

据全国旅游监管服务平台数据，2023年全市旅行社国内旅游组织游客830.20万人次，同比增长312.6%；旅行社国内旅游接待游客796.06万人次，同比增长293%。旅行社国内旅游组织游客人次和接待游客人次分别位于全国第六、第七。

表5 2023年重庆市旅游统计指标情况表

指标	单位	绝对值	比上年增长（%）
接待过夜游客人次数	亿人次	1.03	88.1
A级景区接待游客人次数	亿人次	1.53	98.9
旅游及相关产业增加值	亿元	1206.82	13.5
旅游及相关产业增加值占GDP比重	%	4.0	0.3
旅行社国内旅游组织游客	万人次	830.20	312.6
旅行社国内旅游接待游客	万人次	796.06	293

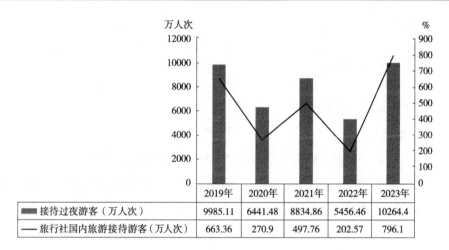

图4 2019—2023年重庆市接待过夜游客及旅行社接待游客情况

（一）区域旅游

2023年，主城都市区接待过夜游客8325.84万人次，同比增长99.9%；实现旅游产业增加值859.54亿元，同比增长14.3%。渝东北片区接待过夜游客1125.55万人次，同比增长38.2%；实现旅游产业增加值216.18亿元，同比增长9.4%。渝东南片区接待过夜游客738.65万人次，同比增长70.1%；实现旅游产业增加值99.81亿元，同比增长15.7%。

表6　分区域过夜游客接待情况

区域	过夜游客接待人数 （万人次）	比上年增长（%）
主城都市区	8325.84	99.9
渝东北片区	1125.55	38.2
渝东南片区	738.65	70.1

表7　分区域旅游产业增加值情况表

区域	过夜游客接待人数 （万人次）	比上年增长（%）
主城都市区	8325.84	99.9
渝东北片区	1125.55	38.2
渝东南片区	738.65	70.1

（二）旅游市场主体

1. 旅行社

2023年末，全市共有旅行社1101家，同比净增283家。其中：出境游旅行社91家，同比减少1家；一般旅行社1010家，同比净增284家。全年共审批设立一般旅行社322家。

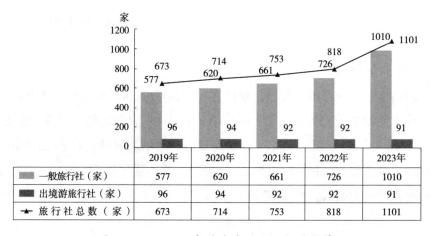

	2019年	2020年	2021年	2022年	2023年
一般旅行社（家）	577	620	661	726	1010
出境游旅行社（家）	96	94	92	92	91
旅行社总数（家）	673	714	753	818	1101

图5　2019—2023年重庆市旅行社数量趋势

2. 星级旅游饭店

2023年末，全市拥有星级旅游饭店124家，其中：五星级26家，四星级40家，三星级51家，二星级7家。

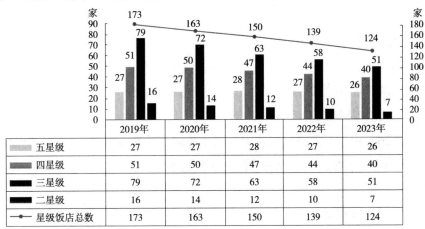

	2019年	2020年	2021年	2022年	2023年
五星级	27	27	28	27	26
四星级	51	50	47	44	40
三星级	79	72	63	58	51
二星级	16	14	12	10	7
星级饭店总数	173	163	150	139	124

图6   2019—2023年重庆市星级旅游饭店数量趋势

3. 旅游景区

2023年末，全市拥有国家A级旅游景区294个，其中：5A级景区11个，4A级景区153个，3A级景区86个，2A级景区43个，1A级景区1个。新评定31个A级景区，其中：4A景区14个，3A景区9个，2A景区8个。

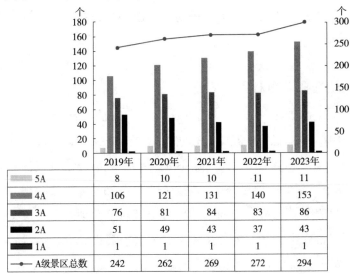

	2019年	2020年	2021年	2022年	2023年
5A	8	10	10	11	11
4A	106	121	131	140	153
3A	76	81	84	83	86
2A	51	49	43	37	43
1A	1	1	1	1	1
A级景区总数	242	262	269	272	294

图7   2019—2023年重庆市A级旅游景区数量趋势

4. 旅游度假区

2023年末，全市拥有市级以上旅游度假区32个，含国家级旅游度假区2个（武隆仙女山旅游度假区、丰都南天湖旅游度假区）。市级五星级温泉旅游企业3家。

5. 旅游船

2023年末，全市拥有三峡游轮33艘，其中已评五星级游轮21艘，经营重庆"两江游"企业3家，共有"两江游"游船8艘。

6. 文化和旅游消费示范、试点城市

截至2023年末，全市已创建国家文化和旅游消费示范城市1个、试点城市5个。已创建国家级夜间文化和旅游消费集聚区12个。

（三）乡村旅游

2023年末，全市有全国乡村旅游重点村41个、全国乡村旅游重点镇（乡）6个；有市级乡村旅游重点村187个、市级乡村旅游重点镇（乡）14个。2个案例成功入选《2023世界旅游联盟——旅游助力乡村振兴案例》。武隆区荆竹村参加联合国世界旅游组织"最佳旅游乡村"颁奖大会。10条线路入选文化和旅游部2023年"乡村四时好风光"全国乡村旅游精品线路。大型文旅探访节目《山水间的家》（第二季）走进南岸区放牛村，在中央电视台综合频道（CCTV-1）播出。

（四）文旅重点项目

2023年，公布2023—2025年市级文化产业和旅游产业重点项目名单60项，总投资额1340.28亿元。其中，在建项目31个，投资额772.3亿元，储备招商项目21个，投资额385.78亿元。据不完全统计，2023年全市各区县文旅产业竣工项目8个，新开工项目25个，完成投资106.75亿元。成功举办文化和旅游部产业项目服务平台第三十期精品项目交流对接活动暨重庆市文化和旅游产业重点项目推介会，2023中国武陵文旅大会招商推介会，第八届中国西部旅游产业博览会，第二届、第三届中国温泉产业博览会，共推出106个精品项目，113个项目签约总额625.41亿元；联合相关区县、企业开展市内外文旅专

项招商会15场。

（五）旅游资源

涪陵武陵山大裂谷景区、巫山巫峡·神女景区完成5A级景区创建，待文化和旅游部评定授牌，合川钓鱼城通过国家景观质量评定，正积极创建国家5A级景区。全年新评定A级景区31家，A级景区累计达到294家，其中5A级景区11家、列入5A预备名录3家、4A级景区153家。南川区大观·原点乡宿、万盛渡云栖民宿分别入选全国甲级、乙级旅游民宿，全市现有甲级旅游民宿4家、乙级旅游民宿3家；组织开展丙级旅游民宿评定，将达到标准的22家旅游民宿上报全国旅游标准化技术委员会备案。获评国家级旅游休闲街区3家，全市有旅游休闲街区13家，其中国家级8家。入选2023年国家工业旅游示范基地名单2家，全市国家工业旅游示范基地达4家。《天下大足》成功入选全国智慧旅游沉浸式体验新空间。长江三峡旅游产品入选第一批交通运输与旅游融合发展十佳案例，梁平区"渔米路"入选第一批交通运输与旅游融合发展典型案例。成功举办2023"重庆好礼"旅游商品（文创产品）大赛，参加全国大赛获3金8银12铜。

2023年重庆市文化旅游公共服务体系建设报告

公共服务处

2023年，重庆市文化旅游公共服务体系建设工作坚持以习近平新时代中国特色社会主义思想为指导，深入学习贯彻党的二十大精神，以不断提高人民群众获得感幸福感为指引导向，扎实推进均衡普惠、优质高效的文化旅游公共服务体系建设。服务体系逐步健全、服务效能持续提升、"惠民有感"见行见效、区域共建深入推进，人民群众文化获得感幸福感不断增强。

一、围绕城乡一体，高质量文化旅游公共服务体系建设深入推进

（一）文化旅游公共服务顶层设计持续加强

将文化旅游公共服务体系建设纳入市委、市政府工作部署高位规划，将"推进'15分钟品质文化生活圈'建设"写入市委、市政府《关于加快推进新时代文化强市建设的意见》，在市委、市政府《关于加快建设世界知名旅游目的地的意见》中就加强旅游公共服务建设作出明确规定。制定《重庆市文化和旅游志愿服务实施办法》，配合修订《重庆市基本公共服务标准（2023年版）》，启动《重庆市公共图书馆服务规范》的修订，修订完善重庆市区县"三馆一中心"免费开放绩效评价指标体系，优化第三方暗访评价机制。持续完善公共图书馆、文化馆、基层综合文化服务中心的建设和服务标准规范，加快构建形成全市现代公共文化服务法规体系。

（二）文化旅游公共服务网络拓展提质

推进基本公共文化设施向基层拓展，累计建成基层综合文化服务中心12150个，实现市至村（社区）四级全覆盖。深入推进文、图两馆总分馆建设，累计建设图书馆分馆1957个，文化馆分馆1323个，打造城市书房、文化驿站等新型公共文化空间318个，全市每万人拥有公共文化设施面积增至760平方米。全市公共图书馆顺利通过第七次全国图书馆评估定级，新增一级馆4个，总数达39个。公共图书馆、文化馆一级馆率分别达90.7%、95%，位列全国第三、第二。第三批（江津区）、第四批（南岸区）国家公共文化服务体系示范区创新发展成果复核获得优秀档次。完成"全国古籍重点保护单位"复核抽查，启动全市公共文化服务示范乡镇（街道）创建工作、全国乡镇街道综合文化站评估定级工作。新建旅游厕所12座，完成全市4000余座旅游厕所清理评定。

（三）公共文化服务数字化进程换挡提速

围绕构建"15分钟品质文化生活圈"，以数字文旅建设统揽"智慧图书馆""公共文化云"等公共文化服务数字建设，谋划开发"高品质文化生活"综合应用，推动市、区县、乡镇、村社四级数字化联动，形成信息"一屏掌控"、服务"一网智达"、执行"一贯到底"、监管"一览无余"的数字化智慧化公共文化服务与监管体系。加速实施全市智慧图书馆体系建设，推出"云上重图"数字资源平台，提供数字阅读、重图到家、线上续借等一站式服务，平台数字资源总量达5036TB。持续推进重庆公共文化云建设，发布文化资讯3.35万条，实施线上数字化服务推广活动4项，完成优秀剧目直播171场次，全年服务超8200万人次，平台累计访问量突破3亿人次。

二、落实均衡普惠，高品质公共文化服务供给更加充盈

（一）推动文化服务触达基层

积极发挥公共图书馆、文化馆、基层综合文化服务中心等公共文化场馆

的公共文化服务主阵地作用，严格执行常态化向公众免费开放，落实周末、节假日、寒暑假延时、错时开放，保障群众均等享受公共文化权益。积极推动群众文艺创作和群众文化活动开展，创排6件作品入围全国第十九届群星奖决赛，重庆青年合唱团荣获群众合唱门类群星奖，成功举办重庆市第八届戏剧曲艺大赛、美术书法摄影联展、乡村"村晚"大联欢、"欢跃四季·舞动山城"2023重庆市街舞大赛、广场舞展演，以及"阅读之星""红岩少年"书香重庆品牌阅读比赛等重大群众文化活动2万余场，组织开展送流动文化进村3.32万场，完成送戏曲进乡村2850场，惠及群众8000万余人次。根据国家市场监管总局数据，重庆公共服务质量满意度位列全国第三，其中公共文化服务在全市公共服务领域排名第一。

（二）夯实特殊群体文化服务保障

坚持普惠与特惠相结合，将"一老一小"及残疾人、农民工等特殊群体作为公共文化服务重点保障对象，全年组织的各类群众文化活动中面向特殊群体的专场活动超过650场次。推动各级公共文化服务机构持续优化完善助老、助残服务设施，常态化开办老年大学、开设网上便民课程，推进解决老年人"数字鸿沟"问题。常态化组织公共图书馆、文化馆等公共文化场馆开展面向全市中小学校的送展览、送演出、送培训等文化服务活动，暑期联合市教委开展"七彩暑假 快乐成长"公益性校外教育服务活动，开设涵盖书法、音乐、舞蹈、美术等10余个门类的免费培训班超6000次，惠及青少年群体逾40万人次。

（三）文化旅游志愿服务深入实施

推进全市文化旅游志愿服务管理规范，制定印发《重庆市文化和旅游志愿服务实施办法》，建立完善注册登记管理制度。截至2023年底，重庆文旅志愿者平台累计注册志愿者3.41万人，志愿者团队480个。完成文化配送14.70万次，惠及群众3247.29万人次，实施"春雨工程"文化惠民志愿行、公共文化润边疆等5个志愿服务项目，惠及边疆群众300余万人次。

三、聚焦惠民有感，公共文化服务创新发展富有成效

（一）打造公共文化新空间

围绕"15分钟品质文化生活圈"建设，持续推动公共文化设施向基层拓展、走近群众身边，大力实施"公共文化新空间建设计划"。截至2023年底，全市采取合作共建及委托社会力量运营的图书馆分馆、城市书房等公共阅读服务空间达600余个，合作共建的文化驿站类艺术普及空间超200个。江北图书馆鸿恩寺馆、湖广会馆·渝州书院、北仓文创园、军哥书屋、816星光书院等一批外在形式美、功能理念新公共文化设施获评2023年长三角及全国部分省市最美公共文化空间大赛最美公共文化空间，成为市民文化娱乐、休闲打卡的"新宠"。

（二）推进阅读服务全覆盖

面向全市中小学生（幼儿）开展馆校合作阅读推广项目，在全国省级层面率先探索推开少儿阅读推广开创性举措，优化重塑公共图书馆管理服务制度机制，联合市教委创新实施重庆市普通中小学生（幼儿）免费开通公共图书馆图书借阅卡，全市400余万中小学生（幼儿）可通过借阅卡在全市2000多个公共图书馆、分馆、流通借阅点实现图书通借通还，建立起覆盖从幼儿园到中小学的未成年人全学段阅读服务体系，实现阅读服务各年龄段全覆盖。项目实施以来，各图书馆夜间、周末中小学生读者数量明显增长，图书馆成为学生"第二课堂"。

（三）探索阅读推广新路径

顺应碎片化阅读新趋势，联合重庆轨道集团创新实施重庆市公共图书馆"巴·掌书"进轨道交通项目，分批在轨道站点建设公共图书自助借还书柜，并打通全市公共图书馆系统全部图书借阅点，实现图书通借通还，探索推进"交旅+阅读"阅读推广新模式，以便携性、便阅读性的方式提升市民阅读体验。

四、突出融合高效，文化旅游公共服务新格局加速构建

（一）成渝地区文化旅游公共服务共建共享持续推进

落实双城经济圈建设"一号工程"，加快推进"巴蜀文旅走廊"公共文化服务一体化。组建成渝地区公共服务机构联盟，共同打造"成渝地·巴蜀情"区域文化活动品牌，联合举办第二届巴蜀合唱节，组织成渝德眉资文旅交流联动、川渝乐翻天——戏剧曲艺交流展演、川渝两地视觉艺术联展、文旅志愿者服务、两地文化馆（站）从业人员业务技能大赛等一系列活动。合力推进川渝阅读"一卡通"项目建设，实现重庆市42家公共图书馆全部入网联通，与四川省73家公共图书馆平台通联，两地读者凭社保卡（电子社保卡）、身份证在两地115家公共图书馆通借通还，"书香成渝"全民阅读服务体系建设再上台阶。

（二）鲁渝文化旅游协作联动发展成果显著

推动两地文化旅游主管部门互访，签订合作协议，推动重庆演艺集团与山东省演艺集团签订战略合作框架协议，争取山东省级财政援助资金210万元。组织川剧《江姐》到山东省会大剧院演出，在脱贫区县新挂牌14个鲁渝共建"孔子学堂"，在武隆区、巫山县共建鲁渝协作非遗工坊2家，两地文化交流更加密切。持续开展"十万山东人游重庆"活动；恢复武隆仙女山至济南航班，新增万州至济南、济宁航班；相继举办"百万主播助力鲁渝文旅协作""乘着高铁游三峡""乡村好时节·鲁渝共此时"等宣传营销活动，促进游客互送。据初步统计测算，重庆市全年接待山东来渝过夜游客169.84万人次，同比增长152.3%；实现旅游收入33.35亿元，同比增长100.3%。

（三）文化旅游赋能乡村振兴深入实施

持续加大乡村文化供给，启动"大地欢歌"重庆市乡村文化活动年，举办重庆市乡村"村晚"、乡村大联欢、"大地欢歌、乡约四季"系列村晚活动70余场，江津区"村晚"作为五个分会场之一登上央视频、国家公共文化

云同步直播的2023年全国"村晚"示范展示活动，巫山县下庄村获评全国春季"村晚"示范展示点。大力培育乡村旅游品牌，遴选市级乡村旅游重点镇6个，乡村旅游重点村48个，总数分别达14个、187个。联合市农业农村委认定重庆市休闲农业和乡村旅游示范乡镇30个、重庆市休闲农业和乡村旅游示范村85个。重庆·美丽乡村 品巴蜀文化乡村游、三江合川丰收体验之旅等8条线路入选文化和旅游部"乡村四时好风光——大美春光在路上、橙黄橘绿乡村胜景"全国乡村旅游精品线路。南岸区放牛村登上由文化和旅游部、中央电视台联合摄制的大型文旅探访节目《山水间的家》，《彭水苗族土家族自治县阿依河社区：特色农旅融合之路》《城口县东安镇：巴山原乡的农旅融合之路》成功入选《2023世界旅游联盟——旅游助力乡村振兴案例》，武隆荆竹村受邀参加联合国世界旅游组织"最佳旅游乡村"颁奖典礼。

2023年重庆市文化和旅游产业运行报告

产业发展处

一、2023年文化产业和旅游产业发展情况

2023年，全市重点监测的130家A级旅游景区共接待游客1.53亿人次，同比增长98.9%；全市接待过夜游客1.03亿人次，同比增长88.1%。假日旅游出行再现繁荣景象，春节、五一、端午、中秋国庆假期全市过夜游客接待人数分别同比增长38.4%、69.5%、35.8%、66.1%，分别恢复到2019年的90.2%、102.1%、111.7%、114.8%。2023年，全市新设立文化市场主体20468家，注销1628家，年末共有文化市场主体162431家，同比增长13%。文化规上企业1212家，同比增长6%，文化规上企业全年总营收2067.5亿元，同比增长6.1%。2023年，全市文化及相关产业实现增加值1239.32亿元，同比增长10.4%；旅游及相关产业实现增加值1206.82亿元，同比增长13.5%。

表1　2023年第1—4季度全市文化及相关产业增加值

单位：亿元、%

	绝对额	现价增速
文化及相关产业	1239.32	7.5
一、文化核心领域	924.51	8.3
（一）新闻信息服务	41.30	4.0
（二）内容创作生产	206.38	11.2
（三）创意设计服务	436.41	2.6
（四）文化传播渠道	130.68	15.8
（五）文化投资运营	9.51	7.7

续表

	绝对额	现价增速
（六）文化娱乐休闲服务	100.23	22.7
二、文化相关领域	314.81	5.4
（七）文化辅助生产和中介服务	179.98	3.2
（八）文化装备生产	33.04	−7.8
（九）文化消费终端生产	101.79	15.3
文化及相关产业总产出	3528.86	6.6
文化及相关产业增加值	1239.32	7.5

表2　2023年第1—4季度全市旅游及相关产业增加值

单位：亿元、%

行业分类	代码	全年	
		本期增加值	现价增速
旅游及相关产业		1206.82	13.5
旅游农业和渔业	01	21.80	5.5
旅游零售业	02	327.84	8.9
旅游交通运输业	03	293.37	19.6
旅游住宿和餐饮业	04	319.92	16.9
旅游金融业	05	66.91	5.0
其他旅游服务业	06	176.98	11.4

（一）区域文旅协调发展实现新突破

一是文化旅游发展规划不断优化。印发实施《重庆市文化和旅游发展"十四五"规划（2021—2025）》《关于加快建设世界知名旅游目的地的意见》，配套制定旅游业发展等重点专项规划，形成"1+N"规划发展体系，全市文化和旅游协调发展新格局凸显。二是巴蜀文化旅游走廊建设深入推进。印发实施《巴蜀文化旅游走廊建设工程十项行动计划（2023年）》，全面启动申报创建成渝地区双城经济圈国家文化和旅游创新改革试验区。合作开行巴蜀文化旅游走廊主题列车，推出"百万职工游巴蜀"活动。联动253家川渝企业组建川渝文旅企业联盟，联合举办共建巴蜀文化旅游走廊系列活动10余场。协同推动重大项目14个。三是区域协调发展成效显著。规划实施"大三峡"旅游升级工程，优化三峡旅游集散中心功能，推动鄂湘黔相关市区县加入武陵山文旅发展联盟，共同签署《中国武陵文旅目的地共建计划》。成功举办中国原生民歌节、中国武陵文旅峰会、渝东南生态民族旅游文化节等活动。

（二）文旅产业全面恢复发展

一是助推文旅市场复苏。有序恢复旅行社出入境团队旅游业务，出台推动旅游业恢复提振政策措施，印发《重庆市"十四五"旅游营销奖励方案（2023）》。持续加强文旅企业金融服务，全年向人行重庆营管部推荐重点企业（项目）四批次294个，融资需求549.77亿元，向67家企业发放贷款87.47亿元。二是推进项目建设。与区县开展联合招商，正式签约项目8个，总投资77.5亿元。积极筹备电子竞技嘉年华，重点文旅项目稳步推进。完成2023年市级文化产业发展专项资金申报。印发《2023—2025年市级文化产业和旅游产业重点项目名单》，遴选公布重点项目60个，总投资1340.28亿元。三是提升文旅消费体验。持续举办第八届文化旅游惠民消费季，延续春夏秋冬四季，坚持开展各区县分会场和多项特色主题活动，并启动以音乐艺术活动为主，各类艺术主题集市为配套的"重庆市民音乐节"，打造重庆区域影响力的常态化综合文旅消费活动品牌。其中，网络惠民活动联动同程旅行、美团、携程、中国银联、重庆演出信息、农业银行等多家文旅、金融平台，以全方位、多角度、深层次开展文旅消费券优惠折扣领取活动。全年计划发放市级财政惠民补贴370万元，联动商家及平台发放惠民优惠补贴超700万元，预计带动文旅及相关产业消费2亿元。在第十届中国旅游产业发展年会中，重庆温泉十二金钗系列微短剧花样促消费入选2023旅游促消费创新实践典型案例。重庆渝中区推动文商旅融合发展深化建设国家文化和旅游消费示范城市入选人民网公布的2023国民消费·政策引导赋能案例。起草《提升旅游消费推动旅游业高质量发展行动计划（2023—2027）》，预计2024年1月印发实施。启动重庆旅游美食"渝味360碗"评选工作。四是加大优质产品供给。新创建A级旅游景区27家、市级度假区1家，获评国家级旅游休闲街区2个、智慧旅游沉浸式体验新空间1个，国家工业旅游示范基地2个。五是推动文旅深入融合。制定《推动渝东南武陵山区文化产业和旅游产业融合发展三年行动方案（2023—2025年）》。支持渝东南建设国家文旅产业融合发展示范区。进一步盘活闲置游船，升级涪州画舫游产品，丰富乌江画廊水上娱乐体验，提升旅游品质。

（三）文旅品牌形象进一步提升

一是扩大文旅对外交流。推进澜湄旅游城市合作联盟总部落户工作，倡议组建陆海新通道旅游推广联盟，成功入选"2023亚太三大旅游节庆城市"。启动"重""新"出发·渝新双枢纽双向游活动，赴瑞士、法国、英国等开展交流推广。二是加强文化宣传推广。围绕加强国内旅游宣传推广，举办2023武陵文旅大会、第八届中国西部旅游产业博览会、世界大河歌会、乘着高铁游三峡、第三届温泉产业博览会等重大品牌节会活动。三是注重文旅品牌建设。南川区、奉节县进入全国文化产业赋能乡村振兴试点，涪陵—武隆—丰都、黔江—酉阳—秀山进入国家文化产业和旅游产业融合发展示范区公示名单。新命名6个市级文化产业示范园区和16个示范基地，总数达41个、97个；命名第三批市级夜间文化和旅游消费集聚区5个，总数达36个，市级文化产业示范园区入驻企业共15340家，总营收 666.7亿元；市级文化产业示范基地总营收101.2亿元，文化产业集聚效应明显。发布"重庆文旅品牌榜"，20个文旅品牌上榜。

二、形势分析研判、问题和建议

（一）面临的形势

文化产业和旅游产业作为高附加值、低能耗、低污染产业的独特优势日益显现，产业跨界、渗透、融合功能加快释放，未来发展空间广阔、前景可期。随着国家战略的深入实施，重庆打造内陆开放高地的格局加快重塑，旅游管理和服务设施不断改善，以科技创新赋能产业发展效果不断增强，疫情防控政策优化调整后，行业发展信心提振，群众出行意愿强烈，对旅游体验需求不断升级，国潮文化在当今社会生活中的影响力越来越大，为重庆市文化和旅游行业提供了新的发展机遇，同时也提出了更高的要求。

（二）存在的问题

一是发展不均衡不充分问题依然存在。主城都市区文化产业和旅游产业增加值远高于渝东北、渝东南的总和，公共服务建设和资源要素保障方面也仍有较大差距。二是文旅市场主体还需培育壮大。文旅产业产值比重还不够高，市场主体偏少偏弱，新兴业态和高附加值产业比例偏低，缺少在全国有竞争力的骨干型、领军型企业，文旅深度融合发展缺少牵引力强的大项目支撑。三是文旅消费仍处于偏低状态。与全国形势相同，重庆市也面临旅游人数大幅增长但人均旅游消费下降的现象。客源结构上，市外客源占比低、过夜游客占比低的局面仍未根本改变；要素整合力度上，文旅与第一、二、三产业缺乏深度渗透交融，"文旅+"带动效应未充分彰显。

（三）工作建议

一是为国家文化和旅游消费示范、试点城市，以及国家级夜间文化和旅游消费集聚区设立专项奖补资金，并要求各地省级、地市级财政设立配套奖补资金，为相关地区创新业态、促进消费提供支撑和保障。二是在国家级文化产业和旅游产业融合发展示范区、文化产业赋能乡村振兴试点、国家对外文化贸易基地、文化金融合作示范区等品牌创建工作中，给予西部省市倾斜支持和更多名额，以品牌创建为引领触动地方政府重视，配套更多资源，撬动更多社会投资，缩小发展差距。三是在重大节假日前，举办全国性文化和旅游消费促进活动，适当整合、集中头部消费平台开展消费补贴，统筹商务、交通等相关部门，统一步调、形成合力，进一步拉动文旅消费。四是抓住国家数据局组建机遇，加快构建全国统一的文化和旅游产业、文化和旅游消费大数据监测体系，并实现全国数据共享，为各地制定文旅消费促进政策、举办大型活动、开展宣传营销、发放消费补贴提供决策依据。五是文化和旅游部联合财政部、中国人民银行等相关单位，共同出台关于支持文旅产业发展的金融政策，撬动文旅市场，支持文旅产业发展。

三、2024年工作要点

2024年是全面贯彻落实党的二十大精神的关键之年。全市文化和旅游工作的总体要求是：坚持以习近平新时代中国特色社会主义思想为指导，全面贯彻党的二十大精神，深入学习贯彻习近平文化思想以及习近平总书记关于文化旅游工作的系列重要指示批示精神，坚持以文塑旅、以旅彰文，以社会主义核心价值观为引领，以推动文化事业和文化产业繁荣发展为着力点，努力创作优秀文艺作品、提供优质文旅产品，推进文化和旅游深度融合，塑造数字文旅新优势，加快建设文化强市和世界知名旅游目的地。

一是持续夯实产业发展基础。坚持举办"重庆文化旅游产业大讲坛"活动。指导相关区县深度推进国家文化产业和旅游产业融合发展示范区建设，推进做实文化产业赋能乡村振兴试点，争取更多区县进入试点。落实数字重庆战略，精心谋划服务文化企业的高品质应用。

二是继续加大招商引资力度。深化落实"巴蜀文化旅游走廊"建设一号工程，推动与四川各地互推互介文旅项目、共融共享文旅市场。结合区县资源和特色，筹备举行市内招商推介会、谋划开展外出拜访招商活动，大力发展大足石刻文创产业、永川科技影视产业、璧山动漫电竞产业等重点板块。加强"政银企协作"，持续优化银企对接机制，深化文旅产业与金融互促融合。

三是抓好重大文旅项目建设。实施重大文化产业项目带动战略，定期发布文化产业和旅游产业重点项目名单，推动项目建设。根据文化和旅游部统一部署，积极开展全市旅游存量项目盘活工作，制定盘活工作方案，统筹推动盘活存量资产，持续跟踪项目建设，提质增效。持续推进重点文旅项目建设。

四是举办文旅产业重大活动。创新方式，积极筹备举办第九届重庆文化旅游惠民消费季、重庆市民音乐节、中国电竞大会、第四届中国温泉产业博览会等一系列文化旅游品牌活动，做好重庆旅游美食"渝味360碗"评选等活动，持续释放文旅消费活力、培育消费新增长点等。

五是着力打造文旅精品品牌。开展市级文化产业示范园区、基地办法修订工作。培育、创建新一批国家级、市级示范园区、基地。强化文化和旅游消费示范、试点城市建设，创建新一批示范城市。

2023年重庆文化旅游市场发展报告

市场管理处

2023年，全市文化旅游市场管理工作坚持以习近平新时代中国特色社会主义思想为指导，认真学习贯彻党的二十大精神和习近平文化思想，按照文化和旅游部、市委、市政府相关部署要求，切实履行监管职责，积极服务市场主体，进一步解放思想、提振信心，抢抓发展机遇，应对风险挑战，以更大热情、更高标准推进全市文化和旅游市场管理高质量发展，全年无重大舆情和重大意识形态问题发生，为推进文化强市和建设世界知名旅游目的地营造良好的文化和旅游市场环境。重庆市2个案例分别入选全国文化和旅游市场管理创新十佳案例和优秀案例。重庆成功入选2023年全国游客满意度十佳城市。全市共4个案件被评为2022—2023年度全国文化市场综合执法重大案件，1个案件被国家文物局评为全国文物行政处罚"十佳案卷"。在第三届全国文化市场综合执法岗位练兵技能竞赛中，重庆市斩获团体文书制作及案卷归档全国第三名的突破性佳绩。举办首届中国剧本娱乐嘉年华活动。

一、全市文化和旅游市场发展基本情况

全市文化和旅游市场平稳运行，游客满意度连续多年全国排名前列，全市文化市场经营单位存量16950家，包括文艺演出团体3270家、娱乐场所经营单位4752家、互联网上网服务营业场所6284家、演出场所经营单位160家、演出经纪机构621家、经营性互联网文化单位1266家和艺术品经营机构597家。

二、全市文化和旅游管理工作推进情况

（一）机制建设实现新突破

一是充分发挥综合协调作用。发挥市文化市场管理工作领导小组、市旅游经济发展领导小组统筹协调作用，组织召开2023年全市文化市场管理工作第一次全体会议、全市文化和旅游市场管理工作会议，重大节日召开全市文化和旅游行业安全稳定和市场管理工作电视电话会议、市级有关重点部门工作协调会等，统筹部署安排相关工作，协调解决具体问题。全面推动《部门联合"双随机、一公开"抽查事项清单（第二版）》具体实施，细化随机抽查事项清单200余项，主动协调市场监管、公安、交通、卫生等部门开展联合抽查行动100余次，逐步完善监管机制，形成监管合力。二是持续完善常态通报机制。修订完善全市文化旅游市场"月点评、季通报、年考核"通报机制，每季度向区县政府通报情况；实施新闻媒体通报机制，2023年五一、中秋国庆和年终岁末，分三批向社会公开曝光28个违法违规典型案例；联合市内主流媒体，在重大节假日派出暗访组，拍摄《直击重庆文旅市场》《夏季亲水游火爆 安全问题不容忽视》等暗访专题片，在全市会议上播放，并将存在问题通报各区县，责令限期整改。三是稳步推进协同联动机制。将川渝协作作为"一号工程"，与四川省文化和旅游厅签订《四川省—重庆市文化旅游市场综合行政执法协作备忘录》，印发《2023年川渝两地联合执法十项行动计划》，23个区县分别与四川省12个地级市签订联合执法协议，全市共组织119名执法人员赴四川开展执法办案、案卷评查及暗访检查等工作，发现隐患问题46个，办理违法违规线索5条，共同维护川渝两地文化旅游市场秩序。开展东西部对口交流协作，签订《云贵川渝十六市区文化执法协作协议》《重庆市—河北省文化市场综合执法对口交流协作备忘录》。

（二）行业管理迈上新台阶

一是守住意识形态和行业安全底线。以营业性演出、网络文化、艺术品和旅游在线经营内容监管为防范重点，抓牢抓实涉外演出审批与监管，严格

巡查抽查网络文化经营单位，严控严防意识形态问题。重点加强全市文化娱乐场所互动屏幕内容管理，建立意识形态问题报告制度，全力确保意识形态安全。压实区县监管责任和企业主体责任，加强网吧、歌舞娱乐、游戏游艺、剧本娱乐等文化场所安全监管，保持全年文化旅游市场安全平稳有序运行。二是守护未成年人健康成长。严格落实市委、市政府关于未成年人保护和犯罪预防任务清单，持续深入开展"清源""净网""秋风""护苗"等专项行动，每季度会同公安机关开展文化娱乐场所明察暗访，净化校园周边环境。联合市公安局印发《关于进一步加强我市电竞酒店管理中未成年人保护工作有关事项的通知》，组织各区县对辖区内电竞酒店经营情况开展深入摸排，就相关新的要求开展普法宣传，强化协同监管工作，切实加强对未成年人的保护。三是守卫演出市场良好秩序。贯彻落实全国大型营业性演出活动管理工作会议和文化和旅游部、公安部《关于进一步加强大型营业性演出活动规范管理促进演出市场健康有序发展的通知》精神，先后组织召开全市营业性演出高质量发展工作调研座谈会、全市大型营业性演出活动管理工作电视电话会议，广泛听取意见建议，联合市公安局下发《关于加强我市大型营业性演出活动管理促进演出市场高质量发展的通知》。严格实行大型演出活动实名购票和实名入场制度，要求演出举办单位面向市场公开销售的门票数量不得低于核准观众数量的85%，并设定合理梯次退票收费标准。推行大型营业性演出法定代表人（实际控制人）约谈、承诺和票务报告"三项制度"，对大型营业性演出活动实施约谈、审批、监管、票务、舆情等全流程跟踪管理。进一步规范和改善农村演出市场管理，组织农村演出市场管理专题调研，形成了《全市农村演出市场规范管理专题调研报告》。2023年，全市演出市场持续向好，共审批营业性演出6.8万场次，同比增长61.95%，观演人次达300余万；其中，5000人以上大型营业性演出73场，70万人次观演，票房收入5亿元，保持安全平稳，取得了良好的社会效益和经济效益。

（三）市场培育展现新动能

一是积极助力剧本娱乐业快速发展。市公安局、市市场监管局等5部门联合印发《关于进一步加强我市剧本娱乐经营场所管理的通知》，督促各区县加快实施剧本娱乐场所备案工作，目前全市已完成剧本娱乐场所备案246家，备案率78.9%。牵头举办首届中国剧本娱乐嘉年华活动，全国共267家企业参展、1500余名商家来渝观展、剧本版权交易1万余次、直接产生经济价值达5亿元以上，并在全国取得了五个"首次"的丰硕成果：全国首次剧本娱乐行业全产业链大型综合性交易展，使中国剧本娱乐之都落户重庆；全国首次且唯一得到"中国剧本娱乐产业基地"授牌；全国首次得到文化和旅游部、省（区、市）级政府部门大力支持的剧本娱乐行业活动；全国首次召开中国剧本娱乐年会，权威推出中国剧本娱乐产业数据；首次向全国推介6条重庆剧本娱乐旅游线路。重庆市《打造"剧本娱乐之都"为抓手强管理促规范》做法在全国文化和旅游市场管理工作培训班上作交流发言。二是积极推动文化旅游服务质量提升。学习贯彻《质量强国建设纲要》《质量强市建设实施方案》，印发《2023年度旅游服务质量提升工作要点》，在全市范围遴选11个单位，采取"1+1""结对子""川渝协作"等方式，努力探索"遂潼两地联合提升旅游服务质量""剧本娱乐行业与旅游业深度融合发展"等创新做法，带动全市旅游服务质量提升。重庆入选全国旅游服务质量提升典型案例，并在2023年文化和旅游市场服务质量提升活动上进行经验分享；重庆《"一子落"带动"全盘活" 重庆市以试点引领全市旅游服务质量总体提升》做法入选中央质量督查考核典型案例；重庆3个区县和2个景区入选全国首批旅游市场服务质量监测点；重庆凭借"最宠游客的城市"这一经典案例成功入围"长城奖—文旅好品牌"年度省域及城市品牌优秀案例名单。三是积极提升文明旅游建设水平。推进文明旅游"进景区、进社区、进校园"，在官网设立"文明旅游"专栏，在九龙坡区、忠县开展文明旅游宣传工作试点，带动全市文明旅游宣传走深走实。推进文明旅游示范单位创建工作，评定市级文明旅游示范单位10家，指导推荐白帝城·瞿塘峡景区、丰都南天湖景区参评国家级文明旅游示范单位。渝中区《文明共建 主客共享 "网红"景点变"长红"经典》入选第一批文明旅游宣传十佳案例，重庆红岩革命历史博物馆《文明引导擦亮红岩特色宣讲品牌》、忠县《传统文化引领文明旅游新风尚》入选优秀案例。四是积极为文旅企业纾困解难。推进全市互联网上网服务行业转型升级，遴选9个区县试点，确定由3家电信运营商向93家网吧、7200余台电脑终端推广应用"云服务"技术，为网吧节省20%以上经营成本。2021年至2023年底，为网吧累计减免网费1740余万元、专线折扣费300万元。

（四）政务服务构建新模式

一是持续推进"放管服"改革。更新文化市场行政审批（备案）事项，推广"文旅市场通"客户端应用，探索建立营业性演出审批信用管理机制；组织召开全市营业性演出管理工作专题培训会议，进一步规范报批流程、明确报批要件。2023年，共办理营业性演出审批2483件，演出经纪机构设立延续变更办理238件，网络文化经营机构设立延续变更审批55件，艺术品进出口经营活动审批48件。修订完善《重庆市文化市场综合行政执法行政处罚自由裁权基准（试行）》，出台《重庆市网络文化市场执法工作指引》；制定《重庆市文化和旅游领域包容免罚清单》（2023年版），全面推行"首违可不罚""柔性执法""进一次门、查多项事"等执法模式。二是不断强化信用体系建设。积极推动部、市平台融合、数据共享，信用查询反馈公示完成率100%，全面落实在线平台100%办理，未发生一件投诉举报、复议和诉讼。铜梁区、武隆区圆满完成"创新应用场景""促进信用消费"两项全国试点任务，并获文化和旅游部通报表彰，其中"促进信用消费"项目被评为优秀；渝中区被确定为2023—2024年全国文化和旅游市场信用经济发展试点地区，积极探索信用文化建设有效做法。三是努力探索数字化治理模式。编制"文化·市场监管"应用，构建文化市场准入管理、监管整治、科学评价3个一级场景和15个二级场景，推动文化市场审批一次办，监测全覆盖，管理再提升，构建处置高效协同的市场治理新格局。

（五）专项整治取得新成效

一是扎实开展专项整治工作。联合市场监管、公安、交通、城市管理部门开展营业性演出票务、春秋季校园周边出版物、"不合理低价游"等专项整治工作，市区两级文化执法机构共出动19.4万人次，检查市场主体7.8万家次，查办案件1207件，罚款407万元，责令停业整顿30家次，吊销许可证6家次，一批沉疴顽疾得到彻底解决，一些重大涉稳风险得到有效化解。二是及时化解矛盾纠纷。主动优化自上而下的投诉流转机制，建立投诉举报微信小程序，畅通信访、网信、舆情、"民呼我为"等渠道，实现游客线上快速投诉，做到一小时内快速响应，处理投诉9179件，负面舆情174件，提高游客满意度。三是持续加强执法队伍自身建设。加强岗位练兵，市文化执法总队办理的"重庆市渝中区巴渝民风博物馆擅自改变市级文物保护单位国民政府军事委员会旧址用途案"被国家文物局评为全国文物行政处罚"十佳案卷"。市文化执法总队分别在2023年全国文化市场综合执法工作会、2023年全国文化和旅游市场举报投诉工作会上作经验交流，在2023中国剧本娱乐行业盛典上被评为"优秀管理服务机构"。

2023年重庆文化旅游系统对外和对港澳台交流合作工作报告

国际处

2023年，全市文旅系统对外和对港澳台合作交流主要聚焦中西部国际交往中心"三服务一中心"目标任务，积极主动作为，全力争取澜湄旅游城市合作联盟落户重庆市取得积极进展，成功引进首家外商投资旅行社，赴美国、新加坡，中国香港、中国澳门等20多个国家和地区开展2023重庆文化和旅游全球推广活动，有力促进与相关国家人文交往，加快建设世界知名旅游目的地。现将相关工作情况报告如下。

一、聚焦实现2个"零的突破"，着力提升对外开放能级

一是争取澜湄旅游城市合作联盟总部落户重庆取得突破性进展。主动服务国家总体外交和国家重大战略，聚焦澜湄合作持续用力，经不懈努力，2023年6月，文化和旅游部同意由重庆市牵头联盟总部落户工作，市文化和旅游委迅速牵头组建工作专班，同步推进手续报批、发展研究、运行保障等工作，配套举办2023年澜湄合作机制下跨境旅游合作高级研修班等活动，尽早落户重庆市首个国际组织。

二是成功引进首家外商投资旅行社。在落实服务业扩大开放综合试点上先行先试，加大对"外商投资旅行社和养老机构的双试点"等利好政策的宣传力度，2023年11月，新加坡楷新国际文化旅游开发（重庆）有限公司正式获批设立，重庆市推动旅游业对外开放步伐进一步加快。

二、坚持建机制、搭平台，不断拓展完善对外交往网络

一是用好国际组织"借船出海"。积极加入丝绸之路旅游城市联盟，并于第三届"一带一路"国际合作高峰论坛后第一时间接受《中国旅游报》采访，为重庆市充分借助联盟机制在高质量共建"一带一路"八项行动中积极发挥作用奠定了基础。积极参加世界旅游联盟、世界旅游经济论坛、世界节庆协会等国际组织（机构）品牌活动，向世界分享重庆旅游发展经验，重庆市成功入选"2023亚太三大旅游节庆城市"，彭水阿依河社区、城口县东安镇农旅融合工作成功入选《2023世界旅游联盟——旅游助力乡村振兴案例》。

二是积极搭建平台"造船出海"。聚焦打造服务西部陆海新通道建设战略的有力抓手，2023年5月，市文化旅游委首倡发起成立陆海新通道旅游推广联盟，得到通道沿线12个省（区、市）旅游主管部门的全面响应及东盟有关国家旅游主管部门（机构）的积极响应，以陆海新通道为纽带，逐步构建重庆与沿线国家和地区文化和旅游交流合作机制。

三是注重资源共享"组团出海"。服务巴蜀文化旅游走廊建设，三峡博物馆和金沙博物馆组成成渝文博展区亮相第十一届澳门旅游推介会，着眼培育中新互联互通项目新的增长点，市文化旅游委与市中新项目管理局等联合举办首届"新加坡·重庆周"取得圆满成功，实现了优势互补、"组团出海"。

三、坚持内外联动、创新发展，打开对外文旅工作新局面

一是加强市区联动、"官民并举"，有力促进与相关国家交流合作。充分发挥光荣之下青年剧团等社会力量渠道资源和知华友华人士的作用，率先在日本、美国线下开展一系列文化艺术交流和旅游推广活动取得圆满成功，成功恢复美国得克萨斯莎士比亚戏剧节"中国戏剧之夜"单元演出，市文化旅游委与得克萨斯州基尔戈市政厅签订战略合作协议，曾任日本驻重庆总领事馆总领事、现任日中协会理事长的原濑野清水先生现身日本推介会用中文

谈切身感受为重庆"打call"，有力促进重庆与日本、美国文化交融、民心相通及出入境游恢复发展。大力支持重庆图书馆、重庆芭蕾舞团等委属院团及香港维岸画廊、重庆国际文旅之窗打造文旅国际交往示范基地，主动对接秘鲁驻华大使馆、日本驻重庆总领事馆、韩国驻成都总领事馆等外国驻华机构，充分释放中新（重庆）文化和旅游产业联盟等平台效能，引进印加"天路"——南美大陆安第斯文化展、"CGV2023日本电影展"首映礼、"友谊之窗——观众心声"、"菲律宾当代艺术群展"等活动30余次，创新开展"'重''新'出发渝新双枢纽双向游"及航线专题推介等活动20余次，促成重庆市与新加坡、马来西亚、印度尼西亚等国包机、包邮轮和渝新、渝印尼等国际航线复航、加密等务实成果；成功将"渝见澳洲"少年推介官选拔赛打造为渝澳文旅嘉年华，近30家涉外单位参与，澳大利亚旅游局、泰国国家旅游局授牌重庆国际文旅之窗"澳旅专家重庆培训中心""泰旅专家重庆培训中心"。注重强化与世界节庆协会等国际商协会的交流合作，重庆市成功入选"2023亚太三大旅游节庆城市"，重庆文化旅游发展尤其是夜间旅游经济发展得到了国际范围内的广泛关注和高度认可。

二是加强"部市合作"，推动重庆市文化、文物、旅游和广播电视全方位"走出去""请进来"。与巴黎、新加坡中国文化中心和伦敦旅游办事处等合作举办多场活动，"新加坡·重庆周""茶和天下·雅集"文旅融合推广备受关注；中埃联合申遗迈出实质性步伐，将为水文遗产保护提供新范式；成功在墨西哥和哥伦比亚启动"电视中国剧场"，为中拉合作传播提供示范。与中国驻保加利亚、印度尼西亚使馆等驻外机构密切合作，铜梁龙舞代表团成功登上保加利亚首届龙舟文化节，《李亚仙》等经典川剧闪耀香江，进一步推动巴渝优秀文化"走出去"；促成首个印度尼西亚入境包机旅游团和印度尼西亚开国总统苏加诺女儿等多位重要客人访渝，重庆市与印度尼西亚文旅合作打开新局面。

三是加强品牌塑造，持续增加优质文化和旅游产品供给，实现文旅交流与产业合作相融互促、一体推进。积极争取"首会"在渝举办，首届石窟寺保护国际论坛在大足成功举办，发布"大足宣言"，大足石刻为世界石窟寺保护提供中国方案。提档升级现有品牌活动，成功举办第八届中国西部旅游产业博览会、2023武陵文旅大会、2023重庆国际旅行商大会等10余次大型节会论坛，来自30余个国家（地区）以及20余个省（区、市）的近600名国内外嘉宾走进重庆、感知重庆、爱上重庆。加快引进华纳威秀国际知名文旅IP项目，推动世界第五座、中国首座华纳兄弟电影世界主题乐园早日落地重庆。

四是加强政企合作，大力促进出入境旅游市场复苏。为促进国际旅游市场振兴复苏，市文化旅游委积极开展资源共享、政策互惠、品牌互推、游客互送，推动重庆与相关国家及地区文旅合作向更深层次、更高质量、更富实效的方向发展，为制定出台新一轮入境旅游激励政策打下基础，全力推动出入境旅游市场回暖复苏。赴新加坡开展"新加坡·重庆周"文化旅游系列活动，"新加坡·重庆周"启动仪式，联合大型涉旅企业共同组织"'重''新'出发渝新双枢纽双向游"新加坡百人首团、印度尼西亚入境包机旅游首团、澳门入重庆旅游首团等旅游团队。2023重庆国际旅行商大会举办期间，重庆冠达世纪游轮有限公司在朝天门码头"世纪传奇号"上举行新加坡入境游客"重庆—上海"包船启航仪式，共1000余名新加坡游客体验12天的长江旅行，项目合作金额1100万元。重庆百腾国旅仅11月就组织2500名游客入境游，11月20—25日，来自新加坡、印度尼西亚、马来西亚等地区的近500名游客入境重庆。

2023年重庆市文化旅游系统人才队伍建设报告

人事处

2023年，重庆市文化旅游系统人才队伍建设工作认真贯彻落实习近平总书记关于人才工作的重要指示精神和系列重要论述，围绕市委、市政府工作部署，始终把人才工作放在更加突出的位置，持续推动文化和旅游人才队伍建设，为文化强市和国际知名旅游目的地建设提供强有力的人才保障。

一、畅通引才通道

一是公开招聘。组织所属事业单位制定年度招聘计划，参加市属事业单位2023年公招、遴选和国才大会考核招聘活动，重庆中国三峡博物馆、重庆文化艺术职业学院、重庆市文物考古研究院、重庆艺术学校、重庆图书馆等单位补充考古、艺术教育、图书等方面专业人才30余名。二是直接商调。规范程序，严格标准，组织委属单位通过直接商调补充急需紧缺和高层次人才16人。其中，从贵州、四川等地引进高层次人才2名，充实美术、艺术教育人才队伍。三是军转安置。将军转安置任务作为政治任务，配合市退役军人事务局，根据委机关及系统事业单位人才发展需求和岗位情况，制定2023年委系统安置退役军人计划，安置转业军官4名，退役士兵3名。

二、创新育才项目

按照文旅融合要求，将现有人才项目优化整合，梯次培养人才。一是文化工作者专项。根据文化和旅游部要求，组织开展文化工作者服务支持艰苦边远地区和基层一线专项工作，为受援区县招募文化工作者315名，上挂培养文化工作者14名。二是精准专项培养。加强对各委属文艺院团实施人才培养项目的指导，区分领军人才、青年拔尖人才、后备人才，开展有针对性的培养。选拔15名舞台艺术领军后备人才，按照"一人一策"要求精心制定并实施培养计划。依托各委属文艺院团，实施20余名青年拔尖人才及4个后备人才培养班项目。三是强化培训提升。紧紧围绕"举旗帜、聚民心、育新人、兴文化、展形象"使命任务，制定《2023年市文化旅游委培训计划》，全年实施培训项目24个，培训1.5万人次。完成"重庆文化旅游复合型高级人才及经营管理人才培研修班"。与四川省文旅厅联合实施第三届"成渝地区文旅系统中青年人才交流活动"，成渝两地100余名文化旅游中青年人才参加培训。同时，按要求圆满完成文化和旅游部、国家广播电视总局、市委组织部等单位的调训任务，共选派128余人参加培训。

三、优化评才标准

积极发挥职称人才评价指挥棒作用，顺应广大文化旅游专业技术人才呼声，结合文化事业发展需要，深入调研，反复论证，时隔近20年重新修订印发了图书资料、艺术、文物博物等3个专业职称申报条件，新制定播音专业职称申报条件，艺术门类由10个小专业扩展到4个类别18个小专业，文物博物专业细化到文物博物馆研究、文物考古、文物保护、文物利用等4个类别，图书资料专业细化到文献信息收集、整理与保存，文献信息借阅、查询，社会教育，现代技术运用与开发，图情研究等5个类别，实现了所有新增工种"全覆盖"，评价标准更有针对性。对舞台技术等个别专业，完善了正高级职称申报条件，所有专业达到了"员"级或者助理级申报条件，实现了评价层次"全覆盖"。进一步明确评审范围，将体制内、体制外人员均纳入评审范围，实现了参评人员"全覆盖"。通过职称申报条件修订，解决了原有人才评价条件出台时间长、不适应事业发展需要问题，打通了人才评价体系"最后一公里"，为全市文化领域人才队伍建设奠定了基础。完成2023年全市艺术等5个专业高评委和区县片区中评委职称评审工作。全市新增637人评审取得艺术、播音主持、文物博物、图书资料、群众文化专业技术职称，同比增长25.6%。其中艺术专业273人、播音主持专业26人、文物博物专业105人、图书资料专业92人、群众文化专业141人；高级职称104人、中初级职称533人。

四、营造爱才环境

着眼提高文旅人才荣誉感、获得感，激发文旅系统广大干部职工工作积极性。一是表彰激励。和市人社部门联合，完成市文化旅游委2018年组建以来首次全市文化和旅游系统先进集体、先进个人表彰工作，共表彰50个先进集体、100名先进个人。承办市政府"重庆市企业创新奖"评选表彰工作，表彰20家重庆市优秀文化旅游企业。开展各级表彰奖励推荐工作10余项，共有5个集体、10名个人受到市级部门表彰，17名有功人员被市人力社保局记大功。二是薪酬激励。深入推进所属国有企业负责人薪酬制度改革，对企业负责人基本年薪调节系数、绩效年薪调节系数分别设置了6项、4项控制项目取值区间，根据企业经济效益和社会效益核定企业负责人薪酬，推进企业负责人薪酬规范化、制度化。三是推优激励。推荐7名享受国务院政府特殊津贴专家，3名国家高层次人才特殊支持计划青年拔尖人才，6人申报2023年度全国乡村文化和旅游带头人支持项目，推荐13人申报重庆市第四批学术技术带头人及后备人选，推荐2人申报青年专家工作室，2人申报市级技能大师工作室。四是考核激励。修订完善委系统年度考核制度，将人才工作纳入考核内容，涉及组织领导、人才项目、经费投入等多个指标，确保人才工作落到实处。五是聘用激励。进一步深入整改部分事业单位"已评未聘"问题，理顺职称评审和岗位聘用关系，推动岗位聘用规范化、制度化，全面完成委属各事业单位2022年度评定职称人员岗位聘用。

2023年重庆市文化和旅游委系统党建工作报告

组织干部处

2023年，市文化旅游委党委坚持以习近平新时代中国特色社会主义思想为指导，全面贯彻落实党的二十大精神，认真学习贯彻落实市委六届二次、三次、四次全会精神，以习近平文化思想为指引，坚持和加强党对文化旅游工作的全面领导，坚定不移落实全面从严治党主体责任，积极研究破解基层党建难题，为推动文旅高质量发展提供坚强组织保证。

一、强化政治统领，党员干部政治能力明显增强

一是注重加强政治建设，认真贯彻执行习近平总书记重要指示批示、党中央重大决策部署和市委工作要求建立闭环落实机制，坚决做到"总书记有号令、党中央有部署，重庆见行动，文旅勇担当"，全系统坚定拥护"两个确立"，坚决做到"两个维护"。二是注重健全责任机制，严格落实《市直机关党建工作"三级七岗"责任清单（试行）》，研究印发年度党建工作要点，优化完善基层党建工作考核办法，制定党建引领工作绩效考核方案。组织召开全面从严治党工作会议，专题听取机关党建工作情况汇报，召开党风廉政建设和反腐败工作会议。委党委书记领办"坚持党建统领持续推进文艺院团改革发展"书记项目，努力提升院团社会效益、经济效益；党委班子成员深入支部工作联系点解剖"麻雀"，提出对策建议和发展措施。三是注重构建智治体系，以"一统六化"为基本路径，以建立"八张工作报表"、用好"八张问题清单"、构建"五项机制"为关键抓手，印发《贯彻落实市委党建统领"三项重点任务"工作方案（试行）》。组织开展基层党组织书记

抓党建述职评议考核工作，完善党建考核评价机制，建立党建与业务融合一体考评新格局，充分发挥考核指挥棒作用，推动管党治党全面提质增效。

二、强化思想引领，党的创新理论武装走深走实

一是持续深化理论学习，把学习贯彻习近平总书记重要讲话指示批示精神作为第一议题，组织委党委理论学习中心组9次，全系统226名处级以上领导干部讲党课，开展"榜样面对面"党的二十大精神宣讲活动60余场。二是扎实开展主题教育，科学制定主题教育读书班方案，先后开展6次专题授课、4次专题讨论、3次委领导班子成员集中交流。运用红岩革命历史博物馆、《重庆·1949》剧目等红色资源开展学习，彰显"红岩味"。扎实开展调研工作，委领导班子确定调研课题15个、委属单位处级领导干部确定调研课题102个，委领导班子成员带头深入基层单位开展调研80余次，提出转化运用事项278条。坚持动真碰硬，梳理查找问题118个，制定专项整治方案56个，4个委系统问题清单全部销号。三是全力强化舆论引导，全面落实意识形态工作责任制，聚焦学习宣传习近平新时代中国特色社会主义思想，推出专题栏目11个，电视端播出相关报道2449条次，移动互联网端发布相关稿件2198条次，重庆市全国两会宣传报道先后4次受到中共中央宣传部和国家广播电视总局点名表扬，全市文化旅游系统意识形态领域总体平稳。

三、强化选贤任能，人才队伍生机活力有效激发

一是着力选准用好干部，坚持新时代好干部标准，充分尊重群众公论，严格选拔任用程序。2023年，推荐1名处级领导干部提任为市管干部，提任处级领导干部16人，交流轮岗8人。优化《公务员职级晋升工作方案》，晋升职级公务员52人。选派1名干部赴成都交流挂职，遴选6名干部参加乡村振兴工作。二是着力管严育强干部，制订了市文化旅游委干部兼职及取酬清理整治工作方案，组织完成年度个人事项填报工作，建立干部综合管理信息系统和民主测评统计分析系统。实施党员干部全覆盖培训教育，全年培训项目24

个、1.5万人次。加强与高校教育培训合作，圆满完成"重庆文化旅游复合型高级人才及经营管理人才研修班"。三是着力发挥激励效用，选拔15名舞台艺术领军后备人才，按照"一人一策"要求精准培养。推荐享受国务院政府特殊津贴专家7名、特殊支持计划青年拔尖人才3名、全国乡村文化和旅游带头人6名，实施20余名青年拔尖人才及4个后备人才培养班项目，有效激发了全系统干事创业活力。

四、强化基础建设，基层组织的组织力全面提升

一是严格落实组织工作制度，督促指导全系统基层党组织落实"三会一课"、组织生活会、民主评议党员等制度，指导7个基层党组织按时换届，组织122名党员发展对象进行培训，研究接收111名优秀分子为预备党员，指导委属单位135个党支部、1999名党员完成基层党组织组织生活会和民主评议党员工作。制定出台《关于全面提高机关党建质量带头打造新时代"红岩先锋"变革型组织加快建设模范机关的工作方案》，积极创建新时代"红岩先锋"变革型组织、"四强支部""六好党员"等模范典型。二是充分发挥先锋模范作用，广泛开展"三报到""三服务"活动，组织委属文艺院团为社区送演出、机关干部进社区开展志愿服务。组织开展"七一"表彰和"光荣在党50年"纪念章颁发活动，党员的荣誉感得到充分彰显。三是用心汇聚统战群团力量，每季度组织开展党外人士思想动态研判，支持党外人士履行职能、发挥作用，建成统战之家2个、党外知识分子之家1个、无党派人士工作室2家、欧美同学会工作室1家。扎实开展委系统面向广大团员和青年主题教育，组织开展"文旅青年说"、"百万职工游巴蜀"、传统文化体验、观看红色优秀剧目等活动。做好生活困难工会会员的"两节"慰问工作，用心用情做好离退休党员教育管理服务工作。

五、强化服务保障，助推文旅事业发展成效明显

一是积极服务中央部署，紧紧围绕党中央和市委重大战略，研究推出

《重庆市贯彻落实〈巴蜀文化旅游走廊建设规划〉实施方案》，推出"百万职工游巴蜀"等活动。推进澜湄旅游城市合作联盟总部落户工作，倡议组建陆海新通道旅游推广联盟，重庆成功入选"2023亚太三大旅游节庆城市"。推进国家文化公园建设，编制完成长江国家文化公园（重庆段）建设实施方案。二是积极保障中心任务，大力推动文化事业蓬勃发展，着力提升"渝韵"艺术作品全国影响力，舞剧《绝对考验》获第十三届中国舞蹈"荷花奖"，歌剧《一江清水向东流》获第五届中国歌剧节优秀剧目，川剧《江姐》等10部剧目5个节目入围新时代舞台艺术优秀剧目展演。用好用活首届重庆都市艺术节成果，扩大除夕夜焰火表演效应，成为推介城市形象、推动文旅复苏的现象级事件。三是积极担当发展重任，大力助推疫情后文旅产业恢复性发展，协调向67家文旅企业发放贷款87.47亿元，招商引资签约项目93个、633亿元。举办文旅惠民消费季等活动带动消费1亿余元，新创建A级旅游景区27家。市级文化产业示范园区入驻企业15340家，总营收666.7亿元。

六、强化正风肃纪，风清气正政治生态持续向好

一是常态开展警示教育，严密组织"以案四说"警示教育会，委党委班子成员带头开展"纪、法、德、责"警示教育，及时组织观看警示教育片、参观警示教育基地，精心编辑违反中央八项规定典型案例、纪检实务解读等工作提醒2期，分层级开展党风廉政例行谈话，适时推送违纪违法典型案例、廉洁从政小常识及廉政短信，干部职工廉洁自律意识进一步增强。二是从严加强监督执纪，深化运用监督执纪"四种形态"，常态化开展明察暗访，严肃整治违规吃请、酒驾醉驾等问题，深入开展委系统国企调研督查工作，加强对窗口单位干部职工的作风监督。三是持续深化巡察监督，制定出台《巡察工作规划（2023—2027年）（试行）》《巡察整改成效综合评估办法（试行）》，对6个委属单位党组织开展常规巡察，对4个党组织开展巡察整改成效综合评估，确保巡察"后半篇"文章扎实有效。充实完善巡察组长库、巡察干部人才库，编印《巡察工作手册》，配套落实巡察工作经费并纳入预算管理，委系统巡察体系更加严密。

2023年重庆艺术事业发展报告

艺术处

2023年，重庆市围绕创作、演出和艺术普及，有效组织全市艺术院团承担举旗帜、聚民心、育新人、兴文化、展形象的使命任务，进一步营造城市艺术氛围，促进文旅消费。全市舞台艺术和美术发展取得新成果、新突破。

一、聚焦筑高原攀高峰，着力提升"重庆造"艺术作品的全国影响力

（一）跻身全国重要艺术赛事展演的重庆作品持续增加

原创红色题材舞剧《绝对考验》获第十三届中国舞蹈"荷花奖"，为西部地区唯一获奖剧目，全国4部获奖舞剧之一。原创民族歌剧《一江清水向东流》获第五届中国歌剧节优秀剧目。芭蕾舞《惊鸿》、舞剧《绝对考验》分获第十四届全国舞蹈展演优秀节目、优秀剧目；川剧《江姐》、原创儿童话剧《小溜溜溜了》、原创杂技《摇摆青春》等10部剧目5个节目分别入围中宣部、文化和旅游部举办的新时代舞台艺术优秀剧目展演、2023年全国优秀舞剧邀请展演、第十一届全国杂技展演、第九届全国优秀儿童戏剧展演、第三届全国戏曲（南方片）会演、第十届中国艺术节京剧优秀剧目展演、2023第二届全国高腔优秀剧目展演、2023全国地方戏精粹展演、中国戏剧节等10个全国选拔性重要艺术展演。组织策划的"刀铸峥嵘——《红岩》版画艺术文献展"荣获文化和旅游部2020—2021年度全国美术馆优秀展览项目称号，"烽火传薪 艺立百年——武昌艺专六人美术作品与文献展"获评"2021年全国美术馆馆藏精品展出季活动优秀项目"；罗中立《重读美术史—晚钟》等

25件作品入选第八届全国画院美术作品展，庞茂琨《黄金时代》等13幅美术作品入围第十三届中国艺术节优秀油画雕塑书法篆刻作品展览。

（二）入选文化和旅游部培养和扶持的人才和作品持续扩容

全年推荐13名优秀人才入选全国舞台艺术优秀节目创作扶持计划、2023年民族歌剧创作人才研修班、2023年全国美术馆青年策展人扶持计划等8个文化和旅游部全国性文艺人才培养项目。全年组织申报2024年度国家艺术基金资助项目89个，在小型剧节目和青年艺术创作人才项目申报上取得较大突破，全市申报结构更趋合理。在渝实施《西部地区现当代舞编导人才培养》国家艺术基金艺术人才培训资助项目，线上受训者超150万人。

（三）"重庆造"舞台精品深受全国演出市场好评

歌剧《尘埃落定》、川剧《江姐》、舞剧《杜甫》、芭蕾舞剧《死水微澜》等6部充分展示重庆特色、传递重庆人文气质的精品剧目赴北京、上海、南京、杭州、成都等全国28个城市巡演63场，深受观众追捧。创新推出"江畔音乐会"品牌，将传统国乐表演融入山水都市壮美背景，将艺术欣赏与传统中华节气相结合，成为线上线下超千万观众量、助推重庆国际消费中心城市建设的原创艺术IP。

二、聚焦重要节点任务，着力围绕中心服务大局

（一）凝聚新征程磅礴力量，带动全市实现文旅开门红

2023年除夕夜，牵头圆满完成市委、市政府交办的首届重庆都市艺术节焰火表演。活动为全市人民献上最温暖的新年祝福，引发强烈共鸣，全球整体曝光量超过17亿人次，成功带动新年文旅市场开门红，成为宣传城市形象、拉动文旅复苏的现象级文旅推广事件，被纳入全市主题教育活动创新推广案例，市委主要领导给予了肯定性批示。立春当晚，与市委宣传部共同主办"新时代、新征程、新重庆"2023年新春音乐会。以温暖奋进的乐曲奏响新征程强音符，市委、市政府主要领导等所有在家市领导同重庆市部分老同

志，全国劳动模范、全国道德模范、在渝院士专家、公安英模等先进人物代表和基层群众代表共1500余人一同观看，给予高度肯定。出席音乐会的领导规格和人数创重庆新年音乐会举办26届以来新高。

（二）加深对外文化交流，促进中西部国际交往中心建设

在市委主要领导出访新加坡、蒙古国等地的行程中，圆满组织安排重庆特色文艺演出。组织川剧《李亚仙》及折子戏专场剧组赴香港西九戏曲中心交流演出3场，香港特区前特首林郑月娥、曾荫权等政要观演，有力提升了川剧和巴渝文化的在港影响力。精心组织第九届中俄青少年运动会、"一带一路"科技交流大会、重庆国际人才交流大会等在渝举办的国际重要性会议活动的5场开闭幕式演出。与市外办在渝共同举办缤纷拉美文化季墨西哥音乐分享会。

（三）落实市委"一号工程"，促进跨区域艺术合作走深走实

突出成渝艺术互动，组织两地京剧院首次联合创作京剧《薛涛》并成功入围中国京剧节；成立成渝地区双城经济圈美术馆联盟、巴渝美术馆联盟；重庆原创芭蕾舞剧《死水微澜》、歌剧《尘埃落定》、舞剧《杜甫》，与四川原创话剧《尘埃落定》、交响组曲《藏羌彝》等优秀剧目互访演出；在渝举办第三届"技炫巴蜀"川渝杂技魔术展演、第三届川剧旅游文化艺术节暨首届双城"梅花"盛典、2023川渝话剧双城记暨首届大学生毕业大戏展演季、四川清音成渝两地交流展演、"生如夏花"2023成渝公共艺术作品展等一系列艺术交流活动，两地艺术家同台演出30余场。围绕鲁渝合作，组织文华大奖获奖剧目川剧《江姐》赴山东演出并开展文旅推广。围绕艺术援藏，组织市级文艺院团赴西藏昌都参加第九届三江茶马文化艺术节开闭幕式演出，组织重庆原创歌剧《尘埃落定》与西藏原创歌舞剧《昌都往事》互访演出。

三、聚焦职责使命，着力塑造城市人文气质

（一）深挖重庆特色，扎实推进全市重点创作扶持剧目

全年有9部反映抗战文化、传统文化、新时代新征程主题的重点创作扶持作品成功首演，包括文化和旅游部"时代交响"扶持项目大型民族管弦乐音乐会《朝天扬帆》、国家艺术基金资助项目原创芭蕾舞剧《归来红菱艳》、民族管弦乐《弦上巴渝》、经典抗战话剧《风雪夜归人》、杂技剧《极限快乐2》、跨界融合剧《火锅江湖》、成渝联合新创京剧《薛涛》、复排经典歌剧《茶花女》、京剧《穆桂英大破天门阵》等。文化和旅游部新时代现实题材舞剧《超燃青春》、历史题材创作工程川剧《巴蔓子将军》、本土方言曲艺剧《书月楼》等3部作品顺利完成一度创作。围绕长江文化，扎实开展文化和旅游部《长江大合唱》组曲项目主创来渝采风创作，将川剧高腔等重庆特色文化元素成功融入其中的曲目《过三峡》，并作为开幕演出曲目唱响中国演艺博览会；开展2023中国国家画院"长江主题美术创作项目"来渝采风写生5批次。

（二）培养观众，持续加大艺术消费市场供给

围绕党的二十大精神宣贯，开展"放歌新征程·礼赞新时代"党的二十大精神文艺宣传活动，组织市级院团深入全市乡镇、街道、学校等开展下基层演出160余场。结合主题教育组织开展红色经典剧目演出600余场。围绕美丽重庆建设大会精神，组织反映习近平生态文明思想的原创民族歌剧《一江清水向东流》专场演出。9家市级文艺院团全年开展演出约1700场，较2022年增加81.4%，覆盖观众85万余人次。全市公共美术馆举办展览269次，策划"万物生——百岁戴泽重回故里艺术展""长江风韵——长江经济带全国美术作品邀请展""翰墨履痕——冯远艺术展"等重要展览47场，配合展览推出的"馆长带你看展览"等系列美育活动20余场，网络直播观看上百万人次。统筹举办展览公教、艺术产品集市活动100余场。鼓励各方社会力量整合资源开展文旅演艺，全市演艺新空间数量增至35家。

（三）打造艺术品牌，大力营造城市艺术氛围

第二届重庆都市艺术节组织策划展览美育、文艺演出、艺术主题集市等三大主题板块110项艺术主题活动，按照"周周有展览、月月有活动"的节奏，持续5个月为市民奉上精彩纷呈的文化盛宴。连续三年与中国舞协在渝共同举办全国性舞蹈专业训竞活动"中国顶尖舞者成长计划"，全国上万名青少年舞者同台比拼，"舞动山城"品牌在全国舞蹈领域的影响力进一步提升。

2023年重庆非物质文化遗产保护发展情况报告

非遗处

一、2023年非遗保护工作开展情况

2023年，全市非遗保护工作坚持以习近平新时代中国特色社会主义思想为指导，认真贯彻落实习近平文化思想和习近平总书记关于非遗保护工作重要指示批示精神，不断建立健全非遗保护制度机制，完善非遗保护传承体系，推进非遗系统性保护工作。在助力乡村振兴、推动文旅融合和服务经济社会发展方面取得了积极成效。

（一）非遗保护传承体系逐步完善

认真贯彻落实中办、国办《关于进一步加强非物质文化遗产保护工作的意见》，市委、市政府将非遗工作纳入2022年区县经济社会发展业绩考核内容，我委印发了《关于进一步加强非物质文化遗产保护工作的通知》。加强非遗系统性保护，加快建设渝东南土家族苗族文化生态保护实验区，制定出台《重庆市文化生态保护区管理办法》，启动市级文化生态保护区创建工作。2023年，共有4次在全国非遗主题会议活动上作经验交流发言。

（二）非遗保护传承能力全面提升

一是激发传承人传承活力。组织开展市级以上非遗代表性传承人2022年传承活动评估工作，46名国家级非遗代表性传承人、770名市级非遗代表性传承人参加评估，其中9名国家级非遗代表性传承人、134名市级非遗代表性传承人被评为优秀，评估工作受到非遗司通报表扬。川剧国家级代表性传承人

沈铁梅获评2022"中国非遗年度人物"。推荐21名传承人申报第六批国家级非遗代表性传承人，完成12名国家级代表性传承人记录工作。二是努力提升传承能力。举办中国非遗传承人研修培训班4期，培训学员95人；重庆市秀山花灯传承人研培项目在文化和旅游部、教育部、人力资源和社会保障部共同实施的中国非遗传承人研修培训计划2021—2022年度绩效考核中获得优秀。西南大学、四川美术学院、重庆文理学院、重庆第二师范学院、重庆文化艺术职业学院等5所院校成功入选文化和旅游部、教育部、人力资源和社会保障部2024—2025年度中国非物质文化遗产传承人研修培训计划参与院校名单。三是加强项目保护单位管理。顺利完成53个国家级非遗代表性项目保护单位履职尽责情况评估和调整。涪陵榨菜集团股份有限公司、大足区石刻艺术品有限公司、永川豆豉食品股份有限公司、鸦屿陶瓷有限公司4家单位入选文化和旅游部2023—2025年国家级非遗生产性保护示范基地公示名单。

（三）非遗保护传承渠道不断拓宽

一是非遗助力乡村振兴。联合市人力社保局、市乡村振兴局印发《关于推进非遗工坊建设和遴选认定工作的通知》，市级非遗工坊达到46家。举办武隆浩口蜡染、巫山下庄扎染鲁渝共建乡村振兴非遗培训2期，石柱县中益乡夏布非遗工坊、酉阳县西州苗绣非遗工坊、彭水县苗绣非遗工坊3家工坊入选文化和旅游部、人力资源和社会保障部、国家乡村振兴局公布的2022年全国非遗工坊典型案例。二是发挥非遗在巴蜀文化旅游走廊建设中的积极作用，联合四川举办川渝非遗保护联盟年会、首届巴蜀非遗酿造技艺旅游创新发展大会、川渝曲艺展演大会、成渝双城蜀绣展、汇通丝路金细工艺专题展、巴蜀国际非遗美食周等多项活动，组织56个项目参加第八届中国成都国际非遗节，有79人在双城非遗竞技赛中获奖。三是加强长江国家文化公园中的非遗保护。开展长江三峡非遗资源调查，成功承办2023年度长江沿线国家级非遗代表性传承人研修班，有来自长江沿线11省（区、市）的97名国家级非遗代表性传承人参加。四是推动非遗与旅游深度融合。探索非遗特色街区、非遗特色景区建设，开展非遗与旅游融合发展推荐目录遴选工作，承办非遗司非遗与旅游融合发展培训班，"行吟荣昌千年棠城非遗体验游"成功入选文化和旅游部非遗司、资源开发司发布的2022全国非遗特色旅游线路，首届巴蜀非遗酿造技艺旅游创新发展大会入选2023非遗与旅游融合特色活动典型案例。

（四）非遗传播普及工作广泛开展

春节期间，全市共策划开展视频直播家乡年、年画重回春节、龙舞大巡游等103项441场次非遗传承实践活动，联合市商务委在10个区县举办非物质文化遗产暨老字号年货大集，300余家非遗及老字号商家参与，营造出有巴渝特色的年节氛围。"文化和自然遗产日"期间举办非遗购物节·第八届非物质文化遗产暨老字号博览会等10个板块134项活动，参与非遗项目1800余个、传承人2800余人次，销售金额达2300万元，600余万人参与活动。全年组织参加2023中国原生民歌节、全国曲艺周、中国非遗传统技艺大展、首届中国—东盟（南宁）非物质文化遗产周、海南锦绣世界文化周等全国大型活动13次；组织举办第八届重庆非遗暨老字号博览会、十八梯非遗旅游街区揭牌暨非遗大集、千年荣昌·历史文化周活动、丰都庙会、苗族踩花山节等市级活动25次，极大地激发了全社会共同关心和参与非遗保护传承工作的热情。

二、当前工作面临的形势和存在的问题

随着经济社会发展和内外环境变化，非遗保护传承面临诸多前所未有的课题和挑战。如，部分非遗项目在工业化、城镇化、信息化大背景下，市场需求减少，社会受众缩小，传承后继乏人，存续发展面临挑战；非遗保护的合力不够，各部门统筹推进、系统联动的协调机制作用发挥不足，社会力量参与仍不充分，非遗保护机制有待进一步加强等。

对标市委、市政府建设文化强市和建设世界知名旅游目的地的目标要求，目前非遗工作还存在较大差距，主要存在的困难和问题有以下三个方面：一是非遗保护经费投入严重不足。近年来，市级非遗保护工作经费每年仅有200余万元，各区县也普遍存在保护经费投入不足的问题，在支持非遗项目保护、宣传展示活动开展和非遗产品开发等工作方面难度较大。二是非遗

保护机构和人员严重不足。目前全市仅有合川和潼南2个区县单独设立非遗保护中心，其他区县大多挂设在文化馆、文管所等单位，仅有1～2名专兼职人员从事非遗保护工作，存在"小马拉大车"的现象。三是非遗场馆建设严重滞后。市、区县两级均没有非遗相关场馆，市非遗馆前期工作困难重重，各区县非遗宣传也缺乏常设展示空间，非遗宣传普及覆盖面、深入度还不够。

三、2024年重点工作和改革任务

2024年，全市非遗保护工作以习近平新时代中国特色社会主义思想为指导，深入贯彻党的二十大精神，认真学习贯彻习近平文化思想和习近平总书记关于非遗保护工作重要指示批示精神，深入学习贯彻习近平总书记在新时代推动西部大开发座谈会上的重要讲话、在重庆考察时的重要指示，坚持保护第一、传承优先的理念，推动中华优秀传统文化创造性转化、创新性发展。

（一）创建国家级文化生态保护区

进一步压实渝东南6个区县政府的主体责任，分类指导、统筹推进，对标对表做好验收准备工作，力争2024年顺利通过验收，正式成为国家级文化生态保护区。启动第七批市级非遗代表性项目申报工作，公布一批市级文化生态保护实验区。

（二）加大非遗改革创新力度

开展非遗数字化建设，完善重庆非遗数据库系统和指导开发非遗管理服务等"一件事"场景应用。创新培育打造非遗知名品牌，开发更多具有重庆辨识度的非遗产品。公布非遗与旅游融合发展推荐目录，将非遗项目有机融入度假区、景区、游轮、酒店民宿等旅游空间，探索建设非遗特色街区、村镇、景区、旅游线路等，推动非遗与旅游深度融合发展。

（三）努力融入国家重大战略

进一步加强长征、长江国家文化公园非遗保护。推动区县贯彻落实《关于推进非遗工坊建设和遴选认定工作的通知》，加大乡村振兴非遗技艺培训及非遗工坊建设力度。助力巴蜀文化旅游走廊建设，组织两地非遗项目和传承人开展交流互动，联合举办川渝非遗联展、川渝曲艺展演大会等活动。

（四）积极开展非遗传播实践

常态化组织开展非遗在社区、进校园、进景区等系列活动，春节期间策划开展"视频直播家乡年""年画进万家""舞动中国龙""点亮中国灯""古城过大年"等节庆活动。举办"文化和自然遗产日"非遗宣传展示、第九届重庆非遗暨老字号博览会、"茶和天下 共享非遗"茶文化周、非遗美食推荐等一系列活动，组织参加中国非遗博览会等大型活动，营造人人参与非遗保护传承的良好氛围。

2023年文化体制改革发展综述

政策法规处

2023年，全市文化旅游改革工作坚持以习近平新时代中国特色社会主义思想为指导，全面贯彻落实党的二十大改革新部署新要求，深入学习贯彻习近平总书记在文化传承发展座谈会上的重要讲话精神。围绕举旗帜、聚民心、育新人、兴文化、展形象的使命任务，坚持国家所需、重庆所能、群众所盼、未来所向，高质量高标准完成文化和旅游领域各项改革任务。

一、深化创新理论武装

始终坚持以习近平新时代中国特色社会主义思想为指导，深入学习贯彻习近平文化思想，认真贯彻落实中央全面深化改革委员会系列会议精神，按照市委深改委和文改专项小组的具体要求，坚持以改革促发展，多次召开党委会议深入传达学习习近平总书记关于改革工作和宣传思想文化工作的重要指示。坚持"一把手"抓改革，委党委书记、主任冉华章多次主持召开会议，专题研究部署委系统改革工作任务，及时制定并印发委系统改革工作系列文件。

二、不断完善体制机制

一是完善文化和旅游深度融合发展机制。创新开展第四届"重庆好礼"旅游商品（文创产品）大赛、2023中国顶尖舞者成长计划、首届剧本娱乐嘉年华等重大活动。实施"旅游+演艺"，利用专项资金开展演出场次补贴、支持与剧院运营方探索"零租金、分票房"模式，整合13个市级传播平台开展优秀文艺作品网络展演活动。孵化线上流量超20亿的《丽人行》超级演艺IP，《重庆·1949》被评为全国20个"沉浸式文旅新业态示范案例"之一。实施"非遗+旅游"，19个项目入选"全国非遗与旅游融合发展优选项目名录"，10个项目入选重庆市"非遗与旅游融合发展优秀案例"。联合市农业农村委认定重庆市休闲农业和乡村旅游示范乡镇30个、示范村85个。"重庆·美丽乡村"品巴蜀文化乡村游、墨画廊·汉丰湖休闲之旅、三峡田园观光之旅、乡村生态休闲赏花之旅等4条线路入选文化和旅游部"乡村四时好风光——大美春光在路上"全国乡村旅游精品线路。二是创新服务贸易发展机制。推进全面深化服务贸易创新试点任务全面落实，总结提炼一批创新案例。大力推动对外文化贸易发展，命名渝中区、重庆高新区2个市级对外文化贸易基地。出版集团、帕斯亚科技等企业获评"国家文化出口重点企业"10家次，"时光系列"游戏等5个项目获评"国家文化出口重点项目"。三是完善文化业态植入机制。积极推进"景区+剧场""景区+演艺"等文化业态植入工作。向文化和旅游部择优推荐《天下大足》《红岩1949》《雾起江洲》等8个"景区+演艺"等项目申报智慧旅游沉浸式体验新空间，《天下大足》成功入选。会同市发展改革委、市经济信息委择优遴选推荐石柱黄水森林乐园、沙坪坝歌乐忠魂·渣滓洞沉浸式研学营地、大渡口未来之鹰航空模拟体验中心等5家优秀文化业态为国家培育试点项目。以新旅游新产品新业态为主题，推出旅游演艺、特色项目、沉浸体验等新产品50个，丰富旅游产品供给。四是健全知名文旅品牌培育机制。探索文艺院团文旅融合演出形式，重庆民族乐团在重庆大剧院户外平台开展"江畔露天音乐会"，线上线下浏览量超400万次。成功举办除夕夜首届重庆都市艺术节，焰火表演整体曝光量超过17亿人次，充分彰显了重庆国际化大都市形象。7月上旬在黔江举办了2023武陵文旅大会，为武陵山区文化和旅游高质量发展蓄势赋能。加大全市演出展览文化消费供给，截至2023年底，市级专业文艺院团共演出超过1500场，较2022年全年总演出场次增加超过70%。2023年，重庆杂技团推出全新升级改版《极限欢乐SHOW2》杂技秀，着力打造重庆文旅融合新IP。升级改造以长江、乌江文化为主线的乌江涪州画舫游，开通涪州画舫两江游白天航线。

三、提升公共文化服务效能

一是创新实施文化惠民工程。拓展公共文化服务新型空间，突破公共文化设施以"四馆一中心"为载体的传统模式，立足城乡人口规模、人文风貌、景观格局，依托市、区（县）两级文图总分馆制改革，"嵌入式"打造大、中、小、微型公共文化设施网络，累计建成图书馆分馆1957个、文化馆分馆1323个，城乡书房、文化驿站、文化礼堂等新型公共文化空间318个，世纪游轮江上图书馆——重庆图书馆世纪游轮分馆、故宫文物南迁纪念馆获评长三角及全国部分省市最美公共文化空间大赛"最美公共文化空间大奖"。深化公共文化服务多业态、多领域融合叠加发展，"全民阅读+艺术普及+教育研学+城市美育+旅游交通"等新模式逐步推广普及，联合重庆轨道集团创新开展重庆市公共图书馆"巴·掌书"进轨道交通项目；联合市教委开展普通中小学生（幼儿）免费开通公共图书馆图书借阅卡工作。推进公共文化服务社会化发展，在前期整合社会机构团体资源的基础上，进一步健全重庆文化志愿者服务体系，广泛发动个体参与文化志愿服务。截至2023年底，全市注册文旅志愿者3.23万人，志愿者团队497个，完成文化配送14.62万次，惠及群众3235.95万人次，完成"春雨工程"、公共文化润边疆等5个项目志愿服务任务，惠及边疆群众300余万人。二是统筹推进公共文化数字化建设。统筹推进全市智慧图书馆体系建设，推出"云上重图"数字资源平台，提供数字阅读、重图到家、线上续借等一站式服务，数字资源总量超过2050TB。持续推进重庆公共文化云建设，目前重庆群众文化云提供数字资源97.6万个、文化资讯3万余条；实时调配的累计访问量3.17亿次，用户数84万个。持续推动川渝阅读"一卡通"项目，重庆市现有的43家图书馆，在2023年内全部实现与四川有关图书馆通借通还。将文物保护、文化传承与利用纳入"三张清单"，推进"文化·巴渝文物"应用谋划，成功纳入数字重庆应用"一本账"管理。持续推进文物数字化项目实施，建设重庆云上博物馆，目前上线已达到8家。推进红岩革命历史博物馆可移动文物数字化保护等文物数字化项目实施，有序推进市级以上文物保护单位、馆藏珍贵文物数字化。三是推进文旅公共服务一体化。积极推动有条件的乡镇（街道）、村（社区）在公共文化服务中心设置旅游服务功能，在旅游景区设新型阅读空间等，将乡村村晚安排在旅游景区、乡村旅游重点村举办，实现主客共享，提高公共文化服务效能。

四、完善文化保护传承体系

一是深化文物保护利用改革。全力推进市委办公厅、市政府办公厅印发《贯彻落实〈关于让文物活起来 扩大中华文化国际影响力的实施意见〉的具体举措》，明确16个方面的具体措施，细化工作责任到市级各部门，共同推进落实。实施革命文物保护传承工程。推动市政府与国家文物局正式签订《关于深化重庆文物保护利用改革战略合作协议》。先后完成了红岩文化公园一期项目建设，红岩文化公园二期项目开工准备，歌乐山红岩魂陈列馆改陈并，保卫中国同盟总部旧址、部分重庆抗战兵器工业旧址群等统战文物、抗战文物保护利用，中国民主党派历史陈列馆扩容升级等工程，开工建设红岩文化公园等项目。创建国家革命文物协同研究中心，纳入国家创建培育名单。完成国家实地核查，出台《重庆市红色资源调查认定办法》。二是推进三峡文物保护利用工程。统筹推进三峡文物保护利用工作，整体推进44项三峡考古研究报告编写出版，年内出版8部。完成三峡国家考古遗址公园可行性研究报审，按照"一园多点"模式推进长江三峡考古遗址公园群建设，重点推进奉节白帝城、万州天生城、云阳磐石城、两江新区多功城遗址保护展示工程，皇华城考古遗址公园已于9月27日率先正式对外开放。三是加强城乡建设中的历史文化保护。开展不可移动文物空间利用专项规划，有序推进重点文物保护修缮工程，老鼓楼衙署遗址保护展示工程基本完成，跨街保护棚及谯楼标识工程加快推进，会同市规划自然资源局上报第八批中国历史文化名镇名村推荐名单，拟推荐6个名镇和6个名村。

五、推动文化旅游融合高质量发展

一是推进长江国家文化公园建设。系统梳理长江重庆段文化脉络，提炼文化主题28个，遴选文化标识69个，以"一轴两廊三区四片"的空间格局，全面构建起重庆长江文化体系。编制形成《实施方案（送审稿）》和《建设保护规划（送审稿）》，推动长江国家文化公园（重庆段）建设。策划项目83个，整合提出重点项目15个，概算总投资71.4亿元，按照"专精特新"项目要求建立长江国家文化公园（重庆段）项目储备库。二是推动巴蜀文化旅游走廊建设。实现川渝"阅读一卡通"项目在重庆市全覆盖，打通川渝两地174家公共图书馆图书资源网络，实现基于居民社会保障卡（电子社保卡）的图书通借通还服务。持续推动"百万职工游巴蜀"活动，已上线117个景区和9个院团演出产品。其中，重庆地区已上线87个景区及8个院团演出产品，四川地区已上线30个景区及1个院团演出产品，累计出游职工约26万人次，带动家人出游约90万人次，根据国内旅游抽样调查人均消费数据测算，累计带动消费9亿元以上。积极推动成渝地区双城经济圈文化和旅游区域协同发展国家试验区设立，进一步完善建设方案，力争建设项目落地落实。印发《重庆市贯彻落实〈巴蜀文化旅游走廊建设规划〉实施方案》，召开巴蜀文化旅游走廊建设专项工作组联席会。联合举办第三届"技炫巴蜀"川渝杂技魔术展演、第十一届巴人文化艺术节。三是拓展文旅消费示范。修订完善"大都市、大三峡、大武陵"旅游升级实施方案。举办第八届重庆文化旅游惠民消费季，直接拉动文旅消费2000余万元，预计带动文旅及相关产业消费1亿元。通过"百城百区"金融支持文化和旅游消费行动计划、数字人民币推广计划等，整合区县文旅系统、在线文旅平台、金融机构等合力举办促消费活动，惠及上千万人次。指导渝中区成功创建首批文化和旅游消费示范城市，沙坪坝区等5个区创建文化和旅游消费试点城市。评选命名两批共31个市级夜间文化和旅游消费集聚区，获评两批共12个国家级夜间文化和旅游消费集聚区。在璧山举办第十五届中国西部动漫文化节，以产业交流、项目合作、创意竞技、互动体验为重点，着重开展4大类共24项创意活动，吸引了超过10万人次到现场参加各类活动，全面打造大型文化惠民活动。四是统筹推进智慧旅游体系建设。制定《数字文旅建设总体方案》，成立数字文旅建设工作领导小组，全面推动数字文旅建设。推进智慧旅游体系建设，谋划了"文化·惠游重庆"应用，涵盖旅游大数据采集、监测、决策、反馈闭环流程，以及旅游质量监管、旅游市场运行监测等多跨场景。该应用已纳入数字重庆建设应用"一本账"，正加快推进应用建设。五是加强川渝监管联动。市文化执法总队与四川省文化和旅游厅综合执法监督局签订《四川省—重庆市文化旅游市场综合行政执法协作备忘录》，江津区、永川区、荣昌区、长寿区等18个区县分别与四川省成都市、广安市、遂宁市等11个地级市签订联合执法协议，共同建立川渝两地联合执法机制。定期开展联合执法交流活动。统筹川渝两地行政执法力量，开展区域性地方标准联合调研，推动执法监管政策相对统一。组织永川区执法支队与四川省泸州市执法支队在文化市场主体和行为"流动性"较强的"营业性演出市场"和"旅游市场"先行先试，尝试在各自裁量标准的框架下，将行政处罚自由裁量标准进行统一。

下一步，我委将继续树牢改革意识，强化改革担当，抓住当前改革有利形势，认真对标对表市委深改委和市文改专项小组的部署，按照委党委抓改革工作的具体要求，站在全市文化旅游工作的高度，认真梳理委系统文化旅游领域改革需求，谋划好2024年改革项目培养，努力将委系统重大改革项目纳入市委深改委"三个一批"行列，推动全市文化和旅游改革工作走在前列。

2023年重庆旅游资源开发情况报告

资源开发处

2023年，资源开发处坚持以习近平新时代中国特色社会主义思想为指导，全面贯彻党的二十大精神，深学笃用习近平文化思想，围绕现代化新重庆建设目标，紧扣市委、市政府决策部署，按照委党委工作要求，以品牌打造引领行业发展，以节会活动助力宣传营销，以赛事评比促进品质提升，以业态创新提升产品竞争力，统筹推动全市旅游资源开发工作开创新局面、迈上新台阶。

一、坚持"抓重点、补短板"，三峡牌打造持续用力

2023年以来，渝东北地区借好势、乘长风、破万浪，旅游指标稳中向好，经济拉动作用明显增强。2023年渝东北区域接待过夜游客1125.55万人次，同比增长38.2%；实现旅游业增加值达到216.18亿元，同比增长9.4%。一是推动政策落地实施。深化实施《重庆长江三峡地区旅游一体化发展规划》《大三峡旅游发展升级版实施方案》，细化新时期"大三峡"旅游发展能级提升举措，着力打造具有重庆辨识度的三峡旅游有形载体、有效抓手。二是深化开展区域协作。成功召开长江三峡区域旅游合作2023年渝鄂轮值主席会议，重庆、湖北签订《2023年渝鄂区域旅游协作备忘录》，加强两地联动，共建共享客源市场。加强与四川、湖北、陕西、河南等周边地区联动，一体化开展市场营销和品牌推广。组织召开渝东北文化旅游工作调研座谈会，推动大三峡文化旅游一体化发展。三是宣传推广持续发力。成功举办第十三届长江三峡国际旅游节、2023年世界大河歌会、长江三峡文化旅游论坛等一系

列节会活动，持续提升长江三峡国际黄金旅游带品牌影响力。四是长江游轮市场强劲复苏。重庆市现有重庆籍长江游轮33艘，其中五星级21艘、五星待评2艘，总数列全国第一；2023年长江三峡游轮共计发船5414艘次，为2019年的94.72%；接待游客137.62万人，为2019年的126.17%。水上巴士、平湖快艇、休闲轮渡等产品加速发展，多元化水上产品体系正加速形成。

二、聚焦"抓管理、提品质"，旅游景区发展提质增效

秉持"品牌强旅、品质兴旅"理念，着力完善产品体系，优化供给结构，丰富旅游业态，提升服务品质。一是品牌创建加速推进。涪陵武陵山大裂谷景区、巫山巫峡·神女景区完成5A级景区创建，待文化和旅游部评定授牌，合川钓鱼城通过国家景观质量评价，正积极创建国家5A级景区。全年创建A级景区31家，A级景区累计达到294家，其中5A级景区11家、列入5A预备名录3家、4A级景区153家。精品景区占比高达56%，位列全国第一。2023年，全市重点监测的130家A级旅游景区共接待游客1.53亿人次，同比增长98.9%。二是景区品质提档升级。组织开展旅游景区"体检式"暗访复核工作，突出景区标准化建设、服务质量提升、安全生产管理等工作重点，不断推动全市A级景区提档升级。全市旅游景区通过复核258家，延期复核12家，责令限期整改9家，取消等级4家。持续开展全市旅游景区品质提升行动。成功举办全市旅游景区管理培训班、新业态开发与营销推广专题培训班，并邀请文化和旅游部领导、行业领域专家为培训班专题授课。成功邀请中国旅游景区协会在重庆市万盛经开区举办第七届景区创新发展大会暨第二届八次理事会，推动旅游景区创新发展。三是景区安全抓紧抓实。充分发挥市安委会旅安办统筹协调作用，强化景区属地属事责任和部门主管责任，抓重点、抓调度、抓督查、抓整改，凝聚齐抓共管工作合力。先后印发《关于开展全市文化旅游系统危岩地灾防治工作的通知》《关于切实加强高温汛期旅游景区安全管理工作的紧急通知》等一系列文件，扎实推进旅游景区管理工作。加大督促指导力度，开展风险隐患排查，重点抓好三峡库区景区危岩地灾防治、森林防火、高风险游乐项目、旅游交通、旅游安全、意识形态网络舆情

等安全监管，旅游景区管理工作整体平稳运行。

三、立足"出精品、促传承"，红色旅游蔚然成风

一是系统梳理红色旅游资源。全市现有全国红色旅游经典景区16个，红色旅游景区景点112处，红色A级景区22个（其中4A级景区13个、3A级景区3个、2A级景区6个），初步构建起国家、市、区（县）三级红色旅游景区体系。二是加强红色旅游资源保护。落实《关于进一步规范红色旅游发展和革命文物保护利用项目建设的通知》要求，深入开展红色旅游和革命文物保护项目建设自查自纠，未发现打着红色旅游旗号搞项目开发、红色纪念场馆配套设施贪大求洋等情况。三是强化红色旅游人才培养。会同四川省文化旅游厅成功举办首届川渝红色故事讲解员风采展示赛，成功举办重庆市红色故事讲解员培训班、第四届全国红色故事讲解员大赛重庆选拔赛，分别推荐3名专业讲解员和志愿讲解员参加全国红色故事讲解员大赛，2名选手参加最终汇报展演，1名志愿讲解员被评选为"金牌志愿讲解员"。遴选推荐3名讲解员入选全国五好讲解员培养项目，全面提升红色讲解员能力素养。

四、着眼"提质量、树品牌"，节会活动推陈出新

一是会同市政府外办、荣昌区政府联合主办第四届"重庆好礼"旅游商品（文创产品）大赛暨外事礼品征集活动，评选出金奖10个、银奖20个、铜奖50个。组织参加2023中国旅游商品大赛、2023中国特色旅游商品大赛，分别获得1金3铜、2金8银9铜佳绩，获奖总数居于全国前列。二是成功举办2023重庆星级饭店服务技能竞赛暨"食"尚归来厨艺精英赛，评出一等奖5个，二等奖10个，三等奖15个。支持中国旅游饭店业协会九届三次理事扩大会暨中国饭店行业发展大会、首届川渝旅游饭店业高质量发展论坛在重庆成功举办，推动旅游饭店提质增效。组织参加全国星级饭店从业人员服务技能竞赛总决赛，获团体三等奖和中餐个人项目三等奖，成绩为历年最佳，为全市星级饭店品质提升树立了风向标。三是会同湖北省文化旅游厅联合主办"沿着

长江读懂中国——万里长江行·重庆段"主题宣传推广活动，通过更深层次、更广领域、更高质量的交流合作，讲好长江故事。

五、围绕"抓试点、创品牌"，旅游民宿创新推动

一是加强品牌建设。积极推荐全国甲、乙级旅游民宿，上报甲级15家、乙级19家。北碚既白民宿、巴南花境院子获评全国第二批甲级旅游民宿，开州遇见·云上获评全国第二批乙级旅游民宿。全市现有甲级旅游民宿3家、乙级旅游民宿2家。组织开展丙级旅游民宿评定，共27家民宿申请，经专家资料审核、现场检查，达到丙级旅游民宿标准22家，现已上报全国旅游标准化技术委员会审核备案。同时加强宣传推广。组织开展全市拟创评等级旅游民宿摸底调查，先后对外发布《重庆市旅游民宿名录（100家）》《重庆市旅游民宿指南（190家）》，进一步提升全市旅游民宿品牌影响力。二是积极助推星级饭店品牌化发展。奉节县诗城皇廷大酒店获评国家五星级酒店，推荐重庆金陵大饭店、重庆两江假日酒店创建国家五星级酒店，待全国星评委现场检查；重庆解放碑帝晶酒店、重庆国贸格兰维大酒店、渝商国际大酒店、重庆华辰国际大酒店通过全国五星级饭店评定性复核检查。成功创建评定云阳蓝湾丽呈酒店、重庆绿宫度假酒店为四星级饭店。组织开展星级饭店评定性复核，通过评定性复核60家，申请延期复核13家，取消资质14家。此外，积极推进三峡游轮品牌创建，推荐世纪神话、世纪传奇2艘游轮评定国家五星级游轮，目前已通过全国星评委现场检查并公示。

六、瞄准"强融合、重体验"，旅游新业态迅速崛起

合家出游、近郊度假、城市漫游（City Walk）、节事旅游、兴趣旅游、反向旅游、夜间游、轻体育等构成旅游市场的"多样性+个性化"特征，智慧旅游沉浸式新产品新场景成为消费新热点。一是以新晋A级旅游景区、精品旅游民宿、旅游新产品新业态、特色旅游线路等为主题，推出旅游民宿190家、新景区景点130处、旅游休闲街区、露营基地、旅游演艺、特色项目、沉

浸体验等新产品50个，丰富旅游产品供给。二是深入推进旅游休闲街区品牌化建设。贰厂文创街区、酉州古城步行街获评国家级旅游休闲街区，江北观音桥商圈、九龙坡杨家坪步行街、南川东街入选第三批国家级旅游休闲街区名单，目前已公示。三是培育工业旅游业态。816工程旅游景区、重庆工业文化博览园入选2023年国家工业旅游示范基地名单，全市国家工业旅游示范基地达4家。四是积极推荐智慧旅游沉浸式体验项目。分两批次向文化和旅游部择优推荐《天下大足》《重庆·1949》《石柱黄水森林乐园》等13个项目申报智慧旅游沉浸式体验新空间，目前第一批次已公布，《天下大足》成功入选。

七、紧盯"聚人气、促消费"，旅游资源串珠成链

认真落实提振文化和旅游消费政策措施，落实景区对退役军人、导游等门票减免优惠，推出"百万职工游巴蜀旅游年票"，推动川渝两地职工互送、市场互推。持续打造特色精品旅游线路，推动旅游资源串珠成链、集链成群，助推旅游经济持续升温。一是积极申报国家旅游风景道。对照《"十四五"旅游发展规划》提出的25条国家旅游风景道，研究提出重庆市大巴山风景道、乌江风景道、武陵山风景道、长江三峡风景道具体路线，争取更多重庆旅游路线纳入国家旅游风景道名录，提升重庆旅游资源知名度。二是组织参加"读李白 游神州"旅游线路宣传推介活动。系统梳理重庆市与李白相关的文化旅游资源点13个，已全部入选文化和旅游部发布的"读李白 游神州"文化主题旅游线路。同时，组织奉节、巫山等区县参加文化和旅游部举办的"读李白 游神州"中华文化主题旅游线路宣传推广活动，重庆作为李白重要游踪地的省、市代表作主题推介。三是推荐长江主题国家级旅游线路。积极推荐长江主题国家级旅游线路资源点，在文化和旅游部推出的10条长江主题国家级旅游线路和《长江国际黄金旅游带精品线路路书》中，9条线路涉及重庆，包括重庆中国三峡博物馆、钓鱼城国家考古遗址公园、大足石刻、金佛山等众多知名景区。四是申报推荐典型案例线路产品。择优向文化和旅游部推荐8个项目申报交旅融合发展典型案例，其中长江三峡旅游产品入选水路旅游产品第一批交通运输与旅游融合发展十佳案例，梁平区"渔

米路"入选乡村旅游公路第一批交通运输与旅游融合发展典型案例。五是推出精品旅游线路丰富假日供给。为营造节日氛围，服务游客出行，分别于五一、国庆假期前推出自然观光、民俗文化、主题游乐、乡村旅游等主题线路各100条，为游客欢乐度假提供多元化线路产品。

八、紧扣"强基础、促发展"，重点专项高效推进

一是起草形成《关于加快建设世界知名旅游目的地的意见（送审稿）》。已先后征求和吸纳市级相关部门和单位、各区县人民政府以及社会公众意见，通过了市信访办社会稳定风险评估、市司法局合法性审查、市委网信办网络舆情风险评估，提请市政府分管领导召开专家座谈会等进行专题研究，分别经市政府常务会议、市委常委会审议通过，待修改完善后提请市委、市政府印发实施。二是编制形成《长江国家文化公园（重庆段）建设实施方案（送审稿）》和《长江国家文化公园（重庆段）建设保护规划（送审稿）》，分别向长江国家文化公园建设工作领导小组办公室和市国家文化公园建设工作领导小组作了专题汇报，正积极争取国家层面指导，学习借鉴其他省市的做法和经验，组织开展长江文化系列课题研究，加紧优化完善规划文本，推动形成更多有重庆辨识度、持久生命力的重点项目。三是按照文化和旅游部要求，组织区县、专家和相关处室对全市优质旅游资源进行了再梳理，整合提出拟申报资源名录67项；对标申报标准和要求，首批择优推荐中国特品级旅游资源50项。四是高质量完成景区大气负氧离子监测发布、"火锅+旅游"融合发展、大足石刻景区科学规范发展、合川钓鱼城景区业态创新、三峡游轮和"两江游"发展、旅游民宿发展等一系列市领导指示批示工作61件，圆满办结人大建议和政协提案42件，其中主办件15件、协办件27件。配合市级有关部门扎实推进三峡库区危岩地灾防治、中央生态环保督察、垃圾分类、塑料污染防治、森林草原防灭火等专项工作。

2023年重庆旅游市场拓展情况报告

市场拓展处

2023年以来，市场拓展处深入贯彻落实党的二十大精神，认真组织开展学习贯彻习近平新时代中国特色社会主义思想主题教育，深入落实市委、市政府决策部署。抢抓疫后文化旅游市场复苏新机遇，主动融入成渝地区双城经济圈建设，全力抓好巴蜀文化旅游走廊建设、营销推广、行业管理等，推动各项工作迈上新台阶，实现新突破。

一、总体情况

（一）聚焦"一号工程"深入推进巴蜀文化旅游走廊建设

一是持续健全协同机制。印发实施《重庆市贯彻落实〈巴蜀文化旅游走廊建设规划〉实施方案》《巴蜀文化旅游走廊建设工程十项行动计划（2023年）》等，强化政策协同保障。川渝两地文旅部门联合召开第六次、第七次联席会议，共同制定年度计划，协同落实工作任务；联合启动成渝古道文化旅游带建设，联合川渝253家企业组建川渝文化旅游企业联盟，截至2023年底，已组建川渝文旅合作联盟27个、签署合作协议86份。川渝两地联合编制《文化和旅游区域协同发展改革创新试验区建设方案》，积极推进《重庆市川剧保护传承条例》协同立法。

二是全力推动重点项目建设。突出文化旅游重大项目引领，持续释放巴蜀文化旅游走廊建设动能。2023年，两地纳入双城经济圈建设文旅重大项目21个，其中川渝联建项目7个，两地单独实施项目各7个。截至2023年底，涉及重庆的川渝石窟寺传承与科技创新、红岩文化公园、磁器口街区提质工程、寸滩国际邮轮母港等14个项目，2023年完成投资61.67亿元，累计完成投资169.8亿元。纳入双城经济圈建设"四张清单"的文旅重大项目、政策、改革、平台12项，已全面完成年度任务。

三是大力保护传承弘扬巴蜀文化。持续抓好文物保护利用、非物质文化遗产保护传承工作，打造巴蜀文化精品。编制完成《川渝石窟寺国家遗址公园（重庆片区）总体规划》，推进钓鱼城遗址、白鹤梁题刻申遗，联合四川推进川渝宋元山城体系、川渝盐业遗产、蜀道申遗工作，开展"川渝地区巴蜀文明进程研究"。举办2023长江文明论坛、全国首届石窟寺保护国际论坛。开展《巴蜀石窟全集》编撰工作，推进实施大足石刻圆觉洞等22处石窟寺保护项目，将中小石窟寺保护利用纳入全国示范工程。联合主办"5·18国际博物馆日"传播展示活动，创办区域性非遗展示平台，合作保护同根同源非遗项目。

四是积极推动艺术交流合作。以巴风蜀韵为题材，持续创作推出一批艺术精品，推出《绝对考验》《巴蔓子将军》《一江清水向东流》《风雪夜归人》等一批舞台艺术精品剧目，积极发展演艺新空间新业态，常态化推动演艺剧目升级展演。扩大川渝艺术交流，联合举办第二届巴蜀合唱节、第三届"技炫巴蜀"川渝杂技魔术展演、第十一届巴人文化艺术节暨第二届川渝曲艺展演大会、2023年中国（川渝）民族戏剧创新与发展大会等活动。推动川渝文艺院团开展两地巡演，重庆《绝对考验》、四川《将进酒》等一批舞台剧目成为两地观众讨论的热门话题。依托舞台艺术源头工程，促进戏剧戏曲培训研讨等舞台艺术人才队伍建设交流。

五是推进公共服务互联互通。以"成渝地·巴蜀情"公共文化服务品牌为统领，协同举办川渝两地视觉艺术联展、少儿才艺大赛等一系列大型群众文化活动20余场。推进"川渝阅读一卡通"项目，实现成渝两地115家图书馆、3000万册图书通借通还服务。协同加快推进公共文化数字化转型，打造全媒体服务矩阵。持续推进行政审批事项"川渝通办"，文化旅游跨省通办事项扩展到11项，推动"减材料、减环节"，平均压减办结时限31%。建立川渝两地联合执法机制，签订《2023年川渝两地联合执法十项行动计划》，开展川渝两地文化旅游市场交叉执法检查和暗访、联合执法办案等工作，促进两地文化旅游市场健康发展。

六是联手促进文旅消费。联动四川实施"百万职工游巴蜀"活动，整合川渝两地景区、演艺等近200家，带动川渝3000余家机关企事业单位工会参与，截至2023年底"巴蜀文旅年票"发行覆盖近30万职工，带动出游近100万人次，累计拉动消费10亿元以上，实现了"免费一个人、带来一家人"的带动效应，有力促进两地市场联动。联合发布"成渝高铁""欢乐五一""川渝亲子游"等一系列特色主题游线，开行巴蜀文化旅游走廊主题列车，探索"旅游+高铁"联动发展。开展"川渝好风光——巴蜀文旅新发现"全媒体行动，总传播量超1亿次，10余个话题登上全国热搜。川渝两地联合参加2023香港国际授权展、广州旅游展、武汉文博会等，联袂推广巴蜀文化旅游走廊旅游资源和线路产品，提升品牌知名度。

（二）聚焦市场拓展，大力推进文旅营销推广

一是开展重点客源市场推广。组织2023重庆文旅推介活动，赴杭州、南京、乌鲁木齐、海口、哈尔滨、沈阳等地开展重庆文化旅游推介会，组团参加2023广州国际旅游展览会、第十九届深圳文博会、第二届中国（武汉）文化旅游博览会、第五届藏博会、第十届北京国际文旅消费博览会、中国国际进口博览会、第十届四川国际旅游交易博览会、2023年"冬日胜景"全国旅游宣传推广等活动，积极拓展长三角、珠三角、东三省、中部地区、京津冀等客源市场，推广重庆和巴蜀文化旅游走廊旅游产品，拉动文旅消费。

二是强化重点产品推介。推出"漫游山城趣耍重庆"城市漫步系列主题活动，甄选中心城区精品旅游打卡点，串珠成链推出10条城市漫步线路、10个必打卡宝藏景点、10个文旅消费场景，新媒体平台播放量突破4600多万次、全网曝光量近1亿。开展"乘着大巴看中国——在巴蜀文化旅游走廊'渝'见新花young"主题活动，推出重庆美景美食和新玩法。参与美团"美好在一起"品牌推广活动，联合美团打造"重庆文旅品牌馆"。组织开展旅游宣传推广优秀案例征集活动，"重庆云海列车"短视频营销推广活动成功入选2022年度国内旅游宣传推广优秀案例。积极鼓励各区县开展以"旅游中国　美好生活"为主题的"二十四"节气旅游创新推广活动，渝中区、沙

坪坝区、黔江区、南岸区等27个区县结合"二十四"节气的特色，策划培育"二十四"节气旅游精品线路。

三是推动重点区域旅游协作。深化武陵山文旅联盟协作，圆满举办2023武陵文旅大会，达成战略性、建设性的文化和旅游产业合作项目16个，签约金额202.5亿元，33家银行为武陵山片区42家文旅企业集中授信、放款金额97.82亿元；创新举办2023武陵山冰雪季活动、中国武陵文旅城市巡展活动、2023武陵山国际音乐季、2023武陵山原生民歌艺术节等活动，提升渝东南文旅知名度。深化援藏工作，组织媒体和旅行社赴西藏昌都开展采风踩线活动，支持昌都在渝开展旅游推介会，持续开展"万人游昌都"送客活动。会同山东举办"十万山东人游重庆"系列直播宣传推广活动，全力宣传推介重庆文旅产品。

四是实施营销奖励做大游客规模。持续实施"十四五"旅游营销奖励、旅行社组客观看驻场演出奖励政策，出台入境旅游营销奖励政策，重点支持旅行社组客前往国家乡村振兴重点帮扶县城口、巫溪、酉阳、彭水等地旅游消费，引导旅行社组客观看旅游驻场演出，推动入境旅游发展，加快促进文旅消费复苏。

（三）聚焦恢复发展，优化提升行业管理服务

一是加强政策扶持。持续落实旅行社质量保证金暂退、缓交补足期限延期1年政策，2023年全市申请暂退、缓交保证金的旅行社724家，暂退、缓交金额1.78亿元，有力助推市场主体快速增长。开展"持证导游进景区"实践实训活动，全市90家收费景区为持证导游免门票。截至2023年底全市旅行社达1101家，较2022年底增加283家，首家外商投资旅行社获批设立。根据全国旅游监管服务平台数据，2023年全市旅行社国内旅游组织游客830.20万人次，同比增长312.6%；国内旅游组织游客3341.27万人天，同比增长395.4%；旅行社国内旅游接待游客796.06万人次，同比增长293%；国内旅游接待游客1260.87万人天，同比增长399.9%；旅行社接待入境旅游游客3.22万人次，旅行社组织出境旅游3.94万人次。截至2023年底，全市持有正常状态的电子导游证导游12388人，共有领队1597人。

二是加强培训指导。组织开展全市旅行社服务质量提升、导游领队素质提升等培训，线下累计培训800余人次，线上培训导游领队1万余人，为企业、从业人员开展政策解读、业务指导等，帮助企业加速恢复信心、恢复发展。组织举办2022年（延期）、2023年全市导游从业资格考试，其中2022年导游考试通过1121人，2023年考试参考人数达10278人，创历史新高，进一步加强对行业发展人才支撑。启动"导游兼司机"服务试点，升级消费体验。

三是举办重大活动。成功举办第四届"山水之城·美丽之地"导游词讲解大赛暨第九届全市导游大赛（全国导游大赛选拔赛），评选出"十佳导游员"和大赛冠军、亚军、季军。推选优秀选手2人参加第五届全国导游大赛决赛，重庆市选手郭宏亮获全国优秀风采选手称号，我委获全国导游大赛突出贡献单位。指导支持市导游协会举办文旅校企合作活动，支持市场主体举办2023旅业发展高峰论坛，提升行业影响力。

四是强化秩序和安全。制定印发《关于进一步加强旅行社导游管理服务推动旅游市场健康发展的通知》《关于加强旅行社出境团队旅游管理的通知》等文件，开展安全稳定暗访检查，持续督促旅行社落实安全主体责任，维护全市文旅市场良好秩序。

二、下一步工作打算

（一）全力推动巴蜀文化旅游走廊建设走深走实

深化沟通联系机制，加强川渝联动和成渝双核联动，持续统筹推动一批重大项目、重大政策、重大改革、重大平台，积极推动"文化和旅游区域协同发展改革创新试验区"申报建设，推动成渝古道文化旅游带建设，推进一批文化保护传承项目、开展一批文化艺术交流活动、培育一批高品质文旅产品、提升一批文旅公共服务事项、举办一批文旅营销推广活动、用好一批协同共建机制平台，推动走廊建设稳中提质，实现走廊更高质量发展。

（二）全力推动营销推广出新出彩

联动区县、企业、媒体持续组织开展重点客源市场营销推广活动，提升重庆文旅产品知名度；持续落实"十四五"旅游营销奖励、旅行社组客观看旅游驻场演出、入境旅游营销奖励等政策；组织开展一批重点文旅产品和旅游线路营销推广，推进区域协作和对口支援，助力文化旅游消费复苏。

（三）积极助力旅行社行业高质量发展

召开全市旅行社高质量发展大会，开展旅行社等级评定，支持旅行社积极拓展市场和转型发展，不断提升发展水平。加快推动"导游+网约车"服务试点，加强数据填报、行政许可、日常管理等工作，努力提升旅游市场服务质量，守牢安全发展底线。举办导游大赛，举办旅行社高质量发展培训班，组织开展导游、领队等培训，组织好导游从业资格考试，提升行业队伍人员素质。

（四）促进渝东南文旅发展

围绕促进渝东南文旅高质量发展，推进文旅产品提质升级，串珠成链打造精品线路，充分发挥武陵文旅推广中心作用，支持办好武陵文旅发展大会、武陵山音乐季、武陵山原生民歌艺术节等一批品牌活动，扩大渝东南旅游影响力。

2023年重庆文化旅游委系统宣传工作报告

宣传处

一、2023年工作开展情况

（一）扎实抓好理论学习和宣讲工作

一是深入学习宣传贯彻党的二十大精神。邀请党的二十大代表、大足石刻研究院保护工程中心主任陈卉丽，围绕"学二十大报告 践文物人初心"主题做宣讲报告。邀请中国人民大学原校长，围绕"以高质量发展推进中国式现代化"进行专题授课。邀请市委党校原马克思主义学院院长、教授文国伟，围绕"把握好习近平新时代中国特色社会主义思想的世界观和方法论"进行专题授课。在全系统组织开展"榜样面对面"党的二十大精神宣讲活动，共遴选宣讲分团成员18人，开展宣讲活动60余场，受众1万余人次。建立党的二十大精神文旅精品课程库，向全市各区县、市级有关高校征集党的二十大精神文旅精品课程，参考授课提纲、PPT初审和现场试讲活动，共征集党的二十大精神文旅精品课程42门。充分利用委系统门户网站开设党的二十大精神学习专栏，依托市、区县两级文旅单位"两微一端"新媒体矩阵，先后转发和推送各类新闻报道、宣传文稿和学习视频300余条次。充分发挥文化旅游的行业优势，组织全市A级景区、文化馆、图书馆和博物馆等文旅场所，利用宣传栏、横幅和LED显示屏等多种载体，张贴、悬挂和播放相关标语、口号和视频。

二是认真抓好委党委理论学习中心组学习。按照市委宣传部关于理论学习中心组学习"八有"操作指南，拟订委党委理论学习中心组年度计划、学习方案，以学习贯彻习近平新时代中国特色社会主义思想、党的二十大精神、习近平文化思想、习近平新时代中国特色社会主义思想的世界观和方法论、市委六届三次全会精神、文化传承发展座谈会精神等为主题，组织开展9次党委理论学习中心组学习活动。委党委会同驻委纪检监察组召开专题研究全面从严治党工作暨委党委理论学习中心组学习会，学习习近平在二十届中央纪委二次全会上发表重要讲话、《求是》杂志发表习近平总书记重要文章（全面从严治党探索出依靠党的自我革命跳出历史周期率的成功路径）、《论党的自我革命》书目、《殷鉴不远　警钟长鸣——重庆市党员干部严重违纪违法典型案例选编》案例。

（二）扎实抓好意识形态工作

一是开展全市论坛活动专项清理整治工作。根据文化和旅游部、中央宣传部等11个中央和国家机关相关要求，印发《论坛活动专项清理整治工作方案》，确保清理整治工作有序进行。完成对全市2021—2023年以来举办各类论坛活动的情况摸底，共摸排党政机关及其他主体举办的论坛活动2984场（其中省部级的论坛活动17项，涉外论坛活动97项），先后取消重庆渝中人力资源峰会、中国编剧高端论坛等61个论坛，降级古剑论坛·CISDR—2020中国信息安全与数据灾备技术产业高峰论坛、中国武陵文旅峰会等2个论坛，规范中国（重庆）眼镜产业高质量发展峰会、石窟寺保护国际论坛等40个论坛。目前，重庆市论坛活动均未违规开展评比达标表彰，未发现意识形态问题、线上违法违规内容、犯罪行为，未违反治安管理法律法规、社会组织登记管理法律法规和市场监管法律法规。

二是持续修复净化政治生态。扎实开展文化旅游系统专项清理整治工作，先后清查A级景区223家、星级酒店88家、等级旅游民宿4家、娱乐场所经营（游戏游艺场所、歌舞娱乐场所）单位1032家、互联网上网服务营业场所1111家、演出场所经营单位299家、演出经纪机构42家、经营性互联网文化单位59家、艺术品经营机构63家、剧本娱乐场所108家、演艺新空间7家、博物馆66家、文化馆34家、图书馆(含分馆）245家、美术馆14家，及时整改问题、消除隐患，有效确保整个清理整治工作全面覆盖、不留死角。全面梳理全委社会组织意识形态工作薄弱环节，对社会组织开设的网页、公众号进行逐一审核，发现并清理6家社会组织15条问题信息。

（三）扎实抓好文旅宣传工作

一是加强媒体宣传。加强与中央媒体的合作，突出政治引领。围绕"重庆提升服务质量"、"增经济、强信心、开新局"、"文化旅游助力乡村经济"和"文化传承"为主题，全年共通过中央媒体发稿100余篇。在市内媒体宣传上，加强了在重要栏目和重要版面的发声。在《重庆日报》发稿超1000条，重庆卫视新闻联播播出文旅新闻100余条，其中近40条被央视新闻联播和央视新闻频道选取。注重新媒体主题宣传，强化网友互动。推出"旅游中国看巴蜀"和"文化中国看巴蜀"两大主题宣传，展示巴蜀文化旅游走廊建设成效和特色资源产品，营造良好共建共享氛围，传播量达5000多万人次。开展"非常重庆、非常好耍"主题宣传活动，全矩阵传播量突破1.14亿人次。在抖音平台上，推出"国庆来渝找文物"抖音挑战赛，引导游客打卡重庆文博场所和文物保护单位，有755支视频参与挑战，累计播放量突破5276.8万人次。在新浪微博上策划话题#重庆除夕光影无人机焰火表演##重庆新年氛围感拉满##剧本娱乐行业盛会来袭##重庆暑假文旅市场火爆##十一玩转重庆#均登上热搜。持续经营话题#重庆旅游攻略#，阅读量达7.6亿人次，互动量94万人次。新开话题#我在微博看重庆#阅读量超1700万人次。在自媒体宣传上策划"重庆除夕光影无人机焰火表演""五一重庆花式宠游客""非常重庆·非常好耍"等专题系列活动。在2022—2023"长城奖—文旅好品牌"案例征集大赛中，"最宠游客的城市"——重庆市城市品牌塑造与传播案例入选年度省域及城市品牌优秀案例。"重庆云海列车"营销推广活动获评文化和旅游部旅游宣传推广优秀案例。

二是抓好新闻发布工作。组织参加了2023重庆春节新闻通气会、重庆市进一步支持市场主体推动经济企稳恢复提振政策措施解读新闻发布会、2023重庆春季旅游新闻发布会、第十一届大足石刻国际旅游文化节首届中外旅游交流活动新闻发布会、重庆剧本娱乐嘉年华新闻发布会、红色题材舞台剧发布会、2023重庆夏季旅游新闻发布会、2023重庆秋季旅游新闻发布会、2023中国武陵文旅峰会新闻发布会、第七届渝东南生态民族旅游文化节新闻发布会、第十二届中国大巴山（重庆·城口）消夏康养节开幕式暨亢家寨景区正式运营新闻发布、2023年"5·19中国旅游日"新闻发布会、2023年"博物馆日"新闻发布会、2023年"文化和自然遗产日"新闻发布会、红色题材舞台剧新闻发布会、第八届西部旅游产业博览会新闻发布会、第二届都市艺术节新闻发布会、2023舞动山城国际街舞大赛新闻发布会、第三届中国温泉产业博览会新闻发布会等19次；组织媒体采风、探班11次，1月，邀请部分中央驻渝媒体、重庆主流媒体、新媒体达人、摄影师等20余人实地采风荆竹村，并协调新浪、百度、市群众文化云、市文化旅游委视频号等多个直播平台对荆竹村村晚进行了现场直播，直播观看量总计达50余万人次。2—3月，组织媒体分别对川剧《江姐》、曲艺《李顺盗墓》、故宫首部音乐儿童剧《甪端》进行探班；4月组织媒体对舞剧《绝对考验》、话剧《风雪夜归人》进行探班，组织媒体赴巫山县下庄村对乡村村晚进行报道；6月组织媒体对舞剧《绝对考验》冲击荷花奖动员大会、重庆青年独立剧团"光荣之夏"分享会进行报道；10月，组织媒体对京剧厉慧良诞辰100周年活动进行报道；11月，组织媒体对大型演出《昌都往事》进行报道；组织巴蜀文旅走廊联席会、澳门航空首发现场报道2次。

三是抓好政务新媒体宣传和管理。建立健全政务新媒体信息审核发布制度，对信息分类及审核标准、投稿信息审批流程、各平台编辑审核流程、风险管控等方面进行梳理完善，提高政务新媒体运营管理质量。对全委系统政务新媒体开展专项检查并印发通报，着力提升新媒体建设管理和服务水平。推荐重庆图书馆、惠游重庆微信公众号参加2023年重庆走好网上群众路线成绩突出账号评选，市委网信办在华龙网作了全面推广宣传。目前，委官方微信共发布750余条信息，粉丝累计144.8万人，全年阅读量148万次以上。微博共编辑发布信息约4000条，收获阅读量约2800万次，粉丝达到200.8万人。2023年第三季度，官网和政务新媒体以基础分98分、加分22分的优异成绩排全市第一。微博影响力在重庆市政务微博总榜常居前列，7月排名第五、8月排名第五、9月排名第七。抖音全年共制作21条爆款视频，上过19次热搜榜单。抖音传播指数从8月到10月连续3个月居于全国榜前十。

四是设计制作文化旅游宣传资料。规划设计《巴适重庆》《人文重庆》

宣传画册，提升重庆文旅品牌形象，加速重庆文旅复苏繁荣，推动"新时代、新征程、新重庆"的建设。设计制作《美丽重庆》重庆旅游宣传短片，从城市之美、山水之美、人文之美三个方面，展示重庆自然风光、人文历史、传统艺术、美食美物等的旅游资源，让世界看见美丽重庆，爱上美丽重庆。完成2023年委影像资料数据库建设。重大会议活动、艺术剧目录制等工作进一步推进。印发重庆文化旅游内刊11期。

五是做好委系统最佳实践激励推广案例推选。根据关于"构建最佳实践激励推广案例机制"有关部署安排，印发文化旅游系统最佳实践案例评选推广管理办法，收集委系统文化、旅游、文物、广播电视等方面最佳实践激励推广案例，推荐首届重庆都市艺术节焰火表演、重庆市民音乐节分别申报文化建设领域、经济建设领域的最佳实践案例。

（四）持续抓好市内文旅节会活动

一是组织短视频比赛活动。为推动成渝地区双城经济圈建设，落实好市委"一号工程"，促进川渝两地文化旅游深度融合，在全委系统开展2023年"百万职工拍巴蜀"微视频比赛。为有效传播重庆文化旅游品牌和文旅目的地，通过短视频形式联合重庆日报报业集团组织"遇见最美重庆"短视频大赛暨2023重庆文旅精品视频巡展活动。举办"山水之城·美丽之地"第三届重庆文化旅游摄影、短视频大赛，并对相关获奖作者颁发了荣誉证书，进一步推动文化强市和世界知名旅游目的地建设，展现"山水之城·美丽之地"的独特魅力。

二是举办四季旅游启动仪式。围绕唱响旅游"四季歌"，组织指导各区县策划举办旅游文化节会推广活动，做到了季季有主题、月月有重点、周周有亮点，有力地刺激了重庆旅游消费市场，形成了"重庆人游重庆"的良好态势。3月，召开了2023重庆春季旅游新闻发布会，发布了赏花踏青游、露营音乐节、民俗文化节、体育赛事等200余项形式多样的文旅活动，丰富市民的春游乐趣。6月、9月分别在长寿、奉节举办了2023重庆夏季、秋季旅游新闻发布会及启动仪式，每次活动推出惠民措施及系列活动等200余项，邀请《重庆日报》、重庆电视台、新华网、华龙网、上游新闻、重庆交通广播等近40

家媒体对活动进行报道。冬季旅游启动仪式及新闻发布会按照计划于12月底在丰都举办。

三是举办"5·19中国旅游日重庆分会场"活动。5月19日，以"美好中国，幸福旅程"为主题的第13个"中国旅游日"在重庆市巫山县盛大启幕。活动以"主题月、主题周、主题日"的形式，采取线下线上相结合的方式，围绕"大众旅游、绿色旅游、智慧旅游、文明旅游、旅游融合"五大核心主题，共推出景区免费、主题文化节、消费券发放、非遗民俗节等70余项主题活动、100余项惠民措施，进一步激发旅游市场消费潜力，促进文化和旅游市场快速恢复和发展，让全民共享文旅发展新成果，让旅游为人民群众的美好生活增色添彩。在启动仪式上，现场举行了第二批国家级文明旅游示范单位授牌仪式，巫山旅发集团、重庆红岩革命历史博物馆获此殊荣；举行了巴蜀文化旅游走廊旅游专列（成都—重庆—巫山）合作协议签约仪式，成都铁路局商旅集团公司、重庆旅游集团营销中心、巫山旅发集团现场签约。

二、存在问题

①宣传项目经费比较少。纵向相比降幅较大，横向与其他省市相比差距较大。

②对委属单位意识形态工作责任制落实情况检查督促较少，需要进一步抓细抓实。

③行业媒体矩阵共同发力宣传不够，还需形成合力加强重大主题宣传和阶段性重点工作宣传。

三、近期重点工作

（一）重庆美食评选活动

组织市商务委、市农业农村委、广电集团召开工作协商会，进一步达成共识、明确分工、形成合力。正在联合广电集团科技频道筹划重庆美食宣传推介方案。

（二）重庆旅游宣传口号谋划

对重庆历年旅游宣传口号进行梳理。下一步，计划联合重庆师范大学开展重庆旅游宣传标识系统课题研究，组织业内专家召开重庆旅游宣传口号专题研讨会，组织拟制重庆旅游宣传口号征集活动方案。

四、2024年工作要点

①深入学习贯彻党的二十大精神和习近平新时代中国特色社会主义思想。

②抓好意识形态阵地建设。

③组织开展文化旅游宣传和新闻报道。

④指导区县开展文化旅游宣传活动。

2023年重庆文化旅游发展安全工作报告

安全应急处

2023年，重庆市文化和旅游发展委员会高度重视疫情后文化旅游复苏、强劲反弹的严峻形势，早安排、早部署，扎实做好安全生产相关工作，全市文化旅游安全应急工作总体平稳向好，安全发展取得较好成效。

一、文化和旅游突发事件情况

全年未发生涉文旅安全生产责任事故和突发事件，全行业总体安全有序、平稳运行、风险可控。

二、主要工作成效和亮点收获

（一）习近平新时代中国特色社会主义思想学习贯彻深入推进

围绕学习贯彻习近平总书记关于安全生产和消防安全重要指示精神，市文化旅游委党委理论学习中心组2次开展专题学习，委党委班子成员和相关业务处室负责人结合实际谈体会、谈认识。委党委会议组织传达学习15次、开展安全形势专题分析4次，委主任办公会开展专题研究7次，及时研究贯彻落实措施并每月督促推进。结合主题教育，以加强平安文旅建设、推进文旅高效能治理为主线，深入基层开展调查研究，形成调研报告，梳理问题8个，提出工作建议9条，逐项推进解决。围绕安全生产开展一系列作品创作、群众文艺等活动，征集关于安全生产、防灾减灾、消防安全等广播电视公益广告16件，四川评书《烈火"骑"兵》、谐剧《自食其果》等作品广受好评。

积极开展安全生产月主题宣传活动，开设安全咨询服务台72个，开展安全科普知识宣传"人人讲安全个个会应急"活动100多场次，一线文化旅游企事业单位、人民群众直接参与各类安全活动2.4万余人次，用LED电子显示屏、展板、橱窗等张贴悬挂安全活动宣传标语、宣传海报1.1万余幅（条），向广大人民群众发放"旅游安全实务手册——安全是旅游的生命线"1.2万余册，文化旅游市场安全管理资料1.5万余份，公众旅游安全意识显著增强。

（二）统筹协调、齐抓共管大安全格局进一步完善

印发《重庆市安全生产委员会旅游安全办公室2023年全市旅游安全工作要点》，统筹各成员单位按照安全生产职责分工和重点工作，各负其责落实监管责任。针对重点难点工作，加强工作会商，召集相关成员单位召开"五一"和国庆期间文化旅游市场管理和安全稳定工作会议、大型营业性演出活动管理工作会议、重点旅游景区（项目）管理工作座谈会，分析研判风险，讨论工作措施，安排部署任务。联合多部门印发《关于进一步加强我市剧本娱乐经营场所管理的通知》，依法划定相关部门监管责任。强化防御雷电灾害联合监管，会同市气象局印发《关于切实做好文化旅游场所气象安全工作的通知》，督促指导各区县强化文化旅游场所气象安全管理。会同相关行业主管部门持续组织开展全市A级旅游景区内高风险旅游项目安全风险排查整治，停业整改项目65个。重大活动、重要时间节点联合相关成员单位开展专项督查检查，发现问题隐患及时督促整改。重庆市旅游安全高效联动、协同推进经验做法，在2023年全国文化和旅游行业安全生产培训会议上作交流发言。齐抓共管构建大旅游大安全格局有关做法被《中国应急管理》杂志报道刊发。

（三）文化旅游安全管理体系进一步健全

将安全生产提上党委议事日程，安全生产责任落实情况纳入委领导年度考核述职内容。每季度召开专题会议听取各板块工作推进情况，小结工作；重要节点、节假日组织开展专题研究，分析安全形势，提出解决安全生产和消防安全问题的措施；推进落实"月点评、季通报、年考核"机制，督促指

导区县政府落实属地管理责任。企业自查、区县旅游安全办公室每月对辖区文化旅游场所全覆盖检查、年度交叉检查、市安委会旅安办暗访检查、成员单位联合检查、委托第三方机构随机暗访检查等监督机制不断完善，下发整改通知书9份，督改问题27个。结合等级旅游景区年度复核评定工作统筹开展景区安全暗访成为常态，2023年责令限期整改9家，取消等级4家。下发《关于进一步加强全市演出安全管理工作的通知》，从6个方面规范全市演出安全管理。制定《重庆市文化旅游领域安全生产分级分类管理工作方案》，全面推进构建风险分级管控与隐患排查治理双重预防机制，压实企业主体责任。做好文化和旅游行业领域安全生产举报奖励工作，建立媒体曝光机制，与市内主流媒体合作，对文化旅游重大安全隐患、市场乱象、典型案例等进行公开曝光，筑牢社会监督"防线"。

（四）专项整治取得实效

一是扎实开展重大事故隐患专项排查整治2023行动，召开专题部署电视电话会议，印发行动方案，深入企业开展专题宣传或结合会议、调研的多种形式对实施方案进行细致解读，有序推进专项工作落实。委党委书记、主任冉华章先后带队赴30余家文化旅游企事业单位，调研指导重大事故隐患专项排查整治工作。委党委班子成员结合业务工作赴区县指导隐患排查工作，督促各区县旅安办按照属地党委、政府要求扎实整改问题隐患，并到重点企业开展宣讲。市级检查发现各类安全隐患104个，责令现场整改98个，限期督改6个，对3家安全生产责任不落实的文化旅游单位作出行政处罚，罚款6000元，对4家存在安全隐患的文化旅游单位责令停业整改，对2家企业开展约谈。指导区县排查并整改重大事故隐患24个。二是积极推动火灾防控"除险清患"。印发《关于开展全市文化旅游系统火灾防控"除险清患"专项行动的通知》《关于扎实做好全市文化旅游系统建设工程未经消防验收许可投入使用遗留问题大起底工作的通知》等，统筹安排部署相关工作。加强隐患排查整治，检查场所3076家，督改问题隐患845个，召开约谈培训33次，对2家委属单位开展挂牌督办。三是规范旅游客车安全带使用。持续贯彻落实交通运输部办公厅等六部委《关于进一步加强和改进旅游客运安全管理工作的指导意见》，及时下发通知，细化要求，将规范使用安全带作为旅行社企业诚信经营承诺书中的重要内容，压实企业安全主体责任。结合全市安全应急管理培训、旅行社业务培训、导游培训等开展宣贯工作。同时会同公安、交通等部门加强明察暗访，督促制度落实。目前，重庆市旅游客运安全带使用情况明显改善，旅行社组织团队旅游基本实现游客全员规范使用安全带。

（五）应急管理能力和水平持续提升

会同市消防救援总队、梁平区人民政府召开全市文化旅游（文物）消防安全标准化管理示范创建工作现场会，举办文化旅游行业消防安全标准化管理示范创建成果展览展示，围绕文物建筑群火灾防控，开展多部门联动应急救援演练，有效检验了应急预案、锻炼了应急队伍，得到文化和旅游部、国家文物局参会领导好评。组织文化旅游安全应急管理、市场管理、文物安全管理、广播电视安全播出等培训，为九龙坡、沙坪坝、江北、长寿、梁平、巫山、奉节、万盛经开区等区县文化旅游行政部门、执法机构、乡镇（街道）、文化旅游企业负责人开展现场培训12次，组织全市重点文化旅游企业400余名安全负责人参加文化和旅游部组织的文化旅游安全生产线上培训，全面提升监管和企业安全管理能力。会同市消防救援总队及梁平区、万州区、武隆区、两江新区成功举办首次由行业部门与消防部门联合，以一线从业人员为参赛主体的消防技能竞赛，全市2万余名文化旅游一线从业人员参与练兵备赛，有力提升了文化旅游系统一线从业人员消防安全"四个能力"。

三、2024年安全生产工作思路

（一）进一步建立健全安全生产责任体系

坚持管理职能与安全责任相统一，认真梳理领导职责和业务部门监管职责清单，将安全工作与业务同谋划、同部署、同落实。充分发挥旅游经济发展领导小组、安委会旅安办作用，统筹、协调、督促成员单位落实监管责任。督促指导文化和旅游经营单位、公共文化单位落实企业主体责任。加快形成文化旅游企事业单位负责、职工参与、部门监管的文化旅游安全管理格局。

（二）进一步推进重点领域安全隐患整治

定期分析研判文化旅游安全形势，对研判出的重点区域、重点企业开展明察暗访和专项检查。发现问题隐患及时移交有关部门，并统筹指导相关单位按照"执行、检查、反馈、改进"闭环管理要求，明确整改要求、责任单位、完成时限，推动安全防范各项任务措施落到实处。按照文化和旅游部、市委市政府工作部署，结合自身职责，扎实推进文化旅游安全专项整治，坚决防范安全事故发生。

（三）进一步强化检查巡察

围绕文化旅游重点领域、重要场所、重要节假日和汛期、暑期等重要时间节点，突出对消防设施、特种设备、高风险游乐项目、旅游包车、大型文化旅游活动、自然灾害防治等，统筹开展安全生产交叉检查和明察暗访，发现问题及时督促整改。同时，加强群防群治，广泛发动一线从业人员开展"安全红袖章""事故隐患大扫除"行动。

（四）进一步提升文化旅游安全应急管理能力和水平

强化各类等级评定工作约束作用，建立贯穿等级申报、评定、复核、运营全过程的标准化管理制度，引导有关主体严格遵守安全生产法律法规。巩固全市文化旅游企事业单位一线从业人员消防安全技能大赛成果，广泛开展安全生产、防灾减灾、避险自救等培训，组织抢险救援和避险演练，开展委系统消防安全技能竞赛，不断提高全行业全系统安全防范能力和水平。

（五）进一步做好文化旅游安全宣传引导

组织开展"安全生产月""安全生产渝州行""安全宣传咨询日"等活动，集中宣传安全生产方针政策、法律法规，以及安全生产岗位责任、安全知识和避险逃生技能等科普知识，提高社会公众和从业人员安全生产和文明旅游意识。

2023年重庆广播电视业发展报告

广播电视局传媒机构管理处

2023年，重庆广电系统深学细悟笃行习近平新时代中国特色社会主义思想，全面贯彻落实党的二十大和二十届二中全会精神，深入学习贯彻习近平文化思想和习近平总书记关于广电工作系列重要指示批示精神，把握广电"两大业务、三大属性、四个层次"的工作定位，锚定"巩固提升传统广播电视、开拓创新推进媒体融合、整合聚合形成发展合力"三大方向，切实担负传播好党的声音和服务好人民群众的使命，奋力推进全市广播电视和网络视听高质量发展，切实为现代化新重庆建设提供强大精神力量和有利文化条件。

一、坚持导向为魂、强化宣传引导，在巩固壮大主流思想舆论上展现新作为

（一）强化核心宣传

深化广电媒体"头条"建设、网络视听平台"首页首屏首条"建设和短视频"首屏首推"工程，持续做大做强"第1眼新闻"、大力培育"第1声音"等新媒体品牌，充分发挥广播电视和网络视听主阵地主战场主力军作用，聚焦首要政治任务，深入实施"创新理论传播工程"，用心用情用功做好习近平总书记重要思想和领袖形象宣传，指导广电媒体策划推出《第1声音》并进入全市应急广播系统，开设《把习近平总书记殷殷嘱托全面落实在重庆大地上》等11个专题专栏，推动习近平新时代中国特色社会主义思想"天天见""天天新""天天深"。

（二）强化主题宣传

指导广播电视媒体和网络视听平台开设《把党的二十大精神全面落实在重庆大地上》《学习贯彻党的二十大精神》《新时代新征程新重庆 全面推动党的二十大精神在重庆落地生根开花结果》等专题专栏，全方位多角度宣传阐释党的二十大精神。重庆在2023年全国两会宣传报道中先后4次获中宣部、国家广播电视总局点名表扬。聚焦成渝地区双城经济圈建设等国家重大战略，开设《一号工程·十项行动》《唱好"双城记"共建经济圈》《新时代、新征程、新重庆》《奋力谱写中国式现代化重庆新篇章》等专题专栏，全面展示现代化新重庆建设取得的新成效，3件视频类作品获中宣部阅评表扬。

（三）强化舆论监督

用好用活宣传例会、广电新媒体联盟和广播电视新媒体账号重大宣传工作机制，稳妥把握时度效，加强信息发布、评论解读、协同联动和引导管控。指导重庆广电集团（总台）打造"联播快评""第1观察""新闻第1线"评论品牌，受到国家广播电视总局表扬。开设《今日关注》栏目，聚焦党中央重大决策部署和市委、市政府工作安排推进落实情况，关注民生民情和社会热点，主动发现问题，直击各方面工作中的难点、堵点、痛点，着力解决问题、推动发展，充分彰显了新重庆主流媒体的责任担当。做强《阳光重庆》《天天630》节目平台，督促解决群众反映问题81万件。

（四）强化国际传播

积极服务国家外交工作大局，加强国际传播能力建设，充分发挥主流媒体优势，强化"一带一路"沿线城市、重庆国际友好城市广电交流合作，深入落实墨西哥、哥伦比亚及洪都拉斯"电视中国剧场"项目，推动"电视中国剧场"以《中国时段》栏目形式在墨西哥11电视台和哥伦比亚国家电视台呈现，填补了"电视中国剧场"在拉美地区的空白。西部影视译制中心建成运行，建立"西语译配作品片库"。《推拿》等多部影视作品在秘鲁、哥伦比亚等南美国家播出，重庆广电视听国际传播影响力不断提升。

二、坚持内容为王、强化精品创作，在打造"渝字号"精品力作上实现新突破

（一）注重扶持创新推优

聚焦主题主线，坚持规划引领，加强扶持引导，组织开展2022年度重庆市广播电视优秀作品评审活动，评选出74件广播电视优秀作品，《职业教育的喜与忧》入选中国广播电视大奖2021—2022年度广播电视节目奖广播评论类名单；组织开展2023年度重庆市广播电视创新创优节目评审活动，对重庆卫视《谢谢你·这十年》等8个节目予以扶持，《二十大时光·看身边的变化》等4部作品入选国家广电总局季度推优作品，《大头小当家》等2部作品获评国家广播电视总局优秀少儿节目，《谢谢你·这十年》等2部作品获评国家广播电视总局广播电视创新创优节目，《石柱中益乡：牢记嘱托向前跑山乡巨变换新颜》入选国家广播电视总局广播电视新闻"百佳"，《轨道上的新重庆》等作品获评国家广播电视总局"中国梦 新征程"原创优秀网络视听节目。成功举办2023年重庆市网络视听作品大赛，评选、展播35件优秀作品。组织开展2023年全市广播电视公益广告扶持项目，对22件优秀作品、2个优秀传播机构予以重点扶持，35件作品获得西部陆海新通道视听公益广告大赛奖项，3件作品获国家广播电视总局专项扶持。

（二）加强精品创作生产

按照"找准选题、讲好故事、拍出精品"的重要要求，大力实施新时代精品工程，2023年备案公示电视剧6部，审查发行电视剧1部，审查发行电视动画片1部，完成重点网络影视剧（动画片）规划信息备案214部、通过56部，成片上线备案22部，通过13部。推出纪录片《重庆谈判》、电视剧《一江水》、网络剧《尘封十三载》等优秀作品，其中，《婚姻的两种猜想》《绝密使命》等电视剧获国家级大奖，《尘封十三载》一度位列网络剧热播榜第一，动漫电影《画江湖之天罡》成为"爆款"。创新推出《嗨！新重

庆》等系列短视频，收视排位稳定保持全国省级卫视前十。《江山多娇——探访国家文化公园》等网络视听作品获国家广播电视总局8个奖项。大型文献电视片《重庆谈判》在中央电视台科技频道和重庆卫视播出，全媒体累计触达突破1亿人次。广播连续剧《不尽长江滚滚来》在全国300多家电台同步播出，触达人群超2亿人。

三、坚持融合发展、强化科技赋能，在推动广电视听转型发展上迈出新步伐

（一）深化媒体融合发展

组建成立"直播重庆联盟"和"重庆短视频联盟"，重点培育36个市级新媒体账号和平台，做优做精重庆卫视、重庆广播、重数传媒，构建重庆广电媒体传播矩阵，"第1眼新闻"客户端总下载量达4324万次、全媒体矩阵粉丝数8045万人并入选首批全国广电新媒体联盟。组织开展全市广播电视媒体融合先导单位、成长项目、典型案例评选活动，对3个单位和10个案例（项目）予以重点扶持。万州三峡融媒体中心打造"微万州"政务微信公众号，运用互联网平台创新"云服务"，打造基层社会治理数智平台，获评中央网信办"2023年度全国走好网上群众路线百个成绩突出账号"。

（二）推进数字广电建设

围绕数字重庆建设"1361"整体架构，统筹运用数字化理念、数字化技术、数字化手段，全面梳理广电视听工作堵点、痛点、难点，推动核心业务系统重塑、流程再造。围绕广播电视内容创作、阵地建设和安全监管等核心业务，积极谋划广播电视场景应用，将应急广播纳入数字重庆"文化·声动巴渝"应用，"广电视听内容创作展播"纳入"文化·光影重庆"应用，"应急广播宣传作用发挥"多跨事件纳入"文明创建"板块"公共文化服务"跑道，加速推进全市广电业务、数据、技术、应用互联互通，提升安全保障、公共服务、行业治理效能，提升重庆广电工作"一体化"水平。

（三）加快视听产业发展

培育壮大市场主体，支持重庆广电集团（总台）、中国广电重庆公司等骨干企业做强做优做大，积极推动重数传媒上市，鼓励中小微广电企业走"专精特新"发展之路，全市广播电视节目制作经营持证机构865家、网络视听持证机构48家。鼓励精品内容生产，"中国视听作品拉丁美洲推广工程项目"入选国家广播电视总局产业发展项目库，《电视中国剧场》获国家广播电视总局专项资金支持。2023年，全市广播电视节目销售收入8.26亿元、节目制作相关服务收入3.33亿元。搭建产业创新平台，建成国内单体规模最大、全流程使用虚拟拍摄技术的数字科技影棚，"智慧社区综合信息平台"入选市数字经济产业发展试点示范及资金支持项目；川渝广电部门联合举办首届成渝影视发展大会，发布"新时代成渝影视文化产业高质量发展十大创新案例"，联合发起"成渝影视产业高质量发展行动计划"。打造产业孵化基地，依托两江新区海王星数字文创园打造短视频及直播拍摄基地，依托永川区爱奇艺文创产业园集聚数字文创企业20余家；依托重视传媒总部基地集聚规上企业8家、文化类企业11家。2023年，全市广播电视和网络视听行业总收入101.17亿元，实际创收67.97亿元。

四、坚持广电为民、强化惠民质效，在增强人民群众文化获得感上取得新成效

（一）推进智慧广电建设

奉节县成功获批国家广播电视总局智慧广电乡村工程建设试点。重庆有线积极推进智慧乡村综合信息平台镇街深度覆盖和广电智慧社区创建。加快高清超高清建设，建成国际先进、国内领先的车载4K融合生产中心，成为"移动的广电融媒体中心"。新审批高清电视频道12个，全市累计建成高清电视频道39个，县级电视频道高清化率83.3%、位居全国前列。

（二）建设新型广电网络

全面完成地面数字电视700兆赫频率迁移工作，共建共享5G基站4.42万个。中国广电（重庆）数据中心建成投用，广电5G业务网、固定语音业务网、互联网骨干网及内容集成播控平台等"三网一平台"建设取得阶段性成效。互联网骨干网完成与中国广电云（一期）重庆节点的对接，具备辐射西南地区的云服务能力。6个项目入选"全国智慧广电网络新服务"优秀案例，3个项目获全国第三届高新视频创新应用大赛奖项。

（三）提升公共服务质效

指导江津区、奉节县开展广播电视基本公共服务县级标准化试点。推进应急广播系统建设，完成开州、云阳、巫山3个区（县）老少边欠应急广播建设项目，累计投入3亿元，建成市级平台1个、区县平台38个、终端62791组，覆盖972个乡镇（街道）、9495个行政村（社区），实现"国家—市—区县—乡镇—行政村"五级贯通。县级以上应急广播调度控制平台建设率和行政村应急广播主动发布终端覆盖率分别达97%和85%。全市广播综合人口覆盖率99.57%、电视综合覆盖率99.69%。

五、坚持系统观念、强化综合治理，在推动广电行业安全发展上增添新举措

（一）加强阵地管理

严格落实意识形态工作责任制，把党管意识形态的要求落实到广播电视和网络视听机构、内容、产品、市场等各方面、各环节，实行网上网下一个标准、一体管理。运用"中国视听大数据系统"完成市和区县电视频道综合评价。加强网络视听平台监管，督导落实内容监听监看、制作安全督导、播前三审和重播重审等制度规范，对全市48家持有《信息网络视听节目许可证》单位网站、重庆IPTV、微信公众号、微博账号、手机客户端和ICP备案在渝的视听节目网站等新媒体平台进行巡察，依法查处节目内容违规行为。督

导重庆移动与重数传媒达到IPTV用户规范对接要求，扎实推进IPTV内容专项整治。加强广播电视广告播出管理，与市市场监管局建立工作联络、数据共享、监管联动、区县媒体协同监测等4项协同监管机制，督导整改违规播出问题193个。深入开展非法卫星电视地面接收设施专项整治，依法取缔非法境外卫星电视接收设施销售网点2个，拆除非法卫星小锅86套，全力维护境外卫星电视传播秩序。

（二）深化综合治理

认真落实国家广播电视总局部署要求，扎实开展电视"套娃"收费和操作复杂治理工作并取得阶段性成效，有线电视收费包压减70%，电信、联通、移动三大IPTV平台收费包分别压降82%、14%、25%，全市169万有线电视用户和457万IPTV用户实现开机看直播、操作更便捷、免费内容更丰富，两个终端系统无开机广告播出。深化文娱领域综合治理，落实电视剧和网络影视剧片酬管理、电视剧和网络影视剧细节把关、告知承诺等有关要求，严把广播电视和网络视听节目导向关、内容关、人员关、片酬关、宣传关，守牢广播电视意识形态阵地。

（三）强化安全保障

深入开展风险隐患排查、阵地管理提升、突出问题整治三大行动，加强内容、传输、播出、网络、数据、设施等全链条安全监管。扎实开展全市应急广播系统安全隐患大排查大整治，从技术规范、内容播发、日常管理等环节全面加强应急广播系统安全管理。实施广播电视设施保护专项行动，完成全市无线发射台站、卫星地球站、有线光缆干线、广播电视监测台摸底调查，关键信息基础设施保护、应急广播平台和互联网电视安全排查，全市50座无线发射台站的巡检、维护和质量评估，全力确保设施安全。抓好安全播出保障，圆满完成全国全市两会、北京冬残奥会、成都大运会、杭州亚运会、第三届"一带一路"国际合作高峰论坛等重要保障期安全播出任务，实现重大活动、重点时段和重要节目"零停播"保障目标。

2023年重庆视听新媒体发展报告

广播电视局网络视听节目管理处

2023年以来，重庆视听新媒体行业围绕宣传贯彻党的二十大精神工作主线，严格落实上级有关网络视听工作精神，积极履职尽责，各项工作取得新进展新成效。

一、2023年视听新媒体发展情况

（一）党的二十大等主题主线宣传有声有色

一是准确宣传阐释党的二十大精神。视界网、华龙网、爱看网等大力加强"首屏首页首推"建设，综合运用短视频、微视频等多种视听手段，在首页醒目位置开设《全面推动党的二十大精神在重庆落地生根开花结果》《奋进新征程 建功新时代》《在希望的田野上》等党的二十大专题专栏。二是全国全市两会及市委六届二次全会宣传报道走深走实。全国两会宣传总发稿量1826篇次，总阅读量2.11亿人次。开展市委六届三次全会精神解读，华龙网开设了《新时代、新征程、新重庆》等专题专栏。三是弘扬主旋律主题宣传不缺位。"第1眼新闻"客户端等大力宣推成渝双城经济圈建设，开设《一号工程·十项行动》《唱好"双城记"共建经济圈》等专题专栏受到网民热捧。四是主题教育宣传工作深入扎实。视界网等平台开设了《学习贯彻习近平新时代中国特色社会主义思想主题教育》等专题专栏，推出相关报道3000余篇，总访问量超7500万人次。

（二）网络视听大调研效果明显

一是深入基层，摸清实情。按照大调研工作安排，深入区县融媒体中心、网络视听制作机构等进行了调研，咨询了解北京市、陕西省等部分省（直辖市）在网络视听政策资金等方面的情况，进行分析对比后，完成《推动重庆广播电视与网络视听高质量发展的对策和建议调研提纲》。二是查找短板，正视不足。充分研究分析重庆市网络视听发展现状、存在的短板和不足，并在此基础上思考对策建议，拟定发展目标以及追赶路径。

（三）网络视听内容生产更上台阶

一是重庆市网络微短剧发展势头迅猛。2023年以来已申报《镜子里的写手》《我的琴声里》等98部网络微短剧规划备案，为广大市民提供了更多高质量网络微短剧产品。二是全市网络影视剧创作活跃，影响力逐步扩大。上半年重点网络影视剧（动画片）规划信息备案审核208部，通过47部；成片上线备案审核19部，通过9部。渝版剧《尘封十三载》受到网民热烈追捧，一度位列网络剧热播榜第一，抖音话题播放量达26亿余次，微博话题阅读量10亿多次。网络电影《狙击之王：暗杀》《喋血边境》分账票房成绩喜人。三是网络微视频创作有新突破。组织2023年度重庆微视频大赛，共收到400余件参赛作品，创近年来申报作品数量新高。《重庆大足：有爱 蜀道亦平坦》《轨道上的新重庆》等35件作品入选，并对入选作品进行宣传展播。

（四）参加全国推优评优成绩优异

一是国家广播电视总局举办的"2022年度优秀网络视听作品发布仪式"，重庆市《江山多娇——探访国家文化公园》等获评年度优秀网络视听作品，共获得国家广播电视总局颁发的8个奖项。二是国家广播电视总局举办的2023年中国网络视听精品创作峰会，重庆市《轨道上的新重庆》等作品，获评"中国梦 新征程"原创优秀网络视听节目，并在峰会及全国范围内相关视听平台进行宣传展播。三是市文化旅游委获得表彰。重庆市积极组织开展推优工作，努力推进网络视听内容提升工程。因组织得力、表现突出，被国家广播电视总局评为年度网络视听精品节目优秀组织单位。

（五）内容建设政策扶持走深走实

为深入学习宣传贯彻党的二十大精神，加强网络精品内容建设，引导视听精品创作，组织开展了2023年度重庆市视听艺术精品扶持评审活动，共收到全市各级视听节目制作机构选送的参评项目63个，推选出《尘封十三载》等5个精品扶持项目。

（六）网络视听监测监管不断加强

一是指导区县文化旅游行政部门按照网络视听行业管理要求，切实压实属地管理监管责任。处置多多视频、麻花影视、猫耳FM等的违规行为，参加配合户外屏幕整治工作。二是按照国家广播电视总局工作要求，开展了IPTV内容专项整治、非法互联网电视应用软件和终端设备专项治理、规范电视直播频道业务秩序、治理电视"套娃"收费等专项整治工作。三是圆满完成春节及全国全市两会、五一等重保期及敏感日的监管任务，实现宣传报道零事故。

二、存在的主要问题

一是重庆市网络视听作品质量和规模仍然不足，区县视听节目创作生产能力有待进一步提高。二是仍然存在视听节目内容违规问题，网络视听行业和领域存在风险性因素。

三、2024年视听新媒体工作展望

2024年，我们将继续深入学习宣传贯彻党的二十大精神，围绕实现中国梦伟大征程，聚焦国家和重庆重大发展战略，持续推动全市网络视听工作不断创新发展。

（一）围绕主题主线强化宣传

深入学习贯彻习近平文化思想，一体贯彻落实全国宣传思想文化工作会议、全国宣传部长会议、全国广播电视工作会议和全市宣传思想文化工作会议、宣传部长会议精神，引导网络视听服务从业机构和人员围绕学习宣传贯彻党的二十大精神、庆祝新中国成立75周年等重大主题和重要时间节点，创新表达方式，深入宣传阐释。不断壮大网络空间主流思想舆论，为主题主线活动的开展营造良好氛围。

（二）繁荣网络视听内容生产

聚焦国家和重庆重大发展战略，突出成渝地区双城经济圈建设，指导创作反映重庆历史文化、人文精神、乡村振兴、文化旅游等方面内容的优秀视听作品，在提升作品质量上下功夫，鼓励支持原创视听内容。一是实施视听艺术精品创作工程，发挥视听艺术精品扶持资金引导作用，重点扶持一批聚焦现实生活、展现历史文化的精品佳作；二是开展"光影新重庆"2024年重庆微视频大赛，推出一批社会认可、群众喜爱的短小精良的短视频作品，以短视频讲好重庆故事，建立优秀微视频作品库；三是狠抓重点网络影视剧创作生产，强化选题策划和创作生产，推出一批弘扬当代主旋律、彰显时代精神的网络影视剧；四是积极响应国家广播电视总局"跟着微短剧去旅行"创作号召，推动网络视听文艺创作与重庆市文旅宣传融合发展。

（三）多措并举助推行业发展

一是鼓励网络视听平台聚合本土资源，创新运用数字化技术，赋能内容创新性表达，提高市场竞争力；二是增强服务意识，加强政策解读，靠前服务，项目式指导、推动重点网络影视剧创作生产，同时进一步优化网络影视剧备案审核流程，提高内容审查效能，激发市场活力；三是培养网络创新人才，通过开展网审员培训、短视频创作培训、网络主播大赛等方式，积极打造网络创新人才队伍，主动适应网络传播新规律、信息接收新场景，不断探索网络视听节目传播新方式、话语表达新范式。

（四）加强视听新媒体内容监管

进一步健全视频点播、IPTV和网络视听平台等视听新媒体内容监管机制建设，加大违法视听网站和内容打击力度，巩固电视"套娃"收费治理成效，推动提升视听新媒体监测监管能力，持续治理网络视听领域突出问题。

2023年度重庆市电视剧产业发展报告

广播电视局广电节目内容管理处（电视剧处）

党的二十大报告指出："坚持以人民为中心的创作导向，推出更多增强人民精神力量的优秀作品，培育造就大批德艺双馨的文学艺术家和规模宏大的文化文艺人才队伍。"2023年，重庆市电视剧创作深入贯彻落实习近平文化思想，坚持以人民为中心的创作导向，遵循《"十四五"中国电视剧发展规划》作出的部署和要求，"把提高质量作为电视剧的生命线，引导全行业牢固树立质量意识、精品意识"，按照"找准选题、讲好故事、拍出精品"的要求，围绕抗美援朝战争胜利70周年、毛泽东同志诞辰130周年、乡村振兴等重要节点，深入挖掘提炼巴渝文化、三峡文化、抗战文化、革命文化、统战文化、移民文化等题材资源，重视剧本研发、选题更新、传播提速，努力营造精品力作不断涌现的好剧生态。

一、2023年电视剧产业发展情况

（一）全国情况

2023年，全国生产完成并获得《国产电视剧发行许可证》的剧目共156部4632集，部数和集数较2022年160部5283集分别下降2.5%和12.32%。其中，现实题材剧目共计124部3535集，分别占总部、集数的79.49%、76.32%；历史题材剧目共计27部935集，分别占总部、集数的17.31%、20.19%；重大题材共计5部162集，分别占总部、集数的3.21%、3.50%。2018年至2023年，电视剧制作发行数量从323部降至156部，随着政策引导与行业整体环境的变化，"减量提质、降本增效"后的国产电视剧行业迎来了创新发展的新机遇，"内容为王"已成为市场主流趋势，高质量作品成为平台彰显自身制作硬实力的不二选择。

2023年，国产电视剧始终秉持深沉的情怀，不断记录伟大时代，形塑鲜活美好的现实生活，关注现实、反映现实进而抚慰现实。创作者坚持"以人民为中心"的创作导向，更多地倾向于关注广大受众的多样化诉求，调和了现实题材创作写实与写意的平衡维度，以独特的视角和方式呈现时代和行业面貌，激发奋进力量。国产电视剧行业在题材类型、视听表达、剧作手段和创作主体等多方面日益呈现多元化发展态势，国产电视剧市场从过去的"乱花迷眼"发展至如今的"百花齐放"，多维度题材内容交相辉映、相得益彰。

继《狂飙》之后，刑侦赛道"黑马"频出，如《漫长的季节》《他是谁》等；严肃文学作品依旧是影视改编重要的源头活水，如《人生之路》等打造观众心目中的高口碑；古装爱情、古装武侠以其独特的东方美学世界观进行类型创新、提高观赏性，如《长月烬明》《长相思》《莲花楼》等；现实主义行业职场剧不再局限于律政医疗等行业，而是向重工业、金融、传媒等多个行业拓展，塑造多彩的人物群像，如《骄阳伴我》《一路朝阳》《装腔启示录》等；多部年代剧在圈层化传播的当下成功获得年轻人喜爱，如《父辈的荣耀》《人生之路》《梦中的那片海》等。剧集市场百花齐放，呈现行业与观众共话当下、共望未来的美好图景。

主旋律剧"见微知著"。2023年，主旋律题材创作向常规化和精品化方向发展，打造人文剧、文人剧、文化剧，遵循"为国家述史、为时代立传、为人民抒怀"的创作导向，以柔性话语探寻主流叙事的新切口。《大道薪火》创新革命历史题材选题视角，侧重讲述"根据地建设"，以中华苏维埃共和国的建政实践为主要视角，扩展了革命历史叙事。《破晓东方》改编自已故的上海交通大学教授刘统的纪实文学作品《战上海》，抒写"战上海""建上海"的奋斗史诗，精准聚焦上海革命文化资源，填补了此前同类剧集创作的空白，让观众"见微知著"。《冰雪尖刀连》作为电影《长津湖》的电视剧版，对电影中的人物群像更加细腻地展开描写，生动讲述了"钢七连"的革命英雄群像事迹。纪念毛泽东诞辰130周年献礼剧《鲲鹏击浪》讲述了1918年毛泽东从湖南第一师范毕业到1921年参加党的一大的心路历程，全方位展现毛泽东在众多主义中寻找到马克思主义并为之奋斗一生的故事。援外医疗题材剧《欢迎来到麦乐村》以诙谐欢乐的风格展现中国援外医疗队员的医者仁心，还原了一幅异国他乡中国同胞历酸甜苦辣、解生活真经的烟火画卷。主旋律题材剧集不再是浓厚的政治说教和英雄的高大伟岸，而是以多元化的视角和创新的手法打破"主题壁垒"，回归平凡个体和温暖小事讲述，让观众自然而然地代入情境之中，强化了其对人物和剧情本身的认同。

现实主义激发奋进力量。对于现实题材创作而言，浓郁的生活质感是创作的基础。2023年，国产电视剧始终秉持深沉的情怀，不断记录伟大时代，形塑鲜活美好的现实生活，关注现实、反映现实进而抚慰现实，激发奋进力量。2023年1—10月，《骄阳伴我》聚焦现实中的年龄、职场和情感议题，观照都市成年人的内心世界，在今日头条收获50万互动量；《向风而行》聚焦航空题材，呈现少有人知的职业航空人的真实生活和工作状态，在今日头条收获21万互动量；《一路朝阳》从侧面折射出了青年从学校毕业到进入职场、自懵懂无知到精明能干的真实图景，引发观众感同身受的共鸣、共情，今日头条搜索量达770万次。

影视文旅跨界联动。2023年，影视持续助力文旅，二者进一步实现跨界融合，当代年轻人正从影视剧中寻找旅游目的地的答案。"一部剧带火一座城"，借助影视IP赋能，文旅融合正成为众多城市吸引游客的新方式。热播剧《狂飙》中故事发生地"京海市"引发全民关注，也带火了其取景地广东省江门市，不少游客跟着电视剧打卡江门的历史街区。2023年初，《去有风的地方》引发了春节的云南"旅游热"，今日头条内"大理"相关搜索量自开播第一周后维持在20万以上。古装爱情剧《长月烬明》剧中的"蚌族公主"和"东海蛟龙"这两个角色在蚌埠能找到原型，因此也带火了安徽省蚌埠的文旅，今日头条内《长月烬明》播出期间"蚌埠"相关搜索量一度达到30万次。

国剧出海捷报频传。2023年，国剧出海捷报频传，《三体》《狂飙》《去有风的地方》等一大批剧集在海外播出，引发国外观众追剧热潮。《狂飙》入围第28届釜山国际电影节最佳流媒体原创剧集，《漫长的季节》《去有风的地方》在第18届首尔国际电视剧大赏上分别获最佳迷你剧奖和最佳电视剧奖。国家广播电视总局发展研究中心数据显示，2022年我国电视剧出口达到803部次、14.2万集共10万小时。在全球化发展的时代背景下，国剧出海一路乘风破浪，不断创造新的高峰。"浩渺行无极，扬帆但信风。"经过历史时代的沉淀，国剧正迎来主题创作引导激励机制更加完善、精品供给能力显著增强、现代化产业体系和市场体系进一步健全等发展机遇，前景蔚为广阔。

（二）重庆市情况

2023年，重庆市电视剧牢牢把握正确政治方向、舆论导向、价值取向、审美取向，着力在提升作品的思想性、创新性、艺术性、文化性上下功夫。全年共备案公示及审查发行电视剧《寻她千百度》《近在咫尺》《沉重的军礼》《小乾坤》《街坊邻居》等5部160集。

参投剧目播出情况良好。重庆银龙影视有限公司、浙江晟喜华视文化传媒有限公司等联合出品的青春谍战剧《薄冰》在芒果TV、重庆卫视、湖南卫视、安徽卫视、深圳卫视多家平台播出。据酷云数据，该剧首播时剧集直播关注度峰值高达0.93%，在CSM卫视频道中23天位列第一，猫眼4月谍战剧热度和微博剧集影响力热播榜中荣获冠军。全网热搜523个，微博热搜300个，微博相关话题阅读量超21亿次，抖音平台高赞视频超135个，话题总播放量高达45亿次。在卫视频道播出时，重庆卫视平均收视率0.31%，位列省级卫视同时段第十。重庆广电集团（总台）、中央广播电视总台联合投资摄制的致敬抗美援朝战争胜利70周年重点剧目《冰雪尖刀连》在央视一套黄金时间首播，据有关数据，《冰雪尖刀连》在晚间黄金档实时收视8次斩获全国第一，全国网实时收视率破1.3%，最高收视率达到1.325%，收视榜单持续霸榜。新媒体方面，全网相关话题播放总量达5亿次以上，主题话题 #冰雪尖刀连#，播放量达2.6亿次。

精品剧目获国际奖项。由重庆广电集团出品，重庆银龙影视公司制作、发行的电视剧《婚姻的两种猜想》荣获第19届中美电影电视节"电视剧金天使奖"和"中国文化传播奖",是该节获奖最多的中国影视剧,也是唯一获得"中国文化传播奖"的电视剧集。本届中美电影电视节由美国鹰龙传媒公司主办,中国国家广播电视总局和中国驻美大使馆、中国驻洛杉矶总领馆、中国驻旧金山总领馆共同支持,是中美影视业界最具权威性和影响力的影视文化年度盛会,2023年有超过500部优秀影视作品参与"金天使奖"角逐。

积极开展重点选题策划与辅导。从本土题材电视剧(网络剧)选题规划入手,会同市艺术创作中心、市广播电视和网络视听协会共同举办重庆市本土题材电视剧(网络剧)创作选题座谈会,致力于围绕成渝地区双城经济圈建设、数字重庆建设等重点工作,充分挖掘重庆本土优秀选题。成功举办重庆市本土广播电视文艺作品选题创作培训会,就重庆市本土电视剧、网络剧(网络电影)创作进行政策解读,并邀请创作一线专家分别就现实题材创作授课,使市内制作机构了解当前广播电视文艺作品的发展趋势和市场需求,掌握选题策划和创作的方法,提升重庆市广播电视节目制作人员的专业能力及综合素质。

提升国际传播能力。2023年10月20日、24日,重庆市文化旅游委分别在墨西哥城、波哥大市,与墨西哥11电视台、哥伦比亚国家电视台举行了中国电视剧场"中国时段"项目签约暨启动仪式。墨西哥"中国时段"自2023年11月起,每周四、周五17:00—18:00播出中国电视节目,已播出电视剧《山海情》《澳门人家》和动画片《梦娃》《大禹治水》《23号牛乃唐》《天天成长记》等节目。墨西哥11电视台动画频道及网站同步设置专栏,加强宣传造势。哥伦比亚"中国时段"自2024年2月起,每周四17:00—18:00播出中国电视节目。

二、2024年全市电视剧产业发展思路

2024年,重庆电视剧业界要继续以深入学习贯彻习近平新时代中国特色社会主义思想为主线,学深悟透习近平文化思想,围绕庆祝新中国成立75周年、纪念邓小平同志诞辰120周年等重要时间节点和重大主题,根据"找准选题、讲好故事、拍出精品"的要求,做好当前谋划和长期规划,不断健全

"规划一批、创作一批、推出一批、储备一批"的创作格局，围绕不同类型、不同题材，打造更多高品质、群众喜闻乐见的电视剧和网络影视剧作品。

一是提升重点选题引导策划能力。着力构建良性的选题规划机制，加强与市作协、出版集团等的沟通协调，对于优秀剧本提早发现、全程指导。做好市内主要影视机构的创作调研，提前组织开展相关题材的创作组织、研讨和剧本征集，鼓励和培养不同类型的创作风格，完善优秀剧本遴选、资助、推介机制。同时，继续推进电视剧《中国军医》《近在咫尺》《千江有水千江月》《小乾坤》等重点影视作品创作，积极参投重大革命历史题材电视剧《走向大西南》等的拍摄制作。

二是推动网络影视剧高质量发展。印发《重庆市推动网络影视剧高质量发展实施方案》，推进"微短剧+"创作计划，赋能行业高质量发展；汇聚优质的宣传平台和资源，定期举办路演集中推介；建立网络影视剧专委会，提供专业化服务支持；培育聚集一批头部企业，完善网络影视剧产业链和产业生态；建立重庆网络影视剧联盟，构建资源共享互通协同机制；建设一批网络影视剧创作生产基地，提供专业的取景拍摄服务；建立重庆影视拍摄服务平台，提供规范化、高效率一站式服务；打造网络影视剧年度盛典，提升重庆网络影视剧的知名度和美誉度；推出"网聚重庆"品牌标识，不断增强业界对重庆拍摄地的认可度。

三是打造影视拍摄产业示范基地。会同市电影局按照《重庆市影视拍摄示范基地管理办法（试行）》，推动市内影视基地规范健康发展，命名一批标杆性影视基地，进一步发挥影视基地在优化重庆市拍摄环境、提升电视剧拍摄质量方面的积极作用。结合重庆市网络影视剧创作发展现状，积极研究相关标准、申报程序、命名规范等相关指标，命名一批网络影视剧创作生产基地，推动重庆市网络视听产业高质量发展。

四是建设"文化·光影重庆"数字应用。会同市电影局共同策划实施重庆影视拍摄一站式服务平台提升工程，以"文化·光影重庆"数字应用平台为基础，推动"巴渝影视汇"相关功能和内容整体迁入"文化·光影重庆"，建设覆盖电影、电视剧、网络影视剧的重庆影视拍摄一站式服务平台。打通线上线下服务链条，把"文化·光影重庆"作为重庆市提供影视拍摄政策咨询解读、来渝剧组备案、拍摄点场景展示、拍摄服务机构推荐、食宿交通保障、服化道资源租赁、后期制作等各类服务的正式官方平台，统一拍摄服务申请程序、服务标准、服务内容、服务流程等，为在渝拍摄剧组提供综合性一站式服务。

五是支持举办第二届成渝影视发展大会。紧扣学习宣传贯彻党的二十大精神主线，在成渝地区双城经济圈建设背景下，在2023年成功举办首届"成渝影视发展大会"的基础上，全力支持永川区举办第二届成渝影视发展大会，全力抢抓国家级大会活动举办战略机遇，着力推动四川影视文创城、重庆影视城创建国家级影视剧本孵化基地、影视产业集聚发展新高地、影视文旅融合发展策源地、全域影视拍摄服务基地、影视人才培育基地，吸引影视文化行业资本向本地集中、行业企业向本地聚集，努力实现"办出规模、办出影响、办出效益"的目标，创造更多"成渝造"精品力作，助推成渝地区双城经济圈文化建设乘势奋进。

2023年重庆市广播电视传输保障工作报告

广播电视局传输保障处

2023年，全市广播电视传输保障工作坚持以习近平新时代中国特色社会主义思想为指导，深入贯彻落实习近平文化思想和全国宣传思想文化工作会议精神，全面贯彻落实习近平总书记关于广播电视和网络视听工作的重要指示批示精神。守牢安全播出底线，着力提升公服质效，深化行业规范治理，强化科技创新赋能，突出人才队伍建设，各项工作取得实效显绩。

一、强基固本，守牢安全播出底线

（一）切实加强广播电视安全播出日常保障

全面落实安全防范措施，加强值班值守力量，强化各项技术保障，修订完善应急预案，坚持重要节点领导带队，一线督促检查，现场调度指挥直转播安全保障工作。召开全市年度安全播出工作会，举办全市广播电视安全播出培训。全市广电行业在技术建设、安全管理工作上深耕细作，不断强基固本，提高核心能力。重庆广电集团（总台）建立每周安播重点工作专题通报、每季度安播大检查机制，坚持常态化技术系统建设投入，全面巩固、强化安播保障。中国广电重庆公司投入800余万元优化改造机房基础设施，组织开展应急演练130余场次，参演人员400余人次，切实提升安全播出保障能力。

（二）组织实施广播电视安全保障专项行动

开展广播电视设施保护专项行动、提升广播电视网络安全保障能力专项工作，全市130余家无线发射台站、卫星地球站、有线光缆干线、广播电视监测台等完成摸底调查上报工作。推进关键信息基础设施保护、应急广播平台、互联网电视等安全排查工作。

（三）圆满完成全年重要保障期安全播出保障任务

指导全市各级广播电视播出机构做好安全播出工作，转发预警信息1.1万余条次，重点保障时段参与值班值守人数达3.4万余人次，圆满完成元旦、春节、国庆、成都大运会、杭州亚运会、第三届"一带一路"国际合作高峰论坛等重要保障期安全保障任务，确保了中央广播电视总台《2023年春节联欢晚会》、全国、全市两会开闭幕会等14场重要直播时段广播电视播出安全，重大活动、重点时段、重要节目广播电视播出传输实现"零差错、零失误、零事故"。

二、立足民生，提升公共服务质效

大力推进城乡广播电视公共服务一体化建设，公共服务不断优化升级，全市广播电视由"村村通""户户通"逐步转向"人人通、移动通、终端通"。截至2023年底，全市广播和电视综合人口覆盖率分别达99.57%和99.69%。

（一）以应急广播为载体，打通信息发布"最后一公里"

积极推进应急广播体系惠民工程建设，对2022年组织实施的5个老少边及欠发达地区县级应急广播体系建设任务全面验收。组织开州、云阳、巫山3个区县实施2023年老少边及欠发达地区县级应急广播体系建设任务。市级应急广播系统完成平台搭建、应急广播传输覆盖网建设、横向部门前置终端部署和平台对接，完成市级平台与国家平台、区县平台对接工作，实现"国家—市—区县—乡镇—行政村"五级贯通。全市"多信息汇聚、多渠道传输、多终端呈现"的应急广播覆盖网络初具规模，本着"平时服务、战时应急"的原则，在助力政策宣传、服务应急管理、推动社会治理等方面发挥了重要作用。截至2023年底，累计投入3亿元，建成市级平台1个、区县平台38个、应急广播终端62791组，覆盖972个乡镇（街道）、9495个行政村（社区）。其中，县级以上应急广播调度控制平台建设率和行政村应急广播主动发布终端覆盖率分别达97%和85%，超过《全国应急广播体系建设"十四五"发展规划》中"到2025年分别达到65%和70%"的目标值，重庆应急广播系统建设工作走在了全国前列。

（二）以试点推进为抓手，探索公共服务标准化建设

2023年6月，江津、奉节2个区县成功获批国家广播电视总局广播电视基本公共服务县级标准化试点。认真贯彻落实总局县级标准化试点建设推进会议精神和《关于开展广播电视基本公共服务县级标准化试点建设工作的通知》要求，以"服务标准化、标准定额化、定额预算化"为方向，聚焦着力健全标准规范、完善长效运维体系、加大本地化节目供给、创新公共服务方式四个方面，基本建立科学、规范、适用、具有重庆特色的广播电视公共服务标准体系，力争在2024年底前实现智慧广电和运维体系格局初显，全面总结可复制推广的成功经验，探索出一条既具重庆辨识度又能复制推广的标准化建设路径，自2025年起全市逐步推开。

（三）以创新管理为手段，促进国家资金高效使用

联合国家广播电视总局规划院，创新开展中央节目无线覆盖效果评估和绩效管理工作。搭建了全市无线广播电视覆盖质量综合评价平台，实时掌握各发射台发射系统、节传系统、外场接收情况等基本工作状况，并对每个频道的综合覆盖能力和每个台站的运行情况进行量化评分，作为中央节目无线覆盖工作绩效评估和运行维护经费下达的依据。委托专业机构对全市50座无线发射台站定期开展技术巡检和维护，准确掌握各台站基本情况，确保安全播出和正常运转，提高国家投入资金提供公共服务的效能。

（四）以重点项目为根本，夯实广电未来发展基础

全市50座无线发射台站地面数字电视700兆赫频率迁移和单频网组网建设

完成并顺利通过验收，为广电5G发展奠定基础。持续推动市级广播电视重大基础设施项目建设，推进重庆广播电视发射新塔一期项目，实施浮图关广播电视发射塔排危大修工程，重庆有线智慧广电数据中心投入运行。

三、严格规范，深化行业规范治理

牢固树立习近平总书记"以人民为中心"的发展理念，针对群众反映强烈的"看电视难、看电视烦"问题，以提升服务为目标，扎实推进电视操作复杂治理，维护广播无线电秩序，消除"黑广播"对人们生活的滋扰，切实解决群众关心关注的问题，提高老百姓对广播电视的满意度。

（一）攻坚克难，电视操作复杂治理取得阶段成效

召开治理电视"套娃"收费和操作复杂工作动员部署会，成立工作专班，制定《重庆市文化和旅游发展委员会治理IPTV操作复杂第一阶段细化工作方案》，建立工作台账，制订时间表、路线图、任务书，以倒排工期、打表方式推进。发布《关于建立治理电视"套娃"收费和操作复杂工作意见反馈机制的公告》，听取社会公众意见建议和反映诉求；组织开展宣传普及和优化服务，推进治理成效由终端向用户延伸。建立进度督查工作机制，落实专人跟踪督促，认真进行治理工作情况的"日调度""周调度"。通过对现有平台（系统、应用等）和终端软件的设计、配置和流程进行调整和优化，采用远程自动软件升级等方式，全市169万有线电视用户和457.86万IPTV用户基本实现开机全屏看直播。

（二）减费增量，广播电视服务水平和满意度提升

通过专项治理活动，收费包大幅压减50%以上，收费行为更加简化规范透明，电视页面设置更加精简快捷。极大丰富优质免费视听节目，有线网络开设"重温经典"免费专区，IPTV和互联网电视大幅增加优质免费内容。有线电视和IPTV取消开机广告，规范回看服务，开展"广电服务进社区"等深度客服，用户收视体验显著改善，出现了用户开机率提升和用户回流的良好势头。

（三）严管严查，维护广播电视无线电正常秩序

组织开展全市广播电视频率持证核查工作，完成107个《广播电视频率使用许可证（乙类）》和25个《广播电视频率使用许可证（甲类）》核验，办理广播电视频率使用许可18个。监督设台用频单位证照齐全，严格按照批复参数发射，严禁出现擅自变更发射频率、超功率发射等情况。维护无线电空中秩序，持续加强"黑广播"治理，全年开展"黑广播"集中专项收测6次、常规收测21次，参与人数共计达388人次，将收测到的"黑广播"线索移交公安和无线电管理机构处理。完成"中国—中亚峰会""成都大运会"期间广播电视频率秩序专项保障任务。

四、科技赋能，夯实网络覆盖基础

（一）以5G移动网为契机，加快有线无线协同发展

全面完成配合推进5G发展的700M频点迁移工作，积极构建面向5G的全IP网络，加快数字化、智能化的全面发展，加速融入"四张网"重构技术体系，不断提升整体性能，夯实广电基础。积极推进广电5G业务网、固定语音业务网、互联网骨干网及内容集成播控平台等"三网一平台"建设并取得阶段性成效。全市共享5G基站4.42万个，协同重庆移动不断提高4G挂站率，加快扫除4G网络覆盖盲区。

（二）以科技创新为引领，积极探索智慧广电发展

实施智慧广电乡村工程，奉节县成功获批国家广播电视总局智慧广电乡村工程建设试点，重庆有线积极推进智慧乡村综合信息平台镇街深度覆盖和广电智慧社区创建工作。重庆广电集团（总台）完成车载4K融合生产中心建设并通过总局专家组鉴定为国际先进、国内领先水平。完成中国广电云（一期）重庆节点及陕西广电的对接，具备了辐射西南地区的云服务能力。

五、以赛代训，强化专业人才建设

联合市人力社保局、市总工会共同举办2023年重庆市广播电视专业技术技能竞赛，全市各级广电部门推荐124名选手参加市级决赛，决出一等奖5名、二等奖10名、三等奖19名。重庆市择优推荐4名选手参加第28届全国广播电视技术能手竞赛，分获全国竞赛二、三等奖，重庆市文化和旅游发展委员会荣获团体一等奖，位居西部前列。

2023年重庆红色资源保护管理运用工作调研报告

革命文物处

红色资源是我们党艰辛而辉煌奋斗历程的见证，是最宝贵的精神财富。党的十八大以来，以习近平同志为核心的党中央高度重视红色资源保护管理运用，习近平总书记对加强红色资源保护管理运用亲自谋划、亲自部署，为我们指明了前进方向、提供了根本遵循。重庆是一块英雄的土地，有着光荣的革命传统，红色资源丰富、红色底蕴深厚。为切实加强红色资源保护管理运用，弘扬红岩精神，打造红色基因传承示范区，我们组织开展了红色资源保护管理运用工作调查研究。

一、重庆红色资源基本情况

全市有以不可移动革命文物为核心的红色资源417处，其中全国重点文物保护单位48处、市级文物保护单位106处、区县级文物保护单位136处、一般不可移动文物127处，分布在39个区县。全市登记备案革命纪念馆38家，馆藏革命文物29374件/套，其中珍贵文物5137件/套，收藏在54家国有收藏单位。革命文物及革命纪念馆列入全国爱国主义教育示范基地12处、全国红色旅游经典景区16处、红色旅游A级景区22家。9个区县纳入国家第一批革命文物保护利用片区分县名单。其中，城口县纳入川陕革命根据地片区名单，黔江、武隆、丰都、忠县、石柱、秀山、酉阳、彭水纳入湘鄂川黔革命根据地片区名单。綦江、酉阳等5个区县纳入国家第二批革命文物保护利用片区分县名单。其中，綦江纳入红一方面军长征片区名单，酉阳、黔江、石柱、秀山纳入红二方面军长征片区名单。在空间分布上呈现"一心、两老、两帅、三片"的布局。"一心"，即以红岩革命文物为中心的都市核心区；"两老"，即老一辈无产阶级革命家杨闇公、赵世炎故居和纪念馆；"两帅"，即刘伯承、聂荣臻元帅故居和纪念馆；"三片"，即綦江红一方面军长征片区、以酉阳为重点的湘鄂川黔片区、城口川陕片区。

二、重庆红色资源保护管理运用工作现状

近年来，在市委、市政府的高度重视下，全市红色资源保护管理运用工作取得较大成就，特别是红岩革命文物保护传承工程推进经验在全国交流推广，红岩革命文物承载的红岩精神成为第一批纳入中国共产党人精神谱系的伟大精神。

（一）加强革命文物保护利用制度建设

市委、市政府将建设红岩文化公园、推进长征国家文化公园（重庆段）建设纳入全市"十四五"规划，召开全市革命文物工作会议，市委常委会会议、市政府党组（扩大）会议传达学习习近平总书记关于革命文物工作重要指示及全国革命文物工作会议精神，市委常委会听取红岩文化公园规划建设情况汇报，市委办公厅、市政府办公厅出台《关于推进革命文物保护利用工程（2018—2022年）的实施方案》《关于加强文物保护利用改革的实施意见》《关于进一步加强红色资源保护利用工作的通知》，《重庆市红色资源保护传承规定》颁布施行，为新时代革命文物工作提供政策指引。在市级文物部门专设革命文物处，41个区县（高新区）设立革命文物业务科室，"十三五"时期投入革命文物项目资金1.83亿元、占全市文物保护资金总量的21%，确保革命文物工作有人干、有钱干。完成革命文物资源"起底式"调查，全面摸清417处革命文物资源底数，公布全市革命文物名录，公布第四批11处革命文物类市级文物保护单位，编制出台《重庆市革命文物保护利用总体规划》，新增纳入中央免费开放补助的革命类纪念馆12家，总量达36家。

（二）实施革命文物保护行动计划

一体推进红岩村、曾家岩、虎头岩"红色三岩"保护提升，出台《重庆红岩革命旧址保护区管理办法》，完成八路军重庆办事处旧址大楼、桂园、曾家岩50号（周公馆）、《新华日报》总馆旧址等31处红岩革命文物保护展示并对外开放，红岩革命纪念馆入口及周边环境显著改善，红岩干部学院挂牌运行，曾家岩文化客厅完成布展并对外开放，红岩文化公园首期项目建成开放，"红色三岩"保护提升项目获评"全国革命文物保护利用十佳案例"，在红岩革命历史博物馆挂牌重庆市革命文物保护中心。长征国家文化公园（重庆段）建设成效明显，出台《长征国家文化公园（重庆段）建设保护规划》，实施文物保护、纪念馆建设、文旅开发、基础设施配套、环境整治等项目43个，完成綦江石壕红军烈士墓及纪念碑、石壕红一军团司令部旧址、酉阳南腰界红三军司令部旧址、城口红三十三军旧址等长征文物保护展示，完成重庆红军长征纪念馆方案设计。完成王朴烈士故居、酉阳南腰界红三军旧址、周吉可故居等保护状况差、群众意见大、媒体关注度高的低级别革命文物保护展示并对外开放，实施聂荣臻元帅故居、刘伯承同志故居、赵世炎烈士故居等重点革命旧址保护展示项目85个，市级文物保护单位以上的革命旧址保存良好。联合四川、陕西文物部门建立川陕片区协作机制，成立成渝革命纪念馆联盟，连片保护、整体展示的革命文物工作新格局正在形成。

（三）提升革命文物展示利用水平

以革命文物保护利用助推党史学习教育走深走实，创新推动60个革命文物保护利用项目纳入全市党史学习教育"我为群众办实事"重点民生项目清单，现已全部完成年度目标任务，运用革命旧址、纪念设施打造市级党史学习教育基地40个、研学线路7条，"踏寻红岩足迹·感悟红岩精神"等4条红色线路入选全国建党百年红色旅游百条精品线路，红岩干部党性教育基地入选中央国家机关党校首批党性教育基地、获评全国"我最向往的党史纪念地"。加强革命纪念馆内容建设，推出《不忘初心、牢记使命——中国革命精神联展（1929—1949）》《聂荣臻同志永远和我们在一起》《中华儿女革命的典型——江竹筠烈士生平事迹展》等一批革命类专题展览，完成《千秋红岩——中共中央南方局历史陈列》改陈并对外开放。推动红色资源与旅游深度融合，完成歌乐山烈士陵园环境整治50余个项目，出版的《重庆市红色资源概览》收录全市39个区县共106处红色景区景点，红梅系列和小萝卜头系列文创产品获评"全国优秀红色旅游文创产品"，统筹推出红岩精神、伟人故地、片区红色印记、抗战、西南大区建设等9大主题20条红色研学旅游线路，红岩村教学区研学线路获评"全国博物馆研学优秀线路"，革命文物在助推城市提升和乡村振兴中的作用更加凸显。

（四）加强革命文物传播传承

加强对革命文物和文献资料的调查征集、价值挖掘，成立红岩精神研究会，出版《中共中央南方局历史文献选编》《中共中央西南局历史文献选编》等重要文献。2021年6月12日，由国家文物局、重庆市人民政府联合主办的"文物映耀百年征程"——2021年文化和自然遗产日全国主场城市活动在重庆红岩村成功举办，推出主题论坛、革命文物保护成果展等一系列精品活动，登上央视新闻联播头条，话题传播量超3亿次。2022年11月2日至4日，由国家文物局、重庆市人民政府联合主办的"中国革命纪念馆高质量发展峰会·2022"在重庆成功举办，举行专家论坛、《见证新时代》新书发布及赠书仪式、红岩革命故事新篇《我们的新时代》展演等重磅活动，登上央视新闻联播，广受业内外好评。举办红色故事讲解员大赛、红色文物话百年全媒体宣传等特色活动，由红岩革命历史博物馆自编自导自演的"红岩革命故事展演"特色党史课赴全国各地演出415场、受众达550万人次，获评"2021全国文化遗产旅游百强案例"，并作为革命文物新业态由新华社、国家文物局予以推介。

三、重庆红色资源保护管理运用工作存在的问题

（一）在管理体制机制方面

红色资源分布范围广、组成种类多、管理主体多，涉及区县政府、国企、私人，市级层面涉及退役军人、档案、规划、城乡建设等多个部门，存在各自为政、工作联系和资源共享不够等问题，难以集中统一保护管理。比如：国有产权革命文物管理使用单位多达200余家，即使同一区县的革命文物也大多分属不同部门管理，无法实现有效的统一管理、统一利用。歌乐山烈士陵园所在地块，权属分属于党政机关、国有企业、高校等10余家单位，责任落实较差，加之过境交通贯穿景区，难以实现统一、封闭管理。

（二）在系统保护方面

重庆近76%的革命旧址分布在偏远地区和革命老区。因文物保护修缮实行分级管理，文物专项经费预算总量较少，如2023年全市文物专项预算2100万元，酉阳、城口等红色资源富集的区县财政无文物专项预算，市级以上革命文物保护单位保存良好，区县级以下的革命文物保存状况相对较差，在保存较差的40处革命旧址中，区县级占比达90%。全市属私人产权的革命文物55处，面积约2.2万平方米，所有权人文物保护积极性不高、保护能力不足，加之当地财政大多较为困难，而国家、市级文保专项资金支持范围和额度有限，保护管理难度较大，属地政府落实帮扶责任较难。比如：酉阳县42处革命文物私人产权有19处，政府出资修缮需要征得产权人同意，若回购产权则涉及征地补偿、解决养老保险等多方面问题，实施难度较大。

（三）在研究展示方面

全市未形成统一的红色资源研究平台，研究阐释存在各自为政的现象，对外宣传口径不统一。对红色资源的系统性研究不够，尤其是对其历史渊源、重大历史事件、重要革命人物、重要历史活动相关史料的收集梳理、研究阐释不够，宣传传播不系统。红色资源展示多以传统的平面静态展陈为

主，表现形式较为单一、缺乏创意，部分革命类纪念馆、陈列馆，基本陈列内容陈旧，缺乏让观众参与互动的趣味性和积极性，社会教育效果不明显。比如：革命旧址内展示的藏品和实物原件少，基本都是"几幅图片、几张桌子、几把椅子、几张床"。歌乐山革命纪念馆、赵世炎烈士纪念馆、王朴烈士陈列馆等基本陈列超过10年未改陈，在讲好红色故事上有差距。

（四）在开发利用方面

重庆市利用红色资源开辟为红色旅游A级景区仅22处，尚未利用及闲置革命旧址92处，资源转化率偏低，红色旅游开发缺乏统一科学的规划。尤其是对地处偏远的红色资源如何系统策划、开发利用、设施配套等缺乏有针对性的措施。

四、进一步加强红色资源保护管理运用工作的建议

（一）进一步理顺红色资源管理机制

建议建立一家部门牵头、相关部门各负其责的统筹协调机制，对不同产权的红色资源保护管理实施明确的有针对性的措施，构建起统一协调、分工协作的保护管理体系和机制。尤其是对私人所有且无力保护的革命文物，通过合理方式，收归当地政府统一保护管理利用。

（二）进一步突出红色资源运用工作重点

建议结合重庆红色资源禀赋、保存现状、分布情况等因素，重点突出"一心、两老、两帅、三片"革命文物保护利用（"一心"，即以红岩革命文物为中心的都市核心区；"两老"，即老一辈无产阶级革命家杨闇公、赵世炎故居和纪念馆；"两帅"，即刘伯承、聂荣臻元帅故居和纪念馆；"三片"，即綦江红一方面军长征片区、以酉阳为重点的湘鄂川黔片区、城口川陕片区），打造具有标志性的红色基因传承示范区。一是加强以红岩革命文物为中心的都市核心区革命文物片区保护。该片区涉及主城都市区共计55处红岩革命文物，以红岩革命文物为核心和引领，突出重庆谈判、中共中央南

方局团结带领重庆人民艰苦奋斗和歌乐山中国共产党人狱中斗争等革命史实，建立完善的红岩革命文物保护利用体系，形成红岩精神传承发展平台，一体推进红岩村、曾家岩、虎头岩"红色三岩"保护提升，确保红岩革命文物旧址保存完好率达到100%、对外开放度达到100%，推动红岩文化公园建设国家红色文化地标、全国一流党性教育基地、全国一流红色旅游景区。二是加强"两老""两帅"革命文物片区保护。该片区涉及以赵世炎故居、杨闇公故居、刘伯承故居、聂荣臻故居为核心的革命文物。以赵世炎、杨闇公烈士和刘伯承、聂荣臻元帅的故居和纪念馆为核心载体，实施革命文物保护修缮，提升纪念馆陈列展陈，推进周边环境整治，完善研学旅行服务配套，串联片区附近和川渝两地的老一辈革命家、伟人故地文物资源，形成合作发展联盟，建立起具有重庆特色的红色文化地标集群，打造成为全国一流党性教育基地、全国一流红色旅游景区，助推巴蜀文旅走廊建设。三是加强中央红军长征、湘鄂川黔、川陕片区革命文物保护。中央红军长征片区重庆区域共涉及綦江区18处革命文物，以綦江区石壕、安稳为主，建设石壕—安稳中央红军主题文化园、重庆红军长征纪念馆、"保卫遵义会议"展示园、"转战綦江"展示园、王良故居特色展示点，建设长征国家文化公园（重庆段）綦江主体建设区。湘鄂川黔片区（革命根据地）重庆区域共涉及59处革命文物，以酉阳县南腰界为主，统筹整合黔江、石柱、秀山、彭水、武隆、丰都、忠县、涪陵的相关革命文物和文化资源，围绕建设长征国家文化公园（重庆段）酉阳主体建设区，打造酉阳"南腰界红二、六军团会师大会"重点展示园，力争在全国湘鄂川黔革命文物保护利用片区形成特色和示范。城口川陕片区（革命根据地）重庆区域共涉及城口县24处革命文物，围绕建设长征国家文化公园（重庆段）城口市级拓展延伸区，加强革命文物保护展示，打造川陕苏区（城口）主题文化园，并协同四川、陕西将川陕革命文物保护利用片区打造成为全国革命文物保护利用片区跨区域合作展示示范样板。

（三）进一步挖掘红色资源文化内涵

建议搭建全市统一的权威的红色资源研究阐释平台，在市社科规划项目中发布一批红色资源相关的重点课题研究，以社科课题吸引聚集人才、提升研究水平。深化系统研究，整合各研究部门、各高校的研究力量，大成集智，推出一批成体系、够系统的高水平理论研究成果和精品陈列展览，加快推进基本陈列超过10年的革命纪念馆全面改陈，基本陈列超过5年的革命纪念馆局部改陈。

（四）进一步促进红色旅游多元化发展

建议推动具备开放条件的红色资源全面对外开放。精选一批红色旅游资源，新建一批市级红色旅游景区，力争更多红色旅游经典景区进入全国红色旅游经典景区名录，创建一批3A、4A级景区，力争创建1~2个5A级景区，建设完成以中山四路，嘉陵桥东村、西村为核心的重庆统战历史文化街区。围绕踏寻红岩足迹、访寻伟人故地、探寻红色印记、开天辟地历史、民族抗争历史、百废待兴开发西南、社会主义探索成就、改革开放跨越发展、新时代脱贫攻坚等九大主题，充实完善、梳理整合红色旅游景点景区，做精做靓20条能够满足大众化、多样化、特色化市场需求的红色旅游精品线路。提升既有红色旅游景区品质，在传统"看+讲"的旅游体验模式上，采用声、光、电技术，以史为据开发出虚拟历史场景、用全息投影还原真实历史场景、VR战争实景体验、AI语音介绍等体验型项目，增强红色旅游产品吸引力。加强资源整合、联动，联袂打造更多、更优质的红色旅游精品线路。深挖红岩IP价值，构建以红岩文化旅游产业为龙头，集教育培训、展览展示、文化演艺、影视制作、文创产品等全链条。

（五）进一步强化红色资源保护工作保障

建议推动革命文物保护利用纳入各级领导班子综合考核，纳入市对区县意识形态专项巡视重点内容，落实保护责任。建议设立红色资源保护管理专项资金。同时，增加市级文物保护专项资金年度预算经费总量，将具有重要价值的低级别革命文物修缮和展陈等纳入重点支持范围。

2023年重庆文物业发展报告

文物保护与考古处

2023年，全市文物系统坚持以习近平新时代中国特色社会主义思想为指导，全面贯彻落实党的二十大精神，认真学习贯彻习近平文化思想，落实党中央关于坚持"保护第一、加强管理、挖掘价值、有效利用、让文物活起来"的工作要求，更好地担负起新的文化使命，加大文物和文化遗产保护传承力度，推进文物事业高质量发展。

一、发展概况

（一）资源情况

截至2023年12月底，全市共有不可移动文物2.6万处。市级以上文物保护单位444处，其中全国重点文物保护单位64处（包括世界文化遗产1处），市级文物保护单位380处，区县级文物保护单位2136处，不可移动革命文物417处。现有市级历史文化名城5个、中国历史文化名镇23个、市级历史文化名镇31个、中国历史文化名村1个、市级历史文化名村47个、中国历史文化街区1个、市级历史文化街区10个、传统风貌区31个，重庆市历史建筑777处，中国传统村落164处、市级传统村落67处。其中，经重庆市人民政府同意，会同市规划自然资源局公布2023年新增市级历史文化名城1个（酉阳自治县），会同市住房和城乡建设委员会公布第四批重庆市传统村落名录，30个村落榜上有名。

（二）专项调查工作情况

2023年，共计开展了4次文物资源专项调查工作：

1. 第三次全国文物普查数据核查和文物专题调查

在第三次全国文物普查数据基础上，对市级以上文物保护单位公布和实有名录、区县级文物保护单位公布和实有名录、全市已登录不可移动文物名录、2012年以来全市范围内配合基本建设文物考古调查、文物资源专项调查、区域性文化遗产专题调查等新发现文物点开展了复核工作。截至2023年底，重庆市已公布市级以上文物保护单位444处、一般不可移动文物26205处、各类新发现文物点近万处；现有重庆市历史建筑777处，中国传统村落164处，重庆市传统村落67处，重庆市不可移动革命文物417处，全国爱国主义教育示范基地12家、国家工业遗产5处、重庆市工业遗产14处、中国重要农业遗产6处、中华老字号31家。

2. 国有文物建筑（房屋类）资源资产调查

全市国有文物建筑（房屋类）共930处，总建筑面积94.15万平方米，包括古建筑316处，近现代重要史迹及代表性建筑614处。其中，全国重点文物保护单位146处，市级文物保护单位249处，区县级文物保护单位255处，未定级不可移动文物280处。

3. 红色资源调查

全市有以不可移动革命文物为核心的红色资源417处，其中全国重点文物保护单位48处、市级文物保护单位106处、区县级文物保护单位136处、一般不可移动文物127处，分布在39个区县。全市登记备案革命纪念馆38家，馆藏革命文物29374件/套，其中珍贵文物5137件/套，收藏在54家国有收藏单位。革命文物及革命纪念馆列入全国爱国主义教育示范基地12处、全国红色旅游经典景区16处、红色旅游A级景区22家。9个区县纳入国家第一批革命文物保护利用片区分县名单。

4. 全市古廊桥资源初步调查

重庆市现存古廊桥共计49处，主要分布在渝东南地区，包括市级文物保护单位6处、区县级文物保护单位17处、尚未核定为保护单位的一般不可移动文物23处，未登记公布为文物的3处。结构形式以石礅木梁木廊桥、石拱木廊桥、单跨木梁木廊桥三类为主。

（三）不可移动文物保护资金投入情况

2023年，中央财政和市级财政安排不可移动文物保护专项资金共计21682万元，比2022年减少34.2%。其中全国重点文物保护单位专项资金15582万元，较上年减少7.2%；市级文物保护专项资金2100万元，较上年增加3.8%；三峡后续经费7000万元，较上年减少50.4%。文物保护资金仍以中央投入为主。

（四）文物保护利用工程实施情况

全年实施文物保护工程169个，完工98个，其余正在实施。从保护级别看，市级以上文物保护项目占比较大，市级文物保护单位以上项目127个、区县级文物保护单位及以下文物保护项目42个，占比分别为75.1%、24.9%。从工程类型看，本体维护项目共112个，占比达66%；另外，实施安防、消防和防雷等保护性设施建设、环境整治项目33个，陈列展示项目7个，保护规划、数字化保护、预防性保护、大遗址保护等其他项目17个。从项目性质来看，新开工项目75个，续建项目94个。

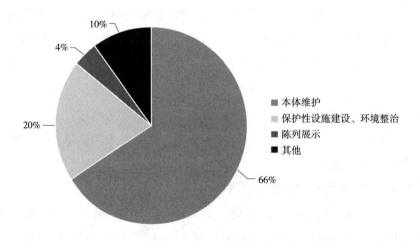

图1　2023年文物保护工程类型统计

2023年，文物保护工程实施总数较2022年有所下降，全国重点文物保护单位保护项目数量减少，但占比上升（2022年35.8%，2023年45.0%）；

市级文物保护单位项目数量减少，占比略有下降（2022年35.4%，2023年29.6%）；区县级以下文物保护项目数量减少，占比略有下降（2022年28.8%，2023年25.4%）。2023年，实施文物本体维护项目112个，占比66.3%，相比上年118个（占比45.4%），在绝对数量上基本持平，但比例有较大提升；新开工项目和续建项目分别占比44.4%和55.6%，相比上年新开工项目（占比70.4%）和续建项目（占比29.6%），相差减小。以上数据说明，重庆市坚持保护第一，加大文物保护修缮力度，持续改善文物保存现状；规范工程实施，加强项目调度和绩效管理，稳步提升重庆市文物保护工程质量和水平。

二、主要成效

（一）文物系统性保护统筹推进

市委、市政府高度重视文物工作，召开全市文物工作会议，将文物工作纳入"文化报表"每季度赛马比拼，市政府与国家文物局签订《深化重庆文物保护利用改革战略合作协议》。围绕成渝地区双城经济圈建设，与四川、成都文物部门签订《全面深化成渝地区双城经济圈文物保护利用战略合作协议》。与市委宣传部联合印发《重庆市廊桥保护三年行动实施方案（2023—2025）》，初步厘清全市古廊桥资源和保护利用状况。启动第四次全国文物普查筹备工作，组建工作专班，开展第三次全国文物普查数据核查和文物专题调查资料整理，渝中区被纳入全国近现代重要史迹及代表性建筑类文物普查试点。启动第四批市级文物保护单位申报遴选工作。全年累计实施文物保护展示项目169个，完工98个。

（二）革命文物保护传承落地落实

推动出台《重庆市红色资源调查认定办法》，调查认定红色标语454条，公布第二批可移动革命文物名录551件/套。召开川陕片区革命文物保护利用工作联席会议，成立川陕革命老区红色文旅走廊发展联盟，发布川陕苏区首批革命文物主题游线路。红岩革命历史博物馆挂牌成立重庆市革命文物保护中心。红岩革命历史博物馆联合西南大学创建国家革命文物协同研究中心纳入国家建设培育名单，酉阳南腰界红三军革命旧址片区整体展示、城口红三十三军旧址整体展示纳入国家文物局重点项目。重庆红军长征纪念馆项目纳入国家文化保护传承项目库，黔江、彭水等3个长征公园文化传承项目完成工程量的100%。基本完成长征国家文化公园（重庆段）建设任务。重庆开埠遗址公园项目、歌乐山红岩魂陈列馆改陈项目完成建设并已对外开放。红岩文化公园二期项目开工建设，中美合作所集中营旧址5处文物建筑保护修缮项目完工。

（三）三峡文物保护利用稳步推进

国家文物局在重庆召开长江三峡文物保护利用专题工作推进会，召开三峡考古报告出版工作会、三峡考古遗址公园建设工作推进会，国家文物局、重庆市政府、湖北省政府等5部委2省市共同发布《三峡文物保护利用专项规划》，统筹推进三峡文物保护利用。完成《三峡出土文物保护修复计划》一期项目，修复三峡出土文物2412件/套。整体推进三峡考古研究报告编写出版，新出版报告8部，累计出版14部。长江三峡考古遗址公园建设取得新进展，忠县皇华城考古遗址公园建成开放，完成三峡国家考古遗址公园可行性研究。渝中区老鼓楼衙署遗址保护展示（一期）工程完工。

（四）石窟寺保护利用提质升级

国家文物局和市政府联合主办首届石窟寺保护国际论坛，11个国家165名石窟寺专家齐聚大足论道，形成中英文论文54篇，发表《气候变化背景下石窟寺保护大足宣言》。大足石刻研究院文物保护修复团队被授予"全国巾帼文明岗"称号。编制完成《川渝石窟寺国家遗址公园（重庆片区）总体规划》，完成大足石刻宝顶山转法轮塔保护性设施、弹子石摩崖造像等22处石窟寺保护项目。在全国示范实施中小石窟寺保护利用工程，完成21处中小石窟寺保护利用项目。推进《巴蜀石窟全集》编撰，完成巴蜀5地约40处重点石窟寺资料整理。启动实施3个石窟寺科技保护国家重大社科基金项目和科技部国家重点研发计划项目。

（五）世界文化遗产申报全面推进

全力推进钓鱼城遗址、白鹤梁题刻、川渝宋元山城体系、川渝盐业体系、蜀道（荔枝道重庆段）申遗，召开白鹤梁国际学术研讨会、钓鱼城暨川渝宋元山城体系联合申遗专家咨询会、川渝盐业遗产申遗专家咨询会，与埃及建立起白鹤梁题刻与尼罗河水尺联合申遗的工作联络机制，多角度研究挖掘申遗突出普遍价值。完善申遗文本、保护规划、管理办法等申遗要件，正式提交5项申遗预备名单更新资料。

（六）文物考古研究成果丰硕

深入推进"考古中国"重大项目——"川渝地区巴蜀文明进程研究"，完成重要巴文化遗址九龙坡冬笋坝遗址考古发掘。开工建设重庆市考古标本库房及重庆考古展示中心。全面落实中心城区"用地清单制"文物考古前置改革，出台实施细则和技术标准，完成考古前置项目172个，完成全市基本建设考古调查、勘探79项，实施重点考古发掘63项，发掘总面积3万平方米，出土各类文物标本7300余件（套）。组建10支考古队实施白马航电枢纽工程地下文物保护工作，其中在武隆区新发现我国最早明确纪年的西汉墓，出土文物600余件，是长江上游地区一次性出土漆木竹器最多的墓葬。联合国家文物局考古研究中心发掘酉阳官坝土司遗址，出土"天子之邦、中华之国、天下安康"明代石刻，是我国统一多民族国家巩固发展的典型实物例证。在全国率先实践石窟寺考古从崖壁平面拓展至立体寺庙空间研究。与四川考古机构联合编制《川渝地区宋元山城体系研究》。

（七）让文物活起来具有新成效

市委办公厅、市政府办公厅出台《贯彻落实〈关于让文物活起来 扩大中华文化国际影响力的实施意见〉的具体举措》。《中国文物报》以"重庆：着力解决文物保护利用改革中的堵点难点"为题推介重庆文物保护利用改革经验做法。依托立德乐洋行旧址群打造的开埠遗址公园入选2023全国5个国资国企高质量发展精选案例。重庆市文物考古研究院《开放考古遗产资源 推动让文物活起来》入选国家文物局首批10个文物事业高质量发展入围案例，枇杷山（考古）书院荣膺2023年"全国工会职工书屋示范点"。万州区柱山乡、綦江区东溪镇等2项入选第一届全国古村古镇保护利用十佳案例、木洞古镇1项入选优秀案例。白公祠文博景区荣获"全国第一批文明旅游宣传引导优秀案例"。渝中区推出"思政研学地图"。

（八）文物科技创新水平得到提升

国家文物局、市政府等联合主办全国首届文物保护装备发展论坛暨文物保护技术装备应用展，首次跨地区、跨行业、跨层级系统展示全国最先进文物保护技术装备19个应用场景、69件/套最新文物科研成果，全国400余家文博单位和253家装备科研机构参加论坛和展览，重庆在全国文物科技工作会议上作经验交流。围绕数字重庆建设，开发建设"文化·巴渝文物"应用，迭代升级文物安全巡查督察系统，完成安全监管智能分级巡查、隐患排查整治、应急联动处置、违法联动处置、督察督办等5个子场景建设，实现文物从安全巡查、隐患发现到排查处置、评价复盘全流程闭环管理。重庆市文物局联合重庆师范大学成立考古文博学院。

三、主要问题

（一）保护意识"上热下温"，文物工作不平衡不充分问题仍然存在

近年来，重庆市文物保护工作总体上开展较为顺利，文物保护利用管理机制逐步建立健全，但仍存在文物资源管理系统性不强、文物保护投入分配不均衡、文物保护资金使用效益不高、区县文物行政部门"各自发力"等问题。

（二）研究水平"参差不齐"，让文物活起来的途径还需进一步探明

目前，将文化遗产保护与经济社会发展相结合的深度不够，文物考古研

究成果与文物资源活化利用结合不够，部分考古遗址和文物建筑配套设施完善程度不够，未能充分发挥文物展现文化自信、提高文化影响力的作用。

（三）队伍建设"头重脚轻"，人员力量与繁重任务尚不能匹配

重庆市领军人才不足，进入国家文物局专家库的专家仅8人，占专家库总量的1.7%。市文物考古研究院尚未满足最低编制要求，区县文物管理机构和队伍薄弱，平均在岗人数较少，文物保护专业力量不足，"小马拉大车"现象仍然存在。

四、下一步工作

（一）全面提高文物管理水平

全面推进第四次全国文物普查工作，指导、督促重庆市各区县组织开展实地调查。推进文物保护单位提档升级，公布第四批市级文物保护单位名单，推进第九批全国重点文物保护单位申报遴选工作。加快推进规划落地实施，认真贯彻《巴蜀文化旅游走廊建设规划》，全力推动《全面深化成渝地区双城经济圈文物保护利用战略合作协议》各项任务见实效，出台《川陕革命文物保护利用片区专项规划》《川陕片区（城口）革命文物保护利用专项规划》，推进川陕片区革命文物连片保护展示。出台《贯彻落实文化遗产保护传承座谈会精神工作方案》《重庆市红色资源调查认定导则（试行）》《重庆市文物保护工程管理办法（试行）》。与市人大会同四川省共同开展川渝石窟寺保护情况专题调研工作，推动出台《川渝石窟寺国家遗址公园建设规划》，推进川渝石窟寺国家遗址公园建设。组织开展改革开放和社会主义现代化建设新时期、中国特色社会主义新时代革命文物认定与保护工作。完成廊桥、蜀道、三线建设遗产、矿冶遗址（朱砂）等文物专项调查，公布第一批红色资源名录。

（二）持续推进文物保护工作

加强革命文物保护，实施一批革命文物保护修缮和重点抗战文物保护展

示项目，完成红岩文化公园二期项目建设，推进红岩革命历史博物馆联合西南大学创建国家革命文物协同研究中心。持续推进三峡出土文物保护修复，举办三峡出土文物保护利用展览。持续推进长江三峡考古遗址公园建设，重点推进奉节白帝城、云阳磐石城、两江新区多功城等保护展示工程，建成开放万州天生城长江三峡考古遗址公园。实施三峡考古数字孪生项目，拍摄《三峡考古》4K文献纪录片，加快建设三峡考古口述史影像库。加强石窟寺石刻保护利用，实施大足石刻宝顶山圆觉洞综合性保护工程前期勘察研究、中小石窟寺保护设施建设工程（二期）等10余项重点石窟寺保护项目，组织编撰《巴蜀石窟全集》《重庆地区石窟寺及石刻铭文史料抢救性收集与整理研究》。加强中心城区文物保护，推进渝中区老鼓楼衙署遗址公园跨街保护棚及谯楼标识和遗址博物馆建设，持续推动"重庆院子"文物建筑保护利用试点示范，加强古建筑、老宅子、老街区保护。

（三）不断深化文物价值研究

深入推进"考古中国"重大项目——"川渝地区巴蜀文明进程研究""蜀道考古研究"，推动川渝宋元山城遗址考古、石窟寺考古纳入"考古中国"重大项目，开展旧石器考古调查、石窟寺考古工作，推进三峡考古专项研究报告整体编撰出版。编制蜀道重庆段保护利用规划，全面实施蜀道重庆段保护利用工程。加快推进重庆市考古标本库房及重庆考古展示中心建设。持续推进申遗工作，加强对钓鱼城遗址、白鹤梁题刻、川渝宋元山城体系、川渝盐业遗址、蜀道（荔枝道重庆段）等5项申遗项目的文物保护、考古发掘、价值研究、对外宣传等相关工作，组织实施跨省市的蜀道文化遗产专项调查，编制蜀道重庆段保护利用规划，完成白鹤梁题刻与埃及联合申遗文本、举办中埃联合申遗国际学术研讨会等。加强文物科技创新，加快推进3个石窟寺科技保护国家重大社科基金项目和科技部国家重点研发计划项目，推动创建全国石窟寺区域保护研究基地，推进"文化·巴渝文物"数字应用建设。

（四）多措并举让文物活起来

研究制订推动文物资源活化利用重点改革项目实施方案和社会力量参与

文物保护利用工作的政策文件，开展国有文物建筑资源资产调查和活化利用。支持指导有条件的区县积极做好国家文物保护利用示范区创建筹备工作。运用重庆史迪威将军旧居等驻渝外国机构旧址，强化国际交流合作。依托重庆抗战遗址博物馆等海峡两岸交流基地，创新开展系列活动，打造重庆与港澳台文旅交流合作典范。举办第十五届重庆文化遗产宣传月活动，持续办好长江文明论坛。完成长征国家文化公园（重庆段）建设任务，持续跟踪推进红军长征转战重庆纪念馆落地，推出一批长征游线和历史步道，组织开展市级以革命文物为主题的"大思政课"优质资源推介项目遴选推介。持续推出《重庆谈判》等一批文博类精品节目，完成大足石刻数字博物馆建设并上线试运行，发布"云游·大足石刻"元宇宙文博项目（一期）。

2023年重庆市博物馆事业发展报告

博物馆与社会文物处

2023年，重庆市博物馆工作坚持以习近平新时代中国特色社会主义思想为指导，认真贯彻习近平总书记关于文物工作重要论述和党的二十大精神。全面落实"保护第一、加强管理、挖掘价值、有效利用、让文物活起来"的新时代文物工作方针和全国文物工作会议精神，积极发挥博物馆教育、研究和展示职能，切实做好公共文化服务，博物馆事业发展总体保持了良好势头。

一、发展情况

（一）博物馆建设

2023年，全市新备案开放4家博物馆（行业2家、非国有2家），博物馆总数达到134家，其中免费开放118家。全市博物馆建筑总面积达到81.19万平方米，每万人拥有博物馆面积252.68平方米，每23.98万人拥有一家博物馆，同比分别增长（提升）0.39%、0.4%、3.1%。

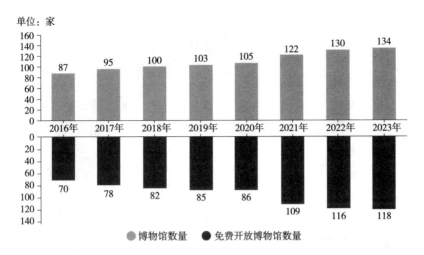

图1　重庆市博物馆数量增长情况

1. 按博物馆性质分

文物系统博物馆72家、其他行业博物馆34家、非国有博物馆28家，分别占全市博物馆总数的53.73%、25.37%、20.90%。

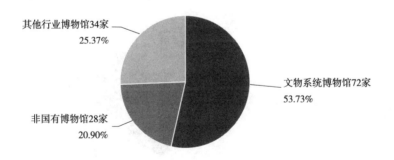

图2　博物馆分类（按性质）

2. 按博物馆等级分

国家等级博物馆共24家，占全市博物馆总数的17.91%。其中一级博物馆5家、二级博物馆7家、三级博物馆12家。与上年度相比，无变化。

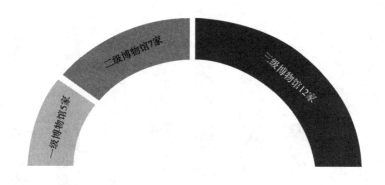

图3　博物馆等级

3. 按博物馆类型划分

综合地志类33家、革命纪念类39家、历史文化类29家、考古遗址类8家、艺术类7家、自然科技类6家、其他类12家。

单位：家

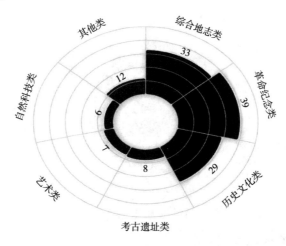

图4　博物馆类型

4. 按区域划分

主城都市区95家、渝东北三峡库区28家、渝东南武陵山区11家，分别占全市博物馆总数的71%、21%、8%。

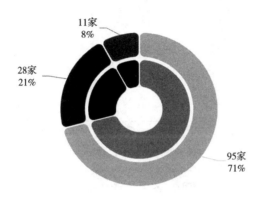

● 主城都市区 ● 渝东北三峡库区 ● 渝东南武陵山区

图5　博物馆分类（按区域）

（二）博物馆公共服务

1. 参观接待

2023年，124家博物馆保持正常开放，平均开放时间310天，共接待观众3803.26万人次，同比增长113%；全年免费接待观众3263.67万人次、未成年观众809.05万人次，同比分别增长99.86%、60.85%。

单位：万人次

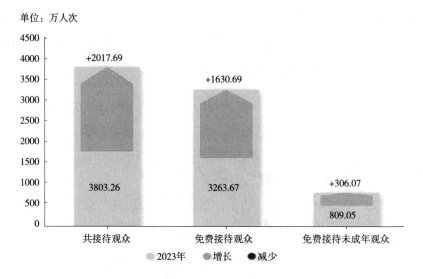

图6　参观接待数据

2. 陈列展览

2023年，全市博物馆陈列总数为914个，其中基本陈列为350个、临时展览564个（原创展览335个、馆际合作展览228个、入境展览1个）。

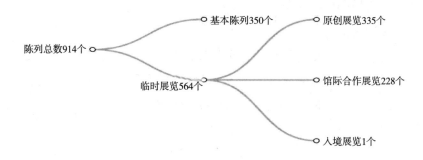

图7　陈列分类

3. 社教活动

全年博物馆共开展社教活动14333场次，其中线下12127场次、线上2206场次。

单位：场次

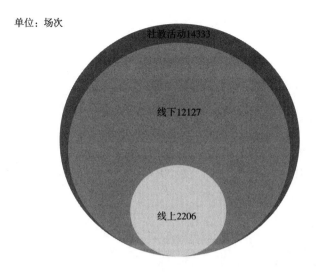

图8　博物馆活动数据

4. 媒体服务

2023年，全市博物馆官网浏览量1501.27万人次，新媒体浏览量达到1.81亿人次，新媒关注量992.84万人次。

单位：万人次

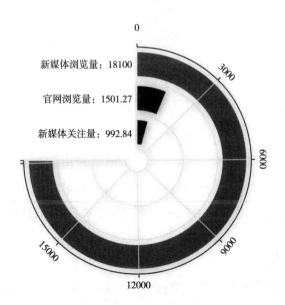

图9　博物馆新媒体数据

（三）博物馆藏品

1. 藏品数量

据全国博物馆年度报告信息系统统计，2023年度新增藏品数量22740件/套，全市博物馆藏品总量为774020件/套，其中文物藏品326125件/套，标本化石114835件/套，其他藏品333060件/套；全市博物馆馆藏珍贵文物共35888件/套，其中一级文物1266件/套、二级文物2914件/套、三级文物31708件/套。

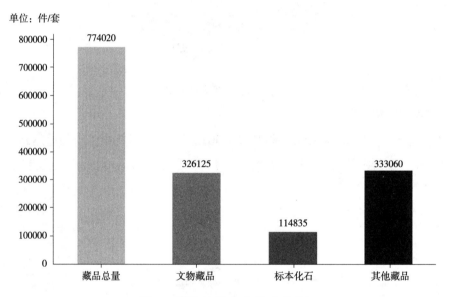

图10　博物馆藏品分类及数量

2. 保护修复

全年新实施可移动文物保护项目25个，完成文物（标本）修复3700件/套，17个文物保护项目通过结项验收。完成三峡出土文物保护修复项目第一批2412件/套文物保护修复并顺利通过国家文物局验收，2024年度三峡出土文物保护修复项目已完成申报并列入国家文物保护重点项目库。

（四）学术科研

2023年，全市各级文博单位科研项目新立项132个，承担省部级以上科研项目89个，出版专著和图录87册，发表论文502篇（其中SCI 9篇、CSSCI 3

篇、北大核心期刊8篇、其他核心期刊11篇）。成功申报知识产权类成果16项，其中发明专利3项、实用新型专利3项、外观设计专利8项、计算机软件著作2项。重庆自然博物馆入选2023年科学家精神教育基地、落成孙和平院士精密测量重庆工作室，大足石刻研究院被批准为第四批"重庆市人文社会科学重点研究基地"。

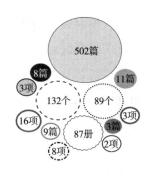

图11　博物馆承接学术科研项目

二、主要特点

（一）博物馆改革措施持续发力

推动市委办公厅、市政府办公厅印发了《贯彻落实〈关于让文物活起来扩大中华文化国际影响力的意见〉的具体举措》，与市委宣传部联合印发《关于印发〈贯彻落实《关于让文物活起来 扩大中华文化国际影响力的实施意见》的实施方案〉任务分工的通知》，进一步落实党中央、国务院和国家相关部委，以及市委、市政府部署要求，一体推进让文物活起来，服务于国家文化发展战略和经济社会发展大局，助推成渝地区双城经济圈和西部陆海新通道建设。组织课题组先后赴成渝12个区县实地走访40多家博物馆进行调研；赴贵州六盘水、云南昆明、四川攀枝花等地，深入调研三线文化研究、三线建设遗址保护利用等，为推进重庆市博物馆改革发展，推动三线博物馆建设提供决策参考。

（二）博物馆建设发展数质并举

支持重庆中国三峡博物馆开展创建中国特色、世界一流博物馆课题研究，与国家文物局签署了《深化重庆文物保护利用改革战略合作协议》，把"支持重庆中国三峡博物馆（重庆博物馆）创建世界一流博物馆"作为部市合作重点加以推进。基本完成重庆特园民主党派历史陈列馆扩容升级，重庆革命军事馆建设有序推进。持续推进区县公共博物馆建设，长寿区博物馆、潼南区博物馆、南岸区博物馆新馆建成开放，云阳县博物馆新馆等建设项目稳步推进，石柱县博物馆新馆基本确定选址。

（三）展示教育成果更加丰硕

2023年全市博物馆共推出展览914个，开展线下社教活动12127场次，同比分别增长16.9%、64.5%。《奋进新欧营 智慧美橙村——重庆市奉节县欧营村村史展》等3个展览入选全国2023年度"弘扬中华优秀传统文化、培育社会主义核心价值观"主题展览集中推介项目。"永远的三峡"系列教育课程荣获第二届全国文博社教十佳案例，《重庆青年——重庆美术馆藏青年题材美术作品展》入选文化和旅游部2023年"全国美术馆馆藏精品展出季"活动项目。"红岩革命故事展演"入选国家文物局、教育部"大思政课"优质资源示范项目，2个项目入围中华文物新媒体传播精品推介。全市70所高校近11万名大学生参与"奋斗的丰碑"——博物馆云上寻访体验活动，2500名中小学生积极参与首届"中华文物我来讲"活动，30家博物馆参与"七彩暑假 快乐成长"——暑期走进博物馆活动，丰富青少年暑期生活。

（四）文博重大活动圆满成功

成功举办2023"5·18国际博物馆日"川渝主会场活动暨重庆市第十四届文化遗产宣传月活动，川渝地区111家博物馆共300余人参加主会场活动，推出展览、年会等活动270余项，栏目《馆长说文物》《百馆百物——川渝宝藏》网上点击量达到7100万次，人民日报、中央电视台等30余家主流媒体进行集中报道，央视1套、4套和新闻直播间聚焦宣传《金玉良缘》展览，媒体总浏览量1.3亿人次。与市委宣传部、重庆社科院共同承办2023长江文明论坛，获市委主要领导肯定性批示。成功承办第一届文物保护技术装备学术研讨会暨文物保护技术装备应用展，中科院高能所陈和生院士等30余位业内专家和来自全国各省、自治区、直辖市的近500名代表齐聚重庆，共话文物保护。

（五）文物活化利用取得新进展

持续打造"重庆云上博物馆"，新增大渡口区博物馆、长寿区博物馆等5家云上博物馆，上线总数达到8家，大小屏全年访问流量1333万次，视频内容点播总量4679.9万次，"重庆云上博物馆"成功入选2023年国家广播电视总局智慧广电应用项目。新推进实施馆藏珍贵文物数字化项目6个，完成1701件/套馆藏珍贵文物高清数字采集。围绕文物保护研究利用全过程全生命周期管理，开发"巴渝文物"应用。完成119家博物馆共155个点位的观众数据接入云平台，观众数据管理更加精细、智能化。积极创建重庆中国文物文化创意产业基地，全市81家博物馆参与文创产品开发，新开发文创产品1574种，销售收入4004.6万元，同比增长64.22%。

（六）文物鉴定和社会文物管理规范

重庆中国三峡博物馆（重庆博物馆）、重庆三峡移民纪念馆、涪陵区博物馆、永川博物馆四家单位被指定为重庆市社会文物常态化公益鉴定咨询服务机构。全年开展博物馆馆藏文物鉴定28次，鉴定藏品5513件/套。开展涉案文物鉴定34次，鉴定物品2155件/套、墓葬9座。开展社会文物鉴定咨询服务100余场次，服务公众172人次，鉴定藏品531件。开展文物拍卖标的审核3起，审核标的共536件。新增文物拍卖企业1家，全市文物拍卖企业达到3家，文物商店4家。

三、2024年工作展望

（一）深入推进博物馆改革发展

探索开展国有博物馆资产所有权、藏品归属权、开放运营权分离改革试点。全面推行博物馆总分馆制，优化博物馆文物资源配置，促进中小馆提升发展。实施博物馆培育计划，将具有部分博物馆功能但尚未达到登记备案标准的社会机构纳入行业指导范畴进行登记，做好孵化培育工作。主动融入巴蜀文旅走廊建设，打造文物特色旅游品牌，创建具有重庆辨识度的文物地标。

（二）切实增强博物馆公共服务能力

推动"博物馆热"持续升温，提高博物馆公共服务均等化、便捷化、多样化水平。推进重庆中国三峡博物馆"壮丽三峡"基本陈列改陈及博物馆改扩建。围绕庆祝新中国成立75周年等重要纪念日，联合策划、引进一批专题性展览。支持博物馆与教育部门以及学校等深度合作，推动博物馆资源与学校教育需求有效衔接。连点成线开发新的研学游径，持续打造巴渝学堂、红岩等精品课程品牌。

（三）打造文物数字化传播矩阵

推进"重庆云上博物馆"迭代升级，拓展云端服务功能；重点推进纳入中央免开补助范围的博物馆建设云上博物馆，扩大上云范围。继续支持重庆中国三峡博物馆实施博物馆感知服务能力项目，拓展展示内容。以实现"15分钟品质文化生活圈"为目标，全力推进并融入"高品质文化生活"综合场景建设，全场景归集全市博物馆基础数据、运行实况和服务信息。

（四）加快培育文物文化创意产业

创新文物文创理念，支持开发具有馆藏特色与独特地域文化内涵的文创产品。推动文化创意产品开发相关政策举措落实落地，支持博物馆走出去，学习借鉴其他省市先进经验和做法。支持博物馆与文博研究机构、社会单位合作，依托三峡文创联盟、西南博物馆联盟、川渝博物馆联盟等平台，整合资源联合研发，推进区域文创产业聚合发展。认定一批市级文物创意产业基地、文物相关知识产权推广示范企业和优势企业，构建文物创意产品开发的完整链条。

2023年重庆文物安全工作报告

文物督查处

2023年，重庆市文物系统深入贯彻习近平总书记关于文物保护利用和文物安全工作重要论述和重要指示批示精神，全面落实党中央、国务院和国家文物局关于文物安全工作部署要求，坚持底线思维和问题导向，强化责任落实，持续开展文物安全隐患排查整治，深入开展打击防范文物犯罪专项行动，依法督办查处文物安全事故案件，加强文物安全数字化监管和应急管理建设。全市未发生大的文物安全事故和案件，安全形势总体持续向好发展。

一、2023年主要工作

（一）落细落实安全责任

一是持续开展文物安全责任书签订工作。全市签订责任书涵盖不可移动文物24859处，涵盖博物馆107个，较2022年分别提升0.9%和16.3%。区县和乡镇（街道）责任书签订率100%。大渡口、渝北、长寿、武隆、城口、西部科学城重庆高新区、万盛经开区等区县逐处清查核实文物现状，精准落实文物安全责任。铜梁、云阳等区县结合责任书签订对落实巡查看护工作进行部署。二是继续完善文物安全直接责任人公告公示制度。结合年度文物安全目标责任书签订，逐处落实文物安全直接责任，并在文物和博物馆单位出入口等明显位置，设置直接责任人公告公示牌，接受全社会监督。全市累计制作文物安全直接责任人公告公示牌1.2万块。永川、黔江实现公告公示全覆盖；武隆区督促辖区考古发掘单位落实责任人公告公示；沙坪坝、九龙坡、北碚、梁平、巫山、万盛经开区等区县督促责任单位及时更新公告公示内容。忠县文保中心主任曾艳认真履行文物安全责任，获评"全国最美文物安全守护人"。

（二）夯实安全防范基础

一是坚持日常巡查检查。全市文物行政部门开展日常文物安全日常巡查129615次，覆盖所有不可移动文物。日常检查文物博物馆单位26193处次，发现安全隐患3591项，督促整改3589项，整改率达99.94%。二是扎实开展专项检查。开展文物行业重大事故隐患专项排查整治2023行动，文物博物馆单位自查自改安全隐患246个，各级文物行政部门及执法机构督促整改隐患192个，帮扶指导重点文物单位17处，责令3家文物博物馆、企业暂停开放或停工整顿，约谈4家文物博物馆单位。渝中、南岸、江津等区县成立消防、宗教、经信等部门联合排查整治机构，万州、南川、綦江、忠县、两江新区投入10万~50万元不等经费用于整改文物安全隐患。开展岁末年初文物博物馆消防安全专项督导检查，3547处（家）文物博物馆单位自查发现问题隐患357项，自行完成整改352项。全市各级文物部门共组织104个检查组，出动1326人次，检查文物博物馆单位2275处（家），发现文物消防安全隐患和问题362项，督促整改328项。江津、潼南、涪陵、铜梁、綦江、巫溪、忠县、奉节等区县党委、政府领导带队检查文物博物馆单位消防安全和应急防护工作。

（三）严格督察问题整改

一是督促整改问题隐患。坚持以问题为导向，建立事故案件督察督办台账，对于举报或检查发现的问题，严格落实整改责任单位、责任人和完成整改时限，坚决跟踪督促整改。2023年，办结国家文物局转办文物违法举报信息2条，受理群众举报文物违法信息6条，市级核查处理1条，转交区县办理5条，全部跟踪督办完成整改。二是督促落实保护责任。根据文化遗产保护领域公益诉讼机制，各级文物行政部门积极主动对接检察机关，共同督促责任单位落实文物保护责任。2023年，检察机关督促10个区县文物行政部门和8个乡镇政府（街道办事处），依法履行文物保护责任和监管责任，积极落实检察建议，切实完成整改。

（四）坚决打击违法犯罪

一是严查文物法人违法。2023年，文物部门、行政执法机构坚持开展常态化执法巡查检查20950次，发现各类文物违法行为4起，涉及市级文物保护单位3起，未定级不可移动文物1起，均按程序立案调查，已查处3起，1起正在调查处理中。二是严厉打击文物犯罪。按照上级统一部署，市文化旅游委牵头组织市委宣传部、市高级人民法院、市检察院、市公安局、市市场监管局、重庆海关等部门，共同制定印发了《重庆市打击防范文物犯罪专项工作实施方案（2023—2025年）》，在全市开展为期三年的打击防范文物犯罪专项工作。同时，不定期会同公安机关研究打击文物犯罪形势，开展文物博物馆单位安全保卫工作检查和田野文物安全巡查，全力配合做好涉案文物鉴定、移交等工作。2023年，全市共立案侦办文物犯罪案件15起，其中盗掘古墓案12起，涉及2处区县级文物保护单位和2处未定级不可移动文物，倒卖文物案1起，盗窃文物案1起，涉文物诈骗案1起。

（五）强化监管能力提升

一是提升文物消防安全管理标准。2023年4月，市文化旅游委联合市消防救援总队、梁平区人民政府在全国重点文物保护单位梁平双桂堂召开文物消防安全标准化管理示范创建工作现场会，组织各区县文物行政部门、文物管理所及重点宗教活动场所文物安全负责人，现场参观学习双桂堂消防安全标准化管理示范、各区县文物消防安全标准化建设成果，并观摩双桂堂消防应急疏散和灭火救援演练、一线从业人员消防安全技能竞赛。现场会还邀请国家文物局督察司领导到场指导，四川省文物局、成都市文物局及达州、泸州、广安等地文物部门参加。二是提高文物安全从业人员业务能力。4月，组织了宗教活动场所文物消防安全管理业务培训，重点宣传贯彻《文物建筑和博物馆火灾风险防范指南及检查指引（试行）》，渝中、梁平、铜梁分别围绕不同产权、不同类别管理使用单位作经验交流。11月，组织全市文物安全监管与行政执法从业人员培训，着重就从日常监管中如何发现文物法人违法，以及违法行为查处的程序进行培训。编印《文物安全监管与执法工作资料选编》，供全市文物安全从业人员和文物行政执法人员在工作中参考。

（六）拓展安全监管模式

一是开展季度晾晒。市文化旅游委运用"全市文物安全巡查督察系统"，加强对文物安全日常巡查、文物安全隐患整治情况动态掌握，并通过"文化报表"每季度晾晒，有效促进巡查和隐患整治工作落深落细落实。各区县文物安全巡查责任心进一步增强，全市文保单位巡察全部达标，文物安全日常巡查次数连续3年递增。万州、巴南、武隆、云阳、丰都、忠县、奉节、垫江、巫溪等26个区县不可移动文物安全巡查覆盖率达100%。二是推进文物安全监管数字化建设。按照市委、市政府关于数字重庆建设的工作部署，市文化旅游委积极推进"文化·巴渝文物"数字应用建设，迭代升级"文物安全巡查督察系统"成"文物安全监管子系统"，并纳入"文化·巴渝文物"应用建设内容，建设了安全巡查、隐患整治、应急处置、违法处置、督察督办等5个子场景。"宗教活动场所文物火灾隐患排查整治事件"处置一件事，在大足区宝顶镇实现市、区县和乡镇（街道）三级贯通试运行，并入选《三级治理中心已贯通多跨事件案例集》。大足区申请开展"文化·巴渝文物"应用"文物安全监管应急联动处置一件事"试点建设。

二、当前文物安全面临的形势和问题

2023年，全市文物安全监管工作取得了一定成效，未发生较大文物安全事故案件，但安全形势依然严峻，主要表现在：个别文物管理使用单位文物安全责任意识不强，检查人员业务不熟，巡查、检查工作质效不高；文物建筑依然存在电气线路敷设和电气设备安装不规范、消防安全管理松懈、责任不落实、制度执行不力情况；文物保护工程施工现场安全制度不全、安全措施不足、施工人员安全意识不强；文物法人违法行为和盗掘古墓葬、倒卖文物等案件时有发生。同时，汛期暑期极端天气，暴雨、洪水和山火等自然灾害对文物安全构成威胁。

三、2024年工作打算

2024年，继续聚焦法人违法、盗窃盗掘、火灾事故三大风险，完善防控体系，加大执法督查力度，不断提升文物安全监管水平。

（一）强化文物安全责任

对区县政府、文物行政部门履行文物保护责任进行评估，并将文物安全纳入对区县政府考核，进一步强化政府主体责任。继续实施文物安全责任书签订，完善文物安全直接责任人公告公示制度，增强安全意识，强化安全责任，有效防范化解各种安全风险，确保人员和文物安全。

（二）提升安全监管能力

一是实施文物安全监管数字化。以数字重庆建设为契机，加快推进"文化·巴渝文物"应用"文物安全监管子场景"数字化建设，进一步推动文物安全监管与现代科技融合创新，提升文物安全防护能力。二是深化文物安全协作机制。充分发挥文物安全联席会议制度优势，进一步加强与检察机关、公安机关和民族宗教、规划、住建、市场监管、消防等部门机构的协作，全面形成部门齐抓共管新格局。

（三）加强火灾源头管控

始终把防火作为文物消防工作重中之重，坚持"以防为主，防消结合"的方针，强化火灾风险意识。以梁平双桂堂文物消防安全标准化管理示范为指引，持续将电气线路整改、生产生活用火、违规用火用电、违规燃香烧纸等作为整治重点，加大火灾隐患排查力度，提升源头治理和火灾风险防控水平。

（四）强化隐患督查整改

深化文物行业重大事故隐患专项排查整治2023行动，将文物安全工作贯穿到数字重庆"文化·巴渝文物"应用建设中，充分运用"文物安全监管子场景"开展安全隐患排查整治。将工作中发现的安全隐患列入"文化报表"的"隐患整改"内容，将重大安全隐患纳入党建引领"督查问题""安全问题"清单，双管齐下，切实整改消除隐患。

（五）严打文物违法犯罪

进一步加强文物博物馆单位安全防范，定期分析研判辖区内文物安全风险，重点加强对石窟寺、石刻、古遗址、古墓葬等田野文物的日常巡查看护。加大对文物违法线索举报奖励的宣传力度，积极引导和鼓励社会力量参与文物安全工作。加强执法巡查检查，发现文物法人违法行为，坚决严肃查处。依据《重庆市打击防范文物犯罪专项工作实施方案（2023—2025年）》，深入开展打击文物犯罪三年行动，全力配合做好涉案文物鉴定、移交、保管等工作。

2023年重庆文化旅游系统乡村振兴工作报告

公共服务处

　　2023年以来，在市文化旅游委帮扶集团牵头市领导高位推动下，在市乡村振兴局的强力指导下，在市文化旅游委党委的大力支持下，驻乡工作队和驻村第一书记们大力弘扬"不甘落后、不等不靠、不畏艰险、不怕牺牲"的下庄精神，用心用情用力推动巫山乡村振兴发展，帮扶工作出亮点、出成效。

一、2023年工作开展情况

（一）领导高度重视，帮扶工作得到认可

　　一是市领导但彦铮3次到巫山调研。2023年3月31日—4月2日，到建平乡柳坪村、黄岩村调研旅游产业发展；6月15—16日，到巫山双龙镇安静村、安坪村、白坪村调研"石上生花"东西部协作等项目，推动东西部协作工作。11月25—26日，到巫山巫峡镇文峰村、平安村、龙门街道南陵居委、庙宇镇新城村、平河乡陶湾村、当阳乡红槽村、竹贤乡石沟村调研巫山红叶品牌创建、文旅消费街区运营、三峡库区民居保护利用、龙骨坡古人类文化遗址、生态旅游交通大环线、世界自然遗产地保护利用情况、乡村振兴工作等，为乡村振兴把关定向。二是帮扶集团牵头单位及各成员单位的领导多次到巫山指导乡村振兴工作。市文化旅游委党委书记、主任冉华章先后2次赴巫山县及竹贤乡指导乡村振兴工作，全年先后有62批（次）成员单位及下属单位领导赴巫山县及竹贤乡开展乡村振兴工作，累计协调乡村振兴帮扶项目、资金折计1000余万元，协调农行巫山支行支持巫山县浙乐公司、旅发集团、文产公司乡村振兴示范项目贷款2.78亿元。三是领导高度重视驻乡驻村干部的轮换。2023年6月顺利完成第二批次驻乡工作队和驻村第一书记的压茬轮换，5名驻乡工作队干部和22位驻村第一书记按时交接。四是帮扶工作得到认可。一年来，全县各重点乡镇、村社产业结构逐步优化、集体经济逐步壮大、基础设施逐步完善、人居环境逐步改观、治理能力逐步增强。市级示范乡镇竹贤乡获批全国农村综合改革（乡村治理体系建设）标准化试点乡镇和重庆市首批乡村旅游重点镇。2月25日，全市乡村振兴局长会在下庄村举办，竹贤乡村振兴工作成全市典范。4月13日，市文化旅游委帮扶集团联席会议在市政府办公厅召开，市政府副市长但彦铮对帮扶工作表示肯定。

（二）加强基层党组织建设，巩固脱贫攻坚成果

一是在重点乡镇、重点村社用好"积分制"。推行"村规民约+积分制+模范户评比"和"红黑榜"制度，扎实开展"文明积分"兑换"文明行动"。指导各村每季度开展清洁卫生户、创业带富人、邻里和事佬、支持建设者评比，基层党组织的凝聚力和号召力不断提升。二是积极培育党建服务品牌。指导竹贤乡不断赋予下庄精神新的时代内涵，指导竹贤乡探索推行竹贤"345"基层治理模式（三会治村：村民议事会、红白理事会、道德评议会；四好强村：育好后备军、搭好连心桥、开好群众会、用好积分制。五队兴村：庄宣政策、庄大产业、庄扮环境、庄敬老人、庄事调解志愿服务队伍）。树好时代楷模"毛相林品牌"，群众参与乡村发展、乡村建设、乡村治理的积极性越来越高。三是堵住规模返贫风险点。常态化全覆盖访排与开展"大走访大排查大整改"相结合，驻乡干部和驻村第一书记全年3次以上遍访各村脱贫户、重点户、监测户。建立驻乡工作队包村干部、驻村第一书记、乡政府联系干部、村级信息网格员四级信息共享机制，指导乡、村建立完善动态监测帮扶机制，推进引导劳务输出、非遗工坊培育、以工代赈岗位提供、返乡创业政策支持等"一户一策"的帮扶措施，实现了脱贫群众就近就业增收，同时指导各重点乡镇、村社做好兜底保障工作，严要求高标准巩固了脱贫攻坚成果。

（三）以产业振兴为抓手，推动乡村振兴

一是大力推动生态农业发展。持续推动竹贤乡打造"1351"特色生态农业产业格局，强力打造"下庄天路"农产品区域公用品牌、"云耕绿蔬"绿色品牌，据统计，2023年竹贤乡下庄千亩智慧柑橘基地，年创产值超百万元。推动万亩核桃科学管护全覆盖，核桃产青果25万斤。2200亩烤烟产值达千万元。全乡4000亩米拉洋芋大获丰收，1000亩辣椒、西红柿、甜玉米等蔬菜销往重庆农资集团、双福市场、新世纪和宜昌、武汉等地，产值达840余万元。竹贤乡6个村集体收入达到104万余元，均超过10万元的考核标准。市供销社派驻竹贤乡石沟村的第一书记谭军带动村民种植石柱红辣椒，实现年产值150万余元。市应急局派驻官渡镇庙坪村的第一书记翟德全指导村民引进羊肚菌种植，实现年产值1000斤左右价值10余万元。重庆警备区派驻竹贤乡石院村的第一书记刘代和指导村里流转土地150余亩种植辣椒、番茄、甜玉米，实现年收入45余万元，带动周边32户农户种植高山蔬菜400余亩，提供灵活就业岗位80余个，实现年产值350余万元等。重庆粮食集团派驻庙宇镇杨柳村的第一书记钟春生积极推动村集体产业发展，帮扶销售脆李1500余斤，猕猴桃4000斤，猪蹄5000余斤，实现村集体经济收入20余万元，并推动村特色农产品品牌"杨柳春风"参展中国西部（重庆）国际农产品交易会。二是积极培育乡村旅游新业态。充分发挥市文化旅游委资源优势，指导打造"云上竹贤"康养品牌，帮助石院贤合驿站、下庄小院等一批乡村农家乐提档升级、拉客引流，助推竹贤乡乡村旅游发展。市文旅委派驻抱龙镇青石村第一书记杨恩，积极协调市内知名民宿投资商开展观江民宿考察投资活动，推动当地民宿经济发展。大唐重庆分公司派驻双龙镇新安村的第一书记方名兴积极争取东西部协作帮扶资金405万元用于河谷建设，累计接待县内游客研学、团建、野炊等月1000余人，带领村民增收1.5万余元。三是做强下庄党性培训产业。擦亮"下庄精神发源地"金字招牌，充分发挥下庄校区全国巩固脱贫攻坚成果村级示范交流基地、全国"大思政课"实践教学基地、重庆市爱国主义教育基地、重庆市党员教育培训基地等党性教育作用，推动下庄党员干部教育研学中心高效运行，年初以来承接市内外培训96期5613人次，开展党

性教育6.1万人次。

（四）各类帮扶措施并举，推动乡村振兴

一是充分发挥文化赋能乡村振兴作用。以弘扬和传承下庄精神为主线，促进文化赋能乡村振兴，积极争取文化和旅游部支持推动下庄村获评全国"村晚"示范展示点。成功举办下庄村晚、下庄古道登山赛和首届"农行群贤杯"篮球联谊赛。重庆图书馆、重庆艺术学校、市群众艺术馆、重庆电影公司等单位前来助力，组织了全市41个图书馆为竹贤乡捐赠图书3000册，价值13万元，重庆市监测台捐赠烤火炉、电热毯等物资合计2.2万元，渝中区红十字会捐赠20万药品，警备区军代局在竹贤小学捐资7万元建立助学基金。组织开展了关爱留守老人主题党日活动，慰问留守老人600人，发放草帽、大米、罐头等慰问品计5万元。重庆市歌舞团、重庆市文化和旅游发展委员会等单位陆续前来开展党建活动，助力乡村振兴。二是积极协调消费帮扶。积极发动帮扶成员单位、职工、社会力量，持续开展"消费帮扶 助农增收"活动，确保消费帮扶有力有效，全年完成高山蔬菜、脆李、番茄、核桃油、土蜂蜜等农副产品消费帮扶超过1100万元，完成年初下达任务量的200%。其中市文旅委派驻庙宇镇水墨村的第一书记杨辉邀请西南政法大学来村开展"三下乡"社会实践活动，拍摄脆李销售等短片。人保财险重庆市分公司派驻曲池乡锁龙村的第一书记胡根宁主动联系市扶贫开发协会、乡村振兴投融资协会等单位和平台帮助村民销售脆李、柑橘金额达60余万元。三是各类帮扶项目落地实施有序。竹贤乡2023年实施项目16个，总投资2592万元，全部按计划完成，资金拨付率100%。下庄小环线、旅游大环线、石院村—福坪村道路、场镇—罗家沟道路改造升级、下庄院子—麻古石包道路油化等基础设施项目全速推进。美丽宜居示范场镇建设、场镇污水管网铺设、巴渝传统村落数字博物馆下庄馆、石院村等人居环境整治项目加快推进。2023年，市文旅委投入近1000万元的福坪文化服务中心项目进入收尾阶段；投入462万元实施的老少边及欠发达地区县级应急广播系统建设项目推进有序；投入100万元实施的阮村便民服务中心即将竣工。重庆渝富集团投入350余万元的渝富群贤山庄项目（一期）即将封顶，投入20万余元实施了龙河村厕所、水池、村级公

路等基础设施优化项目，投入50万元为骡坪镇、竹贤乡60岁以上老年人免费体检并发放医疗慰问物资。重庆粮食集团投入10万元实施了庙宇镇杨柳村黄连坑稻鱼混养亲子体验项目。重庆开放大学投入80.7万元实施了双龙镇笔架村公共活动广场升级改造工程、安静村亮化工程（安路灯）、兴凤村民俗文化广场新建项目、双龙镇21名干部及村民就读重庆开放大学免除学费项目。重庆城市职业学院投入8万元实施了文化广场提升项目。重庆大学投入53.5万元实施了竹贤乡福坪村党群服务中心室内装修及室外宣传栏制作等项目。市供销社投入23.4万元实施了石沟村产业发展项目及村级公路路灯安装项目等。市第九人民医院派驻龙溪镇双河村的第一书记黎明积极争取10万元抗旱资金，新建双河人畜饮水池。

二、存在的问题和困难

（一）成员单位帮扶力度不够均匀

各单位帮扶措施较单一、全面振兴谋划不够、资金投入不够、后续监管不够，同时消费帮扶各单位支持力度不均，部分成员单位推进缓慢。

（二）帮扶供需对接不够精准

各级结合实际在项目谋划能力上有待提高，在与帮扶集团成员单位主动沟通对接方面需持续用力，与市、县、乡三级形成同频共振、同步推进的工作格局还有差距。

三、下一步工作思路

（一）坚持守好底线，做好防返贫动态监测

根据市、县要求，扎实开展大走访、大排查、大整改，精准识别脱贫不稳定户、边缘易致贫户，确保监测对象应纳尽纳。扎实开展动态监测，制定"一户一册"监测帮扶方案，跟踪监测收入支出和"两不愁三保障"情况，确保不出现规模性返贫。

（二）做大做强消费帮扶，助推乡村产业发展

推动重点乡镇打造优质乡村产业。以竹贤乡为重点，指导推行"稳定烤烟、巩固核桃、重抓蔬菜"农业产业发展思路，强力打造高山蔬菜基地乡、万亩核桃基地乡、集体经济样板乡。实施蔬菜大棚建设项目，引进6家助农优质企业，推动精品高山蔬菜消费帮扶，探索打造蔬菜包、蔬菜礼盒等特色产品。坚持走农文旅融合发展新路，指导推进"强村富民"综合改革，强力打造竹贤生态康养小镇和下庄党性教育基地村、石院生态康养基地村。实施乡村旅游线路包装及推广计划，扩大巫山乡村旅游品牌产品影响力。

（三）抓好基础项目建设，提档升级旅游服务设施

通过项目实施打造"下庄天路红色旅游名片"，加快下庄天路交通、水利、电网、旅游设施等提档升级，优化竹贤民宿配套设施，完成竹贤乡场镇环境改造，推进美丽宜居场镇建设。推动完成福坪村公共文化服务中心、下庄村非遗工坊、渝富民宿等项目竣工建设，推动药材村、阮村、福坪村等文化活动场所提档升级，促进乡村文化提质增效。

（四）大力促进乡村治理，营造和谐文明乡风

大力发扬下庄精神，指导丰富培训课程及内容，推广下庄村全国乡村治理示范村的先进经验，持续开展以自治激发民主合力、以法治推进现代治理、以德治引导文明乡风"三大行动"。进一步完善和推行"积分制"，定期开展"文明户、清洁户、好婆媳"评比活动，努力构建共建共治共享的乡村治理格局。

（五）加强驻乡驻村干部管理，树立担当作为好形象

加强对驻乡干部和第一书记生活、工作的关心关怀，帮助营造良好的干事创业环境；严格执行各项工作纪律，以实际行动彰显乡村振兴干部的先进性、纯洁性和奉献精神。

2023年重庆温泉康养产业发展报告

产业发展处

2023年，市文化旅游委以打好"温泉牌"为重要抓手，围绕世界温泉之都品牌建设主线，聚焦重大活动、宣传推介、产业发展等方面，积极推动温泉康养产业复苏提振、转型升级，推动全市温泉旅游高质量发展，取得了良好效果。

一、发展现状

（一）温泉消费稳步回暖

2023年，全市温泉领域消费人数较上年呈现"上升"趋势。全市正常营业的33家温泉企业接待游客266.86万人次，各企业平均接待游客8.1万人次，分别较2022年增长27%、37%。其中：主城都市区中心城区温泉企业接待游客197.33万人次，其他区域接待游客69.53万人次，分别占比74%、26%。

全市温泉企业门票收入约1.24亿元，各企业平均收入0.37亿元，门票收入与2022年同期基本持平。其中：主城都市区中心城区温泉企业游客门票收入1.07亿元、其他区域游客门票收入0.17亿元，分别占比86%、14%。

全市温泉企业除门票收入外其他收入（含：餐饮、住宿、康养产品及旅游纪念品等）共计约3.02亿元，各企业平均收入916万元，分别较2022年增加12%、12.3%。其中：主城都市区中心城区温泉企业其他收入2.6亿元、其他区域0.42亿元，分别占比86%、14%。

（二）项目建设稳步推进

建立全市温泉产业项目跟踪平台，推进重点健康养老项目建设。积极引进星级酒店及精品旅游民宿等康养产业项目，推动健康养老产业高质量发展。围绕旅居养老和老年公寓等康养项目，适度扩大康养基地试点范围，打造歌乐山、缙云山、南山等一批品牌知名、发展融合的康养产业集群。充分利用相关扶持政策，依托特色自然景观和优良的康养资源，建设一批森林康养示范基地、中医药特色康养基地，打造四季康养、各具特色的气候康养基地。

（三）产品供给持续丰富

重庆市温泉康养产品业态更加丰富完善，呈现出温泉度假村、温泉酒店、温泉水乐园、温泉水疗会所、温泉民宿、温泉山庄等多种形式。同时，以各个温泉企业为基地，结合周边旅游产品特色，设计了"温泉+都市旅游""温泉+乡村旅游""温泉+森林康养""温泉+气候康养""温泉+文化养心""成渝温泉环线"等主题旅游线路。

二、主要工作举措

（一）坚持以重大活动为牵引，持续培育温泉消费市场

1月6日、11月30日在北碚区成功举办第二届、第三届中国温泉产业博览会，展览面积超1万平方米，分设重点项目、装备制造、配套服务、特色文创、康养保健、户外露营六大展区，集中展示温泉上下游产业链产品，超200家相关温泉企业参展。展会期间组织了产品对接会和产品订购会，开展了温泉产品推介，活动形式灵活多样，展示内容丰富多彩，参与度和关注度高，极大地提升了重庆温泉在全国乃至全世界的知名度和影响力；结合第八届文旅惠民消费季，积极协调市内各温泉企业、温泉旅游度假区，发挥自身优势，整合温泉周边资源，针对情侣、家庭、团队等不同需求，推出"温泉+特色餐宿""温泉+郊野踏青""温泉+亲子研学""温泉+轰趴团建"等套餐优

惠产品，开展各项惠民活动。同时，巧妙融入温泉科普宣传，着力培育温泉消费市场。

（二）坚持以产业发展为重点，扎实做好招商引资工作

赴湖北武汉、山西太原开展温泉专场招商推介会，精选中国温泉产业博览会、大洪湖温泉康养小镇、东温泉山水民俗温泉、风情家泽缘温泉康养小镇、菖蒲盖温泉康养中心、龙门国际健康温泉度假小镇等多个项目进行重点推介，并对重庆市温泉旅游线路、产品进行了集中推介。活动现场，当地文旅投资公司、旅行社等机构对重庆温泉旅游投资展现了浓厚兴趣。

（三）坚持以宣传推介为方向，不断提升温泉之都影响力

加大宣传推介力度，不断扩大重庆温泉影响力。为进一步提升重庆世界温泉之都品牌影响力，更好地展现重庆温泉的独特魅力，组织开展了以天赐温泉、天星温泉、龙温泉、南温泉、贝迪颐园、融汇温泉、心景温泉、统景温泉、铜锣峡、龙水湖温泉等12家温泉企业为拍摄点的"重庆温泉十二金钗"短视频拍摄活动。共拍摄短视频12集，每集约5分钟。目前已拍摄完成，正在各大平台持续上线播放。

（四）坚持发挥政府职能作用，为企业创造商机

积极发挥政府职能作用，温泉办积极参与市人大关于重庆市高山康养度假旅游发展情况实地调研工作，深入丰都、南川、綦江、江津等地进行调研，了解当地资源开发优势与不足，为下一步开展工作做好准备。同时组织开展《重庆市高山康养度假旅游发展规划》编制工作，后续将根据规划意见，指导开展相关工作。

（五）坚持以引导扶持为基础，充分发挥市场主体作用

加大对市温泉旅游协会的扶持指导力度，支持以协会的名义举办各类活动，充分发挥协会"上传下达"的桥梁纽带作用，带动重庆温泉产业共同发展；用好亚太（重庆）温泉研究院温泉产业研究平台，为重庆温泉产业提质

增效赋能；向温泉企业"一对一"提出发展意见建议，指导融汇温泉、统景温泉、天赐温泉等企业深挖特色、创新发展，激发市场主体自身动能，推动温泉康养产业高质量发展。

三、2024年工作打算

一是持续扩大品牌影响力。坚持以温泉康养为龙头，紧紧围绕世界温泉之都品牌提升计划，大力推动温泉康养旅游工作和温泉产业发展，持续抓好宣传推广工作，积极培育康养旅游消费市场，全力服务康养产业发展。高标准、高质量举办每年一届的"中国温泉产业博览会"，搭建温泉产业发展平台，提升重庆温泉整体形象，吸引温泉企业投资重庆，全城传递温泉养生文化，促进全市温泉旅游和温泉康养消费。

二是持续用力扩大宣传效能。着眼双城经济圈建设，针对川渝地区互为最大客源地，实施精准宣传营销，打造重庆康养旅游产品新的网红展示平台。同时继续开展5G新媒体宣传营销，完成大力推广"重庆温泉十二金钗"短视频，扎实做好宣传推广，提高传播效能，不断扩大重庆世界温泉之都影响力。

三是加快推动重大项目落实落地。依托"巴蜀文旅走廊""中国武陵文旅峰会"等平台，大力推进全市康养项目建设，抓好重点项目的落实落地。

四是全力服务以温泉为龙头的康养企业。加强与区县政府的合作，联合举办温泉旅游专场招商推介会及相关主题温泉活动，努力搭建温泉旅游招商引资和宣传推广平台；继续与世温联、中温协等国内外机构在温泉节会举办、产品开发、品牌打造等方面进行合作；将相关温泉企业、项目纳入全市金融支持文化旅游领域重点项目储备库，择优、适时向全市银行（金融）机构进行推荐，助力温泉企业纾困解难。

专题篇

加快建设巴蜀文化旅游走廊调研报告

重庆市文化旅游委综合协调处

　　根据党中央关于在全党大兴调查研究的工作部署和市委要求，结合市文化旅游委大调研工作实施方案，笔者牵头开展"加快建设巴蜀文化旅游走廊"专项调研，两个多月来，先后赴四川成都和重庆市渝中、江北、南岸、黔江、巫山、巫溪、奉节、渝北、永川、荣昌等区县开展实地调研，多次召开片区、文旅专家、文旅企业和从业人员座谈会，广泛听取意见建议。前往文化和旅游部、国家广播电视总局、国家文物局等国家部委汇报对接有关工作，争取国家层面支持。通过调研，我们深刻体会到，习近平总书记提出的推动成渝地区双城经济圈建设走深走实，既是时代赋予我们的重大职责使命，也是重庆发展的重大战略机遇。习近平总书记关于文化和旅游工作的重要论述，为加快建设巴蜀文化旅游走廊指明了前进方向、提供了根本遵循。2023年，市委把双城经济圈建设作为"一号工程"和全市工作总抓手总牵引，我们必须将巴蜀文化旅游走廊建设作为全市文化旅游领域的重中之重的工作来抓紧抓好。

　　通过调研，我们深刻领会到，在新的起点上继续推动文化繁荣、建设文化强国、建设中华民族现代文明，是我们在新时代新的文化使命。习近平总书记在文化传承发展座谈会上的重要讲话，从党和国家事业发展的全局战略高度，对中华文化传承发展的一系列重大理论和现实问题作了全面系统深入阐述，具有很强的政治性、思想性、战略性、指导性，是一篇闪耀着马克思主义思想光芒的纲领性文献，是建设中华民族现代文明的行动指南，是我们进一步推进巴蜀文化旅游走廊建设的重要遵循。巴蜀地区是中华文明的发祥地之一，巴蜀文化是中华优秀传统文化的重要元素之一，要在新的历史起点上推进巴蜀文化旅游走廊建设，必须围绕学习贯彻落实习近平总书记重要讲话精神，在继续推动文化繁荣、建设文化强国、建设中华民族现代文明的新征程中作出新的贡献。

一、巴蜀文化旅游走廊建设现状

川渝历史同脉、文化同源、地理同域、经济同体、人缘相亲，互为文化发扬地、旅游集散地和重要客源地，在文化传承发展、文物保护利用、重大文旅项目、产业发展升级、数字化建设、公共文化服务、宣传营销推广等方面都有广阔的深入合作空间。经过3年的协同发力，两地文旅合作的领域、层次、内容越来越丰富，步伐明显加快。据初步统计，2020年至2022年，四川入渝过夜游客数累计3456.81万人次，为重庆第一大客源地，重庆入川游客为8629.1万人次，为四川第二大客源地，两地文化旅游交流不断深入，重庆2023年入选"2023亚太三大旅游节庆城市"，巴蜀文化旅游走廊品牌国际知名度和影响力不断提升。

表1　重庆、四川相关指标数据

指标	单位	全国	重庆	四川
公共图书馆	个	3215	43	207
总流通人次	万人	73254	1550	2285
群众艺术馆、文化馆	个	3316	41	206
服务人次	万人	41858	349	555
博物馆	个	6565	130	413
不可移动文物	万处	76.7	2.6	6.5
旅行社	个	31953	686	637
组织人次数	万人	4811.7	202.6	152
星级饭店	个	6465	121	272
备注	以上数据截止时间为2022年			

（一）协同发展格局初步形成

一是党政高位推动凝聚共识。建立健全川渝合作机制，先后召开6次党政联席会议、6次常务协调会议，每次都对文化旅游协同发展作出重要部署安排，特别是在第5次党政联席会议上启动共建巴蜀文化旅游走廊重大活动，开展巴蜀文化旅游走廊十大主题游。两地人大、政协相继将"巴蜀文化旅游走廊建设"作为重点调研课题，全力推动建设。两地文化和旅游主管部门联合成立专项工作组，召开6次文旅联席会议，不断加强两地战略协同、政策衔接、工作对接。

二是规划引领系统推进。国家"十四五"规划将"打造巴蜀文化旅游走廊"列为102项重大工程项目之一。中共中央、国务院印发的《成渝地区双城经济圈建设规划纲要》提出"打造国际范、中国味、巴蜀韵的世界级休闲旅游胜地"。2022年5月，文化和旅游部、国家发展改革委会同川渝两地政府联合印发《巴蜀文化旅游走廊建设规划》（以下简称《规划》），提出建设全国文化旅游发展创新改革高地、全国文化和旅游协同发展样板、世界级休闲旅游胜地的三大定位，明确了走廊的重要性、角色定位、实现路径。市文化旅游委印发的《重庆市贯彻落实〈巴蜀文化旅游走廊建设规划〉实施方案》对《规划》落地作出了全面安排。

三是两地互动协同发力。川渝两地市场主体积极响应，共同发起成立巴蜀文化旅游推广联盟、巴蜀世界遗产联盟、巴蜀石窟文化旅游走廊联盟、川渝非遗保护联盟、嘉陵江文化旅游联盟等各类联盟27个。两地省级媒体平台策划举办了"川渝好风光——巴蜀文旅新发现全媒体行动""旅游中国看巴蜀"系列主题宣传等活动，支持推动巴蜀文化旅游宣传推广。

（二）文化保护传承利用持续展开

一是文化资源研究保护不断深化。两地联合开展考古调查与研究，召开钓鱼城遗址宋元建筑考古、中国石窟（南方）保护等学术研讨会议数十场。共同编制完成《川陕片区革命文物保护管理利用总体规划》，启动编制《川渝石窟寺国家遗址公园建设规划》，印发《大足石刻研究院建设世界知名研究院实施方案》。"考古中国"、中华古籍保护、巴蜀文脉赓续工程深入实施，完成"考古中国"重大项目——"川渝地区巴蜀文明进程研究"部分考古发掘，促进川渝两地在巴蜀特色文献方面共建共享。

二是文化遗产保护利用不断加强。长征国家文化公园重庆段、四川段进展顺利，长江国家文化公园重庆段、四川段纳入全国重点建设区，正抓紧编制建设规划和建设方案，川渝石窟寺国家遗址公园建设全力推进。开工建设天生城遗址、白帝城遗址三峡国家考古遗址公园，持续推进钓鱼城遗址、白鹤梁题刻申报世界文化遗产，推进武陵山区（渝东南）土家族苗族文化生态保护区建设。

三是非遗利用传承体系初步成型。成立川渝非遗保护联盟，实现平台共建、信息共享，推动川渝非遗创造性转化和创新性发展。联合开展"非遗过大年·文化进万家"主题活动，举办"成渝双城蜀绣名家名作联展""巴山蜀水文创精品展"等线下宣传展示展演活动；联合开展春节期间非遗传承实践和非物质文化遗产暨老字号年货大集活动，促进川渝非遗保护利用协同发展。

（三）文旅产品供给日益丰富

一是共同推动重大项目。以文化旅游大项目为引领，突出打造优质文化旅游产品，两地纳入成渝地区双城经济圈建设重大文旅项目21个，其中川渝联动项目7个，重庆市单独实施项目7个，四川单独实施项目7个。巴蜀非遗文化产业园、川渝石窟寺传承与科技创新、石刻文创园区等川渝联动项目，计划总投资384.79亿元，2023年计划投资31.72亿元。巫溪县红池坝景区综合开发项目、红岩文化公园、寸滩国际邮轮母港等重庆市单独实施项目计划总投资163.17亿元，2023年计划投资21.9亿元。目前，红岩文化公园一期、大足石刻数字影院、磁器口街区提质升级等一批子项目建成投用，其他项目正在积极推进之中。

二是联手打造文艺精品。2022年第十三届中国艺术节，重庆市川剧《江姐》和四川省川剧《草鞋县令》同获文化艺术领域中国政府最高奖项文华大奖；川渝两地联手申办第十四届中国艺术节取得成功；加强川剧、交响乐等艺术创作交流合作，组织川剧《江姐》、京剧《龙凤呈祥》、舞剧《杜甫》、大型民族歌剧《尘埃落定》等在两地推广演出，有效促进川渝演艺联动。

三是共同举办系列活动。联合承办第六届中国诗歌节，合作举办第五届川剧节、"川渝双城艺术季"，成功举办巴蜀合唱节、川渝曲艺展演大会、川渝乐翻天戏曲交流展演、川渝"阅读之星"诵读大赛等活动。共同打造"成渝地·巴蜀情"区域文化活动品牌，深入推进文化惠民活动，建立巴蜀乡村大舞台，创新推进送文化进基层精品节目展演，组织《永不落幕》等优秀剧目在川渝两地巡回展演，每年开展送文化进基层超3万场次。

四是合力促进文旅消费。持续深化巴蜀整体形象宣传，联合推出宣传片《安逸四川·大美重庆》，推出巴蜀文化旅游走廊十大主题游，打造跨省市的精品旅游连线产品。组织两地284家景区，开展为期半年的"川渝一家亲——景区惠民游"活动。两地携手赴国内外重要客源市场营销推广，举办"澜湄世界遗产城市对话活动"，面向境内外宣传推介川渝文化旅游资源，共同启动"百万职工游巴蜀"活动，积极促进文化和旅游产业复苏。

（四）文旅公共服务能力不断增强

一是出台政策搭建平台。积极推进文化旅游领域"川渝通办"，实现8项行政审批川渝共享互认。联合制定印发《成渝地区双城经济圈便捷生活行动方案》，推动打通川渝两地数字图书馆、数字文化馆网络。着眼构建"书香成渝"全民阅读体系，大力推进川渝阅读"一卡通"项目建设，实现社保卡（电子社保卡）川渝阅读一卡通功能在重庆主城都市区26家公共图书馆成功部署，读者凭社保卡（电子社保卡）、身份证可在包括重庆图书馆、四川省图书馆、成都图书馆在内的川渝两地52家公共图书馆享受图书通借通还服务，共享702.72万册图书资源。

二是不断完善基础设施。成渝中线、成达万高铁等重大标志性工程加速建设。建成通车大足至内江、铜梁至安岳等川渝地区省际高速公路，加快打通川渝省际干线公路"瓶颈路""断头路"，加快打造巴蜀"快旅慢游"交通体系。推进建设重庆市青少年活动中心等公共文化项目。推进公共文化服务设施纵深拓展，累计建成基层综合文化服务中心12150个，实现市、区县、乡镇（街道）、村（社区）四级全覆盖。全市共有公共图书馆43个、文化馆41个、公立美术馆12个，文化馆一级馆率95%，位居全国第二、西部第一，公共图书馆一级馆率81.4%，位居全国第三、西部第一。每万人拥有公共文化设施面积增至746平方米，超过全国平均水平。

三是提升数字化水平。打造巴渝文旅云，通过跨领域、跨机构、跨终端方式整合文旅资源，形成公共文化旅游资源数据库。协同推动"智游天府""惠游重庆"等线上公共服务平台建设，为公众提供旅游、文化、公共服务3大类16项服务，建设集"吃住行游购娱"功能于一体的服务平台。加快推进公共文化数字化转型，扩充线上公共文化产品和服务，重庆群众文化云提供数字资源40.6万个、文化资讯6万余条。推开云直播、云展览、云讲座、云培训、云阅读等线上服务内容，积极运用官方微博、微信公众号、抖音视频号、B站视频号等新媒体服务平台打造全媒体服务矩阵，重庆公共文化云年均服务超5000万人次，累计访问量突破3亿人次。

四是大力推动巴蜀乡村旅游品牌建设。开展全国和市级乡村旅游重点村镇创建等示范及品牌创建，累计遴选推荐全国乡村旅游重点镇6个、重点村41个，遴选评定重庆市乡村旅游重点镇8个、重点村139个，打造"苗乡养心古镇游"等5条线路，入选全国乡村旅游精品线路，推出重庆市乡村旅游精品线路125条。武隆区荆竹村在传统的旅游开发基础上，通过文化挖掘、植入和创新，将乡村旅游体验上升到精神维度，打造出目前市场空缺的美好乡村生活聚集地，被联合国世界旅游组织评选为2022年"世界最佳旅游乡村"，为全国目前仅入选的4家之一。

2023年初以来，按照市委关于把双城经济圈建设作为"一号工程"和全市工作总抓手总牵引的要求，重庆市文化和旅游发展委员会和市发展改革委联合出台了《重庆市贯彻落实〈巴蜀文化旅游走廊建设规划〉实施方案》，对构建巴蜀文化保护传承利用体系、推进世界级休闲旅游胜地建设、打造富有巴蜀特色的文化和旅游消费目的地、深化区域协同发展、保障措施等方面制定了详细的实施方案。市文化旅游委制定出台《巴蜀文化旅游走廊建设工程行动计划（2023年）》，明确以"1+10+N"的工作思路，即以巴蜀文化旅游走廊建设工程作为重庆市文化和旅游行业的"一号工程"、工作总抓手，组织实施《巴蜀文化旅游走廊建设工程十项行动计划》，开展175项具体工作。据初步统计，截至2023年4月底，重庆单独实施巫溪县红池坝景区综合开发、红岩文化公园等7个重点项目，总投资433.31亿元，累计完成投资38.76亿元；2023年计划投资36.55亿元，已完成投资9.3323亿元。重庆联合四川共同实施川陕苏区红军文化公园、五华山康养旅游度假区等7个重大项目，重庆总投资258.55亿元，累计完成投资91.9973亿元；2023年计划投资23.27亿元，已完成投资8.3161亿元。两地共签署协议10项、成立联盟5个、开展重点项目9个。

二、存在的短板和不足

当前，面对百年未有之大变局，在"双循环"新发展格局、建设中国式现代化、疫情转段、扩大消费、共同富裕、新时代新征程新重庆等背景下，加快巴蜀文化旅游建设面临前所未有的机遇和挑战，存在对标新时代新的文化使命和新重庆建设要求还有差距、在进一步发挥体制机制作用上还有不足、一体化发展与差异化竞争还不够、极核带动辐射能力还不够、标志性文旅成果还不够、两地群众的获得感还不够、人才队伍建设还需进一步加强等方面的问题。

一是对标新时代新的文化使命和新重庆建设要求还有差距。作为中华文明重要组成部分的巴蜀文化，既有其突出的个性和独特的贡献，也与中华文化的连续性、统一性、包容性、创新性及和平性具有高度的契合性，但对标新时代新的文化使命，巴蜀文化的挖掘还不够深入，影响力还不够广泛等。对标市委六届二次全会的要求，就如何奋力谱写新时代文化强市建设新篇章，为现代化新重庆建设注入强大精神力量还有差距。

二是在进一步发挥体制机制作用上还有不足。如何充分利用现有机制平台，统筹协调各部门、区县力量，共同推动巴蜀文化旅游走廊建设还存在一定差距，例如重庆市旅游经济发展领导小组未就如何加快建设巴蜀文化旅游走廊召开过一次会议，巴蜀文化旅游走廊建设在第5次党政联席会议上启动共建重大活动后，更多地停留在两地文化旅游主管部门层面，没有形成更高、更广层面的合力。对《规划》中提出三大建设定位没有同样重视，更多地停留在强调如何建设世界级休闲旅游胜地，而对建设全国文化旅游发展创新改革高地、全国文化和旅游协同发展样板的重视度不高。合作机制还需更加务实。没有按照目标体系、工作体系、政策体系、评价体系来系统谋划工作，具体措施也缺少重庆辨识度。与四川方面的合作主要停留在日常互访、参节参会的层面，面上合作多，深入合作少，川渝两地如资阳—大足、遂宁—潼南等多个毗邻片区已率先开展合作试点，但在深化区域文旅合作、完善文旅产业体系、优化走廊空间布局、塑造文旅走廊品牌、加强整体保护开发等方面还需更加务实合作，特别是如何围绕重大项目、重点任务抓落实和跟踪推进机制还不健全。

表2　巴蜀文化旅游走廊规划建设定位

建设定位	具体内容
全国文化旅游发展创新改革高地	加强创新策源能力建设，加快构建现代旅游业体系，增强对全国文化旅游发展的影响力和带动力，建设文化旅游发展强劲、创新活跃的增长极，打造全国文化旅游发展创新改革高地
全国文化和旅游协同发展样板	依托成渝地区双城经济圈建设，深化跨区域合作，积极推动机制创新，增强协同创新发展能力，形成一体化发展市场体系，打造全国文化和旅游协同发展样板
世界级休闲旅游胜地	加强优质旅游产品供给，构建巴蜀文化旅游走廊品牌体系，促进旅游消费升级，建设包容和谐、美丽宜居、充满魅力的高品质生活宜居地，打造国际范、中国味、巴蜀韵的世界级休闲旅游胜地

三是一体化发展与差异化竞争还不够。目前，巴蜀文化旅游走廊建设是川渝两地的基本共识，但如何共同落实新时代新的文化使命，如何探索文旅经济区与行政区适度分离，避免单个行政区"单打"出现重复建设、同质化竞争、相互杀价、深度线性体验游产品供给不足等问题还有待进一步解决。此外，两地文化和旅游行业定性多、定量少，缺少细化量化的指标、数据、趋势、项目等，特别是在数据统计方面还存在指标不同、口径不一、共享不畅等方面的问题，就客观真实反映两地文旅发展差距存在困难。

四是极核带动辐射能力还不够。2022年，重庆主城都市区、成都市双核

GDP总量为4.28万亿元，占双城经济圈经济总量7.75万亿元的55.2%；重庆旅游产业增加值占GDP比重为3.7%，文化产业增加值占GDP比重为3.9%，四川文创产业增加值占GDP比重为10%左右；重庆主城都市区旅游产业增加值占全市70.7%，文化产业增加值占全市87.0%，成都旅游收入占全省25.66%，旅游人次占全省20.75%，对三带、七区、多线联通的带动作用不够强，"亩均效益"发挥不够明显。同时，尽管两地文旅行业成立了各类联盟27个，但联盟发挥作用不明显，民间资本参与度不高。

表3　重庆、四川文旅产业增加值（2022年）

指标	单位	重庆	四川
旅游产业增加值占GDP比重	%	3.7	—
文化产业增加值占GDP比重	%	3.9	—
文创产业增加值占GDP比重	%	—	10左右

表4　巴蜀文化旅游走廊规划空间布局

空间布局	具体内容
双核驱动	重庆都市核、成都都市核
三带引领	成渝古道文化旅游带、长江上游生态文化旅游带、成绵乐世界遗产精品旅游带
七区联动	大峨眉—大熊猫生态文化旅游协同发展区、古蜀文化与嘉陵山水休闲旅游协同发展区、石窟石刻艺术与乡村旅游协同发展区、大巴山生态休闲与高峡平湖旅游协同发展区、武陵山—乌江流域生态文化旅游协同发展区、大华蓥—明月山红色旅游与绿色康养协同发展区、民俗文化与江河风光旅游协同发展区
多线联通	构筑"五横五纵"旅游通道、构建生态旅游大环线

五是标志性文旅成果还不够。文化和旅游产业市场主体偏少偏弱，缺少在全国有影响力的骨干型、领军型企业，全市文化企业超过10万家，但没有一家百亿级文化企业，没有一家文化企业进入"全国30强"，没有一家上市文化企业、旅游企业。产业园区集聚性、引领性、带动性不够强，缺少牵引力强的大项目支撑。近年来尽管出现了"宽洪大量""资足常乐""七星揽月"等跨省文旅组合，但鲜见冲上热搜的线路产品，更缺乏现象级的线路

品牌。

六是两地群众的获得感还不够。便民惠民协同政策落实还存在两地标准差异大、互联互通不畅等问题，针对川渝游客的门票互减互免、餐饮消费券、车辆通行费用优惠等措施较少，以"百万职工游巴蜀"活动为例，虽一定程度上促进了文化和旅游产业复苏，但仍辐射层面不广，与群众期待还有差距。在艺术场馆方面与第十四届中国艺术节的需求有差距，文艺精品作品创作不足，与反映时代精神、引领时代发展的要求相比，与满足人民群众对美好生活的需要，还存在不小的差距。在公共文化服务供给需求方面，对接和评价反馈机制还不健全，内容供给以文化系统"内循环"为主，切中群众关注点和兴奋度不够，群众文化活动从"政府主导"到"群众自发"还有差距，基层公共文化服务设施的量变还没有转化为群众获得感的质变。

七是人才队伍建设还需进一步加强。人才结构需优化，文化艺术、文物博物领域专业技术人才总量偏低，高级职称人员数量偏少，且主要集中在市级层面。各门类人才参差不齐，除川剧、美术等少部分专业外，整体上缺乏在全国有影响力的名家大师，编剧、导演、作曲等方面人才短缺，在重大节目的创作编排中，长期依赖外请专家。部分单位专业门类不齐全，未形成老、中、青层次均衡、结构合理的人才梯队。新型人才有缺口，熟知文旅行业发展规律的旅游演艺人才、经营管理人才、复合型人才、创新型人才短缺，网络视听高层次人才缺乏、全媒体人才不足，非遗保护专业学科建设和专业人才培养还有差距。受疫情影响，人才流失严重，如2022年全市规上文化企业和旅游企业从业人数分别同比下降28.74%和51.36%。

三、对策及建议

加快建设巴蜀文化旅游走廊关键在于深刻领会把握习近平总书记的战略意图，精准对接国家规划，与四川省加强统筹协作，共同争取国家支持，坚持以人民为中心，坚定不移贯彻创新、协调、绿色、开放、共享的新发展理念，推动高质量发展，提高供给侧质量、建设现代化经济体系，实现新旧动能切换，推动形成优势互补的区域文化和旅游高质量发展格局，强化重庆主城和成都的核心作用，引领带动区域文化和旅游统筹协同发展，建成具有国际影响力的文化旅游走廊。同时，重庆是一座超大城市，集大城市、大农村、大山区、大库区于一体，城乡空间广阔，产业基础坚实，发展充满活力，加快巴蜀文化旅游走廊建设既要突出巴蜀的特性，更要突出重庆的辨识度，为此，我们提出如下建议。

（一）学深悟透习近平总书记重要讲话精神和党中央的重大决策部署

一是深刻把握习近平总书记、党中央对成渝地区双城经济圈的建设定位。习近平总书记、党中央作出推动成渝地区双城经济圈建设的重大决策部署，掀开了川渝发展新的历史篇章，双城经济圈建设是西部地区推进中国式现代化的重大战略，将构筑国家区域协调发展的重大战略支撑。我们要进一步学深悟透习近平总书记、党中央对双城经济圈战略的定位，认真学习领会最新指示要求，不断丰富和拓展双城经济圈建设战略的内涵和外延，加快建设巴蜀文化旅游走廊。

二是深入学习贯彻落实习近平总书记在文化传承发展座谈会上的重要讲话精神。进一步加强组织领导，进一步掀起学习宣传贯彻热潮，坚持学思用贯通、知信行统一，全面把握中华文明的突出特性，深刻认识"两个结合"的重大意义，深入领会贯彻习近平总书记关于文化建设的新思想新观点新论断新要求，围绕更好担负起新的文化使命、建设中华民族现代文明，广泛开展学习交流研讨，加深理解把握，做好研究阐释，用以指导工作，为加快建设巴蜀文化旅游走廊提供坚实支撑。

三是深刻领会"打造巴蜀文化旅游走廊"作为102项重大工程项目之一的重要意义。推动巴蜀文化旅游走廊建设，是国家"十四五"规划102项重大工程项目之一，是成渝地区双城经济圈建设的重要工作之一。我们要在规划的指引下，对标市委"一号工程"，扎实推动175项行动计划落实落地，加快建设巴蜀文化旅游走廊，打造全国文化旅游发展创新改革高地、全国文化和旅游协同发展样板、世界级休闲旅游胜地。

（二）努力争取国家相关部委的支持

一是争创国家文化和旅游创新改革试验区。着眼于为全国跨行政区域文化和旅游协同发展提供可复制可推广的经验，以重庆中心城区和成都双核为驱动，支持在成渝地区双城经济圈设立国家文化和旅游创新改革试验区，统筹川渝地区文化和旅游资源禀赋，协同发展、联袂壮大、一体化推进。目标是打造成为全国文化旅游发展创新改革高地、全国文化和旅游协同发展样板和世界级休闲旅游胜地。

二是积极争取澜湄旅游城市合作联盟总部落户重庆。重庆地处"一带一路"连结点，澜湄地区是"一带一路"框架下的重要一环。重庆与澜湄国家是最为紧密的旅游合作伙伴，互为重要的旅游目的地与客源地，在出入境旅游、旅游景区开发、旅游管理服务和宣传推广等方面与澜湄次区域各城市具有广阔的合作空间。积极争取将"澜湄旅游城市合作联盟总部"落户重庆，与澜湄合作中国秘书处重庆联络办公室良好互动，构建起澜湄文化和旅游交流合作新格局。

三是充分发挥"中国（重庆）—上海合作组织智慧旅游中心"效能。2021年8月，在中国—上海合作组织数字经济产业论坛智慧旅游分论坛上，"中国（重庆）—上海合作组织智慧旅游中心"正式挂牌成立，重庆携手上合组织国家共同开展智慧旅游领域合作。该中心充分发挥交流服务功能和上海合作组织成员国丰富的旅游资源优势，积极策划跨国旅游合作项目，探索推行"一站式通关"等旅游便利化措施，助力国际旅游业整体复苏。建议积极争取国家层面支持重庆依托"中国（重庆）—上海合作组织智慧旅游中心"深化与上合组织国家的交流合作，打造为深度参与共建"一带一路"的文化和旅游交流合作平台。

四是营造一流的营商环境。支持帮助重庆建立完善的金融服务体系，提供融资、投资等服务，鼓励支持两地文旅企业上市，对川渝两地文旅企业给予适当政策倾斜，完善央企与重庆对接机制，鼓励支持中央企业与重庆开展全方位合作，实现优势叠加。

五是加大走廊宣传力度。支持成渝内容共享平台建设，重庆、四川两地广电合作建设巴蜀文旅数字化共享平台，以成渝两地文旅资源、文化数字化内容交换共享为基础，通过多跨协同共建，实现数据互联共享、信息内容汇聚交换。将巴蜀文化旅游走廊作为中国对外宣传的重要内容，作为推动中国文化走出去的有效平台。从国家层面组织两地旅行商和媒体代表开展"走出去"文旅推介活动，"请进来"采风踩线活动。支持西部影视译制中心（四川外国语大学国际影视产业学院）建设。

（三）不断加强参与两地协同协作

一是深入贯彻落实党政联席会议第七次会议精神。及时传达学习推动成渝地区双城经济圈建设重庆四川党政联席会议第七次会议精神，动员全市文化和旅游系统进一步统一思想、坚定信心、保持定力、担当作为，抢抓成渝地区双城经济圈建设新机遇。重点围绕成渝中部地区的发展问题，突出渝西8区文化旅游领域发展问题，在推动高质量发展征程上展现文旅新作为。

二是推动协同体制机制创新。在推动成渝地区双城经济圈建设重庆四川党政联席会议机制的统筹指导下，创新协同体制机制建设，共同建立协调推进机制，在深化区域文旅合作、完善文旅产业体系、优化走廊空间布局、塑造文旅走廊品牌、加强整体保护开发等方面开展更加务实的合作。特别是如何围绕重大项目、重点任务抓落实和跟踪推进健全机制，积极开展合作交流。

三是推动两地文化和旅游量化指标同口径统计。推动两地共建文旅数据共享机制，对旅游人数、收入、文化产业和旅游产业增加值等主要指标建立同口径统计标准，为政府、企业和公众提供客观可比较的行业信息。

四是加强文物保护利用合作交流。推进两地共同开展文物保护修复工作，加强对文物保护技术的研究和应用，提高文物保护修复水平，共同建设高素质文物人才队伍。共同开展文物展览展示活动，向人民群众展示文物的历史价值和文化内涵，联合开展文创产品研发工作，共同推动文化创意产业发展，让文物活起来，扩大中华文化国际影响力。

五是推动两地产业体系深化共建。推动两地产业体系的链条化、数字化、融合化发展，深入推进巴蜀文创产业链和价值链由低端环节向高端环节深化延伸。特别是在新业态发展方面，推动两地从市场主体到核心载体，从产业体系到公服体系开展深度的交流、沟通、合作。

六是推进两地公服便捷化、高效化、一体化建设。随着公共服务体系不断完善，两地公服一体化发展的便捷化、高效化、优质化趋势明显。建立两地政务信息共享平台，实现政务信息的互通互享，提高政务效率和服务质量，推进政务服务"一网通办"，实现政务服务的线上办理，方便群众办事。共同制订政务服务标准，规范政务服务流程和服务标准，提高政务服务质量。共同推动政务服务智能化建设，利用人工智能、大数据等技术手段，提高政务服务效率和便捷性。

七是加强文旅市场监管合作。建立执法协作机制，共建信息共享平台，及时共享旅游市场信息、旅游投诉举报、旅游安全事件等相关信息，加强跨区域涉文涉旅违法案件和重大应急事件协调处理，联合开展执法行动，共同打击非法经营、欺诈消费者、侵犯知识产权等违法行为，保障消费者权益，共同维护两地文旅市场秩序，增强两地文旅发展韧性。

（四）加快推动重庆文化旅游产业高质量发展

一是探索系统重构文旅资金格局。利用现有财政资金，探索系统重构，打破传统格局，结合文化、旅游、文博、广电、市场监管、党建等板块，按照"以奖带补"原则，充分调动区县政府、民间资本积极性，盘活存量资产，用活现有资源，形成一批重点、亮点项目，杜绝平均用力、撒胡椒面，充分发挥财政资金撬动作用。

二是继续加大财政支持力度。将重大文化设施建设纳入市级层面统筹资金，由市财政部门进一步增加资金投入，结合第十四届中国艺术节需求，保障重大文化设施建设。按照市委、市政府《关于加快全域旅游发展的意见》（渝委发〔2017〕42号）、《关于推动文化产业高质量发展的意见》（渝委发〔2019〕2号），继续争取旅游发展专项资金、文化产业专项资金额度，对重大事业和产业项目予以扶持。

三是加大力度推动文化传承发展文旅融合发展。大力传承弘扬中华优秀传统文化，深化历史文化研究，加强文化遗产保护，抓好优秀传统文化传承，推动巴渝文化、三峡文化、抗战文化、革命文化、统战文化、移民文化等创造性转化、创新性发展。推动出台《贯彻落实〈关于让文物活起来 扩大中华文化国际影响力的实施意见〉的具体举措》，加快长征、长江国家文化公园建设，做好非物质文化遗产系统性保护，推进武陵山区土家族苗族文化生态保护区建设。坚持以文塑旅、以旅彰文，深化文旅融合。挖掘地域特色文化资源，丰富景区景点文化内涵，深入开展红色旅游融合发展试点，创新发展文化旅游新产品新业态。

四是加强对"山水之城·美丽之地"的品牌打造。深入挖掘地域特色文化资源，丰富景区景点文化内涵，加快建设长江、长征国家文化公园（重庆段），突出长江重庆段特色，更加紧密地与周边贵州、四川等省的长征国家文化公园联系。建成渝东南文化生态保护示范区，加快推进文化产业和旅游产业融合发展示范区建设。用好重庆144小时过境免签政策，与重庆市特色文化旅游资源有机衔接，推出一批过境免签特色旅游产品。探索立足"长嘉汇""三峡魂""武陵风"独特禀赋，持续打造"大都市、大三峡、大武陵"文化旅游发展升级版，串珠成链、以线带面地将文旅要素串联整合，形成虚实相生、时空交织的综合资源价值体系。

五是推动文旅产业发展。立足在文化传承发展中壮大文旅产业，加强企业培育帮扶，实施文化和旅游企业梯度培育计划，加快建设国家文化产业和旅游产业融合发展示范区，争创国家级文化和旅游消费试点城市、国家对外文化贸易基地，创建国家级夜间文化和旅游消费集聚区、国家级文化产业园区和基地。推动形成密切配合、协调有力的文化和旅游产业发展工作机制和格局，在重大文旅存量项目的盘活、新增项目的科学合理布局、市场主体的培育扶持、新型业态的支持引导等方面统筹协调推进。组织举办中国西部旅游产业博览会、重庆（国际）文化旅游产业博览会等活动。

六是繁荣振兴文化事业。坚持以人民为中心，实施新时代现实题材创作工程，创作一批增强人民精神力量的优秀作品，持续激发国有文艺院团生机活力，着力提升文艺作品质量。持续推进公共文化服务标准化均等化建设，丰富公共文化服务供给，进一步助力乡村振兴，创新实施文化惠民工程。在保证公共文化阵地覆盖面的基础上，推动文图博美等传统公共文化设施联动建设，进一步加强功能融合，提高使用效能和综合效益。立足城乡特点，打造外在形式美、功能服务好、理念模式新的新型公共文化空间。持续打造市级品牌阅读推广和群众文化活动，发挥重要示范引导作用，积极发动群众，创造条件支持群众自发参与、开展文化活动，将活动引入街头巷尾，贯穿到群众日常生活中，开展彰显时代新貌、充满生机活力的群众活动，使老百姓真正成为活动主体主角，进而提升城乡文明程度。

七是加强文化旅游数字化建设。注重用数字技术贯通文旅行业准入、运营、退出等全过程各方面，通过数字规划、数字政策推动巴蜀文化旅游走廊一体化建设进程。在数字思维和数据规范的指引下，整合巴蜀的自然风光、文化遗产、人文景观等旅游资源，通过数字技术赋能文化旅游产业发展，推动文化旅游产业数字化更新，以数字化改革丰富文化传承传播手段，赋能全市文旅发展，进一步扩大巴蜀文化旅游走廊的影响力。

八是积极推进对外交流合作。持续增强"最宠游客的城市"品牌效应，规范设置外语标识标牌及旅游指示牌，逐步实现外币信用卡刷卡消费和国际移动手机支付，提升城市旅游服务和管理水平。加快推进与"一带一路"共建国家开通国际直航，依托西部陆海新通道、中欧班列、渝满俄国际铁路班列等对外交往通道，探索加密并开行更多的跨境国际铁路班列、公路班车等。落实西部陆海新通道建设战略部署，推动国内旅游与国际旅游、出境旅游与入境旅游相融互促，打造立足巴蜀、辐射西部、连接东盟、融入全球的陆海新通道文化和旅游交流合作中心。鼓励在图书出版、演出服务、动漫游戏、创意设计、工艺美术、影视剧、艺术品等出口贸易领域深耕国际市场，创新发展保税文化艺术品展示交易，鼓励优秀数字文化产品和服务走向国际市场。推进重庆国际文旅之窗品牌化、专业化、国际化建设，与外国驻华机构广泛开展文化（旅游）年节等活动，大力实施巴渝文化"出海计划"，办好"渝见不同""重庆文化旅游周"等品牌活动，不断扩大中华文化影响力。

附件：1. 重庆、四川在全国的排名情况

2. 2027年主要指标预期目标（初稿）

附件1

重庆、四川在全国的排名情况

序号	具体指标	年份	单位	重庆		四川	
				数值	全国排名	数值	全国排名
1	文化和旅游事业费	2021	亿元	24.59	20	56.29	5
2	人均文化和旅游事业费	2021	元	76.54	15	67.24	21
3	平均每万人拥有公共图书馆建筑面积	2021	平方米	124.69	19	98.72	26
4	人均拥有公共图书馆藏量	2021	册	0.73	17	0.55	27
5	人均购书费	2021	元	1.2	16	0.99	21
6	平均每万人拥有群众文化设施建筑面积	2021	平方米	315.32	15	276.49	21
7	人均群众文化业务活动专项经费	2021	元	7.1	10	6.2	11
8	艺术表演团体国内演出观众人次	2021	万人次	2394	13	1291	19
9	艺术表演团体演出收入	2021	万元	58340	9	29702	15
10	旅行社旅游业务营业收入	2021	亿元	65.13	7	40.28	12
11	星级酒店营业收入	2021	亿元	23.66	20	55.56	8
12	A级旅游景区总数	2021	个	269	22	793	3
13	文化市场经营机构数	2020	个	6086	12	17268	2
14	文化市场经营机构营业收入	2020	亿元	86.96	11	87.86	10
15	动漫企业机构数	2020	个	6	21	3	27
16	动漫企业营业总收入	2020	亿元	1.28	13	4.34	7
17	文物业机构数量	2021	个	199	23	568	5
18	文物保护管理机构数量	2021	个	38	24	174	3
19	文物科研机构数量	2021	个	1	25	8	6
20	博物馆数量	2021	个	111	21	267	7
21	文物业藏品数量	2021	件/套	806016	20	4893470	3
22	文物业陈列展览数量	2021	个	716	19	1382	7
23	文物业从业人数	2021	人	3694	20	9752	5

续表

序号	具体指标	年份	单位	重庆		四川	
				数值	全国排名	数值	全国排名
24	文物业参观人次	2021	万人次	2529	13	6538	1
25	博物馆免费开放数量	2021	人	91	22	208	8
26	博物馆文化创意产品种类数量	2021	人	2260	10	5248	5
27	博物馆文化创意产品销售收入	2021	万元	2716.2	14	5528.9	10
28	文物事业费	2021	万元	97626	18	268236	8
29	人均文物事业费	2021	元	30.39	15	32.04	14
30	广播节目播出时间	2021	万小时	20.81	25	73.74	7
31	电视节目播出时间	2021	万小时	29.62	26	121.5	2
32	广播节目制作时间	2021	万小时	10.29	24	29.65	9
33	电视节目制作时间	2021	万小时	5.72	23	14.05	5

附件2

2027年主要指标预期目标（初稿）

序号	具体指标	指标单位	2027年目标
1	文化产业增加值占地区生产总值比重	%	5
2	旅游产业增加值占地区生产总值比重	%	5
3	规模以上文化企业	家	1300
4	万人拥有公共文化设施面积	平方米	900
5	公共文化服务群众综合满意度	%	90
6	舞台艺术重点剧目	台	12
7	电视剧、网络影视剧年均出品	部	22
8	广播电视人口综合覆盖率	%	99.80
9	市级非物质文化遗产代表性项目	个	800
10	创建示范性传承所（点）	个	200
11	国家4A级以上旅游景区	个	180
12	市级以上旅游度假区	个	35

成渝一体化背景下文化馆联盟研究报告

重庆市群众艺术馆　杨　梅　常延红[①]

随着成渝一体化进程的加速推进，区域一体化的发展趋势不仅为成渝地区的经济社会发展提供了新的机遇，也对该地区的文化事业发展提出了新的要求。两地之间的文化交流与合作日益密切，两地文化资源的整合与共享也成了可能。成渝区域文化馆联盟实践与探索不断深入，文化馆联盟成为公共文化服务体系的重要组成部分，成为推动两地区域文化发展的重要力量，受到了广泛关注。在此背景下，研究成渝一体化下的文化馆联盟，对于推动区域文化一体化，提升两地文化交流层次，促进文化资源共享，提升区域公共文化服务水平具有重要的理论和实践意义。在深度参与联盟活动的基础上，本文进一步研究总结经验与问题，分析优势与不足，旨在深入探讨成渝文化馆联盟的现状、问题及发展策略，为两地文化馆的进一步合作提供参考，同时，也为公共文化机构区域协同发展，联盟探索实践提供可借鉴的经验。

一、成渝一体化背景下文化馆联盟发展历程

成渝两地地缘相近、人缘相亲、文脉相通，有着深厚的文化渊源，具有广泛的文化认同。在成渝一体化发展的背景下，文化馆不再是只满足本地群众文化活动的"自娱自乐"，而是扮演起区域发展"文化先行者"角色，按照"成渝联动发展、文化旅游先行"的思路，遵循开放、融合、共建的原

① 基金项目：本文系"文化馆事业高质量发展研究计划"2022年度研究项目研究成果，项目负责人罗智敏。

则，率先成立了"成渝区域文化馆联盟"，成为以国家战略为核心的文化馆联盟之一，以联盟加入成员数量计算，在以国家战略为核心的文化馆联盟中占比为6.25%[①]。

成渝区域文化馆联盟初始是由成都市和重庆市的文化馆共同发起成立的一个组织。由于成渝两地文化馆单位分散，没有从属关系，要解决好联盟的常态化、长效化问题，确保联盟能够发挥作用，必须有联盟的章程。2020年5月29日，经过前期充分的酝酿与筹备，成渝两地15个文化馆相聚大渡口（15个文化馆分别为：重庆市大渡口区文化馆、渝中区文化馆、江北区文化馆、沙坪坝区文化馆、九龙坡区文化馆、南岸区文化馆、北碚区文化馆、渝北区文化馆、巴南区文化馆及成都市锦江区文化馆、青羊区文化馆、金牛区文化馆、武侯区文化馆、成华区文化馆、龙泉驿区文化馆），作为始发单位，率先成立了"成渝区域文化馆联盟"，签订了《成渝区域文化馆联盟盟约》，制定了《成渝区域文化馆联盟章程》。《成渝区域文化馆联盟章程》从总则、业务、成员、机构、附则共五个方面对打造成渝区域文化馆联盟进行了规范，旨在规范联盟的运作，促进成渝地区文化馆的合作与发展。成渝文化馆联盟开始进入初步发展阶段。

2020年6月22日，巴蜀文化旅游走廊建设推进工作会在成都召开。会上，川渝两地文旅部门签署了《成渝地区文化和旅游公共服务协同发展合作协议》，为成渝地区公共文化共建制定了线路图，明确了两地公共文化机构之间的共建方向：加快联盟合作，实现资源共享。后期经双方友好协商，制定《成渝地区文化旅游公共服务协同发展"12343"合作协议》，将文化馆联盟纳入了公共文化服务协同发展中，联盟范围进一步扩大，文化交流融合活动数量、质量都进一步提升。

2020年7月15日，重庆市群众艺术馆与四川省文化馆共同签订了《推动成渝地区双城经济圈群众文化合作共建框架协议》，为成渝文化馆联盟建设按下"加速键"，2020年11月28日，重庆市群众艺术馆与四川省文化馆共同签订《成渝区域文化馆联盟盟约》，通过了《成渝区域文化馆联盟章程》。联

---

① 傅才武、陈庚主编：《中国公共文化政策研究实验基地观察报告2022—2023》，武汉大学出版社2023年版，第164页。

盟进入了发展壮大阶段，联盟活动的深度与广度不断拓展。

2022年5月，文化和旅游部、国家发展改革委、重庆市人民政府、四川省人民政府联合印发《巴蜀文化旅游走廊建设规划》，是为加强顶层设计和统筹协调，加快推进巴蜀文化旅游走廊建设编制的规划，对两地文化馆的交流与合作提出要求：提升公共文化服务水平，联盟成为扩大资源共享的有效载体。2022年6月22日，四川省文化和旅游厅与重庆市文化和旅游发展委员会在四川成都召开巴蜀文化旅游走廊建设推进工作会，为进一步推进两地文旅公共服务一体化，会上签署了《成渝地区文化和旅游公共服务协同发展合作协议》。一系列国家政策的出台和支撑，加速了成渝文化馆联盟的发展。成渝文化馆联盟由最初的15家逐渐发展壮大，不断成熟深化，实现全川渝文化馆的各类合作联盟。

二、成渝区域文化馆联盟主要做法

成渝区域文化馆联盟的成立，意味着联盟成为推动成渝公共文化协同创新、融合发展的全新实践载体，为优化成渝地区公共文化服务布局，推动成渝地区文旅公共服务共建共享，四川省文化馆与重庆市群众艺术馆共同统筹实施，逐步推进实施了一系列川渝共建文旅活动，包括"文艺创作推广互助共创""群众文艺展演互动共演""全民艺术普及互促共推""群文品牌打造互育共办""数字文化平台互联共建""行业治理经验互惠共享"等。

（一）对接双城供需 同办成渝文采会

在国家公共文旅资源共享战略部署下，继长三角地区、珠三角地区文采会之后，成渝地区公共文化和旅游产品采购大会成为西南地区公共文化协调发展的重要举措，计划每年举办一届，分别在成都和重庆轮流举办，以加强两地公共文化服供需对接，促进整个西南地区公共文化协调发展。成渝文采会聚焦文旅公共服务新需求，搭建线上、线下互动展示平台，注重创新群众评价机制，更加突出了以人民为中心的导向①。这一区域性公共服务示范品牌，成为联动巴蜀文脉、推动成渝一体化发展和打造巴蜀文旅公共服务融合高质量发展的重要平台。

第一届文采会在"重庆群众文化云""文化天府"等数字文化服务平台上推出了一批文艺精品和80多件文创产品，通过云平台电脑端、手机客户端、微信公众号、抖音号等途径，开展线上展示、推介和采购交易活动。第一届文采会重庆文化旅游专场直播、重庆市群众艺术馆公共服务专场直播、文创产品直播带货，网上观看直播达到3.13万人次；文艺演出节目、文创产品和非遗产品在"重庆群众文化云""文化天府"的浏览量达3.28万人次，点赞量达1.24万次。同时，川渝两地就文艺创作展演、文艺讲座培训、文化志愿服务、文创产品设计开发、文化策展布展、数字文化服务、非遗项目推广等方面达成广泛合作共识，并签订意向合作协议，总金额为259万元。

第二届文采会由于受疫情影响，采取线上方式，但是在第一届预热后的基础上，实现井喷式发展，在线浏览量达2487.4万次、视频点播1182.2万次，促成意向签约金额6441.8万元②。成渝文采会为两地文旅部门、企事业单位和社会各界搭建了公共文化服务建设的重要平台。

（二）赋能两地美育　共推艺术普及

自成渝文化馆联盟联动开展以来，相继推出了各项文艺活动，展示两地的艺术普及成果，旨在推动成渝地区艺术普及、文艺创作的交流互鉴，推进经济圈内文旅公共服务共建共享。川渝两地文化馆联盟文化交流涵盖群众歌咏、艺术展览、歌舞展演、讲座培训等公共文化活动，赋能两地美育普及。其中，重庆市群众文化馆和四川省文化馆联盟次数较多，以打造品牌活动为主，规模较大，参与活动的地市级及区县文化馆较多。此外，两地一直鼓励不同层级的文化馆自主积极主办联盟联动活动。重庆市各区县文化馆与四川省地市州文化馆自主联动主要以全民艺术普及文艺会演、展览、培训等艺术形式展现成渝地区双城经济圈的发展新貌，为两地百姓提供了高品质的文化

---

① 符湘林：《区域性文采会的实践创新与未来发展》，《中国文化馆》2022年第二辑，第68页。

② 资料来自两地文化旅游部门。

服务，近三年，共计有178场，助推两地城市美育共建①。

（三）互育共创群文品牌

川渝两地为给老百姓提供高质量的文化供给，着力推动两地文化活动品牌建设，其中"成渝地·巴蜀情"主题活动，"川渝乐翻天"等活动已被打造为百姓参与度极高的群文品牌活动。

1."成渝地·巴蜀情"品牌活动

"成渝地·巴蜀情"群文活动，是联盟打造成功的区域文化品牌活动，由四川省文化馆、重庆市群众艺术馆两馆向四川省各市（州）文化馆、重庆市各区（县）文化馆联合发文，以巴蜀文化为底蕴，展现成渝地区的文化特色，以两地不同层级的文化馆为活动参与主体，通过举办文化展演、比赛、讲座等形式，整合扩大公共文化资源，推动成渝地区文化交流和发展，经过三年多的持续推进，已逐步将活动品牌化、常态化；推动了川渝两地各级文化馆合作与交流，为川渝两地群众文化发展积累了宝贵的合作经验。

自2020年以来，四川省文化馆已与重庆市群众艺术馆逐步推进"成渝地·巴蜀情"区域文化品牌活动，实施了成都、重庆、德阳、眉山、资阳文旅区域联动少儿美术、书法作品展、巴蜀合唱节、美术从业人员业务技能大赛、文旅志愿者服务、乡村振兴农民画展、巴人文化艺术节等一系列川渝共建文旅活动，线上线下惠及群众近千万人次②。如今"成渝地·巴蜀情"区域文化品牌活动，已成为两地影响最大的群众文化活动之一，极大提升了两地群众文化获得感，共同构建川渝两地现代公共文化服务体系，提升两地文旅公共文化服务效能。

2."川渝乐翻天"展演活动

"川渝乐翻天"展演活动由四川省文旅厅、重庆市文旅委，四川省文化馆、重庆市群众艺术馆共同打造，是川渝两地文旅主管部门通力合作的结晶。2023年是"川渝乐翻天"系列展演活动举办的第四个年头。从最初的尝试探索，到如今的渐入佳境，此活动会聚了川渝地区的曲艺名家、幽默明

---

① 资料由重庆市群众艺术馆统计。
② 资料来自两地文旅部门。

星、喜剧达人、草根笑匠等，展演以突出核心价值引领的喜剧幽默节目为主，寓教于乐，雅俗共赏，让观众在欢笑中受到启迪，在欢笑中感受川渝两地优秀戏曲文化。川渝两地同根同源，共同的方言体系、文化背景在两地扎下深根。曲艺作为最接地气的文化形式，在川渝两地拥有广泛深厚的群众基础，主要涵盖金钱板、清音、对口快板、散打评书、谐剧等，节目内容也多取材自川渝两地和现实生活，具有深刻的地方性和群众性。"川渝乐翻天"成渝双城喜剧幽默节目展演瞄准不同受众，满足不同圈层的个性化群文活动需求，让群众在优秀传统文化中浸润，不仅展现了群文品牌活动风采，更促进了两地特色文化的繁荣发展，成为川渝文化的新名片。

（四）共建跨区域人才交流机制

一是共同举办赛事。联盟为更好地促进成渝地区双城经济圈的文化艺术协同发展，培养壮大创新型、应用型、技能型人才队伍，两地合力举办文化馆系统从业人员技能大赛，以赛促学、以赛促训、以赛促建，着力提升川渝两地文化馆系统从业人员的能力和水平。自2021年至2023年，两地相继开展文化馆系统技能大赛，以美术、摄影为艺术载体，展示川渝两地文化馆系统专业干部的业务技能。

川渝两地技能大赛赛制新颖，赛前在川渝广泛开展作品征集和人员选送工作，两地共同推荐文化馆（站）从业人员参加初赛。采取理论知识和实际操作相结合的方式，根据初赛、笔试、作品创作、现场阐述4个部分的表现进行评选，最终决出一、二、三等奖。川渝两地技能大赛将文化馆以赛促建的宗旨在赛事各环节设置上体现得淋漓尽致，从而促进了从业人员专业素养和公共文化的知识结构、创作能力、语言表达能力、辅导能力的提升。在有效促进两地文化馆（站）业务干部公共文化服务水平和能力提升的同时，更好地促进了两地人才培育和流动，利用赛事建立起跨区域的人才交流机制和平台，实现人才培养的深度融合。

二是两地共同举办培训班。共办高质量人才培训班是川渝两地公共文化建设的一项重要内容，也是培养两地人才的重要举措。两地文化馆自建立联盟后，业务交流频繁，相继举办了美术、摄影、书法等艺术门类的跨区域培训，通过集中培训、交流经验、分享心得，促进川渝两地艺术普及服务提质增效、提升公共文化服务水平，让两地群众享受更多更好的优质文化服务。

（五）行业治理经验互惠共享

为充分发挥文艺先行作用，成渝文化馆联盟以构建川渝两地省级文化馆（群众艺术馆）联盟为引领，推动川渝两地地市（区）级文化馆建立以"成渝地·巴蜀情"区域文化馆联盟为分支的省、地市州（区）两级联盟机制。实施"成渝区域文化馆联盟"建设重点项目工程，成立文化馆行业联盟，开展公共文化人才培育交流合作。

成渝两地地市（区）级文化馆开展深度合作、协作调研免费开放、文艺活动组织、文艺创作、总分馆建设、市民夜校、数字化建设等各项工作，定期召开理论研讨会，就调研发现的问题，围绕如何建立群文战略合作机制进行交流探讨、友好合作协议事宜，以研讨会、联席会充分细化落实合作细则，积极探索公共文化惠民服务新模式。从具体实践中总结经验，规划设计，共同搭建文化馆文化服务互惠共享、专业人才互动交流、品牌文化互助共建、馆办文艺团队及优秀文艺作品资源共享等平台，促进成渝双城文化发展的深入合作，实现两地文化的共建共享。

三、成渝一体化背景下文化馆联盟主要亮点

（一）形成区域常态交流协调机制

两地文旅部门，重庆市群众艺术馆、四川省文化馆，围绕文化馆联盟积极构建联动协调机制，并且能够有效监督执行所达成的联动合作意向。机制的构建与完善是充分促进两地协同发展的有力保障。联盟以项目协同为统揽，以成渝相向共兴为引领，以毗邻地区合作为突破口，探索合作发展创新模式，推动成渝地区公共文化服务一体化发展。

在构建协调机制的进程中，以政府主导为主，规划协同发展目标，遵循共建共享协调原则，搭建两地协调对话的平台，让区域内各参与主体通过多种渠道来表达诉求。尤其要让相对弱势、在两地区位优势不明显的偏远地区

有机会优先表达联盟合作意向，统筹兼顾，鼓励各个文化馆之间的跨领域合作和跨界创新发展。以项目合作的方式，共同策划和实施一些具有创新性的文化活动和项目。通过开放共赢，互动融合；平台共建，推动均等；相向共兴，流动要素；优势共享，驱动能级，进一步推进区域协调发展，不断丰富和创新巴蜀文旅服务的形式与内容。

（二）整合文化资源、增大文化供给总量

依托成渝区域文化馆联盟，充分发挥了联盟成员单位的资源优势，实现了资源共享和优势互补。整合两地的文化资源是增大文化供给总量的基础，通过对各类文化资源的有效整合、互动或联合举办群众文化演出、群众文艺作品展览、群众文化讲座等一系列活动，加强成渝地区文化产品供给，完善服务体系，扩大服务覆盖面。通过定期举办各类文艺比赛，不仅推动了两地群众文化的交流与融合，也优化了文化服务，提高文化供给的质量和效率。两地联合策划、创作、推出一批"与时代同步伐、发时代之先声"的优秀群众文艺作品，推动了两地群文的高质量发展。

（三）共建互联数字文化平台

实施重庆群众文化云和四川省文化馆数字文化平台对接，推动两地数字文化资源共享、数据互联。实施"成渝群众文化云"平台互联互通、共建共享工程。加快推进"互联网+公共文化服务"，打通成渝地区各类各种公共数字文化平台，对接端口、资源共享、数据互联，实现一网服务。

（四）发挥优势特色，推动文旅融合

成渝地区历史悠久，文化底蕴深厚，拥有众多的文化遗产和特色文化，区域内生态优良，文化旅游资源富集，既具有共通共享的符号性文化，又具有各自的独特性文化，极具融合性、互补性。两地文化馆依托各自文化的优势，尤其是非物质文化遗产，深入挖掘文化内涵，提升文化旅游的品质和吸引力。联盟工作的开展和巴蜀文旅走廊建设工程紧密结合，积极融入特色文化资源旅游及红色文化旅游路线和产品的打造之中，注重两地的协同发展，

有效促进成渝地区文旅产业的融合发展，提升文化旅游的品牌形象和市场竞争力，进一步提升两地在中国西部乃至全国的地位和影响力。

四、成渝一体化背景下文化馆联盟问题分析

从三年多的联动来看，成渝两地间的文化馆交流与合作取得了一定成效，主要通过两地文化馆文艺展演、艺术展览、艺术培训等方式，共同推动川渝两地各级文化馆的合作与交流。毋庸置疑，联盟发展取得了一定的成效，正在朝着更深层次迈进，但仍处于较低的阶段，还存在较多的问题，其中基本问题为：联盟机制不够灵活、公共文化资源及发展模式趋同、低层次联动、有效合作不够等。

（一）融合发展动力和机制不足

一体化是区域行政边界不断削减、彼此融合的过程，而在当下的体制机制中，行政壁垒使得各种文化要素无法自由流动，一定程度上使文化的资源共建共享更多停留在规划中，开放、统一的文化资源配置难以形成。由于顶层设计不足，在以往的发展过程中，两地文化发展多以各自需求来谋划合作，成渝两地尚未形成高效统一的文化资源联动和文化消费市场。区位黏性不足，要素流动的内在机制不足。成渝在地域上没有统一的发展规划，未能突破区域利益考虑统筹兼顾。完全一体化协调机制尚未建立起来，区域内缺乏整体合作的理念。两地区域内文化发展有差距，不均衡，落差过大，缺乏一套跨区域的协调管理机制。在不断的联盟实践中，针对此种现象，对边远落后地区给予了倾斜政策，但在实际中，还是出现了小的"虹吸效应"，原来集聚了文化资源的高地，在联盟中最为积极，也受益最多，发展较弱地区的联盟活动明显参与不足。此外，地市级、区县级文化馆自主组织的联盟活动也以地缘毗邻为主，跨区域合作不充分，资源共享不足，尤其是区域间联盟共建互动的黏性不足。

（二）联盟总体层次不高

从目前来看，联盟总体层次不高，且多停留在文艺展演、文艺培训等方面，较高层次、深度合作的联盟形式还未涉及。在实践中发现，成渝两地文化馆主管部门的主导作用发挥不够，没有有效机制来运作，内容和形式较为局限，导致两地文化馆的合作交流频次不多，深度不够，内容不丰富，尤其是多元化不足，活动后续的影响力不大，联盟内的特色文化资源缺乏有效整合，对于文化资源的挖掘利用也不够深入。

一是成渝两地文化馆联动多为拼盘式展演。联盟开展的群众文艺展演以联盟单位各自的文艺作品为主，联盟展演常见的方式是两地各自选派几乎同等数量的作品组成一场展演，像一块组装起来的拼图，没有实现"1+1＞2"的联盟融合发展效果。文化交流和合作更多时候是一个物理拼盘，没有实现共融的化学反应。常规地忽视前期在活动策划、组织和统筹方面的合作、交流与探讨，造成活动质量不高，群众参与度低。

二是成渝两地文化馆联动频次过少，联动交流合作质量不高。两地文化馆虽签订《成渝区域文化馆联盟盟约》，但是细化落实程度还有待提升。从目前来看，成渝两地文化馆联盟各成员单位仅靠约定、分散的章程运作，缺乏主动联系、主动对接，难以保持持续性。联动活动组织时间有限，两地文化馆业务人员互动不频繁，缺乏深入交流。

三是成渝两地文化馆开展艺术培训门类不均衡。两地文化馆自开展业务交流以来，相继举办了美术、摄影、书法等艺术门类的培训，对于音乐、舞蹈、戏剧、曲艺等艺术领域的培训涉及不多。

四是成渝两地文化馆人员在群文创作方面的交流与合作开展得较少，两地群众文艺创作的组织与协作力度不足，群众文艺创作座谈、评论、研讨的氛围不强。

五是宣传力度不够，成渝文化馆联盟的活动和项目在成渝两地具有一定的知晓度，但仍需加强宣传。尤其是在吸引更多社会力量参与方面，需要通过加大宣传力度来提高影响力。

五、成渝一体化背景下文化馆联盟的发展策略

通过对成渝区域文化馆联盟的调研和分析发现，成渝区域文化馆联盟在推动区域文化发展中发挥了积极作用，为两地群众提供了丰富的文化活动和优质的文化服务，促进了成渝两地群众文化的交流与融合。然而，在实践过程中，成渝区域文化馆联盟也存在一些问题和挑战，如合作机制不够灵活，部分成员单位之间参与较少，联动仍不够紧密，优质资源共享还未能充分发挥作用，部分地区的群众对文化馆联盟的认知度和参与度还相对较低等。针对成渝区域文化馆联盟存在的问题和挑战，本文提出以下发展策略。

（一）完善联盟机制

1. 优化合作共享机制

区域内协调发展和区域间协调发展是未来我国区域发展的重点、大趋势。目前成渝文化协同发展中面临的关键问题就是政府协同和具体实施协同如何对接的问题。为提高联盟的运作效率和资源利用效益，需要进一步完善联盟的机制建设。这包括加强顶层设计，制定发展规划和政策支持措施，制定明确的合作目标、建立规范的资源共享机制、加强成员间的沟通与协调等。

首先要优化合作共享机制，包括定期召开联席会议、设立联络员等，用于沟通和解决合作中出现的问题和困难、进行合作项目策划与执行制度等，确保两地文化馆之间的合作能够有序、高效地进行。深化联盟协同联动，更加积极推进重点领域合作，通过共享各自的资源，包括文化活动、文化人才、文化设施等，实现资源优化配置，提高资源利用效率。下一步发展需要把提升公共文化服务水平，促进均等化发展作为着力点，把加强跨区域合作，实现资源共享最大化作为有效途径，动态调整完善各项制度、章程，以实现从根本上保障联盟的高效推进。针对合作机制不够灵活等问题，应加紧构建合作交流机制，建立协调沟通机制，加强各文化馆之间的合作与交流，促进两地文化馆之间的了解和信任，增强文化认同感。通过组织文化交流活

动、互派工作人员等方式，促进两地文化馆之间的深度合作，更进一步推进两地文化一体化发展。

2. 创新管理机制

成渝文化馆联盟在保持基本合作机制不变的前提下，应根据实际情况探索创新管理机制，建立科学合理的合作联动机制和协调机制，以促进各个文化馆之间的合作创新和发展。例如，可以建立理事会制度、联席会议制度等，完善文化馆之间的协调和管理机制。同时，建立有效的反馈机制，及时收集联盟成员对合作过程的反馈意见，认真倾听并积极改进，增强成员的参与感和归属感。建立服务评估机制，定期对文化馆的服务进行评估，根据评估结果改进服务内容和方式，让联盟在发展中不断完善。

（二）创新联盟发展理念

促进成渝区域文化馆之间的合作创新是推动两地文化联盟发展的重要途径，同时需要各个文化馆积极探索新的合作理念、合作模式、服务方式等，探索跨界合作、创新人才培养机制等。

1. 创新合作理念

成渝地区文化馆之间应该打破传统的合作理念，积极探索新的合作模式和途径，以实现更广泛的合作和共赢。如成渝两地文化馆可开展群文活动的经验与策略探究，交流分享两地群众文化活动组织经验，在品牌活动策划、活动实施、活动推广方面共同打造、共同构思，活动策划端口前移，提高业务人员文化创意和策划能力，提升活动质量，使活动水平更高，活动影响力更大，活动覆盖面更广。联手策划、创作、推介、扶持一批以成渝双城为创作背景的群众文艺作品，艺术赋能成渝双城，实现两地群文创作的相互提升、共同进步。

鼓励各文化馆积极探索新的文化服务模式和形式，推动文化馆联盟创新发展。在联盟活动中注重加强基层群众文化活动下沉，通过利用现有的街道、村镇综合文化活动中心等公共文化场所，开展基层群众文化活动，满足公众对文化活动的需求。同时，注重挖掘整理非物质文化遗产，通过对成渝地区的非物质文化遗产进行挖掘整理，保护和传承这些珍贵的文化遗产。利用非遗资源开展相关的文化活动和推广活动，增强文化馆联盟的特色和吸引力。

成渝地区文化馆应该创新服务方式，通过开展个性化、多元化的文化服务，满足公众不断增长的文化需求。探索跨界合作，成渝地区文化馆可以探索与其他领域进行跨界合作，如与科技、旅游、乡村振兴等领域的合作，共同推出创新的文化产品和服务，促进文化产业的发展和升级。同时，加强与社会组织的合作，通过与社区、学校、企业等社会组织进行合作，共同打造文化生活的载体，扩大文化馆联盟的影响力和覆盖面。

2. 创新共建人才交流培养机制

成渝区域文化馆联盟人才的交流与培养一般通过开展培训、学术交流、活动比赛等方式，也会在两地间互派各馆业务骨干进行参观考察、学习交流等。总体来说，培训方式单一，缺乏系统化规划，人才交流的渠道和平台有限，缺乏有效的反馈和评估机制。两地公共文化人才交流互促提升的成效明显滞后于联盟的整体发展，必然会制约联盟的进一步发展，因此，创新共建人才交流互相促进的机制是联盟未来工作的重要方面。

建立两地群众文艺人才交流机制，首先要从理念上打破地域界限，秉持优势互补、共建共享的原则，深化两地群众文化人才的交流与协作。具体举措如：构建多元化、个性化的培训课程体系，引入项目式、案例式等多样化培训方式，建立多方参与的评价体系，拓宽人才交流渠道、构建更加丰富和高效的人才交流平台等。通过群文品牌打造、群文创作交流、群文项目实施等具体有效途径，把人才培养工程渗透在合作交流的各个方面，持续加大人才培养力度，不断激发两地群众文化创造活力，从而提升两地文化馆从业人员的专业素质和服务能力。

（三）建设资源共享平台

联盟起始就把两地公共文化数字平台建设作为重要任务，制定了共建数字平台一系列规划，但是在具体的实践中，联盟活动还是以线下为主，数字文化平台的互通目前还未实现，这应是未来成渝区域文化馆联盟重点建设内容，也是寻求进一步发展的突破点。拟建立统一的数字资源平台，互联互通，对两地文化馆的资源进行优化配置，避免资源的重复和浪费。同时，通过资源共享平台的建设，加强两地文化馆之间的信息共享和交流，提高协作效率。使数字化建设成为文化馆联盟高质量发展新引擎、以数字化引领开创联盟发展建设新局面。

　　本文通过对成渝一体化背景下文化馆联盟的研究，梳理联盟主要做法，在当前形势下，文化馆联盟具有非常重要的现实意义和价值。文化馆联盟在推动成渝地区文化一体化发展、促进文化资源的优化配置和共享，以及提升成渝地区公共文化服务水平及文化软实力等方面发挥了重要而积极的作用。同时，分析研究目前还存在的一些问题和挑战，在探讨成渝一体化背景下文化馆联盟的现状、问题、成因后，进一步探索和研究联盟发展策略。文化馆联盟可持续发展下一步需加强顶层设计和政策支持，建立协调沟通机制，推进合作与交流，创新联盟理念和服务模式，以公共数字化建设为重要抓手，提高联盟共建质量和效率，为推进成渝一体化进程中的文化发展作出更大的贡献。

关于城乡建设中的历史文化保护与利用研究

——以合川金子沱区域为例

重庆市文化和旅游研究院　魏　锦　杜　娜　陶　宇

西南大学乡村振兴战略研究院　郭凌燕

重庆市文物考古研究院　孙　慧

2021年，中共中央办公厅、国务院办公厅印发《关于在城乡建设中加强历史文化保护传承的意见》，提出在城乡建设中系统保护、利用、传承好历史文化遗产，对延续历史文脉、推动城乡建设高质量发展、坚定文化自信、建设社会主义文化强国具有重要意义。党的二十大报告进一步强调要加大文物和文化遗产保护力度，加强城乡建设中历史文化保护传承，为我们在新征程中处理好城乡建设与历史文化传承保护指明了方向。在此背景下，开展"重庆市合川区钱塘镇金子沱区域历史文化研究"，为金子沱区域历史文化保护传承提供依据和有价值的建议，有利于激活当地红色资源、赋能乡村振兴、推动文旅融合发展，也能为全市加快建设巴蜀文化旅游走廊、加强红色资源保护利用、推动文旅融合助力乡村振兴提供有效的案例支撑。

一、金子沱历史变迁与区域范围

金子沱，位于合川区西北角钱塘镇，南邻合川大石街道、古楼镇，西、北与四川省武胜县真静乡相抵。从水道看，金子沱地处嘉陵江北岸，是嘉陵江由四川进入重庆的第一处水流平缓的水湾。在川渝方言中，"沱"字常作地名，指可以停船的水湾。

　　"金子沱"之名最早见于清乾隆十三年（1748）刻本《合州志》，为其时合州场镇之一①。由此可知，金子沱最初是借嘉陵江航道之便而形成的码头场镇。嘉陵江上通陕甘，中贯川北，下达川东，历来是贯通西北西南的重要交通水道。嘉陵江合川段便自金子沱河家溪流入重庆。清康熙年以来，随着川渝地区社会秩序重建、经济恢复发展，水路商旅往来日渐频繁，金子沱渐成繁忙的场镇。至20世纪第二个十年，金子沱先后隶属明月里、金沙乡。1926年，金子沱的商业影响、人口规模皆至鼎盛，更名为金子镇。1941年，更名为金子乡。中华人民共和国成立后，合川全县行政建制进行了重新调整。1953年，原金子乡范围缩小，分金子、钱塘乡建立大柱乡，分金子乡建立湖塘乡。1956年，大柱乡并入金子乡、钱塘乡，湖塘乡并入金子乡，金子乡属钱塘区，区公所驻地钱塘乡。1958年，金子乡更名为金子公社，仍属钱塘区。1983年，复名金子乡。1992年，全国"撤区并乡建镇"，金子乡改设金子镇。2005年，合金子镇、泥溪镇、大柱场镇3个居民点为金子社区，并入钱塘镇，社区首尾相距12千米，面积1.9平方千米，距钱塘镇3.5千米。今天仍沿用"金子沱"之名的，是金子场镇所在地的金子沱老街。

　　通过查阅文献和走访当地干部群众，大约可知金子沱经历的几个重要发展阶段：初建场镇时期，场镇至迟建于清乾隆初年；商贸鼎盛期，清末至民国时期，其时也正值嘉陵江航道最盛时期；革命斗争期，指1941年至1948年，陈立洪、陈伯纯等合川籍党员在金子沱开展川东秘密战线工作，并于1948年发动金子沱武装起义的这段时期；人民公社时期，20世纪50年代至80年代中期；市场经济繁荣期，20世纪80年代中后期至90年代；衰败期，指进入21世纪以后，金子沱老街逐渐走向衰败至今。由于嘉陵江梯级渠化利泽航运枢纽工程建设征地，金子沱老街从2021年开始开展迁建工作，如今只有几十户居民尚未搬迁。金子沱老街即将落幕，金子社区将承担起建设新金子的责任。

　　见诸文献的金子沱约有300年历史，主要是就其场镇而言。但从人文视角对金子沱区域进行考察，其历史与空间范畴则大得多。截至2023年，金子

---

① （清）宋锦、刘桐纂修：《合州志》卷二"建设志·乡里"，清乾隆十三年（1748）刻本。

沱区域已发掘清理出新石器时代、商周、汉、晋、宋、元、明、清等诸多历史时期的遗迹，说明这一区域自古就有大量人类聚居，或许这当中也存在更早期的"金子场镇"。《新修合川县志》所载："金紫沱距城七十里，……若其场之所辖境，固当各加数里，若十数里不等，不必定执场所在地为限也①。"从场镇的商贸、文化辐射影响看，金子沱区域基本应包括民国时期所设金子镇的行政区域范畴。在2005年金子镇并入钱塘镇以前，这个范围整体变化并不大。因此，本报告所界定的金子沱范畴，即2005年4月前金子镇所辖8个行政村、1个居委会（大油村、陶湾村、大柱村、龙殿村、西游村、湖塘村、火矢村、米口村、金子居委会）。

二、金子沱区域重要历史文化资源

（一）红色热土——金子沱革命斗争与武装起义

1941年"皖南事变"后，国民党统治区充满了白色恐怖。中共中央南方局派出大批干部到农村，建立秘密工作据点。1942年8月，中共中央南方局派遣合川籍青年干部陈立洪、严启文等人回到金子、肖家等地，深入农村，建立川东秘密战线。1944年1月，地下党员陈伯纯也被南方局派回老家金子沱开展党的活动。这一时期他的工作任务是以革命的两面政权掩护和发动农民深入开展"三抗"（抗丁、抗粮、抗捐税）斗争，逐步形成武装割据的根据地。

出身地主家庭的陈伯纯，利用在当地的宗族势力，运筹帷幄，很快便当上了金子乡中心小学校长，又很快当选了金子乡乡长。1944年7月，刘石泉被南方局派往金子乡出任乡政府师爷。9月，张伦受指示来到金子乡中心小学任教。当月，金子党支部在金子乡中心小学成立，刘石泉为书记，陈伯纯、张伦为委员，直属南方局领导。之后有60多名党员被派往金子乡中心小学，以教师身份开展革命工作。学校还先后办起农民识字班、农民夜校，培养农会骨干。1946年6月，金子沱农会总会成立。到1948年7月，农会组织遍及合川、武胜、岳池等县的40多个乡镇，会员达到2万余人。1946年11月，金子党

---

① 张森楷编纂：《新修合川县志》卷一"形势·上"，方志出版社2017年版。

支部改为金子特支，刘石泉仍担任书记。金子特支成功收编地方武装"延安游击队"并将其改造为由党领导的龙多山武工队，金子沱农会、"三抗"骨干分子组成金子沱武工队，这两支队伍成为武装起义的主要力量。

1947年2月，国民党当局包围中共四川省委机关和新华日报社，迫使全体人员撤回延安，导致重庆及川东各地党组织一度与上级组织失去联系。10月，与中共中央上海分局取得联系的重庆市委书记王璞受命成立中共川东特别区临时工作委员会（简称川东临委）并担任书记。在川东临委的领导与指示下，合川地区的党组织得到清理和整顿。同时，党的各级组织积极发展武装，为起义做准备。

1948年初，彭咏梧领导的云阳、奉节、巫山起义和邓照明领导的梁平、四川大竹与达州起义失败。4月，重庆市委机关报《挺进报》被军统特务破坏，川东临委多人相继被捕叛变，党组织遭到极大破坏。7月，王璞在四川省岳池县罗渡乡伍俊儒家紧急召开第七、第八工委负责人会议。经过激烈讨论，会议决定立即发动上川东华蓥山周围多县联合起义。8月，以华蓥山为中心，包括合川、武胜、岳池、广安、渠县、达县、大竹7个县联合行动的华蓥山武装起义陆续爆发，统称为"华蓥山联合大起义"。

联合起义中，发生于金子沱的起义规模最大，影响最广。金子沱起义队伍名为"西南民主联军华蓥山纵队（又称川东纵队）第四支队"，由川东临委书记王璞任政委，陈伯纯任司令员，下分3个中队，共400人（枪）。8月25日，队伍在合川金子和武胜真静两乡打响了起义的"枪声"。队伍迂回转战近千里，途经合川、武胜、岳池、南充4县边境20多个乡镇，经历大小战斗8次，先后夺取了真静、金子、石盘、鄢家4个乡镇政权，击毙了南充警察局局长林廷极。9月2日，各起义支队会合于岳池县三元寨时被国民党重庆绥靖公署的3000兵力围困。经过激烈的突围交火，起义部队撤退至武胜县与岳池县交界的木瓜寨，坚守了15天，终因义军力弱，政委王璞不幸牺牲，起义宣告失败。伴随着起义失败，一大批隐藏于金子乡及其周边乡镇的共产党员、农会干部、民主人士等相继被捕，其中一些参与了起义的共产党员更是被关进了重庆渣滓洞集中营，最终遭到血腥屠杀。

尽管金子沱起义只是西南地区轰轰烈烈的革命岁月中的一个篇章，但金子沱起义乃至华蓥山起义有力地掣肘了国民党在西南地区正面战场的势力，挫败了敌方在四川地区的士气，为迎接川东地区和重庆市的解放起到了积极的作用。以刘石泉、彭碧灿、左绍英为代表的10余名参与组织金子沱起义的中共党员，在国民党反动派的严刑拷打、威逼利诱下依然死守起义的秘密，保全了更多隐蔽的党员，保护了党组织免于遭受更多破坏，他们身上这种坚韧不拔、甘愿为革命奉献生命的英勇精神早已被载入史册，是"红岩精神"最质朴的呈现，也为合川这片土地浓重地谱写了永不褪色的英雄华章。

（二）大浪淘金——金子沱与淘金人

金子沱因何得名？这一带江面宽阔，水势平缓，水湾处细沙堆积成滩，传说因沙中含金，故名金子沱。又说早年多有淘金人在此淘金，聚集而形成场镇，便以金子命名。还有一说：秦汉之际，一支去往汉中给刘邦运送军饷的船队在附近水域沉没，大量金子掩埋于江底，伴随着故事还有两首儿歌流传："石船对石鼓，金子五万五，谁能寻得到，买下半个重庆府。""金子沱，托金子，龙王神，宝船沉。"据说该传说也吸引了无数人来此寻宝。总之，金子沱之名源于金子和水湾无疑，但准确得名时间暂无实据。

金子沱一带确产沙金。据《合川县工业志》，1958年，合川县工业局曾派干部随淘金技术人员对辖区涪江、嘉陵江沿岸进行了勘查，发现金子沱等21处有沙金或山金，其中有14处含金量较好，可供开采[1]。又据《合川县志》，1937年，合川境内淘金人数多至四五百人，月产沙金约2000克。中华人民共和国成立后，私人淘金终止。20世纪五六十年代，曾由县政府组织手工业者淘金，20世纪80年代由乡镇企业组织农民淘金[2]。

上述史料所论有二：第一，合川三江岸边皆有金，金子沱有沙金且有可开采的矿点；第二，历来政府对沙金开采有严格管控，不过私人淘金亦在所难免。然金子沱淘金究竟始于何时暂无实据，究竟金子沱先有水码头还是先有淘金行业亦无从定论。

我们调研走访得知，金子沱淘金者以湖塘村（原金子镇第13村，现属钱

---

① 合川县经济委员会编写组编：《合川县工业志》，内部资料。
② 参见四川省合川县地方志编纂委员会编纂：《合川县志》，四川人民出版社1996年版。

塘镇）村民为主。据村民反映，金子沱淘金历史悠久，早在新中国成立前，湖塘村村民祖祖辈辈就以淘金为业，普通乡民主要通过为地主淘金赚取佣金。当地出产有山金和沙金。采山金具有一定危险性，因挖金需要先挖矿洞，有山体塌陷的风险。因山金量少且颜色发黑，质量远不如沙金，故当地人由采山金逐渐转为淘沙金。新中国成立后，湖塘村民也在政府组织下淘金。至20世纪80年代，几乎家家户户都参与其中，由社队企业组织，采用"群采"的工作模式。农闲时村民们就集体到离村百十米远的江边淘金，一干就是一整天。那时湖塘村每年上交金子2.5千克，均由中国人民银行收购。虽为副业，却也极大地提高了村民的收入，改善了生活水平。

金毕竟是稀有金属，20世纪80年代大量开采后，金子沱沙金产量逐渐减小，淘金热潮减退。20世纪90年代以后，因建材需求量大增，挖沙与鹅卵石的作业船替代了手工淘金者，淘金成为挖沙采石的一部分附属作业，当然需要取得相关许可证。采石船在挖沙的同时过滤出含金的沙砾，收集到一定量后再加工提炼出黄金。过程一般分为"挖金—过水—布粘—洗金"几个步骤：将挖掘到的含金的砂石铺到机床上进行滤水；通过毡布筛掉多余泥沙；将碎金集聚成块，并下水银搓洗，此时金子呈白色，被称为"毛金"；最后用喷灯灼烧使金子显现出漂亮的金黄色。

（三）百业兴旺——嘉陵江边的繁华商业街
——从码头到场镇

川渝地区多有由水码头发展而来的场镇。金子沱借嘉陵江水道之利，便于泊船，是重庆、合川与四川南充、阆中等地物资流通的必经之地，是天然的水码头。人员往来频繁，商货在此集散，无论是否有淘金人在此聚集，它都具备了发展为街市、场镇的充分条件。

民国时期特别是抗战时期合川县的货运总量达到高峰，以粮食、煤和盐为代表的大量物资由合川运出外销，或经由合川转出，其时金子沱码头与泥溪码头、龙洞沱码头、草街子码头并称嘉陵江合川段的四大码头。《新修合川县志》记载："右金沙乡户口……住户八千七百六十二，计口四万二千五百四十三……议员二十三，公吏二，教员一十七，生徒一百九十七，僧侣教徒三十八，医士二十三，农业二万五千六百二十六，商业二百四十八，工业三百零九，杂业五十八，劳力六百二十九，无职业一万七千七百八十二[①]。"可见，民国时期金子社会经济结构多元，除农业外，有政府、学校、寺庙、医院、各类工商业，是繁华兴旺之地。

原金子乡妇女主任、金子老街居民刘宗玉（1939—）回忆，她儿时老街非常繁华，从江边到街区全是房屋。因为房屋太靠近江边，每年江上涨水就会被淹。但水退之后人们打扫完街道，修复草屋后又继续开店做生意。刘宗玉记得当时的金子沱码头船多、人多，许多往来船只会在此靠岸休整，船夫们夜宿在此，甚至停靠数日。经停船只主要为运输煤、盐、药材等生活物资的货船。金子沱盛产的红橘也是从码头运往合川，再转运到其他地方。老街的生意人多是本土人士，因地制宜做些小买卖，如卖粑粑的、打糍粑的、理发的、开药铺的等，街市非常热闹。老街过去有香火旺盛的寺庙，寺庙旁搭建有戏台供戏班子演出，每逢年节，还会有外来的戏班子、龙灯队、车灯队来。看戏是金子沱居民最喜爱的娱乐活动。从农历初一到十五，龙灯、狮灯都会沿街表演，一个店面接一个地送祝福、讨红包，节日气氛非常浓烈。

——集体所有制下的乡镇经济社会

20世纪50年代到90年代的金子沱，同样是繁华热闹、充满生气。现居住于金子社区的老船工提起那段历史，仍然感慨万千："逢场天，每天往来的百姓数百人，赶场的人都排队等候坐船，从早到晚，江面上船只往来，不能歇息。那时候的金子沱真是热闹啊，很多孩子在街道上疯跑，街道上很多人，人们互相打着招呼聊着天，河里都有很多人在洗衣服，到处都有人气[②]。"

20世纪50年代中后期，金子粮站建立，金子公社和附近其他公社的公粮都在此集中交纳。交粮时，农村社员挑着担子成群结队而来，经登记入库，再推车送至码头，装船离港。街上还有医院、供销社、畜牧站、食品站、铁木联合社（厂）、餐馆、旅店等。其时街上的商铺建筑多为供销社所使

---

① 张森楷编纂：《新修合川县志》卷十二"户口"，方志出版社2017年版。
② 访谈对象：金子沱老船工，从20世纪60年代至90年代一直在码头工作，现已退休在家；访谈人：郭凌燕，西南大学乡村振兴战略研究院；访谈时间：2023年3月19日；访谈地点：金子社区。

用，最辉煌时员工就有几十人，工作人员销售的类目应有尽有——肥料、农药、农具、布匹、百货、日杂、五金、电器、烟酒糖以及锅碗瓢盆等，还设有农产品收购站、加油站、果品公司等。据《合川县供销合作志》（1937—1985），供销社所属的合川县果品公司1958年建设了金子站，至1985年仍有占地面积4083.7平方米，当时属于规模较大的站点。果品公司承担柑橘收购、调出、转运、出口、加工、储藏等任务①。

到改革开放后，金子沱产业众多，而效益最好、收入最高的要数金子园艺场（当地人称果园）。金子沱一带盛产柑橘，1954年成立的合川县公营果园设金子分厂，1958年改为国营合川园艺场金子分场。据原金子园艺场经理罗开中描述，园艺场所产的柑橘一度远销东北地区，面积最大时有700多亩，并在20世纪80年代销量达到顶峰。园艺场还附带经营有酒厂、粉厂，并管理下属各个生产队的养猪业务。酒厂出产的"金子果园白酒""川金大曲"等品牌酒曾在重庆热销。

红火的景象在曾负责经营老街旅馆和餐饮店的刘宗玉口中也得到印证。据她口述，整条街上只有一家旅馆和一家"金子饮食店"，饮食店规模很大，有几百平方米，生意红火，果园职工是核心顾客，经常在店里用餐，餐后签字，每月结付。旅馆有十几间客房，分单人间、双人间、多人间，无论是来往公干的干部还是卖货的生意人、干活的人都在这里住宿，各选适宜的房间即可。

1983年集体经济解体，而金子场镇累积的商贸、文化凝聚力依然在，特别是每逢赶场天，老街依然呈现出繁荣的景象，摩肩接踵。20世纪90年代金子镇成立，再次为场镇的发展注入活力。据原金子完全小学校长王德贵回忆，20世纪90年代老街上有小学也有初中，在校学生达1000多人，建于20世纪60年代的幼儿园规模也于90年代达到最大。

---

① 参见合川县供销合作社联合社编：《合川县供销合作志》（1937—1985），1989年印刷，内部资料。

（四）江岸故事——沉船、战争、义渡、渡工

1. 满载钱币的北宋沉船

2003年，金子沱下游西游村（今钱塘镇西游村）嘉陵江河道，一条过江的船篙杆落入江中，船工下去打捞时，意外发现很多古钱币。经过合川文物考古部门的进一步打捞工作，大量的钱币被发现，有堆积成山的、有大竹篓装着的、有散落在岩石缝隙里的，重达5吨之多。此外还发现了船板条、篾编块等沉船遗骸叠压在钱币下，初步推断这艘装载大量铜钱的沉船属于北宋。令人意外的是，这些古钱币却并不仅仅属于宋代，从汉初的"半两"到西夏的"皇建元宝"，历朝历代的铜钱，都混杂其间，时间跨度达1400多年。考虑到宋代货币铸造量的膨胀，当地考古部门工作人员推测，该沉船运载的或许是经回收的旧钱币，用以熔铸新钱以填补当朝的铸币缺口。甚至这些旧钱本不需要被熔铸，因为尽管各朝代都铸币，但其他朝代的货币也可通用，钱币的金属价值本身就是购买力的体现。这是一艘什么样的船？为什么沉没？船上为什么会载有这么多钱币？这样一艘载有5吨钱币的船和金子沱传说中载有五万五金子的船之间是否存在什么关联？皆有待进一步的考古论证。

2. 被烧的元军船场

宋蒙战争时期，合川钓鱼城坚守36年未被蒙古铁骑踏破，其中一场改变战争格局的战役，就发生在金子沱附近。蒙古大汗蒙哥阵亡后，新汗忽必烈采取屯兵强军政策，采纳阆蓬等路都元帅汪良臣的建议建武胜军[①]，在嘉陵江流域极大扼制了钓鱼城宋军兵力。1273年7月，元东川统军合刺派兵在马鬃山、虎顶山（渠江汇入嘉陵江处）筑城，以便控制三江，合围钓鱼城。其时情形，《宋史》有载："左右欲出兵与之争。珏（合州知州、主将张珏）不可，曰'芜菁平、毋德彰城，汪帅劲兵之所聚也，吾出不意而攻之，马鬃必顾其后，不暇城矣。'乃张疑兵嘉渠口，潜师渡平阳滩（今合川花滩）攻二城，火其辎粮器械，越寨七十里焚船场。统制周虎战死。马鬃城卒不就[②]。"宋军因此收复了马鬃山，巩固了钓鱼城的前沿阵地，增强了重庆地区抗元的

---

①　（明）宋濂、王祎等撰：《元史》卷一五五"汪德臣传"，文渊阁四库全书本。

②　（元）脱脱等撰：《宋史》卷四百五十一"张珏"，文渊阁四库全书本。

防御能力，其被称为"芜菁平之战"。

武胜军立寨屯军的毋德彰山、芜菁平在今四川省武胜县旧县乡境内，宋元时皆属合州，在钓鱼城以北约90里处，与金子沱区域相连。那么宋军所焚船场又在哪里？船场至少应该满足以下条件：①靠近武胜军驻地。②处于嘉陵江边。③"越寨七十里"即距钓鱼城寨70里。满足上述条件的位置，在金子沱区域火矢村（今钱塘镇火矢村）境内。"火矢"即为"火箭"，若非发生相关事件，一般村庄不会以此命名。火矢村原名火矢观，民国县志记为"火寺观"，不知是否为县志记载"火矢观"之误。即便无误，故名也应与民间崇拜与"火"相关的神祇或流传有与"火"相关的祭祀活动有直接关系。西南民众对火神十分崇拜，因木质建筑最为怕火，在民居集中的城镇，人们防火意识极强。留存至今的古镇中，大多有保留较为完整的火神庙。但在江岸村庄崇拜"火神"或进行相关祭祀活动则十分罕见，"火矢"之名理应源于此地发生过与"火"相关的重大事件。

3. 曾经的渡口

合川自古以来便渡口众多。据《合川县交通志》（1912—1985），民国时期合川县境内三江和临渡河设有渡口共101处。当时的渡口分为两种形式：一种是收钱的私人渡；另一种是不收钱的义渡。义渡也分两种：一种是靠渡工每年秋收后收取河粮谷来维持运转，另一种是成立义渡会集资买田业一份，称为渡田，佃与人种，所收租谷作为渡工工资和修船用。义渡的开支既有直接交给渡工负责的，也有交给义渡会这个特殊组织的。合川的义渡一直维持到新中国成立后初期。在这些时期，金子沱区域的渡口就有7个。位于金子场边的金子沱渡，民国时有渡船2只，日平均渡运200人次；位于金子沱南岸的古楼渡曾是金子沱武装起义时活动的要津；月白岩渡、米口子渡、管家渡则是由金子乡人兴办的义渡，都曾配有渡田①。土地改革后，义渡不仅要运送村民，还承担起了运输公粮的职责。据金子沱的一名老渡工回忆，当时光运输他所在的生产队的公粮，一年就有3万多斤。如今，这些老渡口的确切地点都已不可考，唯金子沱渡还停有渡船，方便老街与对岸大石街

---

① 参见合川县交通局编：《合川县交通志》（1912—1985），1989年印刷，内部资料。

道金钟村居民们的往来。

4. 最后的渡工

金子沱老街还吸引着来赶场的人们，金子完全小学还有学生在读。从金钟村到金子沱老街，坐车需要1个多小时，而乘坐渡船只需要5分钟，票价仅收3元/人。只要江两岸的人们还有需求，渡口、渡船、渡工的存在就有意义。2003年，原属于渡口所的轮渡下放给私人承包，考虑到老街的居民越来越少，政府仍然会补贴一部分资金用来维持轮渡的运转，以方便居民过江。金子沱渡口这艘唯一的渡船由船工付永强负责。自1987年，18岁的他接棒父亲以来，开船已有36个年头。每天的摆渡并无固定班次和上、下班时间，老街居民若想去对岸，总是一个电话找到他，他便来开船。而付永强的船不仅是与人方便的摆渡船，更是金子沱老街遭遇灾难时刻的"救命船"。由于老街靠近江边，地势低洼，每年汛期都有被淹的风险。1989年、1998年、2010年、2011年、2018年、2020年金子沱老街先后遭遇了6次洪水，而付永强每一次都没有缺席。就以2020年来说，最高水位达到224.44米，嘉陵江水倒灌合川钱塘镇，8月19日水漫金子沱老街，付永强撑着竹篙，驾一艘小木船，带领其他志愿者一起将被困老街的142名居民及时转移，并运送救援物资800余件。即使义渡和义渡会已经不存，但付永强这样的渡工还存在，是金子人历来乐善好施、助人为乐的义渡精神的一种延续。这位金子沱最后的摆渡人还会坚守岗位和职责，继续秉承自己"渡人即渡己"的人生信条，直到金子沱老街彻底消失的那一天。

三、金子沱区域文化发展现状分析

（一）即将落幕的金子沱老街

2021年8月31日，因嘉陵江梯级渠化利泽航运枢纽工程建设征地，金子场镇迁建工作正式开始。从这一天起，有300多年历史的金子沱老街开始了她的倒计时。当然，此前的金子沱老街业已渐近垂暮之年。老街的衰败，主要有以下几方面原因。

1. 滨江而建，洪灾肆虐

金子沱老街滨江而建，因水而兴，却也难逃水灾之患。每逢汛期嘉陵江及汇入的溪河就会涨水，金子沱老街就会发生洪灾。处于老街制高点的粮站墙上钉着2015年所立"金子历史最高洪水位227.31"的牌子，可见其也难幸免洪水之灾。在并入钱塘镇前，金子乡（镇）政府办公地已先后经历了两次搬迁，金子沱老街的粮站、畜牧站等也随政府拆迁纷纷搬出。显然，从生产生活安全的角度讲，过于靠近江边的老街的确不是宜居之所。

2. 陆路运输的飞速发展

尽管常受洪灾，赖于航运便利的金子沱老街依然持续兴旺。而导致其衰败的主要原因，也在于交通运输方式的发展变化——陆路逐渐取代水路运输的主体地位。20世纪60年代以前，合川是上连川北、下通巴渝的物资中转港。县境内进出物资，80%以上通过水路运输。60年代公路运力增强、70年代襄渝铁路通车，货物流向发生变化，川北进出物资多不在合川中转，县境内进出物资也有85%改由公路、铁路运输，水运物资则以砖瓦、砂石、建材为主，主要通过嘉陵江下游航段运销北碚、重庆。金子沱作为合川嘉陵江上游段连通川北航道的主要码头，功能已渐失去。

3. 城镇化与社会经济结构的巨大变化

20世纪60年代以后，尽管码头的功能逐渐弱化，但在计划经济时代甚至改革开放初期，作为一个区域的生产生活资料采购中心和本地产品的供销枢纽，金子沱老街仍是维系周围乡村人口生产生活必不可少的存在。90年代，在全国"撤区并乡建镇"统一工作部署中，金子乡改设金子镇，成为我国第一批走上城镇化发展道路的乡村，老街作为金子镇的商业、文化、教育、医疗中心，甚至比以往显得更为红火。但很快伴随而来的是全国更大范围内城镇化步伐的加快，以及为了获得更高收益的外出打工潮。越来越多的民众开始外出打工，常住人口随之递减，人口结构逐步老龄化，老街不可避免日渐衰败。

4. 历史建筑损毁严重

目前，金子沱现存清代建筑除石桥外，只保存了刘氏民居。据当地居民介绍，老街原有戏楼、宫庙等建筑，在20世纪50年代被拆除，取用木料修建粮站；重建金子镇完全小学时，又拆除了原址上的清代万寿宫、民国时期金子乡完全小学建筑。2022年9月，我们第一次赴金子沱老街调研时，尚存有利用原戏楼建筑修建的金子镇中心幼儿园，2023年2月第二次去调研时，已成为一片废墟。历史建筑的损毁，本不是金子沱老街走向衰败的原因，恰恰是她持续发展的印证。但当商贸中心地位不复、历史文化原本可赋予她新的尊严的时候，历史建筑的损毁却成了断其后路的重要因素。

（二）承载乡愁的金子社区

金子沱老街并不是普通的居民区，而是由码头发展而来的乡村商贸中心，老街成了比本身区域范围更大的村民、居民的集体记忆，凝聚起了比村庄范围更大的人的聚落，在行政层面体现为乡、镇的建立，在文化、在民众心理层面体现为拥有共同身份认同、文化认同的群体的形成。"金子沱老街"则是能够直接触碰到这种集体记忆、身份认同、文化认同的物质载体和典型符号。

当金子沱老街落幕，金子沱人的集体记忆、身份与文化认同依旧存在，只是不再依托于老街这个载体。金子社区在一定程度上成了金子沱人集体记忆与乡愁的新载体。一些生产传统、生活传统、风俗习惯、乡规民约依然烙印在民众的日常与节日里，影响着民众的集体行为，承载着记忆与乡愁。

1. 岁时节日

今天金子沱区域的岁时节日、人生仪礼与全国其他地方基本相同，但也仍然有自己的特色。春节是金子沱最隆重、最热闹的节日，通常春节前后，金子沱的居民无论是在外工作还是求学，都会回来，家族、亲戚、朋友都会"团年"，大年初一各个家族都要去祖坟祭拜，祭拜祖先时，要上香、放鞭炮、烧纸钱。它依然是当地民众彼此见面、相互沟通的好机会，也是潜移默化进行慎思追远等传统伦理观念教育的好时机。

端午节也是当地民众较为看重的传统节日。每逢端午，民众早早起床包粽子、上山采药。当地有"端午节百草为药"之说。据当地民众记忆，以前还有去合川赛龙舟的习俗，但是随着年轻人的大量外流，此习俗现在已经很难见到。

七月半又称"鬼节"。当地俗信：七月初一鬼门开，去世的祖先会在这一天回家，民众要在家摆供品以飨神灵，七月十五鬼门关，这一天要送祖先。用来包纸钱的包，有红色和白色两种，白色包主要是送给正常死亡的祖先，一些因难产、车祸等原因非正常死亡的祖先，要送红色包辟邪。

2. 婚丧习俗

金子沱旧时的婚俗衍生自中国传统的婚姻仪礼，时至今日，相对完整的婚俗已经很难看到，更为简单的婚俗、西式婚礼在当地较为常见。不过，相对于全国很多地方，金子沱地区的彩礼数额较少，订婚礼金一般在几千到几万元不等，主要视男方家庭经济条件而定，而通常这部分彩礼会在举办婚礼的时候由女方父母作为陪嫁回赠给新婚夫妻。

相对于婚俗，当地的丧葬仪式更为隆重，花费也更高一些。金子沱至今实行土葬，从装入棺材到入土埋葬，基本花费在几万元不等。操办仪式以前多是靠家族帮工。据说受来自忠县的三峡库区移民影响，当地也出现并逐渐普及丧葬一条龙服务，家族帮工已经大为减少。合川码头众多，人文厚重，原是著名的"川剧窝子"，基层川剧活动历来丰富多彩，几乎每个乡镇都有自己的文工团。金子沱也不例外，文工团的人数一度达到二三十人。依当地习俗，文工团会受邀去婚宴、寿宴、丧葬仪式上演出。如今文工团没有了，可演川剧依然是人生礼仪中不可或缺的部分，特别是丧葬仪式。现在，一个演出班子基本由四五人组成，常演剧目有传统戏《穆桂英打雁》《别洞观景》等。

3. 清明会

作为码头场镇，金子沱区域经商民众较多，当地各种组织、协会较多，素来有"说理"的传统。在"皇权不下县"的时代，区域内的基层治理一直依靠地方组织、家族组织协同推进。以近年来恢复的清明会为例，其在新中国成立前就已存在，通常清明节前后，金子沱较大的家族都会举行清明会活动。当地有俗语"清明会上无外人"，凡同姓全部要参加。会上，家族理事会相关负责人公布上一年的捐款名单、资金使用情况，主要用于培养人才及照顾生活困难的族人、表彰孝顺的儿媳与和谐的公婆，会上还要批评教育不和谐的儿媳、不上进的族人，积极了解外出打工及求学者的情况等。清明会有利于重建亲情纽带和家族情怀、弘扬良好家风，也有利于提升地方治理效能，推进以自治为基础，德治与法治相统一的"三治合一"进程。

（三）新社区、新居民、新传统

传统村落社区有一套自成体系的运作模式，大多会经历"形成—兴旺—衰败"的生命历程。而从人口流向来看，金子老街衰败的直接原因恰是大量人口流向了更发达、更繁荣的地方。从这个角度看，老街的生命史，何尝不是一部从近代到当代中国农村人口由乡村到乡镇再到城市的流动史？许多老街的居民并没有随着乡政府搬迁到现在的金子社区，而是去到合川城区、重庆主城区或者更远的大城市。金子社区则又吸引了新的农村人口到来，它一方面接续了金子沱的历史，另一方面又具有完全不同于金子沱老街或金子场镇的特点。

当下的金子社区有以下几类人口：金子沱老街迁居人口，金子沱区域农村购房人口，邻近四川武胜、邻水等县来此购房的农村人口，安置的忠县移民。面对外来人口较多、基层治理难度较大的情况，金子沱社区积极恢复重建社区自治组织。如践行"党建+社会联动"治理模式，积极发挥区域内老党员的模范带头作用，同时针对社区不同人群，依托各类节日，组织举办多种活动，提升民众的参与度和幸福感；通过"党建+发展"治理模式，探索发展型治理路径；通过"一事一议"等基层民主协商制度，将乡村治理融入当地的风貌改造、产业发展中，解决社区发展中的实际问题。

人口结构的变化与当代农村现状都带来了传统习俗的调整、改变甚至新的习俗的形成。比如，由于多数农村人口依然在外打工，常住人口以妇女、儿童为主，妇女节、儿童节成为社区较为关注的节日，并渐渐形成新的传统。每年三八妇女节，社区以民众自行筹钱、社区兜底的方式举办活动，社区主要负责引导、组织，具体工作由民众来完成。社区也会在六一儿童节慰问辖区内的留守儿童，经费由社区组织企业捐款筹得。

四、金子沱区域历史文化保护建议

结合金子沱区域历史文化资源特征、区域发展现状，根据《关于在城乡建设中加强历史文化保护传承的意见》精神和《重庆市关于在城乡规划建设中加强历史文化保护传承的实施意见》等相关政策，对该区域历史文化的保护、传承、利用，我们提出以下建议。

（一）传承红色基因，讲好党的故事

做好金子沱革命斗争和武装起义资源挖掘与深入研究。关于金子沱革命斗争及武装起义始末，合川资深记者周云、合川区文联主席李卫明等已做了较好的史料挖掘。周云还对起义领导者陈伯纯、参加起义的革命先辈进行了采访，留有珍贵的视频资料。相关出版物有纪实文学《碧血华蓥》、系列连环画《合川金子沱武装起义》等。建议在现有基础上，多层次、全方位、持续性挖掘史事与价值。首先，整合现有材料，对一些史实不明、尚有缺漏或疑惑处扩大资料查找范围，可赴四川广安、雅安等相关地区，获取更多、更丰富的具有参考价值的资料。其次，深入挖掘事件社会、时代背景，站在更宏观的视角，通过研究中国共产党党史、中共中央南方局相关文献、上下川东秘密工作及武装起义整体情况等，进一步加深对金子沱革命斗争与武装起义历史文化意义和党史意义的阐释，探讨其精神内涵与时代价值。最后，开展好对金子沱革命斗争与武装起义参加者及其后人、知情者的口述史研究，做好口述文字、影像记录工作，为相关研究、纪录片制作等奠定基础。

保存、修复及标识相关革命遗址、历史建筑、文物点。金子沱革命斗争和武装起义先辈英烈们曾活动于金子乡公所、万寿宫、金子乡中心小学、陶湾小学、苏家药铺等地，金子场镇、乡村、码头、渡口都曾留下他们的身影。可绘制金子沱革命斗争和武装起义地图，对他们曾活动和战斗过的地方予以标记。目前有一般不可移动文物三处：金子沱武装起义纪念碑（金子沱革命烈士纪念园内）、陈伯纯故居（洋房子，位于钱塘镇金子社区）、王绍文院子（位于钱塘镇火矢村），前两处列入重庆市不可移动革命文物名录。

而金子沱小学革命遗址（钱塘镇金子完全小学内）、金子沱武装起义司令部遗址［钱塘镇陶湾小学内（二郎庙），原址已损毁］等遗址几乎完全损毁。建议对革命遗址所在地进行标识，留取图片资料，对文物保存状况与周边环境进行评估，慎重进行对革命遗址的修复或重建工作。

做好金子沱革命斗争和武装起义展示与价值提升。做好金子沱武装起义纪念园提升工程，完成纪念园雕塑群设计施工，建设金子沱武装起义陈列馆，围绕金子沱革命斗争与武装起义中的"人、物、事、魂"进行陈列布展。第一，对参加金子沱革命斗争与武装起义的革命先烈建立革命英雄谱，重要人物列出小传；在保密政策允许的范围内，在相关部门、先烈亲属支持配合下，尽可能多地厘清参加革命活动者的身份、生平，还原人物原貌与历史真实。第二，征集革命先辈、烈士所用之物，进行展陈，并登记为可移动革命文物。第三，梳理金子沱区域革命活动的历史脉络，完成金子沱革命活动年表，突出重大事件和重要历史节点，收集珍贵老照片，以图文并茂的形式进行展示。第四，金子沱革命斗争和武装起义所体现的革命精神是"红岩精神"的重要来源，是构成中国共产党人精神谱系的基因，应该贯穿和体现于整个展陈当中，通过凸显核心事件、重要人物、重要遗迹，彰显重要价值。第五，完成一部有关金子沱革命斗争和武装起义的口述史著述和一部纪录片，既可作为陈列展示的重要内容，也可以面向市场推广发售。

依托金子沱武装起义纪念园建设好爱国主义教育基地。一是依托金子沱武装起义纪念园，加强党史教育、革命文化教育、爱国主义教育培训，建好爱国主义教育基地，建成党史学习培训基地，打造红色文化基因传承示范基地。二是加强对金子沱革命活动红色资源的活化利用。开展清明祭英烈、金子沱武装起义纪念日等活动。开发金子沱革命斗争与武装起义体验线路与活动，开发研学、旅游体验项目，如开设"行走的思政课""戏剧思政课""沉浸式党史课"等。开发相关文创产品。

（二）存续老街文脉，留住一方乡愁

全面记录老街历史。第一，要深入挖掘历史材料，收集居民存留的传统生产生活资料、老物件，厘清金子沱区域历史文化发展脉络，描画金子沱区域及其场镇不同历史时期的生产生活风貌。第二，以口述史、文学作品、人文纪录片等形式生动地将其展现出来。相关内容可融入钱塘镇镇情展陈，写入《钱塘镇志》。第三，建议保留"金子沱""金子沱街"等地名，充分考察"金子沱""金子沱街"的历史性、知名度、文化内涵、文化独特性及传承价值等，向重庆市民政局申报纳入"重庆市历史地名保护名录"，采取设立纪念性标识、立纪念碑等措施加以保护。

保存历史建筑。金子沱老街现存的历史风貌建筑中，清代建筑有金子中石桥、金子完全小学平桥、陶家堰拱桥以及刘氏民居，20世纪50年代建筑有金子粮站旧址（合川区文物保护单位）、供销社建筑、医院建筑残垣、地基，20世纪70年代建筑有畜牧站，以及新中国成立后各个时期的民居、商铺、学校等相关建筑。建于20世纪90年代的金子镇中心幼儿园不久前已被拆除。除刘氏民居将原样迁建外，其他建筑仍存于老街。由于金子沱老街并不处于利泽航运枢纽工程所规划的淹没区，建议在居民搬迁后，老街上的老建筑及其基本格局应尽可能予以标识和就地保护。在充分考察和论证的前提下，设计规划最适宜的老街格局与历史建筑保护方案。

保护传承非物质文化遗产。老街所承载的传统生产生活方式，以及其中所蕴含的地方性知识、技艺、艺术、风俗、价值观等，皆属于非物质文化遗产范畴。从目前初步了解的情况来看，在金子沱区域历史中，曾经产生过行业组织、家族组织，自有其规约习俗；尚存有川剧、嘉陵江号子等传统艺术形式；有亟待发掘的历史传说、民间故事；有依托于本地产出而形成的传统技艺，如淘金技艺。建议对嘉陵江号子等尚存有传承人且濒危的项目进行抢救性记录；对具有本土性、稀缺性的传统技艺，如淘金技艺等，进行深度调研，并逐级申报纳入非物质文化遗产代表性项目名录；深入挖掘金子沱区域各类非物质文化遗产，视其存续情况，分类采取有效的保护、传承、利用措施。

（三）激活资源价值，赋能乡村振兴

打造以"红色文化，金子精神"为主题的"红+金"招牌。金子沱历史文化、建筑遗存、自然环境、生产生活，皆是金子沱革命斗争与武装起义事件发生的背景，唯有深入挖掘、生动再现这些场景，将金子沱革命斗争与武装起义事件融入其中，才能呈现金子沱武装起义的独特价值，才能彰显金子沱历史文化的底蕴内涵。依托金子沱革命斗争和武装起义事件开掘金子沱"红色文化"内涵；依托金子沱丰富的历史文化资源，提炼积极向上、弘扬正能量的与"红色文化"相辅相成的"金子精神"。

制订《金子沱区域历史文化资源开发与利用规划》及相关规划。围绕"红色文化，金子精神"主题，以体现历史印证价值、文明传承价值、政治教育价值、经济开发价值为导向，制订《金子沱区域历史文化资源开发与利用规划》。对金子沱武装起义纪念园建设提升项目与周边金子社区相关地段环境整治、建设布局进行整体规划，宜同步推进。尽早规划文化展示、传统居住、特色商业、休闲体验等特定功能区，补齐配套基础设施和公共服务设施短板，完善区域功能，提升社区整体活力。

充分利用金子沱区域历史文化资源，赋能乡村振兴。金子沱区域的历史文化资源首先要融入钱塘镇全镇建设中，才能实现其当代价值最大化。要将"红色文化，金子精神"融入基层党建工作，渗透进人民群众的日常。利用好民间生活中积极向上、弘扬正能量的岁时节日、传统习俗、社会组织，通过"礼俗互动"推动移风易俗，助力乡村善治，建设文明乡风。推动钱塘镇文化环境提升工程，处处见历史、处处显文化。为钱塘镇镇情陈列馆建设、《钱塘镇志》编写等工作提供内容支持。开发"红色+乡村"研学旅游项目。整合资源，积极申报宜居宜业和美乡村、乡村振兴示范镇等。

积极开展巴蜀文旅走廊建设项目，助力成渝双城经济圈建设。充分利用金子沱区域区位优势，加强与四川省广安市、南充市等地的合作，共建华蓥山革命大景区。与华蓥山地区相关区县联动建设川东纵队革命文化网络与展示线路，规划川东武装起义红色据点与革命纪念地路线，开发主题式线路旅游项目。加强与嘉陵江流域上下游区县的文旅合作，积极推动嘉陵江流域大景区建设。依托钱塘镇边贸重镇优势，以老节会、新内容，开展边贸集市、互惠乡村游等活动。

宋代巴蜀石窟艺术研究现状调查报告

大足石刻研究院 米德昉

一、调查的缘起

中国石窟艺术遍布各地，规模宏大、体系完整。根据最新的调查，现存历代石窟寺及摩崖造像5986处，分布在新疆、甘肃、山西、河南、陕西、四川、重庆、山东、河北、西藏、宁夏、云南、浙江、内蒙古等省区。其中巴蜀境内石窟多达2850处，几乎占据全国数量的一半。

石窟艺术历经南北朝的兴盛与隋唐的辉煌，在9世纪后，因遭受中原板荡、政权更迭之乱以及唐末会昌与后周世宗之法难运动，自此便时运日下，相应的营造活动呈现大面积萎缩态势。迨至宋季，在朝廷相对宽松的宗教政策下，开窟造像活动在有限的一些区域内再度展开，其中北方集中在以延安为主的陕北地区，另有敦煌、天水等地；南方集中在以大足、安岳为主的川东地区。所不同的是，北方地区的石窟开凿活动因北宋的灭亡而大部分中断，南方地区则持续至南宋末，像巴蜀境内自10世纪至13世纪中叶未受规模化的战乱侵扰，350余年的社会安定和经济富庶，为民间持续开窟造像提供了良好的政治环境与物质基础。

巴蜀地区以其独特的自然条件与人文环境孕育了发达的宗教文化，历来有着浓厚的佛道信仰传统。四川是中国道教发祥地之一，东汉顺帝时张陵客居蜀中，于四川大邑县鹤鸣山（又称鹄鸣山）创"五斗米道"（天师道）。《三国志》载："张鲁字公祺，沛国丰人也，祖父陵，客蜀，学道鹄鸣山中，造作道书以惑百姓，从受道者出五斗米，故世号米贼①。"张陵死后，子衡传其业，衡死，子鲁行其道。

佛教进入巴蜀地区并不比中原晚，且有自己独到的一面与卓越之处。中国最早的带有佛教因素的图像发现于这个地区，如东汉时期的乐山麻浩、柿子湾"崖墓佛像"，彭山、绵阳及重庆丰都等地的"钱树佛像"等②。大约刘宋时期巴蜀地区始有开窟造像活动，《高僧传》载宋孝武帝大明中（457—464）益州刺史刘思考请僧释道汪"即崖镌像"起寺事宜③，目前有零星石窟见于川北广元一带。不过此时小型石刻造像遗存相对比较丰富，19世纪以来，成都、彭州、茂县、汶川等地陆续出土了大量南朝造像。隋唐之际，巴蜀地区石窟造像活动兴起，首先分布于川北金牛道、米仓道沿线，之后南下至川西再到川东，大多集中于嘉陵江、涪江、沱江、岷江流域一带。五代以后，巴蜀石窟造像活动范围逐渐缩小，原有的一些石窟区基本停止了续建，唯川东的安岳与大足地区十分活跃。

宋代石窟寺营造的一个最大特点是有着丰富的造像题记，许多题记不仅提供了明确的造像主题、年代与供养人信息，而且与之前历朝不同的是留下了大量工匠名。这一方面为讨论当时石窟寺的历史与图像提供了可靠的文献依据，另一方面也为同期其他无纪年造像的考古断代提供了类型参照。

宋代石窟寺工匠一般以家族成员为主结成班底，常年以营窟造像为生。如陕北石窟中北宋早期的鄜州（富县）米氏与北宋中期至金代的介氏一系工匠，其中介氏家族大约五代人在延安营窟造像至少持续了100年之久④。川东地区代表性工匠有昌州（治今大足）伏氏与普州（治今安岳）文氏家族，其中尤以文氏最为活跃，自北宋皇祐至南宋绍熙（1049—1194）约一个半世纪

①　【晋】陈寿撰：《三国志》（卷八），陈乃乾校点，中华书局1964年版，第263页。

②　按：2021年5月，陕西省考古研究院在咸阳北杜街道成任村南发掘了一组6座东汉晚期墓葬，其中一座墓葬出土了2尊金铜佛像，被认为是目前国内考古出土的时代最早的金铜佛像。参见陕西省考古研究院《陕西咸阳成任墓地东汉家族墓发掘简报》，《考古与文物》2022年第1期。

③　《高僧传·释道汪传》载："先是峡中人，每于石岸之侧，见神光夜发，思考以大明之中请汪于光处起寺，即崖镌像，因立室。"慧皎撰：《高僧传》，汤用彤校注，中华书局1992年版，第283—284页。

④　李淞：《陕西古代佛教美术》，陕西人民教育出版社2000年版，第171—211页；李静杰：《陕北宋金石窟题记内容分析》，《敦煌研究》2013年第3期；石建刚：《延安宋金石窟调查与研究》，甘肃教育出版社2020年版，第153—206页。

间，从第一代文昌到第六代文师锡辈，至少涌现出20余位杰出镌匠，镌作几乎遍布川东主要石窟寺①。从所存造像看，这些职业工匠均有着一流的技能，尽管他们的社会地位远不能与宫廷艺人相比，但不可否认的是正是这样一批名不见经传的民间艺术家，创造了那个时代最具时代审美品格和历史意义的雕塑艺术杰作。

宋代是巴蜀石窟艺术最为灿烂、最具个性的时期，其规模庞大、体系完整、内容丰富、造型生动，集中呈现了宋代雕塑艺术的最高成就。其后再无来者，杨家骆先生的评价是，"中国石刻艺术史的压轴戏"②。其兴起的几个主要因素是③：第一，宋室南渡，社会活动中心南移，长江流域成为重要的商贸通道；第二，蜀中社会稳定，经济繁荣，百姓生活富足；第三，地方官员、士绅信教，热衷于开窟镌像，带动了当地百姓的宗教热情；第四，本地活跃着以文、伏氏家族工匠为代表的一批宋代最为优秀的镌匠群体；第五，宋中叶后川东一带盛行柳本尊佛教，多处营寺造窟，创造了一套在内容、形式、布局等方面风格明显的造像体系，从而成为佛教及其艺术在中国化、地方化与民间化变革中的代表案例。

宋代巴蜀石窟艺术作为人类文化遗产，既承载着过往的记忆，又辉映着当代文明，有必要不断去阐释其所具有的时代价值和文化内涵，从而为中华文明创造性转化和创新性发展注入精神动力。如同《国务院办公厅关于加强石窟寺保护利用工作的指导意见》（国办发〔2020〕41号）中所强调的："我国石窟寺分布广泛、规模宏大、体系完整，集建筑、雕塑、壁画、书法等艺术于一体，充分体现了中华民族的审美追求、价值理念、文化精神。加强石窟寺保护利用工作，事关中华优秀传统文化传承发展，事关社会主义文化强国建设，事关高质量共建'一带一路'和促进文明交流互鉴，具有重大意义④。"同时，开展该课题的研究，以期构建相对完整的巴蜀宋代石窟图像志，所得成果为区域美术史、宗教史、社会史的书写提供图像证据与

---

① 米德昉：《宋代文氏一系工匠与宝顶山石窟寺的营建》，《敦煌研究》2020年第4期。
② 杨家骆：《一九四五年中国大足唐宋石刻六二一六躯的发现》（中国学典馆编印册页）。
③ 陈明光、邓之金：《试述大足石刻的成因》，《四川文物》1985年第1期。
④ 中华人民共和国国务院办公厅《中华人民共和国国务院公报》2020年第31期。

文献史料。

二、学术史梳理

宋代巴蜀石窟集中在以大足为主的安岳、合川一带，大小石窟寺或龛像点有80余处。相关信息见诸史籍著录，最早者为南宋王象之《舆地纪胜》，继之有明代曹学佺《蜀中广记》，晚清时期张澍《养素堂文集》、陆耀遹《金石续编》、刘喜海《金石苑》、叶昌炽《语石》等文献所载多为碑铭，石窟造像少有涉及。其中张澍于嘉庆二十三年（1818）任大足知县，其间多次游历北山、宝顶、南山等石窟寺及其他古迹后留下数篇游记性质文章，颇有史料价值①。

20世纪伊始，日本和西方学者率先在中国开展的一系列考古活动中，部分介入四川地区，其间附带对川北一带石窟遗迹有过一些简要考察与记录。如1903年9月，日本建筑学家伊东忠太第二次来华自陕西进入四川，途中考察了广元千佛崖、皇泽寺等石窟寺②；之后20世纪20年代，大村西崖、常盘大定、关野贞也踏入广元，对部分摩崖造像进行拍摄记录等③。1914—1917年法国学者色伽兰、法占、拉狄格等一行对四川地区的古代石刻、崖墓、佛教遗迹的考察，活动主要在四川北部与西南一带。色伽兰在其《中国西部考古记》中开辟一章对四川广元、巴中、绵阳、夹江等处佛教艺术进行了初步调查研究④。但上述考察足迹均未至川东。

20世纪30年代以后，有关川东石窟造像的信息零星见于个别著述、刊物等，以反映大足石刻的情况为主。如1930年陈彬龢译大村西崖《中国美术史》印行，该书中多次提及大足北山有唐宋佛像，未见详细描述⑤。1935年，

① 张澍文章收录于郭鸿厚修、陈习删等纂《民国重修大足县志》（卷一），中国学典馆北泉分馆印刷厂印行，1945年。

② [日]伊东忠太著：《中国纪行——伊东忠太建筑学考察手记》，薛雅明、王铁钧译，中国画报出版社2018年版，第147—150页。

③ [日]大村西崖：《支那美术史·雕塑篇》，佛书刊行会，大正四年（1915），第528—530页。

④ [法]色伽兰：《中国西部考古记》，冯承钧译，商务印书馆，1930年，第42—67页。

⑤ [日]大村西崖著：《中国美术史》，陈彬龢译，浙江人民美术出版社2014年版。

刘蕴华在《东方杂志》发表"四川大足之古代石刻"摄影8幅，分别为宝顶和北山造像，是为最早直观公布大足石刻造像者①。

20世纪40年代以后，这种局面渐有改观。1939—1940年，梁思成先生与刘敦桢、莫宗江、陈明达等学者在考察西南地区古建筑、崖墓和石刻遗迹过程中，调查了大足北山、宝顶等石刻。1947年4月，梁思成在美国普林斯顿大学发表的一次学术报告中首次将大足石刻艺术介绍给国际学术界②。

1945年，应大足县参议长陈习删之邀，时任中国学典馆馆长的杨家骆组织马衡、何遂、顾颉刚等学者一行15人赴大足"鉴定"石刻。团队历时8天重点对北山、宝顶、南山等处石窟寺进行了实地调查。是为大足石刻研究史上首次正式、系统的学术考察。此次考察发生在"乙酉年"，故又称作"乙酉考"。自此，川东地区以大足石刻为代表的石窟艺术"乃渐著于斯世"。

迄今为止，川东地区的石窟艺术研究走过70余载，回顾半个多世纪的研究历程，其发展可划分为三个阶段：起步阶段（1945—1980）、初步发展阶段（1981—2000）与纵深发展阶段（2001—2021）。鉴于本文聚焦于宋代时期（960—1279）川东地区的石窟艺术，故重点对此领域和时间段的研究情况加以梳理。

（一）起步阶段（1945—1980）

20世纪80年代之前，川东石窟的研究主要集中在大足石刻，之后随着时间的推移，安岳、合川、潼南等区县造像不断被发现。最初的工作主要集中在基本资料的调查方面，对一些重点石窟进行了编号、记录、辨识、断代等工作，在此基础上展开程度不同的研究。

1945年的调查重点为大足北山和宝顶，考察团经过8天的工作，完成"影片一部，照片二百帧，部位图两种，摹绘二百幅，拓碑一百通，石刻目录两种"，并首次对北山佛湾、宝顶大佛湾做了窟龛编号与年代鉴定等基础工作。此次的调查成果以图文形式汇编为《大足石刻图征初编》一卷，附载于

① 参见《东方杂志》第三十二卷第五号，商务印书馆，1935年。

② 梁思成著：《佛像的历史》，林洙编，中国青年出版社2010年版，第297页。

《民国重修大足县志》卷首，其中图15幅，文7篇①。诸学者对北山、宝顶等处石刻之概况、缘起、作风、价值等方面做了初步探讨。其中马衡先生《大足石刻〈古文孝经〉校释》对北山古文孝经碑做了细致考证，认为此碑"可称唯一最早之古文本"。傅振伦《大足石刻南北山之体范》对南山和北山石刻概况、风格、价值、镌匠等进行了探讨。陈习删《大足石刻概论》将大足石刻归结为6处（北山、宝顶、南山、石篆山、石门山和妙高山），对各处造像内容、年代、价值、成因等进行了较有见地的论述。杨家骆在《初编》序言中对大足石刻给予高度评价，"以为可继云冈、龙门鼎足而三"。

本次考察虽在当时颇受学界瞩目，然因受国内时局动荡之影响，此后四五年，相关研究工作并未得到应有的推进。考察团原筹划编撰《大足石刻志》《大足石刻目录》《文史杂志·大足石刻考察专号》等皆未果。相关研究成果凤毛麟角，仅有几篇带有介绍性或初步研究的文章见诸刊物②。如1947年杨家骆在《文物周刊》先后发表的大足龙岗（北山）、宝顶及宝顶以外区《石刻记略》三篇，分别对各区石刻进行相对整体的介绍，其中对于宝顶石窟的年代问题，纠正了明人在一些碑铭或著录中臆测其始凿于唐的说法③，认为"宝顶造像为南宋大足僧人赵智凤一手所经营，历数十年，未竟全功而殁"④。同年，王恩洋在《文教丛刊》发表《大足石刻艺术与佛教》，就石刻造像与佛教、经典、信仰间的关系问题做了探讨。

新中国成立之后，随着政府对文物保护工作的重视，各地石窟保护管理

---

① 参见郭鸿厚修、陈习删等纂：《民国重修大足县志》（卷首），中国学典馆北泉分馆印刷厂印行，1945年。
② 在1945—1949年间，有关大足石刻文章10余篇。除《大足石刻图征初编》中7篇文章（包括《序》《剧本》各一篇）外，另有文8篇：吴显齐：《介绍大足石刻及其文化评价》（《新中华》1945年第三卷7期）；吴显齐：《大足石刻印象记》（《和平日报》1947年1月20日、21日）；王仲博：《大足石刻参礼》（《旅行杂志》1946年第7期）；李德芳：《记四川大足宝顶山唐宋石像》（《南方杂志》1946年第1期）；杨家骆先后发表的大足龙岗（北山）、宝顶及宝顶以外区《石刻记略》三篇（《文物周刊》1947年2月2日、9日、16日）；王恩洋：《大足石刻艺术与佛教》（《文教丛刊》1947年第7期）。
③ 明成化十年（1474）《恩荣圣寿寺记》碑云："宝顶寺僧超禅□□□唐宋年间，乃毗卢佛化身柳、赵二本尊开建古迹道场。"明弘治十七年（1504）《恩荣圣寿寺记》碑云："重庆郡属邑曰大足，去城东三十里有山曰宝顶，有寺曰圣寿，建立自唐至宋熙宁间。"《蜀中广记》"名胜记"条云："《志》云：宝顶寺者，唐柳本尊仿吴道子笔意，环岩数里凿浮屠像，奇诡幽怪，古今所未有也。"等等。
④ 《文物周刊》第21期，1947年2月9日。另见刘长久、胡文和、李永翘编著：《大足石刻研究》，四川省社会科学院出版社1985年版，第25—27页。

与研究工作逐步恢复正常。

1949—1980年内发表或整理的成果有资料、图册、论文等，其中图书类以图册为主，数不足十，理论文章30余篇。代表性的成果主要有：1954年《大足县文物调查小结》，这是一份由四川省文物管理委员会第一调查小组对大足境内石刻、寺观及古墓等遗迹进行调查后整理的资料汇编，其中汇集了当时大足相对完整的石刻档案资料。1955年，陈习删著《大足石刻志略》，全书约17万字，未正式出版，仅以油印本形式少量发行。该作分为"序略""别略""论略"三章，重点对大足北山、宝顶、南山、半边庙、石篆山、石门山、妙高山7处造像、碑铭、题记等进行了较细的考证论述，兼及探讨了大足石刻之历史、宗教与艺术价值，是为有关大足石刻的第一部研究性著作，也是此阶段最具影响力的成果[1]。1970年，杨家骆弟子陈清香发表硕士学位论文《大足唐宋佛教崖雕之研究》，文章以四川佛教艺术发展为背景，在对大足石刻做出概览的前提下，从宗教学、图像学、考古学的角度探讨了有代表性的尊像、经变与本生故事等。在当时是一篇比较专业的学术论文，具有一定的开拓意义[2]。另有日本学者栗原益男与日野开三郎著文对北山韦君靖碑所涉唐末军事势力及建制等问题做了考证[3]。其余，1957年张松鹤、温廷宽、潘绍棠、孙善宽等在《美术》《文物参考资料》《人民日报》等刊物发表文章，从艺术学角度介绍了大足石刻的情况。

图录也有出版，1957年，傅扬编图册《大足石刻》作为"群众美术画库"之一，书内选取北山与宝顶有代表性的造像以图文结合形式做了介绍[4]。类似的图册还有1958年中国美协四川石刻考察团、1962年四川美术学院雕塑系编的《大足石刻》等。

另外，石窟题记所见镌匠也受到关注，陈习删、李巳生等学者在辑录信

---

① 胡文和、刘长久校注《大足石刻志略校注》，前揭刘长久、胡文和、李永翘编著《大足石刻研究》，第185—355页。

② 陈清香：《大足唐宋佛教崖雕之研究》，（台湾）中国文化学院艺术研究所硕士学位论文，1970年。

③ [日]栗原益男：《论唐末土豪的地方势力——四川韦君靖的情况》，《历史学研究》1960年第243号。[日]日野开三郎：《唐韦君靖碑中应管诸镇寨节级的一点考察》，《和田博士古稀纪念东洋史论丛》，讲谈社1961年版。

④ 傅扬：《大足石刻》，朝花美术出版社1957年版。

息的继承上对镌匠身份、籍贯、班底等进行了初步考证①。

　　这一时期，安岳地区的石窟造像也得到一些学者的关注，所见成果仅有1953年张圣奘《大足安岳的石窟艺术》②、1956年吴觉非《四川安岳县的石刻》③等，之后若干年似乎鲜有问津。

　　经上述梳理看出，起步阶段主要的工作集中在对大足北山、宝顶、南山等几处重点石窟区进行了窟龛编号、内容辨识、年代推断、数据登记及初步研究等，尚有大量石窟寺或龛像未被发现。从研究的成果分析，体现三个特点：第一，研究总体进展缓慢，成果数量偏少；第二，大多数成果以石刻概况的浅层介绍为主，且艺术鉴赏性的探讨占据了一定的篇幅；第三，研究群体规模较小，具有深层次研究性质的著述欠缺。

　　尽管如此，上述成绩的获得杨家骆一行厥功甚伟，尽管之后因受国内时局影响诸多研究计划未付诸实现，但正如后来编写的《大足石刻电影剧本》中所述，"乙酉考"使"史学家在历史的废墟上唤醒了古文明的灵魂"，历史性地揭开川东石窟尘封数个世纪的面纱。

（二）初步发展阶段（1981—2000）

　　进入20世纪80年代后，随着改革开放政策的推行，川东石窟艺术研究步入正常、有序的轨道。1999年，以北山、宝顶、南山、石篆山、石门山为代表的大足石刻造像被列入世界遗产名录，吸引了外界更多的目光，一定程度上促进了本地区石窟艺术及其宗教文化研究的发展。

1. 调查资料的公布

　　其间相关石窟内容总录、铭文录、图录、调查简报等考古学方面成果的出版与发表为后续研究提供了便利。这一时期大足与安岳两地石窟依然是学界关注的重点。

　　1984年四川省社科院与大足县文管所派出专人对大足石刻在之前基础上

---

① 陈习删：《大足石刻镌匠人考》，氏著：《大足石刻志略》（油印本），1955年；李巳生：《大足石刻概述》；四川美术学院雕塑系编：《大足石刻》，朝花美术出版社1962年版，第1—16页。
② 张圣奘：《大足安岳的石窟艺术》，《西南文艺》1953年第7期。
③ 吴觉非：《四川安岳县的石刻》，《文物参考资料》1956年第5期。

做了更为系统的调查，之后编订成《大足石刻内容总录》（李永翘、胡文和执笔），其中所记石刻区共44处，窟龛606座，此为当时大足石刻最为详尽的内容资料①。1987年第二次全国文物普查，大足又发现31处石刻点，其总数增至75处（1998年发现法华寺石窟，现为76处）。1999年，大足石刻艺术博物馆（大足石刻研究院前身）对75处石刻区约10万字的碑铭题记经收集整理后编纂为《大足石刻铭文录》②，共收铭文1009件，是继《内容总录》后又一重要的资料汇编。

同时，图录资料也广为公布。1999年《中国石窟雕塑全集·大足卷》《大足石刻雕塑全集》相继出版③。在此之前还出版了一些中、外文版图册，如《大足石刻》《中国大足石窟》《中国大足石刻》等④。

同时，一些窟龛或造像的调查简报也是本阶段较有代表性的成果。如大足宝顶山经目塔、"释迦舍利宝塔禁中应现之图"、"牧牛图"、"圆觉经变"、"六耗图"及大足尖山子、圣水寺、石篆山、妙高山摩崖造像的调查简报等⑤。与大足紧邻的安岳县石窟造像也得到关注，针对一些重点石窟的调查工作不断展开。像卧佛院、圆觉洞、华严洞、毗卢洞等规模较大且保存良

① 李永翘、胡文和：《大足石刻内容总录》，四川省社会科学院出版社1985年版。

② 重庆大足石刻艺术博物馆、重庆社科院大足石刻艺术研究所编《大足石刻铭文录》，重庆出版社1999年版。

③ 李巳生：《中国石窟雕塑全集·大足卷》，重庆出版社1999年版；重庆大足石刻艺术博物馆、重庆出版社编：《大足石刻雕塑全集》，重庆出版社1999年版。

④ 陈明光：《大足石刻》（中、英、日文版），中国旅游出版社1982年版；白自然：《中国大足石窟》（英、法文版），外文出版社1985年版；王庆瑜、郭相颖、黎方银：《中国大足石刻》（中、英文版），重庆出版社1991年版。

⑤ 重庆大足石刻艺术博物馆、四川省社会科学院大足石刻艺术研究所：《大足宝顶山小佛湾祖师法身经目塔勘查报告》，《文物》1994年第2期；重庆大足石刻艺术博物馆、四川省社会科学院大足石刻艺术研究所：《大足尖山子、圣水寺摩崖造像调查简报》，《文物》1994年第2期；重庆大足石刻艺术博物馆、四川省社会科学院大足石刻艺术研究所：《大足宝顶山小佛湾"释迦舍利宝塔禁中应现之图"碑》，《文物》1994年第2期；四川省社会科学院大足石刻艺术研究所、重庆大足石刻艺术博物馆：《大足宝顶大佛湾"牧牛图"调查报告》，《四川文物》1994年第4期；邓之金：《大足宝顶山大佛湾"六耗图"龛调查》，《四川文物》1996年第1期；胡良学、陈静：《大足石篆山、妙高山摩岩造像的调查研究》，《四川文物》1998年第1—2期；童登金、胡良学：《大足宝顶山大佛湾"圆觉经变"窟的调查研究》，《四川文物》2000年第4期。

好的石窟寺图像与历史信息有了初步的公布①。此外，合川涞滩、资阳半月山、广安冲相寺等一些造像也得到不同程度的公布②。

2. 分期断代的研究

窟龛年代问题的讨论主要集中在宝顶与北山石窟寺。关于宝顶石窟的年代1945年考察团断定为"南宋"赵智凤时期。20世纪80年代伊始，学者李正心认为其"开创于初唐，经五代、两宋，历数百年而成"③。作为回应和再次阐明此问题，胡昭曦、东登、陈明光等著文加以反驳④，重申"南宋"说。自此争议渐息，关于宝顶石窟寺营建于南宋淳熙至淳祐间（1174—1252）成为学界共识。

北山石刻群留有诸多碑铭及造像、妆銮题记，大量的年代信息为其断代提供了依据。因之，除了个别造像，大部分窟龛的年代问题相对明晰。1988年黎方银、王熙祥《大足北山佛湾石窟的分期》一文对北山佛湾290龛造像做了细致的年代分期考证⑤。另有1996年宋朗秋《大足石刻分期述论》，对当时统计的大足境内70余处石刻做了整体性分析，依据各处造像明确的年代题记，将其划分为唐、前后蜀、两宋、明清民国四个时期⑥。

3. 题材内容的研究

这一时期以单一窟龛造像题材的个案研究占据了一定篇幅，在研究趋势上由以往宽泛的浅论逐步向深入探究迈进，另外，道教造像也受到关注。佛教造像方面的研究主要集中在大足宝顶与北山两处石窟寺，涉及题材主要有经变、故事图、尊像以及建筑、器物等。

---

① 负安志：《安岳石窟寺调查纪要》，《考古与文物》1986年第6期；傅成金、唐承义：《四川安岳石刻普查简报》，《敦煌研究》1993年第1期；李良、邓之金：《安岳卧佛院窟群总目》，《四川文物》1997年第4期；彭家胜：《四川安岳卧佛院调查》，《文物》1998年第8期；曹丹、赵昑：《安岳毗卢洞石窟调查研究》，《四川文物》1994年第3期。

② 黄理、任进、杨旭德、罗世杰：《合川涞滩摩崖石刻造像》，《四川文物》1989年第3期；袁国腾：《资阳半月山大佛》，《四川文物》1996年第3期；刘敏：《广安冲相寺摩崖造像及石刻调查纪要》，《四川文物》1997年第3期。

③ 李正心：《也谈宝顶山摩崖造像的年代问题》，《文物》1981年第8期。

④ 胡昭曦：《大足宝顶山石刻浅论》，《乐山市志资料》1983年第3期；又见前揭刘长久、胡文和、李永翘：《大足石刻研究》，第65—76页；东登：《再谈宝顶山摩崖造像的年代问题》，《文物》1983年第5期；陈明光：《试论宝顶山造像的上限年代》，《四川文物》1986年"石刻研究专辑"。

⑤ 黎方银、王熙祥：《大足北山佛湾石窟的分期》，《文物》1988年第8期。

⑥ 宋朗秋：《大足石刻分期述论》，《敦煌研究》1996年第3期。

　　经变类研究代表性的成果有龙晦、胡文和、孙修身、鎌田茂雄等对宝顶《父母恩重经变》在梳理《父母恩重经》历史背景的基础上，通过文献分析与图像对比，重点考证了此龛造像之经典依据①。在对宝顶《地藏十王地狱变》的研究中陈灼提出图中十佛为古十斋日佛②；胡文和认为该经变文本来源主要是《大方广华严十恶品经》、《佛说十王经》及寺院变文等，图像来自寺院壁画③。结合经典与图像展开的研究成果还有王惠民对《孔雀明王经》在大足与敦煌地区流传的考证④；向世山基于造像对《圆觉经》在四川民间传布的研究；胡文和针对《华严经变》的研究等⑤。

　　《柳本尊十炼图》是本阶段讨论较多的一个题材，王熙祥、黎方银、胡文和、陈明光等通过对大足与安岳作例的比较，考证了本图内容、年代、由来等问题⑥。次之，宝顶第30龛《牧牛图》也深得学界重视，史岩、龙晦、胡良学、宋朗秋等从艺术、宗教、哲学角度加以论述⑦。另有宋朗秋、孙闯针对宝顶和剑川石钟寺十大、八大明王造像，就其经典依据、图像粉本、地域特色等问题作了比较性的探讨⑧；陈明光、顾森对石篆山"志公和尚"龛内容进

①　龙晦：《大足佛教石刻〈父母恩重经变相〉跋》，《世界宗教研究》1983年第3期；胡文和：《大足宝顶〈父母恩重经变相〉研究》，《敦煌研究》1992年第2期；孙修身：《大足宝顶与敦煌莫高窟佛说父母恩重经变相的比较研究》，《敦煌研究》1997年第2期；[日]鎌田茂雄：《大足寶頂山石刻の思想史的考察》，《國際仏教大学院大学研究紀要》第二号，平成十一年（1999），第1—55页。

②　陈灼：《大足宝顶石刻"地狱变相·十佛"考识》，《佛学研究》1997年第6期。

③　胡文和：《四川摩崖造像中的"大方广华严十恶品经变"》，《敦煌研究》1990年第2期。

④　王惠民：《论〈孔雀明王经〉及其在敦煌、大足的流传》，《敦煌研究》1996年第4期。

⑤　胡文和：《四川石窟华严经系统变相的研究》，《敦煌研究》1997年第1期。

⑥　王熙祥、黎方银：《安岳、大足石窟中〈柳本尊十炼图〉比较》，《四川文物》1986年"石刻研究专辑"；胡文和：《安岳、大足"柳本尊十炼图"题刻和宋立〈唐柳居士传〉碑的研究》，《四川文物》1991年第3期；陈明光：《四川摩崖造像柳本尊化道"十炼图"由来及年代探索》，《四川文物》1996年第1期；陈明光、胡良学：《四川摩岩造像"唐瑜伽部主总持王"柳本尊化道"十炼图"调查报告及探疑》，《佛学研究》1995年第4期。

⑦　[丹麦]Henrik Sorensen, Artibus Asiae, Vol. 51, No. 3/4. 1991, pp.207-233；史岩：《大足石雕〈十牧〉散记》，《新美术》1993年第3期；龙晦：《大足佛教石刻〈牧牛图颂〉跋》，《中华文化论坛》1994年第4期；胡良学：《大足石刻禅宗〈牧牛图〉管见》，《佛学研究》1997年第6期；宋朗秋：《大足石刻〈牧牛图〉艺术的美与宗教义理的结合》，《雕塑》1998年第4期。

⑧　宋朗秋：《大足宝顶山与剑川石钟山十大、八大明王的比较研究》，《敦煌研究》1999年第3期；孙闯：《〈十大明王〉造像方法谈——走进大足石刻》，《雕塑》1999年第1期。

行了重新辨识，纠正了过去"鲁班"之说①。此外还有对毗沙门天王②、维摩变③、善财南参图④、文殊菩萨⑤以及造像中的建筑⑥、器物⑦等题材展开的个案研究。

道教造像的讨论主要集中在大足南山、石门山、舒成岩等几处石窟，重点对其造像内容展开辨识与讨论。主要以陈澍、石衍丰、胡文和、李远国、王家祐等学者的研究为代表⑧。成果总量较少，整体研究水平还有待提高。

4. 碑铭题记的考释

川东宋代石窟寺中有着10余万言的铭文，内容涵盖经文偈语、造像信息、祷词愿文、人物历史、诗文游记等，是关涉宗教、历史、艺术、人文等方面极为丰富的文献，《大足石刻铭文录》是对其系统的辑录。本阶段涉及宋代碑铭题记的研究有邓之金、草莱、虞云国就北山《赵懿简公神道碑》的镌刻年代、由来等进行的考证⑨；黎方银对北山石窟供养人题记的全面整理与辑录⑩。方广锠对宝顶小佛湾"大藏塔"的经名出处作了考订，认为其录自《开元释教录·入藏录》⑪。胡文和依据宝顶与安岳的"柳本尊十炼图"题刻和《唐柳居士传》碑，对唐末五代四川的密宗传承和柳本尊教派宗教性质的

① 陈明光：《大足石篆山石窟"鲁班龛"当为"志公和尚龛"》，《文物》1987年第1期；顾森：《大足石篆山"志公和尚"龛辨正及其它》，《美术史论》1987年第1期。

② 宁强：《巴中摩崖造像中的佛教史迹故事初探》，《四川文物》1987年第3期。

③ 曹丹：《一幅名画到石刻艺术——谈大足北山〈维摩问疾图〉》，《文史杂志》1987年第6期。

④ 黎方银：《大足北山多宝塔内善财童子五十三参石刻图像》，《敦煌研究》1996年第3期。

⑤ 孙修身：《四川地区文殊菩萨信仰述论》，《敦煌研究》1997年第4期。

⑥ 李显文：《大足北山佛湾摩崖造像第245窟中反映的唐代建筑及结构》，《四川文物》1986年"石刻研究专辑"。

⑦ 刘旭：《大足北山佛湾第149号石窟手铳管窥》，《四川文物》1994年第2期。

⑧ 陈澍：《初析大足南山石刻中的道教思想》，《中国道教》1987年第3期；胡文和、刘长久：《大足石窟中的宋代道教造像》，《世界宗教研究》1987年第3期；石衍丰：《试释大足南山"三清古洞"石刻造像》，《四川文物》1989年第2期；胡文和：《大足南山三清古洞和石门山三皇洞再识》，《四川文物》1990年第4期；李远国、王家祐：《大足三清洞十二宫神考释》，《四川文物》1997年第2期。

⑨ 邓之金、草莱：《赵懿简公神道碑刻在大足的年代和由来考》，《四川文物》1986年第1期；虞云国：《大足〈赵懿简公神道碑〉考》，《宋史研究通讯》1987年第1期。

⑩ 黎方银：《大足北山石窟供养人题记》，前揭《大足石刻研究文集》（2），第308—350页。

⑪ 方广锠：《四川大足宝顶山小佛湾大藏塔考》，重庆大足石刻艺术博物馆、四川省社会科学院大足石刻艺术研究所编《大足石刻研究文集》（2），重庆出版社1997年版，第179—221页。

探讨①；陈世松对南山《淳祐十年碑记》价值的评价②；陈明光关于大足石刻"天元甲子"纪年的考析等③。另外，邓之金、赵甫华、陈明光对宝顶山碑铭题记中的异体字进行了辨识与稽考④。

川东石窟中的工匠自20世纪50年代以来一直得到学界关注，并做了程度不同的研究。本阶段在之前基础上对工匠头衔、纪年、班底等问题进一步展开考证，重点梳理出文氏家族工匠的世袭情况⑤。

5. 教义思想的研究

关于造像思想、教派仪轨、信仰特色方面的问题也是本阶段的关注点之一，主要围绕宝顶石窟寺及其川东柳本尊一系佛教展开。之前以1945年考察团为代表的意见认为宝顶石窟寺是赵智凤弘扬柳本尊教旨的"密宗道场"，此说虽被以阎文儒、郭相颖、陈明光等为代表的诸多学者所认同⑥，但仍有持不同意见者，如胡昭曦认为宝顶石窟以密宗为主，是"密宗与禅宗相结合的佛教道场"，又因宣扬"孝"，也是"儒家伦理的教化地"⑦；丁明夷认为宝顶石窟主要为密宗造像外，尚有显密兼修、援儒入佛的造像，这些皆源于赵智凤的宗教改革⑧；吕建福认为赵智凤试图弘扬柳本尊遗教，"但从其密教造像和大足（宝顶）造像的整个布局及其内容来看，赵智凤并没有得到密宗遗法的传授"⑨等。

---

① 胡文和：《安岳、大足"柳本尊十炼图"题刻和宋立〈唐柳居士传〉碑的研究》，《四川文物》1991年第3期。

② 陈世松：《试论大足南山淳祐十年碑记的价值》，《四川文物》1986年"石刻研究专辑"。

③ 陈明光：《大足石刻"天元甲子"纪年考析》，《四川文物》1987年第3期。

④ 邓之金、赵甫华：《宝顶石刻中的异体字》，《大足县志通讯》1985年第1期；陈明光：《"异体字"与简化字对照辨识表》，收录在前揭《大足石刻铭文录》，第486—496页。

⑤ 张划：《大足宋代石窟镌匠考述》，《四川文物》1993年第3期；邓之金：《简述镌造大足石窟的工匠师》，《文博》1993年第3期。

⑥ 阎文儒：《大足宝顶石窟》，《四川文物》1986年"石刻研究专辑"；郭相颖：《宝顶山摩岩造像是完备而有特色的密宗道场》，《社会科学研究》1986年第4期；郭相颖：《再谈宝顶山摩崖造像是密宗道场及研究断想》，《社会科学研究》1996年第1期；陈明光：《大足宝顶山石窟研究》，《佛学研究》2000年第9期。

⑦ 前揭胡昭曦：《大足宝顶山石刻浅论》；胡昭曦：《大足宝顶石刻与"孝"的教化》，《中华文化论坛》1995年第3期。

⑧ 丁明夷：《四川石窟杂识》，《文物》1988年第8期。

⑨ 吕建福：《中国密教史》，中国社会科学出版社1995年版，第440页。

6. 艺术风格的研究

从艺术角度进行的研究仍然占据了一定篇幅，代表性的如1983年浙江省工艺美术学会传统雕刻考察小组《四川大足石刻艺术考察报告》对大足石刻从题材、环境利用、美学构成等方面进行了论述[①]。史苇湘《信仰与审美》从宗教信仰与艺术审美角度论述了大足石刻艺术的特色与价值[②]。宁强《大足石刻中的绘画性因素试析》通过对大足石刻艺术绘画性因素的解析，探讨了敦煌艺术对大足石刻的影响[③]。王官乙《大足石窟的艺术特征》从题材、布局、技法、形式及科学与艺术的结合等方面做了概括[④]。刘长久《大足佛教石窟艺术审美片论》论述了大足石刻艺术优美、典雅、精致的作风体现了独特的审美价值[⑤]。李巳生《大足石刻之美》、宋朗秋《大足石窟人物造像特征的研究》认为大足石刻在一定程度上反映了中国佛教与儒、释、道三教的融合，与中国佛教的"世俗化""人间化"总趋向相吻合[⑥]。

艺术方面国外学者讨论甚少，英国学者迈克尔·苏利文（Michael Sullivan）在其《中国艺术史》中谈及宝顶山石窟，他以为这是"来自平民阶层"的宗教艺术，"当属于民间教谕造像传统"[⑦]。

7. 综合类研究

这一时期综合性著述有：大足石刻研究学会于1983年创办了内部发行的刊物《大足石刻研究通讯》，成为本时期展示研究成果和学术交流的重要平台之一。大足石刻艺术博物馆等编辑《大足石刻研究文集》（1、2），阶

---

① 浙江省工艺美术学会传统雕刻考察小组：《四川大足石刻艺术考察报告》，前揭刘长久、胡文和、李永翘编著：《大足石刻研究》，第47—51页。

② 史苇湘：《信仰与审美——石窟艺术研究随笔之一》，《敦煌研究》1987年第1期。

③ 宁强：《大足石刻中的绘画性因素试析——兼谈敦煌艺术对大足石刻的影响》，《敦煌研究》1987年第1期。

④ 王官乙：《大足石窟的艺术特征》，前揭刘长久、胡文和、李永翘编著：《大足石刻研究》，第127—136页。

⑤ 刘长久：《大足佛教石窟艺术审美片论》，前揭刘长久、胡文和、李永翘编著：《大足石刻研究》，第159—167页。

⑥ 宋朗秋：《大足石窟人物造像特征的研究》，《雕塑》1995年第4期。

⑦ [英]迈克尔·苏利文著：《中国艺术史》，徐坚译，上海人民出版社2014年版，第182页。

段性选取重要科研文章结集出版①。代表性的专著，如黎方银《大足石窟艺术》、郭相颖《大足石刻艺术》是对北山、宝顶、南山等代表性窟龛造像的整体性研究②。胡文和《四川道教佛教艺术》、刘长久《中国西南石窟艺术》等著述涉及大足石刻艺术③。另有两篇硕士学位论文也值得一提，刘佩瑛《宋代西方净土变相之研究——以大足宝顶山为例》，文章以大足宝顶《观经变》为中心，在分析其内涵、风格及时代意义的基础上对宋代西方净土变相展开图像学研究④。黄锦珍《宝顶山大佛湾本尊教造像的研究》，以宝顶石窟寺造像所代表的意义，建构出"赵智凤派"佛教的形貌，论及包括教主行持侧重点、信仰对象的内涵及后继者传承等问题⑤。

　　本阶段欧美、日本学者也推出一些可喜的成果，基本集中在对大足石刻的讨论。如美国学者古佳慧（Karil Kucera）针对地狱图像的研究⑥，何恩之（Angela F. Howard）关于十大明王及宋代石窟艺术总体特点的研究⑦；丹麦索伦森（Henrik H. Sorensen）对"牧牛图"题刻偈颂及图像的分析，以及茗山寺造像的研究等⑧；日本学者诸户文男对披帽地藏、牧田谛亮对观经变、镰田茂

①　2000年以前《大足石刻研究文集》编有2册，其中录研究性文章80余篇。参见重庆大足石刻艺术博物馆、大足县文物保管所编：《大足石刻研究文集》（1），重庆出版社1993年版；重庆大足石刻艺术博物馆、四川社会科学院大足石刻艺术研究所编：《大足石刻研究文集》（2），重庆出版社1997年版。

②　黎方银：《大足石窟艺术》，重庆出版社1990年版；郭相颖：《大足石刻艺术》，重庆出版社1991年版。

③　胡文和：《四川道教佛教艺术》，四川人民出版社1994年版；刘长久：《中国西南石窟艺术》，四川人民出版社1998年版。

④　刘佩瑛：《宋代西方净土变相之研究——以大足宝顶山为例》，（台湾）文化大学艺术研究所硕士学位论文，1997年。

⑤　黄锦珍：《宝顶山大佛湾本尊教造像的研究》，（台湾）华梵大学东方人文思想研究所硕士学位论文，1998年。

⑥　Karil Kucera, "Lessons in Stone: Baodingshan and its Hell Imagery", *Bulletin of the Museum of Far Eastern Antiquities*, no. 67(1995), pp.80-157.

⑦　Angela F. Howard, "The development of Buddhist sculpture in Sichuan: The making of an indigenous art", *The flowering of a foreign faith: new studies in Chinese Buddhist art*, edited by Janet Bake, Marg Publications(1998), pp.118-133; "The Eight Brilliant Kings of Wisdom of Southwest China", *RES: Anthropology and Aesthetics*, No. 35, Intercultural China (1999), pp. 92-107.

⑧　Henrik H. Sorensen, "A Study of 'Ox-Herding Theme' as Sculpture at Mt. Baoding in Dazu County, Sichuan", *Artibus Asiae*, Vol.51, No.3/4.(1991), pp.207-233; "Buddhist Sculpture from the Song Dynasty at Minghsan Temple in Aanyue,Sichuan", *Artibus Asiae*, Vol.55, No.3/4.(1995), pp.281-302.

雄对大足石刻佛教文化的论述等①。

综上，20世纪末20年间川东地区的石窟艺术研究呈现以下几个特点：

首先，研究队伍日益壮大。1982年成立了大足石刻研究学会，每三年举行一次学术年会，至2000年举办五届，会员由开始50余人发展到200余人。同时，西方及日本一些学者也日益关注川东地区石窟，极大地推进了该项研究工作的国际化发展。

其次，研究领域逐步拓展。主要集中在资料公布、分期断代、个案研究、碑铭考释、宗教思想、艺术作风诸方面。随着调查工作的继续与深入，新的造像遗迹陆续被发现，新资料不断得到公布。总体而言，这一时期研究对象以大足北山与宝顶石窟寺为主，兼及向周边其他石窟区横向扩展。

（三）纵深发展阶段（2001—2021）

进入21世纪，短短20年川东石窟艺术研究得到空前的发展。自2005年始，成功举办了四届大足石刻国际学术会，吸引了大量国内外知名学者的参与，不仅研究队伍得到了壮大，而且学术研究的品格与国际影响力也得到提升。尤为值得一提的是，近年随着大足石刻研究的升温，诞生了一门新型地域性学科——"大足学"，旨在统领以大足石刻为核心，涵盖周边及川渝地区石窟艺术和相关历史文化遗存的学术研究。为了推进大足学学科建设和科研工作，大足石刻研究院与南京师范大学、四川美术学院等一些高校相继成立了大足学研究中心、大足学研究院，作为学术研究和专门人才的培养机构。此外，大足石刻研究院于2016年创办《大足学刊》出版物，作为大足学研究成果发表与交流的平台与阵地之一。上述举措带给西南石窟艺术研究良好的发展契机，无疑具有里程碑式的意义。

分析本阶段成果，涉及考古、艺术、宗教、历史等学科领域，在深度与广度上较之前均有了很大的拓展。除了常规性的考古调查与资料公布，对一些代表性造像、碑记、经变等的个案化研究仍是主体，一个新现象是与造像

---

① ［日］諸戸文男：《中国四川省大足石刻の披帽地藏菩薩像》，《東西交渉》通卷19号，1986年；［日］牧田諦亮：《大足石刻と觀經變》，《佛教論叢》第30号，1986年；［日］鎌田茂雄、大隅和雄：《宋代仏教文化の一断面——大足石窟を中心として》，《鎌倉時代文化伝播の研究》，吉川弘文館1993年版。

有关的宗教、历史、属性、功能等问题日益引起学界的重视与思考，尤其宝顶石窟寺的造像性质、主题内涵、宗派特性等成为热点议题。

1. 调查资料的公布

本阶段开展的考古学调查更加规范与系统，数字化技术及其他高科技手段的运用突破了考古工作的传统模式，效率大为提升，同时石窟的数据测绘与信息采集也变得更为便利、科学与准确。因而这一时期的巨大成就体现在大型石窟考古报告的陆续出版上。代表性的成果首先是大足石刻研究院2018年完成出版的《大足石刻全集》，系统记录了大足北山、石篆山、石门山、南山、宝顶五处石窟寺的位置、窟龛、造像、碑铭等详细信息，是国内主要依托文博单位自身力量编撰的首部石窟考古全集①。其次有四川文物考古研究院牵头正在编撰的"四川石窟大系"考古报告，目前已完成绵阳、夹江、仁寿、安岳境内代表性石窟寺报告的出版，其中川东地区首选安岳圆觉洞做了调查与公布②。其余还有蒋晓春等完成的嘉陵江流域石窟寺的调查报告，内容涉及四川广安冲相寺、营山太蓬山、阆中大象山、重庆合川龙多山、钓鱼城等大小石窟寺③。

此外，近年四川大学考古学系、成都文物考古研究所、安岳县文物局等组织团队对安岳境内百余处石窟寺开展了考古调查，陆续发表了一系列简

---

① 本考古报告由黎方银主编，共计11卷19册，由重庆出版社出版。
② 于春、王婷：《安岳圆觉洞》，文物出版社2019年版。
③ 蒋晓春、符永利、罗洪彬、雷玉华：《嘉陵江流域石窟寺调查及研究》，科学出版社2018年版。

报①。另有个别单位或个人也开展了一些零散调查，公布了相应的成果②。近年来随着中央、省市及地方对石窟寺保护研究及弘扬工作的重视，基础性的调查与研究工作正在全面、规范化展开。

2. 造像思想与宗派的研究

本阶段关于造像性质、功能、思想及其宗派等问题的探讨占据了一定篇幅。其中宝顶石窟寺以其特殊的地位、复杂的造像体系一直是诸家研究的重点。

1945年，杨家骆一行考察团提出，宝顶山是赵智凤为传"柳本尊法"而"一手所经营"的"密宗道场"，赵氏为"宗哈巴前密宗大师"，首次将此系佛教纳入"密教"范畴③。这一看法最初得到陈习删、王恩洋、胡昭曦、阎文儒、宋朗秋、陈明光、郭相颖、丁明夷等大多数学者的认可④。根据柳、赵一系佛教所具有的相对独立性与自身特点，考察团成员吴显齐提出冠以"本尊派"，预示着该教具有教派意义⑤。在跟进的讨论中，持同见的学者们也提

---

① 四川大学考古学系等：《四川安岳岳阳镇菩萨湾摩崖造像调查简报》，《敦煌研究》2016年第3期；《四川安岳上大佛摩崖造像调查简报》，《敦煌研究》2017年第4期；《四川安岳林凤侯家湾摩崖造像调查简报》，《文物》2017年第5期；《四川安岳长河源岩石锣沟摩崖造像调查简报》，《文物》2017年第9期；《四川安岳高升大佛寺、社皇庙、雷神洞摩崖造像调查简报》，《文物》2018年第6期；《四川安岳人和云峰寺摩崖造像调查简报》，《文物》2019年第4期；《四川安岳来凤乡圣泉寺摩崖造像调查简报》，《敦煌研究》2019年第5期；《四川安岳双龙街菩萨岩摩崖造像调查简报》，大足石刻研究院等编《大足学刊》第三辑，重庆出版社2019年版，第48—60页；《四川安岳木鱼山摩崖造像调查简报》，《文物》2021年第8期；《四川安岳净慧岩摩崖造像调查简报》，《文物》2022年第2期；等等。

② 刘健：《四川省安岳县庵堂寺摩崖造像调查简报》，《四川文物》2008年第6期；重庆市文化遗产研究院：《重庆潼南县千佛寺摩崖造像清理简报》，《考古》2013年第12期；西南民族大学石窟艺术研究所：《四川安岳县茗山寺石窟调查简报》，《四川文物》2015年第3期；西南民族大学石窟艺术研究所：《四川安岳县茗山寺石窟调查简报》，《四川文物》2015年第3期；大足石刻研究院：《大足妙高山摩崖造像调查简报》《大足三存岩摩崖造像调查简报》，前揭《大足学刊》第三辑，2019年；米德昉：《大足多宝塔南宋五十三参造像的重新调查》，《华夏考古》2019年第1期；大足石刻研究院：《重庆市大足区峰山寺摩崖造像调查简报》，《四川文物》2020年第6期；大足石刻研究院：《大足佛安桥石窟寺调查简报》《北山佛耳岩摩崖造像调查简报》，前揭《大足学刊》第六辑，重庆出版社2022年版；等等。

③ 杨家骆：《大足宝顶区石刻记略》，《文物周刊》第21期，1947年2月9日。

④ 王恩洋：《大足石刻艺术与佛教》，《文教丛刊》1947年第7、8期；陈习删：《大足石刻志略》（油印本），1955年；胡昭曦：《大足宝顶山石刻浅论》，《乐山市志资料》1983年第3期；阎文儒：《大足宝顶石窟》，宋朗秋、陈明光：《试论宝顶山石窟造像的特点》，郭相颖：《宝顶山摩崖造像是完备而有特色的佛教密宗道场》，《四川文物》1986年石刻研究专辑；丁明夷：《四川石窟杂识》，《文物》1988年第8期。

⑤ 前揭吴显齐：《介绍大足石刻及其文化评价》。

出自己的看法，所冠名号不尽相同，如有胡昭曦之"柳本尊教"①，胡文和、罗炤、丁明夷等的"川密"教派②，李巳生之"赵智凤派"等③。

随着认识的不断深入，近年来"密教"论渐受多方质疑。龙晦、吕建福、刘长久、胡文和、温玉成、李静杰等认为，虽然柳氏以修密为业，但就宝顶山造像格局分析，不属典型的密教系统，赵智凤也非真正意义上的密法传人。吕建福指出赵智凤试图弘扬柳本尊遗教，"但从其密教造像和大足（宝顶）造像的整个布局及其内容来看，赵智凤并没有得到密宗遗法的传授"④。丹麦索罗森（Henrik H.Sorensen）的观点颇具启发意义，他认为"赵智凤及其追随者的密教，并不是一个清晰和独立的佛教类型"，具有"不确定的传播、地方性、无宗派、非正统、有经典基础"等特点，遗憾未展开深入论证⑤。对上述问题的讨论今天仍在持续中，相信在诸家的聚讼中答案会愈来愈明晰。比较而言，"密教"说之依据或在于看到柳氏"修密"性格，同时又承认赵氏为其法嗣等史实；反对意见是建立在对"柳教"造像体系进行分析的基础上，认识到这一特殊佛教形态中"柳本尊性格"与"柳本尊祠祀"之间的本质差别，因而这一观点更具现实意义。

另外，关于宝顶山的"道场"问题成为目前的争论焦点。即在早期"密宗道场"说之外出现一些新的见解，典型的有"水陆道场""俗讲道场""报恩道场"等新说。侯冲自2004年以来多次撰文力持宝顶石窟寺是"以祖觉《重广水陆法施无遮大斋仪》为指导思想建立的法施无遮为主旨，

---

①　前揭胡昭曦：《大足宝顶山石刻浅论》。

②　前揭胡文和：《安岳、大足"柳本尊十炼图"题刻和宋立〈唐柳居士传〉碑的研究》；罗炤：《试论川密》，重庆大足石刻艺术博物馆等编《大足石刻研究》2002年第2期。

③　李巳生：《大足石窟佛教造像》，《中国石窟雕塑全集》（第7卷），重庆出版社1999年版，第1—31页。

④　吕建福：《中国密教史》，中国社会科学出版社1995年版，第440页。

⑤　[丹麦]索伦森：《密教与四川大足石刻艺术》，重庆大足石刻艺术博物馆《2005重庆大足石刻国际学术研讨会论文集》，文物出版社2007年版，第374—398页。

以孝为菩提心戒的"水陆道场"①。胡文和以为是"以图像配合经文、韵文题刻向广大信徒传播宋代佛教义理并感化他们的'俗讲道场'"②。李巳生则认为是以报四恩为宗旨，始于六趣唯心，终于修持本尊瑜伽的"报恩道场"③。李静杰去"道场"说而提出"唯心和孝道"主题思想说等④。因为缺乏有效的文献或史料佐证，宝顶山究竟属何种功能道场一时难见定论，但当下的纷争为阐释"柳教"造像之性质打开了思路。

3. 题材内容的研究

关于题材内容更多为个案研究，依然集中在大足与安岳境内主要窟龛造像。针对造像题材的讨论，主要聚焦于一些叙事性图像、经变及单尊或组合类造像方面。代表性的成果有龙晦⑤、李静杰、黎方银等对柳本尊十炼图的研究，龙晦重点考证了十炼图中的年号、柳本尊教等问题，认为元军攻蜀事件并不是此图中明王造像未完工的直接原因。李静杰等在以往研究成果的基础上厘清十炼图像的佛教内涵与教义来源，认为柳本尊的修炼"反映了《法华经》的供养与《华严经》的布施思想"，其与毗卢佛是"凡夫与法身结合的形象表现"⑥。此外，李裕群《大足宝顶山广大宝楼阁图像考》探讨了图像之出典、年代及意义，认为赵智凤凭借柳本尊在蜀地的影响形成自己的宗教势

---

① 侯冲：《论大足宝顶为佛教水陆道场》，重庆大足石刻艺术博物馆等编《大足石刻研究文集》（5），重庆出版社2005年版，第192—213页。侯冲：《宋代信仰性佛教及其特点——以大足宝顶山石刻的解读为中心》，前揭《2005重庆大足石刻国际学术研讨会论文集》，第297—317页。侯冲：《再论大足宝顶为佛教水陆道场》，高惠珠等编《科学·信仰与文化》，宁夏人民出版社2007年版，第296—312页；侯冲：《回归佛教仪式旧有时空——三论大足宝顶为佛教水陆道场》，大足石刻研究院等编《大足学刊》第一辑，重庆出版社2016年版，第200—211页。
② 胡文和：《安岳、大足石窟中的"川密"教祖柳本尊像造型分类——兼论大足宝顶不是"密宗道场"》，前揭《大足石刻研究文集》（5），第228—235页。
③ 李巳生：《报恩道场宝顶山》，前揭《大足石刻研究文集》（5），第174—185页。
④ 李静杰：《大足宝顶山南宋石窟造像组合分析》，大足石刻研究院编《2014年大足学国际学术研讨会论文集》，重庆出版社2016年版，第1—38页。
⑤ 龙晦：《〈柳本尊行化图〉的研究》，前揭《大足石刻研究文集》（5），第214—220页；龙晦：《〈柳本尊行化图〉之二》，前揭《2005年重庆大足石刻国际学术研讨会论文集》，第131—135页；龙晦：《论蒙古侵蜀与大足宝顶石刻之终结——柳本尊行化窟研究之三》，大足石刻研究院编《2009年中国重庆大足石刻国际学术研讨会论文集》，重庆出版社2013年版，第12—21页。
⑥ 李静杰、黎方银：《大足安岳宋代石窟柳本尊十炼图像解析》，前揭《2005年重庆大足石刻国际学术研讨会论文集》，第190—223页。

力，广大宝楼阁图像与其修行方式密切相关①。马世长《大足北山佛湾176与177窟》通过分析得出该二窟是以泗州与弥勒为主的组合造像，其依据为《僧伽和尚欲入涅槃说六度经》②。米德昉《唐宋时期大足药师造像考察》比较系统地调查了唐宋时期大足境内的药师造像情况，新辨识出药师造像5龛，从而使其数量增至24例③。余有陈佩妏关于地藏菩萨造像的研究④；刘静关于护法与诸天神像地的研究⑤；张总对川渝地区十王图像的考证⑥；陈清香对大足北山、宝顶造像题材及风格的探讨等⑦。经变类图像主要集中在宝顶山石窟，针对《父母恩重变》⑧《大方便佛报恩变》⑨《观经变》《地藏十王地狱变》⑩《华严变》⑪《圆觉变》⑫等进行了图像学及相关宗教问题的探讨。

　　关于道教造像的研究，主要是针对南山"三清古洞"和石门山"三皇洞"（圣府洞）主体造像尊格问题展开的讨论。如景安宁认为三清洞主体造像为"三清"与"六御"，其中"六御"依次为玉皇、北极、天皇、圣祖、后土、圣祖母，文章通过对洞内道教神系的解读论证了主神位次与皇室祭祖

---

① 李裕群：《大足宝顶山广大宝楼阁图像考》，前揭《2005年重庆大足石刻国际学术研讨会论文集》，第190—223页。

② 马世长：《大足北山佛湾176与177窟——一个奇特题材组合的案例》，前揭《2005年重庆大足石刻国际学术研讨会论文集》，第5—22页。

③ 米德昉：《唐宋时期大足药师造像考察》，前揭《大足学刊》第一辑，第37—63页。

④ 陈佩妏：《唐宋时期地藏菩萨像研究》，四川大学硕士学位论文，2006年。

⑤ 刘静：《大足和安岳宋代护法与诸天神像研究》，北京大学博士学位论文，2015年。

⑥ 张总：《川渝香坛寺等十王龛像》，前揭《2014年大足学国际学术研讨会论文集》，2016年，第52—59页。

⑦ 陈清香：《大足石窟的题材与风格的探讨——以北山与宝顶山为例》，秦臻主编《佛像、图像与遗产——美术考古与大足学研究》，重庆大学出版社2016年版，第20—40页。

⑧ 胡文和：《大足宝顶〈父母恩重经变〉重新研究》，《中国佛学学报》2002年第15期；李小强：《宝顶山大佛湾第15号龛札记》，重庆大足石刻艺术博物馆等编《大足石刻研究》2002年第2期。

⑨ 胡良学：《宝顶大佛湾〈大方便佛报恩经变相〉研究》，前揭《大足石刻研究》2002年第2期；胡同庆、宋琪：《大足"释迦行孝、修行图"中的外道人物及其相关问题研究》，《敦煌研究》2005年第6期。

⑩ 陈明光、邓之金：《大足宝顶山大佛湾"地藏十王·地狱变"铭文勘察报告》，重庆大足石刻艺术博物馆等编《大足石刻研究》2002年创刊号；陈明光：《重庆大足宝顶山大佛湾第20号龛遗存经变造像的研究调查——兼探〈十王经变〉与〈地狱变〉的异同》，中山大学艺术学研究中心编《艺术史研究》第4辑，中山大学出版社2002年版，第325—364页；何卯平：《试论大足"十王"对敦煌"十王"的传承》，《宗教学研究》2011年第3期。

⑪ 胡文和：《大足、安岳宋代华严系统造像源流和宗教意义新探索》，《敦煌研究》2009年第4期。

⑫ [美]卜向荣：《居间的图像——圆觉变相中的长跪菩萨像与宋代佛画论》，前揭《大足学刊》第一辑，第100—115页。

神位的密切关系①。李淞通过对大足境内多处道教造像的梳理分析，对石门山"三皇洞"造像提出新见，以为主尊是天、地、水府"三官"，表达了解厄、赐福、赦罪的主题②。李俊涛对"三皇洞"造像体系结合经典进行了重新考证，以为主尊非"三皇"，而是北极紫微大帝和大明、夜明三帝③。胡文和对"三皇洞"主尊造像进行分析，推测中为紫微北极天皇大帝，其左右两侧为"天一"和"太一"；文中对南山三清古洞主体造像中的"六御"依次定为北极大帝、天皇大帝、玉皇大帝、东华木公、后土、金母元君，认为整体造像系统是"宋代唯一以雕刻形式表现的道教的'朝元图'"④。小林正美认为巴蜀地区大多数的道教造像是依据金箓斋法雕刻的，其供养人都是天师道"道教"的道士及信仰者⑤。

4. 艺术风格的研究

有关造像的形式风格问题一直是艺术史学者关注的重点，这一时期针对宋代石窟的艺术学研究以个案探讨为多，主要涉及对人物服饰⑥、花冠⑦、图

---

① 景安宁：《三清古洞的主神位次与皇家祭祖神位》，前揭《2005年重庆大足石刻国际学术研讨会论文集》，第345—354页。

② 李淞：《以大足为中心的四川宋代道教雕塑——中国道教雕塑述略之六》，《雕塑》2010年第1期。

③ 李俊涛：《南宋大足圣府洞道教三帝石刻造像的图像分析》，《宗教学研究》2012年第2期。

④ 胡文和：《大足宋代道教造像的神祇图像源流再探索》，前揭《大足学刊》第一辑，第243—257页。

⑤ [日]小林正美著：《金箓斋法与道教造像的形成与展开——以四川省绵阳、安岳、大足摩崖道教造像为中心》，白文译，《艺术探索》2007年第3期。

⑥ 齐庆媛：《四川宋代石刻菩萨像宝冠造型分析》，《敦煌研究》2014年第2期；陈悦新：《大足石窟佛像着衣类型》，前揭《2014年大足学国际学术研讨会论文集》，第249—261页；邓启兵：《大足北山石刻军戎服饰初识》，大足石刻研究院等编《大足学刊》第二辑，重庆出版社2018年版，第247—260页；齐庆媛：《四川宋代石刻菩萨像造型分析》，中国古迹遗址保护协会石窟专业委员会等编《石窟寺研究》第五辑，文物出版社2014年版，第305—361页。

⑦ 龙红、王玲娟：《具象美与抽象美的高度融合》，《浙江艺术职业学院学报》2008年第2期；向静、龙红：《大足石刻观音冠饰设计特征研究》，《艺术设计研究》2020年第4期。

案①、舞蹈形象②、审美特征③等的研究与分析。其中代表性著述首先有龙红《风俗的画卷——大足石刻艺术》，从大足石刻的形成背景、题材、技法、审美、价值等方面进行了整体的图像学分析，是本阶段从艺术史角度展开研究的主要成果④。其次胡文和与胡文成著《巴蜀佛教雕刻艺术史》在对巴蜀宋代石窟艺术全面调查的基础上进行了整体风貌的介绍与研究，厥功甚伟⑤。另有美国苏默然（Thomas Suchan）以大足北山石刻为博士学位论文选题，通过对晚唐、五代、两宋等不同历史时期造像独特性的分析，阐述其在中国佛教艺术中的重要地位⑥。米德昉基于造像风格的比较而发现文氏工匠参与宝顶山建造的证据⑦。

　　道教造像方面胡文和在其《中国道教石刻艺术史》中对巴蜀宋代道教艺术从龛窟形制、构图布局、人物服饰、雕刻技艺等方面作了概要论述，认为川东道教造像充分借鉴了佛教石窟艺术，形成了具有中国传统审美品质的民族艺术风格⑧。李凇在概览大足和安岳道教造像的基础上着重论述了宋代民间流行的道教造像体系⑨。

---

① 卢秀文：《大足石刻背光与莫高窟背光之比较》，重庆大足石刻艺术博物馆等编《大足石刻研究文集》第三辑，中国文联出版社2002年版，第586—594页；徐顺智：《安岳石窟装饰图案研究》，重庆大学硕士学位论文，2014年；张蓓蓓：《唐宋大足、安岳佛教石刻云纹模式研究》，秦臻主编《田野、实践与方法——美术考古与大足学研究》，重庆大学出版社2016年版，第237—246页。

② 王海涛、王靖、高一丹：《重庆"大足石刻"舞蹈形象研究》，《南京艺术学院学报》2013年第1期；陈嬿丞：《大足石刻飞天造型及当代飞天舞蹈形象再造研究》，重庆大学硕士学位论文，2014年；陈亚芳：《从石窟造像中探寻唐代舞蹈风貌——以大足石刻为例》，《当代音乐》2020年第8期。

③ 龙红：《静穆中的伟大——论大足石刻艺术人体美的含蓄表达》，《重庆大学学报》2008年第1期；龙红、王玲娟：《简论大足石刻艺术的瑰玮奇崛之美》，《西南大学学报》2011年第6期；邱正伦《人类学视野下大足石刻艺术世俗化审美踪迹》，《内蒙古大学艺术学院学报》2011年第1期；郭晶：《大足宝顶山大佛湾石刻世俗化审美特征及成因研究》，西南大学硕士学位论文，2013年。

④ 龙红：《风俗的画卷——大足石刻艺术》，重庆大学出版社2009年版。

⑤ 胡文和、胡文成：《巴蜀佛教雕刻艺术史》（全三册），巴蜀书社2015年版。

⑥ Thomas Suchan, "The Enternally Flourishing Stronghold: An Iconographic Study of the Buddhist Sculpture of the Fowan And Related Sites At Beishan, Dazu CA. 892-1155". Ph.D. dissertation (Ohio State University, 2003).

⑦ 米德昉：《宋代文氏一系工匠与宝顶山石窟寺的营建》，《敦煌研究》2020年第4期。

⑧ 胡文和：《中国道教石刻艺术史》（下），高等教育出版社2004年版，第284—301页。

⑨ 李凇：《对宋代道教图像志的观察——以大足北山111龛和南山6龛、安岳老君岩造像为例》，前揭《2014年大足学国际学术研讨会论文集》，第39—51页。

5. 碑铭题记的考释

分析本阶段有关碑铭、题记的研究，诸家不仅注重挖掘一些铭文所反映的宗教内涵、史学背景与文化价值，更注重对许多细节问题的考辨、校释及补充。首先，重点围绕《韦君靖碑》（晚唐）、《严逊记》（北宋）、《唐柳本尊传》（南宋）三大碑记展开讨论。关于《韦君靖碑》，王家祐、徐学书、陈明光、唐志工、王滔韬、雷娟等对碑中所反映的晚唐地方行政机构与官职、晚唐之际川东史及节度使、节级校名等加以辨正考释①。《严逊记》碑的研究主要有胡昭曦、褚国娟、高秀军等对碑文所涉人物、造像、寺院及其他史实等进行了分析与考述②。《唐柳本尊传》碑的研究，主要有胡文和、陈明光等对碑文内容进行了考证，认为碑中"天福"应是"天复"之误，同时胡氏对赵智凤与柳本尊的关系及其教法性质等问题做了考述③。

其次，陈灼、黄夏年、陈明光通过对宝顶《临济正宗记》碑的考释，梳理了明代以来宝顶山的佛教变迁以及元亮一系法脉情况④。20世纪40年代陈习删、杨家骆、王恩洋等关注到宝顶山宋代碑铭中的异体字，大多认为是由赵智凤"自造"。本阶段这一问题持续得到研究，其中米德昉经过系统梳理列出400余字，通过研究认为宝顶山所见异体字个别出处不明者属本土民间所流

---

① 王家祐、徐学书：《大足〈韦君靖碑〉与韦君靖史事考辨》，《四川文物》2003年第5期；王滔韬、雷娟：《大足石刻〈韦君靖碑〉题名研究》，《重庆交通学院学报》2006年第1期；陈明光：《唐韦君靖"节度使"辨正》，《重庆交通大学学报》2007年第3期；陈明光：《唐〈韦碑〉节级校名衔刊误拾零》，《重庆历史与文化》2007年第1期；王滔韬、雷娟：《再论韦君靖并非"静南军节度使"——与大足石刻研究会陈明光先生商榷》，《重庆交通大学学报》2008年第6期；唐志工：《韦君靖碑反映的晚唐地方行政机构与职官》，杜文玉主编《唐史论丛》第十二辑，三秦出版社2010年版，第100—114页。

② 胡昭曦：《遂州希昼与"宋初九僧"希昼——大足石刻宋碑〈书《严逊记》〉辨析》，前揭《2005年重庆大足石刻国际学术研讨会论文集》，第477—483页；褚国娟：《宋无佛会寺——对石篆山〈严逊记〉碑的分析》，《湖南工业大学学报》2014年第1期；高秀军：《大足石篆山〈严逊记〉碑补正及相关问题考略》，《敦煌学辑刊》2016年第1期。

③ 胡文和：《安岳、大足"柳本尊十炼图"题刻和宋立〈唐柳居士传〉碑的研究》，《四川文物》1991年第3期；陈明光：《〈宋刻《唐柳本尊传碑》校补〉文中"天福"纪年的考察与辨正——兼大足、安岳石刻柳本尊"十炼图"题记"天福"年号的由来探疑》，《世界宗教研究》2004年第4期。

④ 陈灼：《〈临济正宗记〉碑跋》，重庆大足石刻艺术博物馆等编《大足石刻研究》2002年第2期；黄夏年：《大足宝顶始祖元亮晓山考——大足石刻〈临济正宗记〉碑研究》，《中华文化论坛》2005年第4期；陈明光：《大足临济宗始祖元亮与师至福考——探述大足临济派的弘传与衰落》，《佛学研究》2007年第16期。

行，不存在赵智凤造字一事①。此外方广锠对宝顶山经目塔经名进行了再次考订，发现佛典出自《开元释教录略出》与《大唐贞元续开元释教录》②。

6. 综合类研究

这一时期国内外学者针对宝顶、北山、石篆山等展开的整体性研究成果颇受瞩目，且多为博士学位论文或专著。代表性的研究有：美国何恩之（Angela F. Howard）《中国大足佛窟艺术》整体上对宝顶山造像展开综合研究，是研究该石窟寺的首部专著③。苏默然针对石门山造像从题材、形式、造像思想、信仰理念等方面展开了整体性研究④。释慧谨《佛教孝道的义理与实践——以大足、敦煌石窟为重点》以大足与敦煌反映孝道思想的图像为依据，从佛教义理角度论证了中国孝道的弘扬与实践方式⑤。褚国娟《北宋严逊与石篆山造像》通过对严逊个人与石篆山造像的双重考察，分析了石篆山造像诞生的各种客观和主观条件等⑥。另外一些著述关涉大足石刻研究历史、造像总貌、信仰特色、艺术作风等问题。库塞拉（Karil J. Kucera）《中国佛教礼仪与再现》对宝顶六铺叙事画面进行了综合，讨论了其图像意义、宗教思想以及信仰特点⑦。李正心《儒教造像与大足石刻的儒化》、陈灼《大足石刻史话》、李小强《崖壁上的世俗文化》等著述多角度梳理、阐释了大足石刻的意义、历史及文化特性等⑧。另有几篇综述性文章如陈灼《大足石刻百年研究综述》（2001）、刘长久《大足石窟研究综论》（2002）、聂盛隆《大足石刻研究（1945—2005年）著述统计与分析》（2008）等不同程度地对一定时期内大足石刻研究现状或成果情况进行了分析。

---

① 米德昉：《宝顶山佛籍铭文中的稀见字例释》，前揭《大足学刊》第三辑，第168—190页。

② 方广锠：《重庆大足宝顶山小佛湾大藏塔录文与研究》，前揭《大足学刊》第二辑，第30—71页。

③ Angela F. Howard, *Summit of Treasures: Buddhist Cave Art of Dazu, China*.Trumbull: Weatherhill, 2001.

④ Tom Suchan. "The Cliff Sculpture of Stone-Gate Mountain: A Mirror of Religious Eclecticism in the Art of Twelfth-Century Sichuan." *Archives of Asian art*, 2007, 57: 51-94.

⑤ 释慧谨：《佛教孝道的义理与实践——以大足、敦煌石窟为重点》，（台湾）清华大学中国文学系博士学位论文，2013年。

⑥ 褚国娟：《北宋严逊与石篆山造像》，北京大学博士学位论文，2014年。

⑦ Karil J. Kucera, *Ritual and Representation in Chinese Buddhism: Visualizing Enlightenment at Baodingshan from the 12th to21st Centuries*. Cambria Press, 2016.

⑧ 李正心：《儒教造像与大足石刻的儒化》，中国三峡出版社2004年版；陈灼：《大足石刻史话》，中国戏剧出版社2008年版；李小强：《崖壁上的世俗文化》，中国戏剧出版社2012年版。

　　此外，大足石刻研究院陈明光先生力作《大足石刻档案（资料）》，收集整理了从唐永徽元年（650）至2010年历时1360年间大足石刻的历史事件，是迄今为止最系统、最完善的反映大足石刻编年史、造像志、大事记等方面的档案资料①。另外胡文和、胡文成合著《巴蜀佛教雕刻艺术史》是研究川渝地区佛教造像的一部较为系统的著作，既富资料性，又富研究性。其中第六卷为大足石刻艺术专论，着重对宝顶石窟造像作风、宗教性质及"道场"问题等进行了深入探讨②。近年邓启兵与黄能迁等对宝顶周边造像以及北山佛湾石窟展开考古调查，发现诸多过去所遗漏或忽略的造像、题记等，仅在北山新发现造像11龛、铭文14则，进一步完善、补充了原有的记录③。

　　综上研究，有以下几点特征：

　　第一，研究领域主要集中在宝顶、北山、南山、石篆山、石门山、舒成岩等几处代表性石窟造像，其中以宝顶与北山关注较多，尤其宝顶石窟因其造像的特殊性与复杂性一直是学界争论的焦点。需要提及的是，川东其他区县境内很多分散的小型石窟因资料公布欠缺，外界知之甚少，仍然是目前研究的空白区。因其重要性不可忽视，故有待报告公布。

　　第二，从整体成果而言，多在考古调查、资料汇编与专题研究方面，少综合性成果，缺乏具有开拓性、代表性的上乘之作，有影响力的学术专著极少；从数量而言，1945—2016年，出版发表的相关著述、图录、论文等共1300余部（篇），平均每年不到20部（篇），总量偏少。究其原因，一方面专门从事研究的人员较少；另一方面研究队伍中缺少学术骨干与精英。但这种局面正在发生着迅速的改观，近几年的成果无论质量还是数量均在逐步提升，研究的队伍亦愈益壮大，愈来愈多的具有高学历的青年才俊成为大足石刻研究的新生力量。

　　第三，宝顶山石窟作为柳本尊一系佛教之根本道场，以其独特的格局、内容与作风被视为中国晚期石窟艺术中最具地方化、民间化与世俗化的个

---

① 陈明光：《大足石刻档案（资料）》，重庆出版社2012年版。
② 前揭胡文和、胡文成：《巴蜀佛教雕刻艺术史》，2015年。
③ 邓启兵、黎方银、黄能迁：《大足宝顶山石窟周边区域宋代造像考察研究》，前揭《2014年大足学国际学术研讨会论文集》，第262—304页；黄能迁、刘贤高、邓启兵：《大足北山佛湾石窟考古调查新收获》，前揭《大足学刊》第一辑，第1—23页。

案。因其特殊性而备受学界关注，因之集中了较多的成果。尽管如此，对于宝顶石窟造像性质及其柳本尊教的认识众说纷纭，总体印象是旧论囿于成见，新说流于表象，目前尚没有哪家提出令学界十分信服的高论，足见问题之复杂。可以料见，近年围绕宝顶石窟展开的讨论将会持续下去，其神秘莫测之真相必将浮出水面。

第四，许多成果一方面未能将石窟艺术置于宋代宗教社会背景中去考察，对石窟营建与区域社会文化、信仰习俗、民众生活等因素的关系缺乏必要的阐释；另一方面忽略了两地石窟之间的内在关联，缺乏应有的比较和整合研究；此外在工匠与造像的问题上，以往研究忽视了二者之间的生命链条，分而论之，难免有失。

三、结语

两宋时期，全国石窟寺营建较之前期在范围与数量上大规模萎缩，呈现出整体惨淡、局部兴盛的不均衡局面。究其因，一方面佛教自身力量有所衰退，近世信众更趋理性，对佛教的热情远没有中古时期高涨；另一方面皇室对开窟立寺兴趣不浓，目光转向寺塔营构、佛像制作以及刻板印经等方面。因之，当时石窟寺的开凿全赖少部分地方官吏、士绅、百姓、僧众等民间力量的推进而展开。所谓局部兴盛主要表现在陕西北部和四川东部地区，两地集中了宋代石窟艺术之大宗。其他几处规模虽小，但也颇具特点，如敦煌曹氏归义军时期（914—1036）所开几座石窟，现存以壁画为主，雕塑多毁；北宋时期麦积山对部分北朝石窟加以重塑，保存了一批艺格不俗的作品；南方杭州飞来峰也有一些石刻造像，数量不多。

与宋对峙的辽、西夏、金、大理等政权在佛教的发展上呈现出同步态势，并流露出一定的地区特点。就石窟寺的营建而言，有辽代的朝阳千佛洞、赤峰灵峰寺、内蒙古巴林左旗洞山等石窟；西夏在敦煌新建或重修的一批石窟；金代在陕北延安开镌的部分石窟；大理国时期的云南剑川石钟山石窟等，这些作例从数量与单体规模上均不十分宏大。相比而言，各地寺塔造立与佛像制作活动反倒盛行。像契丹辽奉佛尤勤，寺院堂塔遍布境内，如现存的大同华严寺、蓟县独乐寺、义县奉国寺、应县木塔等，古风犹存。赵宋皇室也参与了一些佛事工程，如建隆二年（961），太祖"以扬州行宫为建隆寺"，开宝四年（971）在龙兴寺建大悲阁，造立大悲观音铜像；太平兴国五年（980）太宗遣内侍在五台、峨眉山分别铸造文殊、普贤像；南渡后宁宗创"五山十刹"制，以定江南佛寺级别等。

宋代以川东地区为主的巴蜀石窟的开凿迎来黄金时代，绍兴年间道教以及三教合祀造像的频繁出现，标志着这一地区的宗教信仰进入了前所未有的高涨期。从目前所存造像的分布情况看，这一时期的宗教活动主要集中在分属于昌州与普州治地的大足与安岳。初唐以来安岳境内首先兴起开窟造像活动，出现了千佛寨、卧佛院、圆觉洞等大型石窟寺。这种风气逐步蔓延到周边州县，但并未形成规模化景象，只是零星镌造，如潼南千佛寺、龙多山等存例。唐肃宗乾元元年（758）始置昌州，大足为辖县之一，光启元年（885）州治徙大足。自此大足境内兴起开崖镌像活动，历五代，至宋臻于鼎盛，独秀于全国。

巴蜀地区宋代石窟现存80余处，其中将近一半分布在大足境内，今所称"大足石刻"主要指代这些石窟群。若论造像之规模、题材之种类、艺术之格调、保存之状况等，大足石刻无疑冠绝当代。故学界有中国石窟艺术"最后的丰碑""晚期的辉煌""压轴戏"等赞誉。

从这一时期的题材内容看，比较流行的主要有罗汉、孔雀明王、诃梨帝母、观音、地藏、药师等系列。许多题材除了对传统内容与样式的继承，也不乏本土的革新。诸如十六罗汉与十圣观音的组合；经变式的孔雀明王像；省略弟子的涅槃变等。还有一些题材仅见于当地，当属于地方性发明的图像系统。如世尊法像、无量寿佛与十圣观音组合、药师变与经幢地藏组合等。其中南宋以来在川东兴起的柳本尊佛教更是创生了一系列新题材与新样式，如柳本尊十炼图、广大宝楼阁变、锁六耗图、结拱手式印的毗卢佛等，呈现出浓郁的区域风貌与地方特色。

南宋绍兴期间，道教石窟艺术也在川东一带相继兴起，主要流行三清并诸御组合、三官组合、东岳大帝、真武大帝等，其中以大足三清古洞为代表的三清六御系列图像为研究宋代以来道教神祇体系提供了难得的案例。另外，这一时期在"三教合一"思想的影响下，出现了佛道相杂或释、道、儒三尊合祀的石窟寺。

南宋川东地区的柳本尊佛教是一个有造像体系、经典基础，具有浓郁地方化特色的佛教教派。赵智凤作为该教的主要阐扬者，凭借卓越的智慧与组织能力，在民间力量的支持下营建了气势宏伟的宝顶山道场，极大地推动了该教在区域社会中的渗透与扩散。"设像行道"是赵智凤时期柳本尊佛教的标志性特点。现存以宝顶山为主的10余处石窟寺道场或摩崖石刻，展示了一套风格鲜明、内容新颖的礼拜图像，创造了近世以来中国佛教世俗化、地域化、民间化的独特案例。

宋代巴蜀石窟艺术的一个最大特点是有着丰富的造像题记，许多题记不仅提供了明确的造像主题、年代与供养人信息，而且与之前历朝不同的是留下了大量工匠名。这一方面为讨论当时石窟寺的历史与图像提供了可靠的文献依据，另一方面也为同期其他无纪年造像的考古断代提供了类型参照。

这些工匠一般以家族成员为主结成班底，常年以营窟造像为生。代表性工匠有昌州伏氏与普州文氏家族，其中尤以文氏最为活跃，自北宋皇祐至南宋绍熙（1049—1194）约一个半世纪间，六代人专营镌作，至少涌现出20余位杰出镌匠，佛道造像几乎遍布川东主要石窟寺。从所存作例看，这些职业工匠大部分镌作技艺在国内堪称一流，绝非平庸之辈。尽管他们的社会地位远不能与宫廷艺人相比，但不可否认的是正是这样一批名不见经传的民间艺术家，创造了那个时代最具时代审美品格和历史意义的雕塑艺术杰作。

石窟寺的营造自然依赖于供养人的资助，大量的造像记中留下这些施主丰富的信息，生动地反映了当时民间社会大众生活的诸多面相。这些供养人来自社会各阶层、各行业，有地方官员、士绅地主、宗教人士、普通平民等，纷纷带着各种意愿与动机去开龛造像，造立功德。宗教活动，无论是个体的，还是集体的，均构成了他们生活中重要的一部分。

宋代时期的巴蜀石窟艺术，是在国家宗教政策支持下佛道再度振兴并日益走近大众生活的历史见证，是中古以后石窟艺术走向式微之际，在伴随宋代社会向平民化、世俗化与人文化发展过程中映现的一抹荣光。其丰富的内容形式在变革中既遵循了宗教艺术自身之必然规律与内在逻辑，也契合了时代脉搏、区域文化与民众生活。

重庆市传统工艺高质量传承发展情况调研报告

重庆市文化和旅游发展委员会　郎莹莹　严小红　刘成伟

我国是传统工艺大国，相关非遗项目众多。2022年，文化和旅游部等10部门印发《关于推动传统工艺高质量传承发展的通知》，对深化推进中国传统工艺振兴、推动传统工艺高质量传承发展工作进行再部署，引发社会各界广泛关注。重庆传统工艺资源丰富，近年来通过充实非遗名录体系、提高传承人素质、实施振兴计划、促进应用传播等方式，探索出了多方参与传统工艺振兴的新路径，有效激发了传统工艺内生动力，推动了传统工艺类非遗创新发展，在助力乡村振兴、推动文旅融合和服务经济社会发展方面取得了积极成效。

一、基本情况

截至2023年，重庆市国家级非遗代表性项目、代表性传承人分别达到53个、59人，其中传统工艺类（含传统技艺、传统美术）项目14个、代表性传承人13人。市级非遗代表性项目达到707个，其中传统工艺类项目367个，占比51.9%。2021年，新增传统工艺类国家级非遗代表性项目大足石雕、铜梁龙灯彩扎、奉节木雕、巫溪嫁花4个。2023年，完成传统工艺类国家级代表性传承人记录工作3人。此外，全市成功创建国家级传统工艺工作站1个，涪陵榨菜集团股份有限公司、大足区石刻艺术品有限公司、永川豆豉食品股份有限公司、重庆市鸦屿陶瓷有限公司等4家企业入选国家级非遗生产性保护示范基地名单，建成市级非遗生产性保护示范基地87个。传统工艺类非遗已涵盖衣食住行，成为近年来数量增长最快、社会可见度最高、带动就业面最广的项目。

二、传承发展举措和成效

（一）建立健全传统工艺政策体系

2018年，根据《中国传统工艺振兴计划》要求，重庆市印发实施《重庆市传统工艺振兴计划》，明确提出建立传统工艺振兴目录，加强传统工艺项目传承保护，提高传统工艺项目的整体品质和市场竞争力，探索传统工艺振兴与相关领域协同发展。2019年，印发《重庆市非物质文化遗产传承发展工程实施方案》，制订以传统手工技艺就业培训为主要内容的市级非遗传承人群研习培训计划，鼓励市、区相关部门积极策划开展非遗培训活动，带动就业创业。"十四五"期间，市级层面印发《关于进一步加强非物质文化遗产保护工作的通知》《重庆市文化生态保护区管理办法》《重庆市文化和旅游发展"十四五"规划（2021—2025年）》《重庆市非物质文化遗产保护"十四五"规划》等指导性文件和规划，均将"推动传统工艺传承发展"列为重要任务，明确提出健全非物质文化遗产保护传承体系，推动传统工艺实现创造性转化、创新性发展，更好服务经济社会发展和人民高品质生活。这些政策文件为推动传统工艺高质量传承发展指明了方向，提供了制度保障。

（二）建设高素质传承人才队伍

组织西南大学、四川美术学院、重庆文理学院、重庆文化艺术职业学院等4所院校实施中国非遗传承人研培计划，2016年以来成功举办研培班42期，其中传统工艺类研培班33期，培训学员1200余人，增强了传承人的传承实践能力。市文化旅游委会同市经济信息委、市人力社保局、市农业农村委等部门大力培养工艺美术大师、巴渝工匠、乡村工匠队伍，蜀绣国家级非遗代表性传承人康宁被评为第八届中国工艺美术大师，12名传承人被评为全国第一批乡村工匠名师，16名代表性传承人被评为重庆市"巴渝特级技师"，63名代表性传承人被评为市级乡村工匠和乡村工匠名师，第六届重庆工艺美术大师评选工作已启动；组织开展传统技艺技能大赛，22名传承人在"巴渝工匠"杯重庆市第三届非遗职业技能竞赛中获奖。各区县依托非遗代表性项目大力开展乡村振兴传统技艺人才培训100余期，培训基层群众超3000人次。

（三）促进传统工艺发展振兴

夏布织造技艺、梁平竹帘制作技艺、土家族吊脚楼营造技艺等8个项目入选国家传统工艺振兴目录，公布市级传统工艺振兴目录100项。在文化和旅游部支持下，完成北京服装学院驻重庆荣昌国家级传统工艺工作站建站工作，带动了夏布相关产业稳定发展；依托制陶、织绣、木雕、石雕、漆艺、竹编、彩扎等项目建成市级传统工艺工作站，培育打造荣昌陶器、荣昌夏布、大足石雕、铜梁龙灯彩扎、万州谭木匠等成为知名品牌。联合市人力社保局、市乡村振兴局印发《关于推进非遗工坊建设和遴选认定工作的通知》，全市依托5个国家级非遗项目、50个市级项目、48个区县级项目建设非遗工坊103家，市级非遗工坊达到50家。创建85个工坊品牌，70家工坊在天猫、京东、淘宝、抖音等平台开办线上店铺，52家工坊纳入巩固拓展脱贫攻坚成果和乡村振兴项目库。工坊累计开展培训4700余次，带动就业17800余人，人均月收入2800余元，为促进地方社会经济发展发挥了重要作用。石柱县中益乡夏布非遗工坊、酉阳县酉州苗绣非遗工坊、彭水县苗绣非遗工坊3家工坊入选文化和旅游部、人力资源和社会保障部、国家乡村振兴局公布的2022年"非遗工坊典型案例"。

（四）加大传统工艺宣传推广力度

近年来，全市通过举办非遗购物节、非遗暨老字号博览会、重庆国际文化产业博览会、重庆好礼旅游商品设计大赛、成渝双城蜀绣展、漆艺展、金细工艺专题展等活动，以及推荐参加中国成都国际非遗节、中国非遗传统技艺大展、长江流域非遗金属工艺主题展等全国大型活动，宣传推介传统工艺类非遗项目1000余个，线上线下展销非遗产品5000余种，销售额超亿元。2022年，联合市经济信息委、市人力社保局评选首批传统工艺美术精品48件、优秀作品55件，并在重庆美术馆集中展出；2022年，组织夏布、酉州苗绣、彭水苗绣、浩口仡佬族蜡染非遗工坊参加第七届中国非遗博览会；2023年，组织石雕、木雕、漆器、刺绣90件非遗作品亮相"新加坡·重庆周"

等，其精湛的工艺、创新的设计，深受市民喜爱。近两年，先后有荣昌陶器制作技艺、荣昌夏布织造技艺和铜梁龙灯彩扎等10余个重庆传统工艺类非遗项目在央视《焦点访谈》《走遍中国》《艺览吾"遗"》等栏目亮相，重庆非遗之美、匠心之美展现得淋漓尽致，引发强烈反响。

三、存在问题及原因分析

（一）全面落实保障措施还有差距

非遗保护机构和队伍建设严重不足，市、区县非遗保护工作机构大多挂靠已有单位，每个区县仅有1～2名专兼职人员从事非遗保护工作，存在小马拉大车现象。实际工作中各地财政对传统工艺振兴工作大多未设立专项资金支持，部分扶持政策存在"落地难"问题。

（二）保护发展基础不够牢固

由于对非遗资源和传统工艺类非遗代表性项目存续状况的调查做得不够，导致对全市传统工艺底数、发展情况掌握不清，对传统工艺理论与技术研究转化还不成体系。传统工艺传承发展工作缺乏协调议事机构，各部门相关资金、项目不能整合利用，常常单打独斗，尚未形成推动传统工艺高质量传承发展的强大合力。

（三）打造优质产品力度还需加大

老一代传统手工匠人整体受教育程度较低，思想较为保守，缺乏学习、创新动力，容易忽视产品日用实用、市场营销和品牌建设等内容，在提高产品整体品质和市场竞争力方面还有差距。掌握一门传统技艺需要漫长时间积累，加之大部分传统工艺项目经济回报低，新生代手艺人面临较大生存压力，导致有的项目后继乏人。

四、工作意见建议

（一）开展传统工艺项目专项调查

尽快启动第二次全国非遗资源普查工作，同时开展传统工艺类项目专项调查，全面摸清传统工艺项目的种类、数量、分布状况、保护现状，为传统工艺高质量传承发展打下更加坚实的基础。

（二）加强传统工艺理论与技术研究

鼓励高校、研究机构、企业等设立传统工艺研究基地、重点实验室，切实发挥社会力量在学科建设、人才培养、创新应用等方面的积极作用，促进非遗系统性保护与发展。

（三）开展全国性传统工艺主题活动

在组织开展现有非遗节会活动的同时，建议设立由文化和旅游部主办、各省、区、市承办的传统工艺类主题活动。同时联合人力社保部门开展传统工艺技能竞赛，打造传统工艺品牌。

（四）持续推动传统工艺助力乡村振兴

加大对现有国家级传统工艺工作站、非遗工坊的资金投入，研究制定传统工艺助力乡村振兴战略的具体措施，带动相关产业可持续发展，推动宜居宜业和美乡村建设。

重庆市文艺创作扶持项目（美术类）研究（2014—2023年）

重庆美术馆　张　娜

为贯彻习近平文化思想，落实习近平总书记在文艺工作座谈会上的重要讲话精神和全市文化工作座谈会精神，更加自觉主动地推动重庆文化大发展大繁荣，进一步加快文化强市建设步伐，推出更多思想性、艺术性、观赏性俱佳的精品力作，重庆市开展了一系列系统的文艺创作项目资助工作，并取得了可喜的成果。此外，国家重大历史题材美术创作工程、国家主题性美术创作中心成立，中华文明历史题材美术创作工程、重庆重大历史题材美术创作工程、国家艺术基金资助项目等创作硕果累累。国内的研究者对主题性创作保持高度的热情，大量撰文从不同角度、不同层次论述其价值和意义，重庆也取得了很多重要的成果。但是回望重庆美术界对区域内主题性创作的研究则捉襟见肘，大多见于对重庆美术发展史叙述中，比如在对重庆油画、版画、中国画，以及对重庆美术事业作出杰出贡献的美术家的个案研究中有所涉及。目前，对重庆文艺创作扶持项目（美术类）研究，还未见到一篇专门的调研报告和研究文章，所以结合重庆美术馆（重庆画院、重庆国画院）的工作，本调研报告具有调查和研究的价值与意义。

本调研报告将系统梳理总结自2014年10月《习近平总书记在文艺工作座谈会上的重要讲话》发表以来重庆市范围内美术创作者获得各类文艺创作扶持项目的成果及其后续发展，研究这些作品与时代主题的契合度。一方面纵览2014年到2023年重庆市入选国家艺术基金资助项目、中国文联文艺创作资助项目、重庆市文艺创作资助项目、重庆市文联文艺创作扶持项目美术创作成果的历史面貌；另一方面总结其发展规律，阐释其意义和价值，对今后本土美术家的创作在主题把握方面提供了借鉴和启示，为全市美术起到引领和示范作用。本调研报告在宏观上概括重庆主题性美术创作的时代发展流变，侧面反映了时代的社会面貌和人文景观，这也为日后其他学者的研究提供了参考借鉴。

绘画在主题性美术创作中的表现无疑是成功的。这些精品力作反映画家对历史的深刻理解、对生活的真实感受和对艺术的深入思考，是艺术家们以平静的心态、高度的投入和忘我的付出创作出的经典，因此受到了大众广泛的关注和由衷的喜爱。

一、调研内容及方法

本调研报告对2014年到2023年重庆市入选国家艺术基金资助项目、中国文联文艺创作资助项目、重庆市文艺创作资助项目、重庆市文联文艺创作扶持项目美术创作成果进行系统梳理，将作品所反映出来的重庆的社会、历史、现实生活、时代变迁的人文记录作为研究文本，以期为新时代的重庆美术创作提供史料和借鉴与启示。

本调研报告以社会视域下的艺术社会学研究方法，集中研究论述2014年到2023年期间，重庆市入选国家艺术基金资助项目、中国文联文艺创作资助项目、重庆市文艺创作资助项目、重庆市文联文艺创作扶持项目美术创作成果产生的社会基础，这些美术创作中的不同艺术样式和艺术风格所生成变化的不同社会根源，面对艺术受众的不同阐释、不同文化阶层的审美情趣和鉴赏心理及其对艺术品的社会评价，以及重庆的美术创作所反映的重庆社会现象和社会理想。

本调研报告对2014年到2023年重庆市范围内美术创作者获得各类文艺创作扶持项目成果的研究，是建立在对重庆美术创作的历史认识基础之上的，所以用到了历史学的研究方法，用马克思主义哲学和辩证法的观点进行文本的阐释和学术价值的建构。

二、重庆市文艺创作扶持项目（美术类）题材分类

本次调研报告中涉及2014年到2023年期间，重庆市入选国家艺术基金资助项目、中国文联文艺创作资助项目、重庆市文艺创作资助项目、重庆市文联文艺创作扶持项目等优秀的美术创作成果。笔者对这些创作成果，从题材上进行了分类。

（一）现实题材

现实题材的作品大多着眼于重庆地域特色，关注的视角更为广阔。题材涉及重庆地区的自然风光、人文景观到民俗风情等，紧贴当代社会和时代生活，既有对秀美山城的描绘，也有展现重庆飞速发展和城市变迁的内容，更有对人民大众美好生活变化的记录，创作内容更为丰富。

1. 三峡移民题材

1993年4月2日，国务院三峡工程建设委员会第一次会议召开。三峡移民工作正式开始。百万移民顾全大局易地搬迁。特有的历史阶段造就了特殊的历史记忆。"乡愁"既是建构的复杂想象，又落实为具体的人生经历与刻骨经验。告别三峡，告别老屋，离开故土的感伤潜藏在画家敏感的创作直觉中。其中周顺恺《告别三峡》（中国画）、王世明《三峡叙事·1997年三

图1　周顺恺《告别三峡》中国画

峡大移民》（中国画）、崔毅《移民小青》（油画）、孟福伟《三峡好人》
（雕塑）等作品，呈现了农民从世代居住的乡土"迁居"后，对故乡浓重
的、难以割舍的精神怅望。

图2　王世明《三峡叙事·1997年三峡大移民》中国画

2. 新农村题材

中国的社会变迁深刻影响着城市与乡村生活的方方面面。在表现新农村
题材的作品中，艺术家多立足现实生活，从自身的真实体验和表达需求出
发，实现对新山乡百姓现实生活与主观世界的多角度表达，真诚地反映新时
代山乡百姓对生活的美好愿景。艺术家对自身体验和内在感情的表现、对山
乡人民和市井百姓的关注、对现实生活和时代精神的思索，使作品始终流露
着一种最朴素的温情和最真挚的希望。像唐德福《梨花沟》（中国画）、孟
福伟《农家乐》（雕塑）等作品围绕时代和百姓的生活，聚焦山乡人民和市
井百姓的日常生活故事，怀着对传统文化价值的认同和延续民族文化传统文
脉的初衷，以东方独特的思维方式展开了对水墨人物画的现代话语转换，并
以独特的笔墨、生动的语言，描绘了当下巴渝纷繁复杂的市井百态和新山村
的风俗画卷。

图3　唐德福《梨花沟》中国画

3. 山水题材

　　山水题材的作品描绘的是重庆地区的秀丽景色，表现的是巴渝地区美丽的自然人文景观，突出反映巴渝文化主题，将地域文化元素与现代文明符号相融合，反映了重庆的进步与发展，有力地表达出重庆的当代精神。画家在山水题材中寄情寓意，传递了地域文化精神与学术价值，并在一定程度上决定了美术创作的思想深度与分量感，更是一幅作品的灵魂所在。画面展现出恢宏的场景，不仅描绘了重庆地区的美景，更是重庆最具代表性和文化象征性的呈现，表现了坚韧不拔、百折不挠的内在精神，阐释了重庆文化的内涵，反映了当代重庆的人文精神面貌，恰当地实现了文化情感与艺术的融合。

　　在当下的文化语境中，有些画家在山水题材的作品中，以轻松、率直、温和的方式表达个人化的情感体验，以实现对现实场域的体察与探究，或以更为自觉的方式表达他们对时代的认知、对现实的反思以及对生活的态度。在傅吉鸿《不尽江天滚滚来》（中国画）、邓建强《巴山秋意图》（中国画）、李月林《石头记》（中国画）中，画家怀着对传统文化价值的认同和传承中华文化传统文脉的初衷，在历史与现实的双重文化语境中，以独特的

图4　李月林《石头记》中国画

东方思维方式展开了对山水题材作品的现代话语转换，并与个性化的精神表达相契合，表达出了当代人的精神状态和审美趣味，同时规避了个性化的精神定型化、风格化。

4. 军旅题材

此次调研报告中所涉及的军旅题材的作品，从传统英雄主义转向一种记录式的写实主义，像蔡循生、朱志斌《和平使命》（油画），王海鸥《战争记忆》（油画）、王海明《太行青春》（油画）、王海明《划破青春的冲锋号》（油画）、刘强《党的好战士》（雕塑）等作品，采用开放式的构图，加大景深，减少人为的构筑感，以自然光营造真实气氛，人物和道具的刻画细致入微，大尺幅画面形成的视觉包围感，让观者产生一种进入特定历史事件的时空错觉。

图5　王海鸥《战争记忆（一）》油画

5. 呈现当下人的生活状态的作品

在彭伟《而立之年》（版画）、唐德福
《黄桷坪后街印象》（中国画）、张杰《山城
百姓》（油画），黄山、黄丹《茶馆之二》
（综合材料），赵晓东《采采珍蔬，满满菜
篮》（油画）、贾高东《民间音乐人123》
（中国画）、陈彦百《暖阳下》（油画）、漆
晓勇《2015暖冬》（油画）等作品中，我们可
以看到画家对人物形象、性格特征的观察更为
细致，对人物形神与心理活动的处理也更加游
刃有余，以写实手法高度提炼并概括现实生活
中的人物形象特征。作品中人物繁多，以现

图6　彭伟《而立之年》版画

实生活中的人物为原型，力求每个人物形象刻画均细致、具体，个性气质鲜明、独特，用朴实的绘画语言赋予画面跃动的生命感，以画笔记录普通老百姓生活故事的瞬间，对人物形象性格的研究深入、具体，对人物个性气质的表现鲜活、生动，对人物复杂的内心状态的描绘细致入微，对人物形神的刻画笔简意深。

6. 城市题材

在胡焱《中国城市山水画的创新与实践——绿色生态家园的建构》、陈刚《折叠城市》（雕塑）、唐楚孝《城市记忆》（中国画）、刘强《重庆力量》（雕塑）、沈小虞《重庆重庆》（综合材料）、朱晓丽《旧城新市》（中国画）等表现城市题材的作品中，画家直面城市现实，真诚地记录时代特征，延续并创新绘画的笔墨语言，描绘巴渝地区人民的生活状态，反映当下城市社会的变迁，将自身对人性的认知与表达，对城市现实生活的观照与

图7　陈刚《折叠城市》雕塑

人文关怀通过画面的形式语言和笔墨造型进行有温度、有情怀的呈现，实现绘画语言与城市人文精神的高度统一。

7. 典型人物题材

本次调研报告涉及典型人物题材的作品有刘强《圆梦——记杂交水稻之父袁隆平》（雕塑）、刘大勇《师魂——张桂梅》（油画）、张俊德《毛相

林》（雕塑）等。在这些表现典型人物题材的美术创作中，艺术家们创作的作品不仅是典型人物的清正、廉洁、不屈等个人道德品格的约束，更是整个社会注重社会整体的积极向上的思想道德的导向。

图8 刘强《圆梦——记杂交水稻之父袁隆平》雕塑

8. 其他主题性美术创作

主题性美术创作在中外美术史上都是美术创作中重要的一个方面，这基于艺术家对美术功能的认识，同时也反映统治阶层及国家有关对艺术的社会作用与审美作用的理解及大众对美术作品的要求。主题性美术创作，

通过美术作品中的形象，反映时代的要求、人民的愿望以及历史的进步。周顺恺《谋篇——邓小平与重庆文艺界代表人士》（中国画）、龚吉伟《邓小平与文艺家们在一起》（雕塑）、张冀山《红色记忆系

图9 周顺恺《谋篇——邓小平与重庆文艺界
代表人士》中国画

列》（中国画）等作品是比较具有代表性的主题性美术创作。

在这些主题性美术创作中，我们能深深体会到画家对党和国家、对人民与时代的深厚情感。画家将描画国家、党和时代作为自己的使命与担当，致力于用自己真挚的情感和朴实的艺术语言去表现自己对家国的热爱。这种发自内心的炽热情感和创作自觉，使他们的作品摆脱了功利性，充满着艺术感染力和正能量，彰显出积极向上的精神品格。

图10　张冀山《红色记忆系列》中国画

9. 抗疫题材

翁凯旋、杨影《决战前夜——记火神山医院建设》（油画）、杨恒清《逆行者》（雕塑）、张思林《重医的故事》（连环画）等美术创作为观众徐徐展开一幕幕齐心协力、共同抗击灾难的画面，反映出走在抗疫一线工作者舍身为国的爱国主义精神。画家以油画、雕塑、连环画等艺术形式，展现出守望相助的温馨画面，也展现出人民共同抗击疫情的强大精神力量。

图11　翁凯旋、刘影《决战前夜——记火神山医院建设》油画

　　在这一题材的作品中，画家依据时下的重大事件、典型人物、时代精神的记录，展现当前时代的社会状况、文化风貌和民族精神，塑造出一幅幅感人的画面，表达出在困难面前全国人民众志成城、万众一心、克服困难的坚定信念，从中引发大家的爱国主义情怀。

（二）历史题材

　　艺术家进行美术创作的目的是把不同的美展现给大众，把自己的情感、社会的精神文明蕴含在艺术创作中，达到成教化、助人伦的目的，引起大众在精神情感上的共鸣，起到凝聚民心的作用。美术创作不仅抒发个人的爱国主义情怀，更承担了社会道德价值观的导向功能，弘扬民族精神、时代精神，反映国家的民生状况。因此，历史题材的美术创作与时代的精神发展同生共存，相互促进，二者不可分割。历史题材的美术创作以时代精神为创作基石，是时代精神的积极宣传与导向，对民族文化有着传承与延续的作用。

　　相比文字记录的历史，图像演绎的历史往往更直观，更能深入人心。因此，历史题材的美术创作是更鲜活、更具有时代印记的，也是更易于传播的历史注解。在王世明《岁寒三友》（中国画）、陈刚《1938年秋》（雕塑）、漆晓勇《某年某月某日冬，重庆特园》（油画）、蔡循生《1938宜昌大撤退》（油画）、李犁《洛川会议》（油画）、李毅力《历史的天空》

图12　蔡循生《1938宜昌大撤退》油画

图13　肖力《忘却的纪念》版画

（版画）、陈树中《抗战第一枪——1931东北江桥抗战》（油画）、张春新《国殇》（中国画）、李毅力《重庆大轰炸》（版画）、谢光跃《全城欢舞——重庆1949》（油画）、高晨栋《历史记忆——遵义会议》（水彩）、周宗凯《历史华章——人民意志筑梦新中国大事记系列版画创作》（版画）、肖力《忘却的纪念》（版画）等作品均具有历史的厚度和思想的高度。画家通过对历史的深入学习和精心设计，运用新的艺术表现方式，以历史的记忆讲述重庆地区的时代印记。这些承载着重庆地区优秀传统文化的历史故事，在历史与时代的交织和回响中，在画家笔下获得创新生命和活化传承。

（三）年画、连环画等题材

在李龙燕《童谣乐》（年画）、郑开琴《星星的妈妈》（连环画）、刘凯《凿空之旅——张骞开辟丝绸之路》（连环画）、余都《畅达腾飞之城·重庆》（连环画）等作品中，作者以公众喜闻乐见的形式，以更加生动鲜活的形态向公众讲述了关于重庆的故事。

图14　刘凯《凿空之旅——张骞开辟丝绸之路》连环画

三、重庆各类文艺创作扶持项目美术创作的社会功能和意义

（一）认识、教育、审美的社会功能

美术创作的三个社会功能是认识、教育、审美。重庆市文艺创作扶持项目中的各门类精品力作，通过典型的形象反映生活，可以让观者认识重庆不同时代、不同民族、不同文化、不同状态下社会生活面貌，从不同的美术作品中认识不同时代、不同民族的具体生动的生活情景，从而认识真理、认识历史、认识现实。

我们可以从周顺恺《告别三峡》（中国画）、王世明《三峡叙事·1997年三峡大移民》（中国画）中认识三峡移民的历史；也可以从唐德福《梨花沟》（中国画）、孟福伟《农家乐》（雕塑）、梁昌华《欢歌笑语》（版

图15　梁昌华《欢歌笑语》版画

图16　赵晓东《采采珍蔬，满满菜篮》油画

画）中看到重庆新山乡人民和市井百姓的日常生活；傅吉鸿《不尽江天滚滚来》（中国画）让观者感受到重庆文化的内涵和当代重庆的人文精神面貌；张杰《山城百姓》（油画），黄山、黄丹《茶馆之二》（综合材料），赵晓东《采采珍蔬，满满菜篮》（油画）让观者了解重庆百姓的日常生活以及他们的生活和精神状态。可以说，观者可以从重庆各类文艺创作扶持项目美术创作中比较全面地认识重庆的社会生活、风土人情，以及经济、政治、军事、文化、宗教、民族生活的情况。

美术的教育功能，在我国古代画论中历来受到重视。如东汉王延寿就认为绘画的作用就是"恶以诫世，善以示后"，魏曹植说"存于鉴戒者图画也"，谢赫在其著名画论《品画》中一开头就提出了"图绘者，莫不明劝戒，著升沉，千载寂寥，披图可鉴"的艺术功能论等。这些画论的作家都非常强调艺术的政教和德教功能，主张美术作品要有思想，要能教育人们服从本阶级的道德规范。

重庆各类文艺创作扶持项目美术创作之所以能产生教育功能，是因为美术家们在创作过程中，不仅反映现实，而且还会对现实生活作出评价，由此表达自己的理想和愿望，表达自己对人生与世界的体验和感受。当然，此教育功能并不是通过概念化、公式化的说教方式来证明一种观念、一种道德的正确性和有效性，美术作品中的视觉形象也不是披在某种道德、观念和真理上的一件外衣。这意味着，在美术作品中形象与观念，包括道德和观念应水乳交融地结合在一起才能真正起到教育人们的作用。

从整体和最根本的意义上来说，美术作品的教育功能体现在它能使人们对自然、社会、人生、他人与自我采取一种伦理态度。这种态度首先意味着对人类社会中美好的事物与正义的事业的热爱，对进步的信仰，对真理的追求，就像我们能从贾高东《民间音乐人123》（中国画）、陈彦百《暖阳下》（油画）、漆晓勇《2015暖冬》（油画）等作品中感受到山城百姓的日常生活，从而唤起对当下生活的关注；而像彭汉钦雕塑的教育功能则体现在它能唤起人们对生命的崇敬，对大自然的热爱。

美术除了认识功能和教育功能，还有一个重要的功能——审美功能。在审美功能上培养了人们对美的事物、美的形式的辨别力和感受力。重庆各类文艺创作扶持项目美术创作在局部范围内不断提升重庆地区人民对美好事物的追求以及幸福生活图景的无限向往。

（二）宣扬精神、展示态度、以文化人的意义

理解美术作品的意义，要理解它的时代性和地域性、创新性。无论是时代性、地域性，还是创新性，美术作品宣扬的是一种精神，一种态度，一种文化；用以启迪生活智慧、强化文化自信，以使公众确立正确的审美观。在以现实题材、历史题材为主的重庆市文艺创作扶持项目美术创作中，画家通过美术作品宣扬了重庆人民高尚的人格特点以及高度的精神品格，以及重庆人民对待生活乐观坚毅的态度。

艺术对大众的唤醒功能也在此体现出来。重庆市文艺创作扶持项目美术创作中对各个时期重庆地区的真实生活图录的记录与变化，同样是一部重庆人生活的记录，那些描绘重庆历史与传统文化，以及城市文明的情节性绘画，便是一种对文化自信的宣扬。重庆画家几十年的艺术探索、形式美感、精神共鸣是与之相符的，独立于作品内容的形式视觉语言和审美范畴的讨论，也为观众确立了正确的审美观。

（三）推动巴渝文化高质量发展

巴渝地区位于长江上游与中游的连接带，巴渝文化是长江上游最富有鲜明个性的民族文化之一，是重庆文化的重要源流。我们应当用动态的发展观来理解巴渝文化，并在继承和发展中不断进行文化创新，使巴渝文化更鲜明

地体现当代重庆的发展特色和风貌。重庆是一个文化资源大市，拥有诸多特色文化资源。重庆的文化资源种类多，规模大。作为世界最大的山水城市，重庆自然风光优美，人文景观众多，主城两江环抱，依山而建，山在城中，城在山上，是闻名遐迩的山城、江城、不夜城。重庆也是中国的历史文化名城，历史文化底蕴深厚，是巴蜀文化、巫文化的发祥地，有着让人动容的历史，在不同历史时期有着不同的文化积淀，存在巴渝文化、三峡文化、抗战文化、红岩文化、移民文化、陪都文化、移民文化等多种影响巨大的文化类型。

作为国家经济社会重要组成部分的美术事业，具有内聚人心、外树形象、助推经济发展的强大功能。重庆作为一座有着悠久历史的城市，拥有着丰富的文化资源。2014年习近平总书记在文艺工作座谈会上发表重要讲话以来，重庆市文化和旅游发展委员会积极响应，从2014年到2023年，开展了一系列系统的文艺创作项目资助工作，并取得了可喜的成果。重庆市文艺创作扶持项目美术创作充分发掘地方文化资源的人文特色和内涵，将重庆的历史渊源、文化脉络、城市形象等纳入其中，通过美术创作，促进重庆文化的传播，让更多的人了解重庆，进而推动了巴渝文化高质量发展。

四、问题与展望

20世纪50年代以黑白木刻为主要形式的重庆版画，60年代以大型群雕为代表的重庆雕塑，70年代后期到80年代前期的"伤痕""乡土"的重庆油画；重庆美术在中国画坛上引人注目的几次崛起和几代艺术家的杰出创造使其成为中国现代美术史上不能忽略的内容。90年代以后，当代艺术活跃让重庆再度为国内外瞩目。60年来，重庆美术在中国画坛上的影响和地位，推动中国美术发展的作为和贡献。然而，之后的探索仍需重庆的艺术家们为之努力，创造兼具时代精神和历史使命的重庆主题性美术作品。重视传统的传承与多元风格的生态，力求创作体验的深度、敏感度与温度。这也使我们的眼光不应局限于过去，满足于现在，更要使我们创作、思考的经验与心智延展到未来。

（一）存在的问题

随着时代与社会不断向前发展，重庆美术创作不断迎来新的机遇。在当下的文化语境中，重庆美术创作如何紧跟时代，以图像化视觉表现的方式对地域历史进行再现、对当代社会进行表现？在回应新的时代课题方面，艺术家如何观照自己的内心，以及如何以视觉艺术特有的魅力去感染观者？如何经典化地创作出一幅历史上留得住的作品？这些问题都是重庆地区艺术家需要考虑的问题，同样也为重庆市文艺创作扶持项目的有效开展提出了新的挑战。

此外，在调研中还存在以下问题：

（1）主题性美术创作的画家大多是年过中旬甚至年近古稀的老一辈艺术家。诚然，老一辈的艺术家技法娴熟、经验丰富、阅历广博，但是每一项主题性创作都是一次浩大的工程、一次艰苦的考验，需要艺术家付出艰辛的努力。但是，综观近几年的重庆市文艺创作扶持项目，不难发现，其中缺乏了年青一代艺术家的身影，特别是能够独立承担大型创作的青年艺术领军人才。可见，重庆主题性美术创作群体面临着人才断层、后备力量薄弱、青年艺术家成长缓慢等困境。重庆艺术界急需推动青年版画人才的培养，解决版画接班人的现实问题。

（2）创作组织工作和引导力度不够。为贯彻落实习近平总书记在文艺工作座谈会上的重要讲话精神，国家艺术基金资助项目、中国文联文艺创作资助项目、重庆市文艺创作资助项目、重庆市文联文艺创作扶持项目，力求推出更多思想性、艺术性、观赏性俱佳的精品力作。然而在集中组织艺术家深入生活，进行采风写生及业务指导等工作上仍存在诸多不足之处。

（3）缺乏有效的展览推出机制、宣传交流机制、收藏机制和相关配套政策。仅仅是扶持了美术创作，但在宣传推广等方面仍然有不足之处，缺乏对精品力作和创作成果的展示、宣传、推广与收藏。优秀的作品应该被纳入公立美术馆等专业机构的收藏规划。

（4）一幅美术创作能否成为经典，自有其内在的逻辑和规律，但关键是作品必须受到人民的喜爱，经得住历史的考验。因此，美术创作题材和主题不必拘泥于以往的观念和思维，可以更加深入群众和基层生活，更多地反映大众诉求，更贴切地表达社会需要，以更加灵活、更有活力的作品表现生活化、现实化的当代社会，更好地发挥美术创作的认识功能和教育功能。

（5）从创作论的角度，主题性美术创作往往对画家提出了更高的要求，艺术家必须深入、全面地了解其所表现主题的时代特征、历史背景，为创作储备全面的背景信息，同时选择合适的风格技法，包括人物造型、构图章法，画面构成、叙事节奏等因素。我们今天所进行的主题性美术创作，艺术家们更注重从当代造型艺术的视角来发掘现实主义的美感。当代的审美观念和对艺术的理解与以前相比也有很大的不同。我们一方面要强调现实主义的精神，针对历史真实进行各种角度的表现；另一方面也要关注当代美术品格，尤其是注重和尊重美术创作规律、造型艺术规律来进行创作。

（二）建议与对策

2014年以来，重庆美术创作呈现多样化趋势，无论从表现技法，还是观念性的转变上都有艺术家在突破自我中前行，这必然对重庆美术事业起到积极的推动作用。

1. 完善扶持政策的顶层设计

（1）完善扶持项目的配套措施，例如国家艺术基金扶持力度有限，一般只有10万元左右。而省（区、市）级的文艺扶持资金只有1万~5万元，最高也没有超过10万元。入选项目后，各层级单位或部门没有给予相应配套措施的文件和政策依据，建议在征集扶持项目的通知文件中将选送单位的匹配资金或其他保障要求明确提出，进一步提高入选项目主体的创作积极性。

（2）提供相应的创作环境或工作室等硬件设施，并组织引导名家名师进入项目指导，落实扶持主体单位责任给予指导专家的经费保障。

（3）成果运用方面要更主动。给予省（区、市）级美术馆专项经费用于验收后的展览项目。目前扶持创作项目完成验收后，作品虽然参加了一些展览，但局限于创作主体本人执行，还没有集中组织展览项目呈现，建议提供经费保障落实展览承接单位并以展览的形式验收考核扶持项目的满意度并以此监督验收质量，同时做好宣传推广。

（4）通过扶持项目发掘优秀主题绘画创作人才，再集中培训，提供相应保障措施，如经费保障和专家智力扶持，以"传帮带"孵化培育新一代拥有大型主题美术创作能力的艺术家群体。通过出人才、出作品，打造更优秀的主题美术作品，主题展览项目，为新时代文化艺术发展提供人才保障。

（5）推动完善各级美术馆收藏机制和政策指导。现在各个区县都在兴建美术馆，建议将各区级入选扶持的项目作品纳入创作主体户籍或工作单位所在各市区级美术馆的收藏清单，并给予相应的收藏经费，这样丰富了地方美术馆的典藏，作者也得到实惠鼓励，如此创新、创作、资助、扶持、展览、推广、收藏、研究，再创作……良性循环，"一条龙"政策指引并落实，推动艺术创作的大发展。

2. 美术馆具体措施

（1）展览策划。建立长效的展览机制，并筹备在2024年，实施2014年到2023年，国家艺术基金资助项目、中国文联文艺创作资助项目、重庆市文艺创作资助项目以及重庆市文联文艺创作扶持项目美术创作成果的展览和巡展，以展览的方式对美术创作成果进行展示，也可到其他省市以及区县美术馆进行巡展。此外，还可以将重庆市文艺创作扶持项目美术创作成果展览作为一个重要项目申请国家艺术基金传播交流推广资助。与此同时，美术馆还可以结合展览项目的执行，申报主题性美术创作人才培养项目。

（2）研究研讨。建立长效的研究及宣传推广机制。在合适的条件下，不定期举办美术创作成果的座谈会和交流会，届时美术理论的批评和研究工作可以同时开展，最终形成研究文集出版发表。这不仅是艺术家也是重庆地区文艺工作者的责任之所在。

（3）推动美术馆收藏机制。制订收藏计划，将这些符合历史发展规律的历史叙事、反映现实生活的经验情感、代表真善美的人性追求的美术创作成果囊括进来，不断建构属于重庆的当代视觉记忆，承担我们的社会责任与历史责任。

（4）公共教育推广活动。开展重庆市文联文艺创作扶持项目美术创作成果的展览，下沉基层，到区县和校园等地方巡展，也可与其他省市的美术馆进行合作交流展。

（5）加强美术创作的组织和引导工作。建议在主题性美术创作上，组织艺术家集中或零散采风、写生等活动，并提供业务指导工作，让艺术家深入生活，扎根基层，获取第一手创作素材。

本调研报告期望为重庆美术创作者在今后的主题性创作中全方位地考虑这些因素提供一定的借鉴。

大力推进我市工业设计产业高质量发展[①]

重庆文化产业（西南大学）研究院　张海燕　格明福

重庆市文化和旅游发展委员会　张　舜

一、引言

工业设计是指以工业产品为对象，综合运用科技成果和工学、美学、心理学、经济学等知识，对产品的功能、结构、形态及包装等进行整合优化的创新活动[②]。2015年，世界设计组织（WDO）对工业设计作出了新的定义：工业设计旨在引领创新、促进商业成功及提供更高品质的生活，是一种将策略性解决问题的过程应用于产品、系统、服务及体验的设计活动[③]。目前，工业设计的发展已从狭义产品设计的1.0版本演变到综合运用科技成果和工学、美学、心理学、经济学等知识，对产品的功能、结构、形态及包装等进行整合优化创新的2.0版本，并进一步升级到以用户需求为本的"交互设计"和以跨界融合、系统集成为特点的"集成设计"以及数字创意为主的"数字设计"的3.0版本。工业设计是科学与艺术相结合的新质生产力，是制造业创新能力和核心竞争力的重要组成部分；是转变经济发展方式、推动产业结构调整优化、产业能级持续提升的引领性力量；是推进供给侧结构性改革、推动产业高质量发展的重要途径，是助力企业增品种、提品质、创品牌的关键手段；是"中国制造向中国创造""中国速度向中国质量""中国产品向中国品牌"转变的重要抓手。

---

① 本文是在2022年重庆市文化旅游委员会委托项目"重庆工业设计产业调研报告"的基础上修改而成。
② 参见工信部联产业〔2010〕390号文件《关于促进工业设计发展的若干指导意见》。
③ 参见于炜等主编：《中国工业设计发展报告·2021》，社会科学文献出版社2021年版。

"十四五"时期是重庆工业设计产业快速发展的战略机遇期。一是重庆市设计产业基础较好，全市创意设计服务业增长较快，全市文化产业增加值占比达37%（全国为17.2%）；二是已建成投用和规划建设中的工业设计产业园区，建设理念和技术支持均在西部领先，有望发挥产业集聚、规模发展、创新引领的作用；三是随着重庆市智造重镇、智慧名城建设的推进，工业设计在市场需求和服务供给水平方面，均会有大幅增长。科技进步所带来的供给侧和需求侧的快速变化，赋予工业设计全新的能量。作为"创新链源头、价值链起点"的工业设计，逐步成为定义新产品、催生新业态的重要抓手。这就有了从"服务企业""塑造企业"向"创造企业"转型升级的基础和可能性。在重庆市跨关口、培优势、上台阶的战略决胜期，大力发展工业设计产业，为打造万亿级电子信息、六千亿级材料、五千亿级特色消费品、五千亿级汽车、三千亿级装备、千亿级生物医药等产业集群，提供强大支撑，从跟随式、追赶式发展向引领式发展转变，争取跻身工业设计中心城市第一方阵，更好地服务于建设国家重要先进制造业中心的战略目标。

二、重庆市工业设计产业的发展背景

进入21世纪以来，工业设计在全球产业发展中的地位越来越重要，已成为全球创新发展的强大动力。根据美国工业设计协会测算，在工业设计上每投入1美元，可带来1500美元的销售收入。越来越多的国家和地区认识到设计对推动经济发展、产业创新、增加就业等方面的重要作用，进而将设计产业政策作为建构创新型国家和提高国家竞争力相关政策的重要组成部分。美国的苹果、微软、谷歌等一批企业牢牢把握住新一轮科技革命和产业革命的有利机遇，依靠源源不断的设计成果占据了全球价值链高端，引领全球产业创新发展潮流。德国"工业4.0"通过大数据、人工智能、机器人、数字制造等的应用推广，改变了全球制造范式。自20世纪70年代至今，全球已有20余个国家将推进工业设计产业化发展纳入国家战略。美、英、德、日、韩等发达国家均出台了一系列支持和鼓励工业设计产业发展的相关政策，将工业设计纳入国家发展战略和政策创新体系加以重视。发达国家通过不断提高创新设计能力推动传统产业升级和新兴产业成长，强化设计与科技、经济、社会、教育、文化的相互融合，并在设计基础研究、设计成果应用等方面进行了大量投入。目前，全球工业设计产业形成了以英国为代表的文化创意驱动模式，以美国为代表的商业市场驱动模式，以德国与日本为代表的高端制造驱动模式和以韩国、北欧为代表的国家政策驱动模式四类特点鲜明的发展路径，并助力上述国家占据了国际制造分工链条上游的高附加值环节①。

　　2006年，我国《国民经济和社会发展第十一个五年规划纲要》提出要"发展专业化的工业设计"。2007年，时任国务院总理温家宝强调，"要高度重视工业设计"。2010年，工信部等11部委联合签发《关于促进工业设计发展的若干指导意见》，这是我国首个针对工业设计产业的指导意见，从国家层面规定了工业设计的产业属性、产业结构、产业地位及产业政策，加速了工业设计产业的发展。2011年，国务院办公厅发布《关于加快发展高技术服务业的指导意见》，鼓励有条件的地区成立工业设计服务中心和实施示范工程，完善工业设计知识产权交易和中介服务体系，建设研发设计交易市场，打造一批具有国际竞争力的研发设计企业和知名品牌。培育发展专业化的工业设计、研发机构。2013年，国务院发布《"十二五"国家自主创新能力建设规划》，提出完善相应的研发和推广应用体系，提升重大成套技术装备的系统设计能力和集成创新能力、配套产业的新技术和新产品开发能力。2014年，国务院发布《关于推进文化创意和设计服务与相关产业融合发展的若干意见》，提出着力推进文化软件服务、建筑设计服务、专业设计服务、广告服务等文化创意和设计服务与装备制造业、消费品工业、建筑业、信息业、旅游业、农业和体育产业等重点领域融合发展。2015年，国务院印发《中国制造2025》，提出建设若干具有世界影响力的创新设计集群，培育一批专业化、开放型的工业设计企业，鼓励代工企业建立研究设计中心，向代设计和出口自主品牌产品转变。2016年，国务院印发《"十三五"国家战略性新兴产业发展规划》，强化工业设计引领作用，鼓励企业加大工业设计投入，推动工业设计与企业战略、品牌深度融合，支持建设工业设计公共服务

---

① 魏际刚、李曜坤：《从战略高度重视工业设计产业发展》，《中国经济时报》，2018年7月25日。

平台。2018年，国务院发展研究中心提出，要从战略高度重视工业设计产业发展。2019年，13个部门印发《制造业设计能力提升专项行动计划（2019—2022年）》强调，推动制造业短板领域设计问题有效改善，工业设计基础研究体系逐步完备，公共服务能力大幅提升，人才培养模式创新发展。2020年，工信部、发改委等15个部门发布《关于进一步促进服务型制造发展的指导意见》强调，创新设计理念，加强新技术、新工艺、新材料应用，支持面向制造业设计需求，搭建网络化的设计协同平台，发展个性化设计、用户参与设计、交互设计，增强定制设计和柔性制造能力。北京、上海、山东、湖北、广东、四川等省市也陆续出台了支持和鼓励工业设计产业发展的专项政策。从"十二五"开始，我国在国民经济发展五年规划纲要中均高度重视工业设计在创新驱动发展中的关键作用。在"十四五"规划中，进一步强调"以服务制造业高质量发展为导向，推动生产性服务业向专业化和价值链高端延伸。聚焦提高产业创新力，加快发展研发设计、工业设计商务咨询、检验检测认证等服务"。2023年，工业和信息化部等8个部门发布的《关于加快传统制造业转型升级的指导意见》提出："推动工业设计与传统制造业深度融合，促进设计优化和提升，创建一批国家级工业设计中心、工业设计研究院和行业性、专业性创意设计园区，推动仓储物流服务数字化、智能化、精准化发展，增强重大技术装备、新材料等领域检验检测服务能力，培育创新生产性金融服务，提升对传统制造业转型升级支撑水平。"在相关政策的支持下，我国工业设计产业不断发展壮大。2013年，我国工业设计行业市场规模已达470亿元，此后呈现逐年高速增长态势。2017年，我国工业设计产业市场规模约为1200亿元；2018年，我国工业设计产业市场规模达1556亿元；2020年，我国工业设计产业市场规模将达2452亿元；预测到2025年将增长到8694亿元左右[①]。

2019年11月，重庆市出台《重庆市加快工业设计产业发展若干政策》，设立工业设计产业发展专项资金；2020年7月，出台《重庆市工业设计数字化智能化提升专项行动方案》；2020年9月，提出建设"设计之都"的目

---

① 参见观研天下发布的《2019年中国工业设计市场分析报告——市场运营现状与未来趋势预测》。

标①。2023年12月29日，重庆市委书记袁家军在调研宣传思想文化工作时强调，"设计要与社会发展、产业发展相结合，更好服务城市形象提升，满足群众高品质生活需求"。在新一轮科技革命和产业变革深入发展、新一轮深层次改革和高水平开放纵深推进的背景下，重庆迈入现代智造与工业设计深度融合发展的新阶段，工业设计在重庆国际消费中心城市和内陆开放高地建设中发挥着越来越重要的引领作用。培育和发展具有全国乃至全球影响力的工业设计产业，是重庆面向未来发展"筑城"，建设"科学之城，创新高地""文化强市，设计之都""智造重镇，智慧名城"的必然要求，有助于打造重庆高质量发展的"新引擎"、内陆开放高地建设的"新支撑"和现代化城市的"新样板"。

三、重庆市工业设计产业高质量发展的主要路径

（一）培育壮大工业设计市场主体

一是助推工业设计企业发展壮大。继续支持锦晖陶瓷、江小白、峰米（重庆）创新科技、杜塞、比阳、忽米等设计驱动型企业和大江动力、宇海精密制造、段氏服饰、浪尖渝力、数字城市科技等设计引领示范企业进一步做大做强，鼓励工业设计企业加强技术攻关和产品研发，引导其对标国际头部企业，深度嵌入制造业，不断创新服务模式，提高专业化服务水平。抓住国家重大战略调整带来的机遇，瞄准当前最热的新一代信息技术，关注新产业及新业态的成长发展，培育头部企业和优质企业，支持长安、力帆、宗申、京东方、庆铃汽车、小康工业等制造企业进一步提升对外设计服务能力。推动工业设计龙头企业以市场为导向、以设计为核心、以资本为纽带的兼并重组，鼓励重庆设计集团、玛格家居、登康、宇海精密制造、西山科技等企业上市。二是实施工业设计中心倍增计划。培育更多设计驱动型企业，支持设计驱动入库企业创建国家级、市级工业设计中心，从入库企业中遴选一批市级设计赋能智造标杆企业、市级工业设计服务先导企业，并适时组织

---

① 参见《重庆市人民政府办公厅印发〈重庆市推进建筑产业现代化促进建筑业高质量发展若干政策措施〉的通知》，2020。

工业设计、品牌营销、市场推广融资服务、数字化转型、人力资源服务等专家团队对入库企业开展设计诊断，一对一服务助力企业提升设计创新能力。支持各区县开展工业设计中心认定工作，鼓励市级工业设计中心创建国家级工业设计中心，培育一批创新能力强、服务水平高具有全国乃至全球影响力的工业设计中心。到2025年，培育建成15家以上国家级工业设计中心，250家以上市级工业设计中心，工业设计赋能制造业高质量发展的速度和效果更加凸显。

（二）提升工业设计产业链现代化水平

一是围绕工业设计行业中的需求端和供给端以及设计成果的培育、转化与交易，建设服务工业设计行业的成果交易平台，促进设计成果的产业化应用，建设"产学研用"一体化的设计产业链。二是支持龙头企业通过加大本地采购力度，推动本地相关领域企业加快布局相关配套、原料环节，补齐产业链供应链短板。三是发挥汽车设计、建筑设计、创意设计等领域的比较优势，积极培育产业链上下游企业集聚，瞄准符合未来产业变革方向的产品，积极培育战略性全局性产业链。四是结合行业关键共性技术体系建设，推动行业各类企业联合建设产业创新中心、制造业创新中心、产学研联盟、检验检测平台等机构，提升产业链整体研发能力，通过研发、融合、要素和资源集聚催生新产品、新模式、新技术和新业态，持续锻造产业链长板，构建更为完整的产业链条。五是构建"工业设计+"多元产业生态，促进工业设计与城市更新、乡村振兴、产业升级、景观再造、绿色发展、文化记忆活化传承、生活美学的深度融合，大力发展全生命周期设计，促进工业设计服务从产品设计向交互设计、整合设计、系统设计、智能设计、绿色设计、生态设计等方向转变，不断延伸设计服务链条，进一步提升工业设计全价值链和全产业链服务能力。

（三）推动工业设计集聚发展

重庆工业设计产业园区未来的发展重心与主要任务应服务于创新创业，通过市区联手、区域联动，继续优化工业设计产业布局，提升工业设计产业集聚发展效应，形成产城融合发展新态势。为此，需要着力做好两个方面的工作：一是围绕重点产业发展方向，以新能源汽车、电子装备、5G智能制造、生物医药、特色消费品等产品设计为切入点，梳理全市重点产业链图谱，加大技术改造和技术迭代力度，进一步增强规模效应和集聚效应，吸引更多市外优质工业设计企业来渝布局。二是培育具有国内外领先优势的细分领域的设计产业集群，鼓励各区县根据区域经济发展实际和产业、资源比较优势，加快建立一批工业设计产业园区、工业设计小镇，培育和认定一批国家级工业设计示范园区，发挥辐射和带动作用，吸引工业设计企业、人才、资金等要素向园区集聚。到2025年打造5个设计产业生态集聚区，为产业转型升级和创新发展提供有力支撑。

（四）促进工业设计相关产业深度融合

一是加快工业设计与智能制造的深度融合。顺应工业设计产业新趋势，面向"文化强市""制造强市"战略和"互联网+"经济生态，运用全生产要素、全生命周期、全产业链、全价值链的视角，以"大设计、大融合、大集成"的系统设计观为指导，充分发挥工业设计在企业产品开发与品牌塑造、行业结构调整与战略提升以及区域经济转型与产业升级中的积极作用，建立覆盖用户研究、概念设计、产品研发、测试、生产制造、物流、品牌营销的全流程设计集成创新机制，促进先进制造业和现代服务业的深度融合。二是加快文化创意与工业设计产业的深度融合。进一步提升文化创意和设计企业服务装备制造业的能力，支持基于新技术、新工艺、新设备、新材料的应用设计和文化内涵的开发，鼓励文化企业与制造企业深度合作，推进文化创意和设计服务专业化、产业化、集约化、品牌化发展，着力推进文化软件服务、建筑设计服务、专业设计服务、广告服务等与现代工业、建筑业、信息业、旅游业、农业和体育产业等相关产业融合发展。面向消费升级需求，加强文化创意设计植入，推动消费品产业整体升级，推动食品向营养、健康、方便的方向发展，促进特色轻纺向潮流、精致、个性化方向转型，探索建立C2M（反向定制）产业基地，打造具有国际竞争力的特色消费品产业集群。

（五）加强基础研究和专业技术研发推广

一是开展工业设计基础研究。充分利用重庆市地缘优势和科教资源优势及其在规划设计、产品设计、建筑设计、时尚设计、广告设计、创意设计、人工智能等相关领域的现有基础，集中设计院校、研究机构、设计团体及设计企业的研发力量，鼓励围绕工业设计领域的新材料、新技术、新工艺以及工业设计数字化智能化等行业发展趋势进行基础性研究。二是开展相关产业关键共性技术前瞻性研究。围绕智能网联汽车技术、电驱动系统技术、动力电池能量存储系统技术、工程机械绿色化与宜人化设计技术、柔性显示器技术、超高清关键技术、虚拟现实核心技术、工业应用软件技术等相关产业关键共性技术展开关于制造业设计理论、数据累积、设计规范、设计标准、设计管理、设计验证等前瞻性研究。三是加强新信息技术研发。重点培育5家以上市级工业设计研究院，综合利用5G、物联网、大数据、云计算、人工智能、AR/VR/MR、工业互联网等新一代信息技术，建立数字化设计与虚拟仿真系统，发展个性化设计、用户参与设计、交互设计，推动零件标准化、配件精细化、部件模块化和产品个性化重组，推进生产制造系统的智能化、柔性化改造，增强定制设计和柔性制造能力，发展大批量个性化定制服务。四是加强工业设计技术应用推广。面向绿色生态设计、工业软件设计等特定行业和领域的工业设计技术，推动基于信息服务、神经网络算法研究、大数据资源背景的设计应用研究，开发工业设计基础软件，推动工业设计建模软件发展，促进特殊行业和领域的专用设计及仿真软件应用推广。

（六）支持设计创新服务平台建设

一是建设工业设计共创平台。围绕大学校区、科技园区和城市公共园区的"三区联动"，依托互联网、大数据、云计算、VR技术和人工智能的技术支持，积极探索"双创"背景下适应新业态、新经济和新产业的工业设计发展新模式，通过工业设计整合科技、资本、创意和商业，建设工业设计共创平台，不断普及设计创新理念，为工业设计发展营造创新文化环境。二是搭建行业信息共享平台。针对重庆市工业设计行业小微企业较多，且大多不具备独立的知识产权保障或服务能力、知识产权保护贯穿设计全过程的特征，鼓励设计院校、科研机构、设计园区、设计企业或企业设计部门，建立面向工业设计行业的知识数据库、商业数据库、专利数据库、标准数据库以及行业资源数据库等信息平台，建立数据共享机制，构建信息共享体系，提高信息共享能力，为工业设计企业和从业人员的设计活动提供信息支持。

（七）鼓励对外交流与合作

一是加强国际设计组织建设。充分利用国外优质设计资源，支持国际设计组织、机构在重庆市共建设计研究中心、设立分支机构。积极申报联合国教科文组织创意城市网络"设计之都"，积极申请在重庆设立联合国教科文组织国际创意与可持续发展中心。鼓励重庆市企业积极"走出去"，在国外设立设计中心或收购国外设计机构。二是支持举办国内外交流合作活动。依托进博会、工博会、创博会、重庆设计周等活动平台积极开展国际国内设计交流活动。继续办好"智博杯"中国（重庆）工业设计大赛并不断提升其影响力，吸引国内外知名工业设计公司来渝落户。积极争取承办世界工业设计大会，组织设计成果参加国内外知名设计展览、大奖赛等活动，支持举办以工业设计成果交流转化、理念与技术交流推广为主要内容的会议、活动或展览。鼓励争取联合国教科文组织创意城市重庆峰会和中国工业设计展览会的承办权，围绕设计创新，引入国际元素，持续强化国际交流合作，加快国家工业设计示范城市建设。三是建立多方参与的多层次合作交流机制。加强与长江经济带沿线地区工业设计产业协同发展，支持区县、开发区与东中部地区建立产业转移合作关系，促进设计资源要素合理流动和高效聚集。不断完善成渝地区双城经济圈工业设计产业合作发展机制，促进成渝双城工业设计产业链供应链不断融合，联合打造一批具有国际竞争力的特色产业集群和产业示范基地。与欧美日韩及"一带一路"共建国家广泛建立人才交流、教育交流、文化交流、智库交流和企业交流等设计合作交流机制。

（八）打造重庆工业设计品牌

一是打造"重庆设计"新品牌。依托国际国内创意设计专家团队和市场化运营专业团队，以企业为主体、以市场为导向、以创新融合为主线，共同打造享誉全国乃至全球的"重庆设计"新品牌，助力重庆"品牌之都"建设，推动企业从产品经济向品牌经济转型，引领和推动重庆及中国西部创意设计产业的发展。二是促进"重庆设计"老品牌更新。以创意设计凸显和提升重庆知名老品牌的文化和市场价值，支持创意设计企业与老品牌企业合作设计开发品牌形象和品牌系列产品，以设计创新提升老品牌的新价值。在家居生活、智慧城市、工艺旅游等城市民生领域，利用设计创造和提升品牌价值的功能，培育"新一代重庆品牌"。三是扩大"重庆设计"品牌影响力。基于"设计之都活动周"，通过设计竞赛、奖项评选、设计展览、设计论坛等一系列活动进一步扩大"重庆设计"的影响力，围绕设计大师、设计产品、设计品牌、设计企业、设计园区等设计成果推广等一系列化品牌活动，普及"设计提升生活品质"理念，进一步丰富"重庆设计"品牌文化内涵和文化底蕴，提升"重庆设计"品牌的知名度和影响力。

四、重庆市工业设计产业高质量发展的保障措施

（一）优化产业生态环境

一是优化法治环境。构建和完善知识产权保护体系与知识产权服务体系，为工业设计领域的成果保护、成果转化提供知识产权服务支撑，加强促进工业设计行业发展的法治环境建设。依托各类知识产权服务机构不断完善设计领域的信息检索、知识产权申请代理、资产评估等服务链，提供工业设计领域的知识产权"一站式"服务，为促进工业设计行业的健康发展提供法律保障。二是优化政策环境。贯彻落实好国家和市级现有工业设计产业发展政策，同时以市政府或政府相关部门联合发文的形式适时出台诸如《关于进一步促进重庆市创意设计产业数字化发展的指导意见》《加快我市工业设计产业高质量发展的指导意见》《促进我市工业设计企业"上规上市上云"行动计划》等新的市级专项政策措施。推动吸纳高校专家、科研骨干、企业代表等社会力量积极参与相关政策的制定和实施监督，引入第三方，加强政策执行效果评估，建立政策调整和退出机制，确保政策科学实用、稳定连续。

三是优化社会文化环境。通过讲座、展览、竞赛、媒体宣传、课程、课题研究、体验活动等多种渠道面向公众普及和推广设计理念、倡导创新文化，让设计走进校园、走进社区，提升全民设计素质，形成尊重和激励设计创新的良好氛围。

（二）构建教育培训体系

一是构建设计专业教育体系。鼓励工业设计院校按照专业化、特色化、市场化、国际化的理念进行设计课程体系改革，聚焦制造业培养交叉型、复合型设计人才，开发体现中国特色、融汇国际标准、对接市场需求、横跨学科门类的"设计+"课程，建设适应产业需求的设计专业教育体系。二是加强职业教育和培训。支持重庆市高等院校开设和提升工业设计专业，加快培养基础型、技术型、应用型设计人才，构建工业设计现代职业教育体系。深化产教融合、校企合作，鼓励有条件的机构、企业、院校和园区开设创新课堂、创新学院，通过讲座、课程、考察、交流、培训及远程教育等形式，提升从业人员及相关人员设计能力和设计素养，开展设计职业培训。三是建设全民设计教育体系。继续开展"设计周""设计博览会""设计陈列馆（展示馆、博物馆）""设计论坛""设计讲坛"等各类设计推广活动，鼓励媒体开设专业频道和栏目宣传创新设计。同时，继续推进中小学开设创意设计课程、加强中小学的设计启蒙教育和素质教育；鼓励开展走进社区的设计展览及体验活动，推动创意设计的全民参与，为促进工业设计行业发展营造文化环境。四是重视高级人才培养。加快培育和引进能突破关键技术、实现设计成果转化的领军人才及团队。创建工业设计新技能实训基地，大力培育精益求精的工匠精神，推进工业设计高技能人才培养。面向企业骨干设计师和高层管理人员，开展设计高级业务培训、企业创新设计战略等专题培训活动，组织高级技术人才、管理人才开展创新设计国际交流和培训，选派优秀工业设计师出国培训交流。积极引进海内外工程院士、工程勘察设计大师、著名设计师等优秀工业设计人才来渝从事就业创业和相关教学科研工作，建设一支高素质高水平的设计人才队伍。

（三）加大资金扶持力度

一是加大市级工业设计产业专项资金扶持力度，重点支持工业设计基础研究、基础软件开发、设计教育、设计方法研发、重点优秀项目研发设计和推广，支持设计产业公共服务平台建设，拟定并发布制造业短板领域工业设计问题清单，探索利用"揭榜挂帅"机制，加快突破关键核心技术，促进设计成果创新应用，切实补齐制造业短板。鼓励各区县设立工业设计专项扶持基金，形成国家级、市级和区县级三级联动支持体系。二是鼓励设立工业设计股权投资基金。股权投资基金主要投向战略性新兴产业，如新一代信息技术、智能制造装备、工业机器人、人工智能等领域里的原创设计突破项目，以及创意设计领域里具有国际水准的创新项目，并且以早、中期项目为主要投资对象，适当配置成长期和成熟期的项目，最大限度地发挥工业设计创新基金的孵化与加速功能。

（四）加强组织实施

各相关部门要根据本地区、本部门、本行业的实际情况，切实加强对推进工业设计产业和与其相关产业融合发展工作的组织领导，编制专项规划或行动计划，制定相关配套文件。继续推行并完善部、市协作工作机制，建立健全各部门横向协同、上下联动工作机制，形成资源共享、协同推进的工作格局。充分发挥相关行业协会的指导、协调作用，开展行业调研、提供行业服务、加强行业自律。加快发展和规范相关行业协（商、学）会、中介组织，充分发挥行业组织在行业研究、标准制定等方面的作用。重视完善工业设计产业统计制度，加强文化创意和设计服务类产业统计、核算和分析。

2023年上半年西南地区露营产业影响力指数研究

重庆市文化和旅游信息中心　李忠祎　张瑜琴

重庆师范大学地理与旅游学院　张云耀

露营作为国内最受欢迎的休闲方式之一，自2014年起，各级政府推出不同的政策鼓励露营产业的发展。2021年发布的《"十四五"旅游业发展规划》提出要形成网络化的自驾游营地服务体系。2022年11月，文化和旅游部联合多部门共同推出了《关于推动露营旅游休闲健康有序发展的指导意见》，提出要支持经营性露营营地有序发展，在多种场所建设营地、发展休闲露营服务。当下，露营市场趋于年轻化、露营产品趋于专业化。多样化的露营需求促使"露营+农业""露营+体育""露营+咖啡"等新型"露营+"模式出现，显示出露营产业消费多样化和消费升级的潜力。2022年，露营经济成为文旅消费新"风口"。一顶帐篷带动形成数百亿元消费规模，让露营经济成为旅游业中为数不多逆势增长的细分市场。疫情过后，露营的热潮逐渐褪去，发展更为理性。但作为新兴产业，露营发展值得更多的关注。基于此，本研究构建起西南地区露营产业影响力评价体系，并对其影响力进行分析，以此促进西南地区露营产业健康有序发展。

一、露营产业影响力指标选择及体系构建

西南地区露营产业近年来发展迅速，提供了类型丰富的露营产品。由于露营行业产业链可分为上游、中游、下游三个部分，上游的装备、服饰等生产和下游的食品、用品等衍生商品在西南地区并不明显集聚，因此，本研究关注露营产业应用的场景，主要是以露营地、OTA平台为代表的露营消费场

景和以小红书、微博等社交媒体为代表的传播场景。参照中国露营产业影响力指标等内容，本研究的露营产业影响力指数由竞争力指数、传播力指数、品牌力指数三个一级指标构成，其中竞争力指数40%、传播力指数30%、品牌力指数30%。

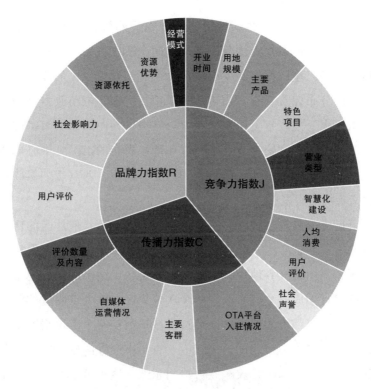

图1　露营产业影响力指标体系

竞争力指数由开业时间、用地规模、主要产品、特色项目、营业类型、智慧化建设、人均消费等指标构成。传播力指数C由OTA平台入驻情况、主要客群、自媒体运营情况、评价数量及内容等指标构成。品牌力指数R由资源依托、资源优势、单店连锁、用户评价、获奖排名情况等指标构成。

本研究通过"企查查"查询到西南地区的20179家相关露营产业，进一步通过大众点评、携程、美团平台查询到1048家露营地，再通过高德地图检索，最终确定营业中重庆205家、四川335家、云南223家、贵州253家、西藏24家，共计1040家露营地作为本次研究对象。从市场角度、经营者角度、学理角度、管理者角度进行综合研判，以此确定模型的可靠性，最终计算相应结果。

二、西南地区露营地的发展格局

从空间分布上来看，西南地区露营地在空间分布上形成两个密度核心区、两大次聚集区和多处点团状的格局。两个密度核心区分别是以成都市为中心的城镇群和以重庆都市圈中心城区为中心的城镇群，形成双核集聚区。两大次聚集区分布在贵州省贵阳市、安顺市、黔南布依苗族自治州；云南省昆明市、玉溪市，是以省会城市为单核分布点，并向周边城市扩散，最后形成次一级的露营地密度聚集。点团状以非地区省会的市州为中心形成区域峰值，呈现阶级分布状态。如云南省大理白族自治州、西双版纳傣族自治州和贵州省遵义市均为集聚点。

重庆市形成一个核心区、两个次聚集区、多个带状连片区的格局。即以中心城区为露营地核心区；武隆区以北和长寿区以东为营地次聚集区；綦江区、万州区、南川区交界地带，铜梁区、大足区、璧山区交界地带形成带状连片区。四川省形成一个核心区、两个次聚集区、多处点团状的分布格局。一个核心区即以成都市为核心，向周边区域扩散；两个次聚集区是德阳市、绵阳市；点团状在乐山市北部，内江市、自贡市交界区域，广元市北部，南充市南部，遂宁市南部，甘孜藏族自治州东部，达州市中部均有分布。贵州省形成一个核心区、三个带状连片区、多个点团状的结构。以贵阳市为一个核心区；遵义市西南部、贵阳市北部交界地带，安顺市北部、毕节市东南部交界地带，六盘水市北部、毕节市西部交界地带构成三个带状连片区；点团状在铜仁市东南部、黔东南苗族侗族自治州西部、黔南布依族苗族自治州中部、黔西南布依族苗族自治州西南部均有分布。云南省形成一个核心区、一个次聚集区、一个带状连片区和两个点团状的结构。即以昆明市为核心区；大理白族自治州中部为次聚集区；普洱市南部、西双版纳傣族自治州中部交界带为带状连片区；丽江市西部、迪庆藏族自治州南部、保山市西部形成点团状的结构。西藏自治区形成了两个核心区和三个点团状的格局。即以拉萨市和山南市交界区域、林芝市北部为核心区；日喀则市、昌都市东南部、林芝市东部和昌都市西部区域为点团状分布。

三、西南地区露营产业影响力指数

根据影响力指标体系得出的结果：2023年上半年西南地区的露营产业影响力指数整体平均值为2.045。其中，重庆市露营产业影响力指数平均值为2.250，四川省露营产业影响力指数平均值为1.922，贵州省露营产业影响力指数平均值为1.895，云南省露营产业影响力指数平均值为2.273，西藏自治区露营产业影响力指数平均值为1.451。云南省的露营产业影响力指数最高，其后依次为重庆市、四川省和贵州省，而西藏自治区的露营产业影响力指数则最低。虽然四川省和贵州省的露营产业影响力指数低于整体平均值，但差值均在0.2之内，重庆市与云南省的露营产业影响力指数高于整体平均值，差值略高于0.2，总体上来说，川渝黔滇四省市露营产业影响力指数差距较小。

重庆市露营地影响力平均指数为2.250，石柱土家自治县、綦江区、合川区排前三位。四川省露营地影响力平均指数为1.922，德阳市、达州市、内江市排前三位。贵州省露营地影响力平均指数为1.895，毕节市、贵阳市、六盘水市排前三位。云南省露营地影响力平均指数为2.275，昆明市、迪庆藏族自治州、保山市排前三位。西藏自治区露营地影响力平均指数为1.451，昌都市、日喀则市、林芝市排前三位。

四、西南地区露营地榜单

根据西南地区露营产业影响力指数指标体系标准化方法，计算得出西南地区五省区市的露营产业影响力指标的结果，并依照结果进行排序，总榜前20位营地进入西南地区总榜。依次分别为冷水风谷休闲度假营地（重庆）、棕榈世界房车露营地（四川）、仙女山国家森林公园露营基地（重庆）、金色大地假日农庄露营地（云南）、鲁能美丽乡村露营基地（重庆）、优途丝路天龙谷文化露营地酒店（贵州）、八台山露营基地（四川）、谷屿野·缙北星空精致露营地（重庆）、回归大自然绿色山庄拓展基地（云南）、阿西里西二台坡星空营地（贵州）、伊斯特庄园露营地（重庆）、萤火谷文创农场露营地（重庆）、乌蒙大草原露营地（贵州）、唐家河露营地（四川）、浪哨缘318房车营地（贵州）、九龙滑草场飞行露营地（四川）、城市星野露营地（四川）、七彩云南古滇池名城度假区露营地（云南）、高坡扰绕露营基地（贵州）、崔苏坝国际露营地（贵州）。

同时，选取影响力指数产生了热度榜单，选取主要产品及特色项目指数产生了露营地乐趣度榜单，选取用户评价及评价数量及内容指数产生了露营地好评度榜单，选取用户评价、社会声誉、用户评级及社会影响力指数，产生了知名度榜单。并根据海拔高度和人均消费金额，产生了相应的榜单。

五、现状研判及发展对策

通过对西南地区露营产业发展现状及发展影响力探究分析，可以看出虽然后疫情时代背景下旅游市场不断恢复活力，露营产业受到了一定的冲击，其发展态势有明显放缓的趋势，但通过对西南地区露营地深入调研发现，露营产业在未来仍然具有较好的发展前景。

（一）发展现状研判

露营发展整体格局均衡性较弱。西南地区露营地在空间分布上呈现出较强的集聚性和非均衡性。整个西南地区露营地主要集中分布于四川成都和重庆中心都市圈两大核心区，以云南昆明、玉溪和贵州贵阳、安顺等地区构成的两大次聚集区。作为核心区和次集聚区，露营地以其为中心释放扩散效应带动区域其他露营地的发展。此外，西藏地区与云南、贵州、四川、重庆四地之间露营地数量差距悬殊，各省、市中心城区与周边地区之间营地分布也极不均衡。可以看出露营产业与其他产业相同，发展的极化效应显著，无论在整个西南地区还是在各省市内部，都表现出明显的中心—外围特征。

区域露营发展整体差距较小且各有特色。从整体上来看，除了西藏地区由于露营产业自身发展的局限性而导致发展水平较低、影响力较小，西南地区其余4省市露营产业的影响力整体差距较小，表明西南地区各省市露营地发展水平相当。从产业特色、知名度等方面来看，各省市营地都有突出一面。在热门营地系列榜单中，重庆和四川营地占比较高，说明两地在营地的建设管理、营销等方面做得较好，营地综合发展水平较高。而在营地的有趣性以及知名度方面，贵州和重庆营地占比较高，两地占比之和达到60%以上，可见两地在打造营地项目特色、增强营地吸引力方面有独到之处。值得注意的是，云南省露营地发展综合水平最高，露营产业发展较为成熟，但是缺乏一定的产品特色和吸引力，未来需加强对特色营地项目的挖掘。

露营产业发展潜力大但相关监管体系仍需完善。一方面，在多年疫情背景下，人们出行半径缩小，在此期间露营旅游以其健康性、亲自然性等特点受到广大消费者的青睐。再加上人们生活水平不断提高，对休闲旅游需求不断增加，露营成为越来越多人放松身心、释放压力和进行社会交往的热门旅游休闲选择，露营产业在此背景下发展潜力较大。另一方面，地方政府重视露营产业对地方经济，特别是对农村地区经济的带动作用，国家以及西南地区各省市政府陆续出台多项政策，支持和鼓励露营产业发展，尤其是四川和贵州两省，出台了多项有关露营产业发展的政策，这为露营产业的发展提供了强有力的保障。在多种利好环境下，西南地区露营产业整体发展态势较好，但在露营热的背景下也出现了"野生"露营和毁坏性露营的现象，自发露营者随意搭建露营装备，乱扔垃圾以及废弃物品等对生态环境造成了一定程度的威胁，当地政府须加强该方面的监管。

（二）发展对策建议

建立丰富产品体系，激发文旅消费新活力。首先，推动露营地综合化、系统化发展。突出露营地的主导功能，完善营地基础服务设施，为游客提供旅游化、社区化的生活空间和交流空间，一站式地满足露营者的综合需求，不断对营地进行转型升级，在维持露营地原有地域风貌的基础上，打造具备多种功能的复合型营地。其次，加强露营产品开发和服务提质升级。以露营者旅游需求为导向，根据实际情况，发展帐篷露营地、青少年营地等多种形态，将营地产品与户外运动、自然教育、休闲康养等相融合，打造优质产品，提高服务品质。最后，深耕营地文化内涵，打造露营地品牌。西南地区少数民族众多，加上悠久的发展历史，具备丰富的文化内涵。对于已经建成的露营地，可以在尽量保留原有规划布局的基础上，为其披上文化外衣，营地经营者要以故事、音乐、趣玩活动等为切入点，从视、听、玩等多个方面为露营地注入文化内涵，营造文化氛围，让露营者在营地能够体验到地方特色文化的魅力；而对于未来开发建设的营地，在规划建设初期，应深挖当地文化内涵，有意识地将其与露营地开发建设相结合，充分利用好地方文化这张名片，打造独特的营地品牌。

强化政府引领，推动露营产业健康发展。首先，引导露营地规划建设规范化。一方面加强土地的综合利用，对营地的总体定位、功能分区等进行科学规划，同时出台相应的土地使用和管理的法规办法。另一方面营地的规划建设应充分考虑交通因素，西南地区环境优美，具备开发优质露营地天然优势，但多山区。如渝东北地区，由于可进入性较低，在重庆范围内的露营地数量较少，对外来露营者的吸引度较低，因此营地的建设要在以外部交通系统作为选址参考的基础上，科学规划内部交通，处理好内外交通的联系。其次，引导露营行业突破单一产业链，实行跨界破圈强链。一是营地建设以综合开发为导向，充分考虑涵盖农业、工业、商业等多个产业的发展架构，谋划露营产业发展；二是加强露营与旅游的深度融合，在"旅游+"以及全域旅游推进的背景下，积极探索露营和旅游"一张蓝图"下的发展规划，如仙女山国家森林公园露营基地、黄龙溪欢乐田园音乐广场露营地等以景区为依托发展的露营地，景区旅游业的发展可以以露营地为载体，露营产业的发展也可以以旅游为契机，实现二者良性互动，协同发展；三是加强"营地+"项目在乡村地区的创新和落实，扩大乡村营地农事体验点的覆盖范围，丰富、拓展农事体验项目，通过"营地+"项目为乡村地区提供就业岗位和增收渠道，使营地和乡村人民成为利益共同体。最后，加强对野生露营地的监管。一方面建设规范化的野营区域，并完善公共卫生基础设施建设，如露营者在前星村峡谷露营地等野营地进行露营活动时，可以依托满足露营者基本需求的基础设施的建设，让露营者自发在其周边范围内活动，从而便于管理。另一方面各地政府部门要因地制宜制定野营规范和不文明行为的处罚标准，附近管理单位也要在权限范围内对出现不文明露营行为的群众进行规劝，必要时可采取劝离等强制措施。

　　强化生态保护意识，积极宣传"无痕露营"理念。首先，政府相关部门要加强绿色环保理念的宣传。让露营者认知到露营地是一个能够释放身心压力、激活"亲自然情结"以及培养孩子自然意识的有效途径，感悟到露营活动的价值和意义。其次，营地经营方应对露营者进行专业的规范引导。加强露营者的环境保护意识，如在露营者进入乌蒙大草原露营地、光雾山森林康养营地等依托自然资源环境发展的露营地进行露营活动时，在其进入营地前对其在营地的行为进行规范指导，呼吁露营者合力营造友好、干净整洁的营地环境。同时，露营行业相关协会联盟应当积极作为，发挥自身特权和作用，规范行业行为，肃清非法经营、恶性竞争等不良行为，加强行业自律，对于恶意破坏露营地环境、毁坏公共设施、干扰正常经营等行为，联合露营协会联盟予以严肃处理。最后，露营者应提高生态保护及安全意识。积极践行"无痕露营"理念，理性选择具备基础条件的、合法的地点露营，避免在露营过程中带来植被损毁、环境污染、用火隐患等问题，同时还要妥善处理垃圾，尽量将露营对环境的影响减到最小。

如何培养和引进更多具有重庆辨识度、全国影响力的文艺人才研究报告

重庆文化艺术职业学院　梁　跃

为深入贯彻落实习近平总书记在中央人才工作会议上的重要讲话精神和关于文艺工作的重要论述，根据学习贯彻习近平新时代中国特色社会主义思想主题教育工作的安排，按市委宣传部工作要求，将"如何培养和引进更多具有重庆辨识度、全国影响力的文艺人才研究"列入2023年重点调研工作，成立了以学校党委书记梁跃为组长，学校党委教师工作部（人事处）、文化和旅游职业教育研究中心、各二级学院主要负责人参加的调研工作组。2023年5月以来，调研组选择重庆市具有代表性的市属专业文艺院团、企业、高校，市外文艺院团和文艺类院校，通过实地走访、座谈讨论、现场交流等多种形式，对高水平文化艺术人才的培养与引进机制进行了深入调研。

一、重庆市高水平文艺人才培养和引进的主要做法及成效

党的十九大以来，重庆市实施了一批文艺人才培养项目，取得了较为明显的成效：

重庆市新增中宣部"四个一批"暨文化名家1人、宣传思想文化青年英才1人、享受国务院政府特殊津贴专家4人、文化和旅游部优秀专家2人，遴选培养重庆英才、名家名师（文化旅游领域）6人，2人获评首届"重庆市杰出英才奖"。全市文化艺术从业人员总量达18933人，增长85.8%。全市文化艺术专业技术人员共10422人，增长46.1%，其中高级职称829人，中级职称1493人，中高级职称人员占总数的22.3%。

（一）健全工作机制

一是保障人才经费。建立市级专项、部门自筹、单位投入相统一的稳定投入机制。市文化旅游部门年均投入近500万元用于文化艺术领军人才、青年拔尖人才、后备人才等培养及项目扶持，将人才经费投入纳入各有关文艺院团考核内容。二是优化岗位管理。建立全市文化艺术事业单位岗位结构比例动态调整机制，将市属文化艺术事业单位专业技术岗位比例调整为4∶3.5∶2.5，区县属文化艺术事业单位比例调整为1.5∶4.5∶4，乡镇（街道）文化艺术事业单位比例调整为1∶4∶5，扩大了专业技术人员晋升空间。三是强化编制保障。印发《关于为高层次和急需紧缺文艺人才引进提供编制保障的复函》（渝委编办〔2021〕221号），允许转制院团腾出的50名余编，专门用于引进高层次和急需紧缺文艺领军人物、文艺拔尖人才。四是畅通引才渠道。综合运用公招、遴选、考核招聘、商调等引才方式引进高层次人才和紧缺人才，重庆市川剧院、重庆市歌剧院、重庆文化艺术职业学院等单位补充各类人才260余人。

（二）实施重大项目

一是实施领军人才培养计划。选拔9名年龄适中、专业技艺精湛的优秀人才，每人资助30万～50万元进行重点培养，其中歌剧院刘广、京剧院周利、话剧院王弋等人已成为各文艺院团的领军人才。制定《重庆市舞台艺术领军人才培养实施方案》，重点培养一批在全国范围内有影响力的"名编、名导、名角、名家"。二是实施紧缺人才培养计划。选派40余名学员到知名院校开展为期1年的在校学习，与上海戏剧学院联合举办舞美班，培养10余名舞美专业人员；与上海戏剧学院、西南大学联合举办编剧班，培养编剧30余名。三是大力培养中青年拔尖人才。出台《重庆市"青年文化优才"培养计划实施方案》，"一人一策"制定培养方案，选拔20余名业务水平高、创新能力强的青年文化艺术人才进行重点培养。四是实施后备人才培养计划。招收73名7～12周岁的川剧、杂技学员，以全免费、订单式、包就业的方式，开展3～5年的培养，第一期川剧、杂技学员已毕业并顺利就业，第二期杂技班正顺利推进。

（三）强化素质提升

一是发展职业教育。以重庆文化艺术职业学院为龙头，大力发展文化艺术职业教育，目前，学院设立音乐、舞蹈与戏剧、艺术设计、文化旅游等6个二级学院，开设艺术教育、音乐表演等27个专业，在校学生人数达到6000余人，年均为社会培养文化艺术专业人才1700余人，2023年被提档为市级高水平学校培育建设单位。二是着力以赛提质。坚持举办文化艺术行业技能竞赛、舞台艺术之星等比赛，以赛代训，以赛促训，选拔培养文化艺术高技能人才，拓宽人才发现渠道，丰富人才培养方式。三是强化评价引导。深入推进职称制度改革，下放职称评审权限，市级各专业文艺院团组建中级职称评审会，按片区组建了万州、黔江、合川、永川等区县职称评审会；调整职称外语、计算机考试政策；优化评价标准，破除"四唯"问题，倡导将论文写在工作一线；将演员、导演等10个子专业调整为17个专业，进一步细化专业分类。全市每年新增文化艺术（含群文）高级职称65人、中级职称100余人。

（四）建设完善激励体系

一是考核正向激励。将人才工作纳入文艺单位目标考核内容，考核分值提升至10%权重，考核结果与绩效工资、干部任用等挂钩，保证了文艺人才工作"虚功实做"。二是薪酬待遇激励。努力提高文艺事业单位绩效工资总体水平，不断提高保障水平，增加绩效工资参考线；下放内部分配自主权，提供分配空间；通过追加单列绩效工资、实行年薪制、协议工资，将改企文艺院团纳入国有企业负责人薪酬改革实施范围。三是密切联系专家。建立文艺专家联系服务制度，定期开展决策咨询、走访慰问，帮助文化艺术专家解决剧目创作、课题研究、成果转化等方面遇到的困难和问题。

二、全市文艺人才引进和培养存在的主要问题

（一）队伍结构性矛盾依然突出

虽然文艺人才总量、专业人才数量得到较大幅度增加，但是文艺人才结构性矛盾依然突出，主要表现在：一是从领军人才看，市级文艺院团普遍存在经营管理人员年龄偏大情况，"接班"问题凸显，急需培养既懂管理又艺术精湛的领军人才。比如，市川剧院、市歌剧院、市京剧院、市民乐团等院团的主要负责人沈铁梅、刘光宇、张军强、程联群、何建国等人平均年龄已超过59岁，即将退休，但单位尚无可完全顶替人员。二是从职称分布看，呈现高级职称人员总量偏少、占比偏低问题。近10年来，重庆市新增文化艺术、群众文化高级职称专业技术人员600余人，远低于四川新增的1500余人，特别是具有正高职称的专业技术人员占比，重庆市为16.67%，四川为19.79%，差距较大。三是从专业分布看，呈现演员数量多，编剧、导演、舞美等专业人员少，管理人员紧缺的问题，演员占文化艺术专业技术人才的85%以上。比如，重庆市优秀歌剧剧目《尘埃落定》《钓鱼城》等的导演、编剧、音乐、舞美等人员只能从市外聘请。四是从地域分布看，基层文艺人才队伍发展水平有待进一步提升，多数区县艺术门类不全、专业文艺人才短缺，队伍年龄结构、专业分布不尽合理，以群文专业为例，全市群文类高级职称90%以上分布在以市群众艺术馆为首的市级单位。地区之间文艺人才分布也不平衡，渝东北、渝东南地区经济社会发展相对较慢，人才总量及高层次人才数量明显落后于主城和渝西地区。

（二）人均收入与市场效益之间矛盾突出

调查发现，市文艺单位存在优秀人才引不进来，本土人才留不住问题，人才流动呈现企业—事业—高校—市外的趋势，仅仅2020年以来，改制院团就有3名中高层次演员调入高中职院校；2020年，重庆艺员管理培训中心拟用事业编制为重庆京剧团引进2名甘肃具有副高以上职称的演员，但最后1名去了上海戏剧学院、另1名留在当地。客观分析，主要原因在于国有文艺单位主

要职责在巩固主流文化阵地，坚持把社会效益放在首位，在提高市场竞争力和经济效益方面还存在不足，职工薪酬和福利待遇总体水平不高。以2020年为例，保留事业体制的重庆市歌剧院，其超额绩效仅为5800元/年·人，不到市人力社保局设定参考线的十分之一；转企改制的演艺集团、歌舞团、京剧院、话剧院、杂技团、曲艺团文艺企业职工年平均工资分别为8.56万元、8.31万元、7.91万元、6.94万元、7.50万元、7.15万元，均低于全市国有企业职工年平均工资9.56万元。

（三）资金投入与需求之间矛盾突出

从培训经费看，近年来，市文化旅游委业务培训经费预算逐年增加，经费用途仅为机关各处室围绕文化旅游、广播电视、文物博物工作，根据岗位特点和工作要求，有针对性地开展履行岗位职责所必备的业务知识培训，无专门培训经费直接下达委属各文化艺术企事业单位。各文化艺术类单位专门用于人才培训的经费也不足单位总经费的5%，对提高专业人员技术水平效果有限。从人才培养项目经费看，市文化旅游委目前有领军人才、青年拔尖人才、后备人才等多个人才培养项目，年均投入资金不到500万元，平均到9个文艺院团，每个院团仅50余万元，远远无法满足人才培养需求。并且从2020年开始，市级文艺院团的人才经费被纳入院团激励资金中，统一按照因素法进行分配，导致院团人才培养经费高低不均，如市京剧院可用于人才培养的经费仅为27万元，且从2022年开始，每年可用于人才培养经费还会逐年递减。同时，为培养高层次人才，市文旅委计划开展"舞台艺术领军人才"项目，每年需新增预算300余万元，但目前资金还未筹措到位。从基础设施建设上看，因市文旅委没有教育教学经费，市教委经费又难以跨行业拨付，导致市财政对市文旅委所属重庆文化艺术职业学院投入较少，该院建院8年多来，校舍建设资金大多通过银行贷款解决，导致学院发展资金压力较大，难以满足社会对艺术职业教育的需求。

（四）政策环境有待于进一步改善

重庆市国有文艺院团改革从2005年开始，前后经历了多轮，截至2023年底，除市川剧院、市歌剧院以外，其余院团均改制为企业，改革推动了文化艺术事业的蓬勃发展，为市民提供了丰富多彩的文化艺术产品。但在文艺人才队伍建设上，存在一些亟待解决的问题。一是个别区县国有文艺院团改革政策保障不到位。国有文艺院团改制时，明确了原有人员可选择参加事业单位养老保险或企业养老保险，万州区国有文艺院团改革后，原有事业身份人员至今未明确参加何种养老保险，导致20余人到市里上访，共涉及70余人，存在较大不稳定隐患。二是身份管理存在政策障碍。市级文艺院团改制后，原有人员保留事业身份，参加事业单位养老保险，由重庆艺员管理培训中心进行身份管理，但客观上这部分职工与改制后的企业签订了劳动合同，造成同一个人既有事业身份，又有企业身份，不符合现有人事政策，在如何解除保留事业身份上也存在法律问题。三是事业编制引入人才存在难题。文艺院团改制后，事业单位被注销，无法再用引进事业身份人员，在工资收入无优势的情况下，这成为长期制约改制院团人才引进的政策障碍。市委编办批复同意支持重庆艺员管理中心用事业编制为改制院团引进高层次急需紧缺人才，有效破解了这一难题，但政策落地还需要解决岗位设置、财政资金配套等问题。

三、强化全市文艺人才引进和培养的工作建议

（一）加强党建引领

以党的政治建设为统领，优化文艺人才队伍的各项建设。持续强化理论武装，推动学深悟透习近平新时代中国特色社会主义思想，学习宣传贯彻党的二十大精神。落实意识形态定期分析研判制度，把握意识形态问题及风险点，制定针对性措施。完善网络舆情应急处置机制，形成整体联动工作格局。

（二）聚焦重点战略

一是贯彻落实《成渝地区双城经济圈建设规划纲要》，协同配合出台《巴蜀文化人才建设规划》，编制印发《重庆巴蜀文化人才建设实施方案》，强化巴蜀文旅走廊建设专项工作组协同联动机制。培育"成渝地·巴

蜀情"区域文化品牌，联动开展文化交流展演活动，共同打造成渝地区艺术精品。二是以建设新重庆为契机，依托重庆高水平文艺人才，打造重庆文化品牌，突出重庆味、红岩味。策划一批影响力大的重庆高水平文艺人才的推广活动。三是紧紧围绕党的二十大等主题，开展创作工作，筹办全国优秀话剧小剧场剧目展演季、中国顶尖舞者成长计划、第五届川剧节、第七届重庆市舞蹈比赛等艺术展演、比赛活动，以演代训，以赛代训，提高文艺人才专业水平。

（三）优化人才结构

一是做强职业教育。加大对重庆文化艺术职业学院帮扶力度，提高生均拨款额到1万～1.8万元；完善图书馆等教育教学基本建设；给予贷款贴息支持，帮助化解债务压力。二是做大基层队伍。建立市级专业文艺院团对口联系帮扶基层文艺院团的工作机制，定期开展辅导培训、指导艺术创作、开展艺术交流、合作演出等。三是补足紧缺人才。开展紧缺人才艺术门类专题培训，实施文艺研讨创作表演紧缺人才引进计划，到2022年补充培养紧缺人才不少于200人。对川剧、杂技等特殊艺术门类，强化院团和学校合作，继续举办"川剧班""杂技班"，建议人力社保局出台政策，采取考核招聘的方式为川剧班毕业学员打通入职通道。

（四）优化人才项目

加大财政资金对文艺人才项目的投入力度，争取年均增长10%以上。一是实施"十百千万"文艺人才培育工程，力争在"十四五"期间培育十名左右文艺领军人物、百名左右知名文艺家、千名市级文艺骨干和万名基层文艺工作者。二是实施重庆英才名家名师项目（文化旅游领域），编制实施《舞台艺术领军人才培养引进方案》，培养一批懂艺术懂管理的复合型领军人才。三是建立名家工作室，从戏剧、音乐、美术等多个艺术门类选定"名师"，建立"当代文艺名家收徒传艺"工程目录，通过"名师带徒"的方式，带出一支团队、带出一个群体，努力扶持一批在全国有影响力的文艺名家。四是实施中青年人才培养工程，立足各市级文艺院团每年遴选中青年拔尖人才进行

"一人一策"培养。

（五）优化政策环境

一是调整分配机制。结合绩效工资改革，鼓励多劳多得，提高专业技术人员、一线工作人员薪酬待遇。探索国有文化企业经营管理人员年薪制、项目承包经营制、文化创意产品股份期权制。二是加强表彰奖励。坚持成果导向，对叫好又叫座的精品力作和服务群众贡献突出的集体或个人予以奖励。三是完善评价引导。依据《重庆市文化艺术人才分类评价实施方案》，建立更加开放的人才评价渠道，构建文化艺术人才评价标准体系。四是强化岗位支持。动态调整文化艺术类事业单位岗位设置，提高文化艺术类事业单位专业技术岗位高、中、初结构比例，加大对引进高层次文艺人才的支持力度。

（六）强化素质提升

一是健全培训体系。建立以国家级培训为龙头、以市级文艺名家培育为支撑、以文联作协系统人才大轮训为主体、以各协会及区县人才培育为基础、以各行业及体制外文艺人才培育为补充的五级文艺人才培训体系，按照每5年轮训一次的要求，长期坚持、深入推进。二是完善交流机制。将有发展潜力的中青年优秀文艺家，送入知名艺术院校进行培训深造。邀请国内外文艺名家来渝开设"名家大讲堂"，定期举办各艺术门类专题讲座、学术交流，为优秀学徒举办研讨会、推介会等，为优秀文艺人才搭建高水平的学习平台。

四、本次调研对我校人才工作的启迪与思考

一是以"党管人才"为统领，构筑"聚天下英才而用之"的引才格局。深入贯彻习近平总书记在中央人才工作会议上的重要讲话、对职业教育工作作出的一系列重要指示等，强化党的全面领导。以党建为引领，做出文艺人才引进和培养的重庆味、红岩味，以融入成渝地区双城经济圈建设为契机，推动川渝高层次成渝两地文艺人才交流工作。完善人才工作议事决策机制，

强化专项经费保障，加强青年人才培养。做好周转编制的精准使用，完善高层次人才管理办法，探索优化柔性引才机制，积极开拓海外引才引智渠道。

二是以"人尽其才"为导向，搭建多元递进的育才机制。健全师德建设长效机制，坚持师德第一标准，严格实行"一票否决"，建立年度师德档案。严格师资队伍准入制度，实施新教师入职"五个一"起航计划。畅通教师职业发展渠道，完善实施《教职工职后教育管理办法》，建立规范《教师继续教育管理办法》，实施高水平专业化"双师型"教师队伍建设计划，持续完善教师企业实践制度，探索建立专任教师职业发展进阶计划。实施教师业务能力提升计划，推进"三教改革"攻坚行动，探索"产、学、研、用"结合机制，推动教师教学数字化转型，提升师资队伍国际化教育视野，开展教师发展与教学创新主题论坛。建立教师职业荣誉制度，开展"四有好老师""四个引路人""四个相统一""寻找最美教师""我心中的好教师""教书育人楷模"等一系列专题教育培训、评选和宣传活动，营造尊师重教氛围，提升教师职业身份的认同感和获得感。

三是以"提质培优"为目标，设立脱颖而出的优才制度。加快高水平"双师型"教师队伍建设，充分发挥黄大年式教师团队示范引领作用，以"1+6+X"队伍建设支撑体系为基础，开展教师队伍品牌建设。建立教师培养与推荐机制。建立教师职业成长档案，设立校—市—国家级人才三级培育机制和人才培养推荐的流程、标准与制度，聚力培养市级骨干教师、市级名师、重庆英才和专业及行业领军人才，有目的地培养市级"双带头人"。畅通渠道加强平台建设拓展人才成长的空间，加强教师发展中心建设，加强学校"工匠之师"培育平台建设，加大教师企业实践流动站、现代产业导师工作室和"双师型"教师培养培训基地、企业职工培训基地建设等项目建设力度。

四是以"守正创新"为动向，完善各尽其能的评才体系。推进职称制度改革落地，以"重师德、重能力、重实绩、重贡献"为改革导向，立足艺术类高职职业教育发展规律，开辟艺术类专业教师多维度评审标准。建立岗位聘期考核制度，完善岗位设置动态调整机制，出台《学校岗位聘任及聘期考核管理办法》，实现岗位工作科学化、规范化。推进绩效工资体系改革，深入推进《学校绩效工资分配方案》，向重点岗位和标志性成果倾斜落实，修订学校合同制人员薪酬管理办法，探索合同制人员岗位和晋升管理新模式，探索学校引进高层次人才、特殊紧缺艺术岗位人才年薪制，完善项目工资制或协议制工资相关制度，出台学校《教职工考核管理办法》，完善"1+6+26+16"考核评价体系。

五是以"事业留人"为取向，营造"近悦远来"的用才环境。完善人事管理制度保障，加强人员分类管理，完善在编、合同、劳务派遣等各种用工人员的管理制度。推进"三定"工作科学配置人才，通过定岗位、定职责、定人员，优化人员结构，按规定实现生师比指标，配备足额专任教师、辅导员、专职组织员等，优化党政教辅部门岗位设置，逐步实施管理岗和专技岗位人员的转换，优化专技、管理人员结构比例。推进二级学院"放管服"改革工作落地。逐步优化二学院管理体制，调动二级学院的主动性和创造性，提升学院治理能力和治理水平。提升人事管理信息化水平，完善教职工人事信息，加强教职工信息管理，改进工作数据平台、智慧校园建设工作，提升人才工作数字化能力和水平。

区县篇

万州区2023年文化和旅游工作亮点

万州区文化和旅游发展委员会

2023年，在市文化旅游委的大力支持和精心指导下，万州抢抓文旅复苏的机遇期、窗口期、黄金期，上下齐心、真抓实干，全力打造文旅融合"升级版"，文旅工作得到了社会各界的认可。

一、"从无到有"实现突破

召开全区文旅发展大会，建立"书记、区长"双组长制，把文旅发展纳入"赛马比拼"。制定《推动文化旅游产业高质量发展三年行动方案（2023—2025年）》，确定72个重点项目，出台22条奖励政策，确定"提振城市人气11条措施"，设立每年2000万元旅发专项资金。完成应急广播体系建设。抓"四团同城"优势，出台《舞台艺术精品奖补资金管理办法》。复兴剧场对外开馆，举办"时光Classic"等大型演唱会2场。推出万州艺术街区等夜间文旅体验消费场景，总演出460余场次，惠及200余万人次，"都市旅游"重点目标效果显著。

二、"从有到优"实现提升

产业方面，文旅产业增加值总量保持渝东北第一。接待过夜游客301.51万人次，同比增长52.2%，旅行社组客量居全市第7位。体彩销量突破4亿元，全市排名第7。天生城文旅街区获评渝东北首家市级旅游休闲街区，国庆单日最高游客数量11万人次。凤凰花果山创国家4A级景区。事业方面，获评"中国曲艺之乡"建设优秀单位。"三峡移民红色基因大思政课"入选全国优质资源100个精品项目。川剧《峡江月》入选第十八届中国戏剧节展演（重庆唯一）。完成了"川渝阅读一卡通"建设，"订单式"文化进基层得到普及，"周周乐""乡村振兴文旅行"活动播放量达2900万次。三峡国际旅游节、世界大河歌会成功举办，"川剧周周演"等成为城市文旅形象对外展示窗口。

三、"从内到外"抓好宣传

赴上海、贵州、天津等地开展宣传，"四大天团"惊艳贵州村超，话题全网关注量3.8亿人次。川剧、曲艺在长三角文博会、第十八届中国戏剧节精彩亮相。四川竹琴、金钱板非遗传承人亮相央广总台《何以·中国渝见》专题报道。

四、"从散到聚"抓好协作

抓"合作机制"。联动达州、开州、云阳、广安等地成立"大三峡·大巴山"文化旅游体育发展联盟，编制三年行动方案。抓"产品供给"。以区域发展联盟为依托，联合举办篮球公开赛、广场舞大赛、戏曲进校园、文物交流巡展等活动20余次。抓"一体宣传"。共办"大三峡·大巴山"国际文化旅游节，合力共拓客源市场，提升区域旅游知名度。

黔江区2023年文化和旅游工作亮点

黔江区文化和旅游发展委员会

2023年，黔江区文化旅游委深学笃用习近平新时代中国特色社会主义思想，以党建统领为抓手，以推动发展为导向，深化文旅融合，敢于攻坚克难，勇于开拓创新，善于实干巧干，统筹推进文化事业、体育事业、文化产业和旅游产业发展，"文旅美城"建设取得新成效。现将2023年文化旅游发展亮点报告如下：

一、文旅融合成果丰硕

渝东南非遗馆、非遗市集等非遗元素与旅游景区深度融合，万涛故居、三台书院等文化阵地成为主客共享文旅新空间，濯水景区创新推出"仙剑三"主题沉浸式剧本游、"竹筏夜游+旅拍产品"等新业态，水车坪景区露营基地对外营业，小南海景区西兰卡普主题园提档升级，联动酉阳县、秀山县成功进入国家文化产业和旅游产业融合发展示范区建设名单，成为全国50个、全市2个建设示范区之一。

二、文化遗产焕发新彩

区级文物保单位三台书院展陈内容不断丰富，市级文物保护单位万涛故居全新布展，推出红色情景剧《守望》，成为市级爱国主义教育基地、市级国防教育基地、市级廉政教育基地；向上争资启动市级文物保单位张氏民居主体修缮，将打造文化保护利用新样板。建成武陵山非遗馆，濯水非遗市集开街，黔江数字非遗馆"非遗黔江"微信小程序正式上线，非遗展示方式全面升级。

三、品牌活动亮点纷呈

成功举办2023武陵文旅大会、中国山马越野系列赛、第三届鹊桥会等节会活动，依托文旅大会推出国际友人畅游武陵、武陵文旅大发现、国潮嘉年华等活动，相关报道线上曝光量累计突破2亿余次，黔江文旅品牌知名度和影响力大幅提升。

四、竞技体育再创佳绩

组队参加2023全国青年举重锦标赛、重庆市青少年柔道锦标赛、重庆市武术散打锦标赛等国市比赛获奖牌143枚，其中金牌78枚，银牌31枚，铜牌34枚，金牌数同比增长670%，奖牌数同比增长576%。培育输送5名运动员进入重庆市优秀专业队，输送的运动员李大银参加2023亚洲举重锦标赛、世界举重锦标赛获2金3银、破2项世界纪录，程俊参加全国第一届学生（青年）运动会获重庆代表团唯一举重金牌。

五、文艺创作百花齐放

新创作大型民族歌舞诗剧《峡谷柔情》、音乐《峡谷之城邀你来》《青丝帕儿长又长》、舞蹈《泥人喜事》《黔摆狂欢》、情景剧《守望》《万柳堤》等35项文艺作品，成人齐舞《黔摆狂欢》获2023年重庆市街舞大赛总决赛金奖，民族音乐《桃花妞耶儿红》获2023重庆市大家唱群众歌咏活动决赛三等奖，双人舞《泥人喜事》获重庆市社区艺术节家庭才艺秀三等奖，在首届重庆市少儿美术作品大赛中获3个一等奖、5个二等奖、9个三等奖。

涪陵区2023年文化和旅游工作亮点

涪陵区文化和旅游发展委员会

2023年，在区委、区政府的坚强领导和市文化旅游委强有力的支持指导下，全区在繁荣文化旅游事业，发展文化旅游产业等方面做了大量工作，取得了明显成效。现将亮点工作报告如下：

一、坚持文旅活动引领，推动文旅消费全面快速复苏

年初，举办元宵庙会活动。吸引市民游客20万人次，以此结束三年疫情、体现惠民有感。年末，举办2023白鹤梁旅游文化节。以"世界的白鹤梁、幸福的新涪陵"为主题，精心策划了开幕仪式及文艺晚会、文旅交流、体育赛事、惠民消费4大系列活动，安全有序完成了国际学术研讨会、成渝双城经济圈城市文旅推介会、文旅惠民消费季、乌江龙舟邀请赛、首届半程马拉松赛、全国橄榄球锦标赛等10个特色子活动，全方位展示涪陵文化遗产魅力，多维度推进联合申遗共识，沉浸式体验幸福的新涪陵，充分体现了活动的国际范、中国味和巴蜀韵。

二、坚持遗产保护传承，三个项目申报世遗预备名录

2023年，涪陵区共有3个文化遗产项目申报国家文物局世界遗产预备名录，是全市世界遗产申报项目最多的区县。"白鹤梁：长江历史水文站"单独申遗项目、龟陵城遗址纳入"川渝宋元山城体系"和荔枝道纳入"蜀道（重庆段）"联合申遗项目，都已完成预备名单更新资料编制和市级评审，

并上报国家文物局。

三、坚持不懈争取支持，5A创建顺利通过检查验收

自涪陵武陵山大裂谷景区2016年通过国家景观质量评定以来，涪陵区加大向上级部门的汇报争取力度，市文化旅游委专题纪要明确将涪陵作为重庆5A创建工作第一顺位。国家景评委专家分3批次来涪开展了实地暗访，文化和旅游部组织开展了检查验收。2024年2月，武陵山大裂谷已被正式评为国家5A级旅游景区，成为涪陵大力发展文化旅游产业的一大盛事。

四、坚持奋勇争先创优，文旅品牌创建工作硕果盈枝

2023年4月，涪陵区被国际旅游联合会评为中国最美旅游名区。2023年5月，涪陵区被文化和旅游部评为长江主题安澜见证之旅国家级旅游线路和全国乡村旅游精品线路。2023年8月，涪陵区被文化和旅游部、国家文物局联合评为李白长江青春之旅国家级旅游线路。2023年10月，涪陵816工程被文化和旅游部评为国家工业旅游示范基地。2023年12月，文化和旅游部公布国家文化产业和旅游产业融合发展示范区建设名单，全国仅评比一次，涪陵区荣幸上榜。

五、坚持优化公共服务，两个图书馆获评国家一级馆

2023年11月，文化和旅游部公布第七次全国县级以上公共图书馆评估定级上等级馆名单，涪陵区图书馆和少年儿童图书馆被评为国家一级图书馆。全区共在城市、乡村、学校、景区等地建设60个分馆，在全市区县中率先启动川渝一卡通、全市一码通和智慧图书馆项目。到图书馆排队看书，成为涪陵的一道亮丽风景线。

六、坚持发展假日经济，文旅产业呈现繁荣发展态势

2023年，全区接待游客3893.66万人次，旅游综合收入333.9亿元，同比增速38.4%、28.62%。全年文化产业增加值52.59亿元，增速10.0%，占GDP比重为3.2%，较上年提高0.1个百分点；旅游产业增加值34.95亿元，增速9.0%，占GDP比重为2.1%，占比与上年持平。假日旅游市场人气火爆，其中，五一假期接待游客222.51万人次，实现旅游综合收入20.21亿元，分别同比增长50.93%、61.03%。国庆假期接待游客219.95万人次、接待收入19.51亿元，同比分别增长26.9%、23.86%。

七、坚持强化市场监管，确保文旅市场规范有序发展

开展游客个人信息保护、文明旅游等专项检查监管活动20余次，巡查市场主体1143余家次，办理案件51起，其中文物案件在全市文物安全监管与行政执法工作会议上作为4个区县发言单位之一做经验交流发言。参加全市案卷评比，"得分、规范性、门类齐全性"等3个核心指标均名列全市前茅。参加全市第三届文化市场综合执法岗位练兵技能竞赛获得第三名。

八、坚持重点项目带动，建设完工一批文旅新地标

2023年，涪陵区累计完成文旅重点项目投资4.09亿元，超额完成年度目标任务。全年建成涪陵榨菜历史记忆馆、周煌故居、荔圃春风、乌江行舟记、陈万宝石龙井庄园等一批文旅新地标。其中，涪陵榨菜历史记忆馆、周煌故居修缮工程完成政府投资1.7亿元，市级重大项目"泡桐村+高速"生态农旅项目、雪峰山旅游度假区完成社会投资2.23亿元。

渝中区2023年文化和旅游工作亮点

渝中区文化和旅游发展委员会

一、持续提升公共服务保障力

持续推进区美术馆建设、市少儿馆购置改建、"阅读一卡通"等公共服务重大项目建设。开展市第八届戏剧曲艺大赛戏剧类决赛、"戏剧进校园"、2023年渝中区全民阅读暨惠民电影放映活动等活动200余场，服务群众近20万人次。完善基层综合文化服务中心服务效能考核指标，制定《渝中区街道文化中心管理体制改革工作方案 》。积极申报全市第二批演艺新空间，渝中区6家顺利入选。

二、全面提升文旅产业竞争力

出台《渝中区促进文化体育旅游产业发展若干措施（试行）》，新注册文化旅游市场主体1536余家，储备小升规文旅企业19家。落地君亭大世界项目、陆海国际中心项目。完成讯邦商务、君亭酒店等8家招大引强文旅企业，签订市外正式合同23.9亿元，吸引市外到位资金4.03亿元。新打造通远大厦数字文化产业园区等5个市级文化产业示范园区（基地），正式挂牌重庆对外文化贸易基地，完成文旅固定资产投资7.4亿元。

三、深入提升母城文化影响力

持续实施国民参政会旧址等10项文物保护工程。推动实施重庆海关监督公署等8项文物活化利用项目，打造重庆区划地名历史文化展示馆。推动以老鼓楼衙署遗址博物馆为核心的母城文化博物馆群、以打铜街风貌区抗战金融机构旧址为核心的抗战金融博物馆群建设。成立全市首支非遗保护志愿者服务队。推动老鼓楼衙署遗址加入川渝宋元山城体系联合申遗。完成《渝中革命故事》编撰。

四、加快提升文旅消费新潜力

举办第八届重庆渝中文旅惠民消费季等活动，发放文化旅游惠民消费券1200万元，拉动消费6000万元。渝中区以"文化产业和旅游产业经济贡献大，招商引资成效明显，平台载体发展良好，文旅消费质量水平高"获市政府通报激励。推出"数一数二世界级IP地标"等线路产品，成功举办第26届重庆都市文旅节暨城际旅游交易会等活动。推动贰厂文创公园成功创建国家级旅游休闲街区。全年接待游客8065万人次、同比增长84.6%；旅游收入723.1亿元、同比增长90.4%。

五、不断提升营商环境护航力

持续开展"放管服"改革，承办政务服务事项1013件，新设立文旅体经营场所93家，审批营业性演出783件（26290场）。入选全国文化和旅游市场信用经济发展试点地区。对朝天门、解放碑、洪崖洞等重点区域开展涉旅购物店清理、"黑车黑导揽客"等专项整治行动，开展巡查检查市场主体3076家次，办理行政处罚案件32起。全力做好信访维稳和举报投诉工作，高效化解旅游投诉4300余件，为游客挽回经济损失230万余元。

大渡口区2023年文化和旅游工作亮点

大渡口区文化和旅游发展委员会

一、推动文旅公共服务供给多元化

文化阵地建设更趋完善。设立梅忠智、刘光宇、杨必位等名家艺术馆室，挂牌中国广播艺术团群众艺术中心和创作基地。新建文图分馆7个，区美术馆获评全国最美乡村公共文化空间，区博物馆首批入驻重庆云上博物馆平台，区图书馆开通喜马拉雅"空中图书馆"。文化惠民活动精彩纷呈。策划实施大渡口首届全民艺术节，开展"百姓大舞台"、全民艺术普及、点单配送等活动800场次。市民乐团入驻钢花影剧院举行演出68场，厚植艺术湾区音乐土壤。文化交流成果全国共享。承办国家级和市级活动17场，公共文化服务先进经验交流分享8次。34件作品获市级及以上奖项，小品《爷爷的奖杯》在中央电视台综艺频道《小品相声大会》中展播，10件次作品赴外省、市展演。融入巴蜀文化旅游走廊建设，联合四川渠县等地举办"巴文化文物展"等交流巡展活动10次，参加研讨交流会议10次，3个作品赴成都、德阳、遂宁等地开展交流展演3次。

二、推动文旅产业发展提质增效

品牌培育喜报频传。工博成功创建国家4A级旅游景区。长江黄金邮轮公司先后获"中国最佳内河游轮品牌""中国十大旅游车船品牌""重庆市企业创新奖""第一批交通运输与旅游融合发展典型案例（十佳）"等多项称号。产业短板实现突破。首家高档会议型酒店落地开工，首个高科技模拟体验项目未来之鹰落地工博，首个户外营地项目蒲公英酷玩营地开营，一批高品质民宿在金鳌山建成投用，成功引进星河互娱、也趣国际传媒等35家影视企业。文旅营销持续发力。策划中央电视台新闻频道、《经济日报》对工博报道2次，央视综合频道、新闻频道对"花开的声音·花花集市"报道2次。工博挂牌国家工业旅游示范基地，《生龙活虎迎春来》入选国内文旅宣传推广十大优秀案例，辣来主义小面礼盒获"重庆好礼"金奖及外事礼品奖。

三、推动文物保护监管不断加强

文物保护利用工作扎实推进。启动修缮火工所旧址，有序推进巴县跳磴党支部活动点旧址修缮、跳磴桥及抗家桥保护、彭家湾和谭家湾民居迁移保护。非遗保护传承成效显著。公布第一批区级非遗传承基地2个、第八批区级非遗项目11个。举办二十四节气非遗展示展演等活动120场次，教授非遗学员5000余人次。文旅行业监管持续加强。开展专项整治30项，查处违规行为40起，处理投诉30起。组织行业安全培训3次，开展安全检查200家次，排查治理隐患100个。文旅队伍建设不断夯实。参加全市文化执法技能竞赛获团体三等奖1个、个人三等奖4个。1人应文旅部文干院邀请为广东文化执法能力提升培训班授课。

江北区2023年文化和旅游工作亮点

江北区文化和旅游发展委员会

2023年，江北区始终坚持以习近平新时代中国特色社会主义思想为指导，深入学习贯彻习近平文化思想，牢牢把握"稳进增效、除险固安、改革突破、惠民强企"工作导向，在打造高质量发展、高品质生活、高效能治理示范区上开创文旅发展新局面。

一、"1个肯定"+"多个首推首创"，江北文旅消费市场活力"优势明显"

2023年12月15日，国务院总理李强专题调研北仓文创街区，对通过推动北仓塔坪片区城市旧改，打造青年时尚文创消费示范新领地的做法给予高度肯定。金源都市演艺新空间集聚区全新亮相，集聚重演金源艺术中心、重演LiveHouse、重演浸空间、容中尔甲演艺厅4个演艺剧场。全市最大室内娱乐综合体奇域天空之城全面亮相。承办中国顶尖舞者成长计划全国训练营，全国1610名舞者齐聚江北舞动山城。承办2023重庆国际旅行商大会，获得国际国内订单超2亿元。全年江北接待国内外游客6900万人次，同比增长78%，实现旅游收入250亿元，同比增长113%。

二、"6个国字号"+"10个市级荣誉"，江北文旅成果实现"跨越升级"

观音桥商圈获评第三批国家级旅游休闲街区，大九街入选长江主题国家级旅游线路，燕青门正骨疗法获评中华老字号品牌；郭家沱街道综合文化服务中心荣获长三角及全国部分省市优秀公共文化服务空间案例奖，世纪游轮江上图书馆荣获长三角及全国部分省市最美公共文化空间奖、百佳公共文化空间奖；江北区文旅委及2名办案人员入选"2022—2023年度全国文化市场综合执法重大案件办案单位及办案人员"。江北入围全市首批剧本娱乐发展试点区县，入选市级国防教育基地1处，获评第七批市级文化产业示范基地2家，获评第三批市级演艺新空间2家，入选重庆市文化和旅游企业品牌价值榜企业4家。

三、"1个矩阵"+"51个奖项"，江北文化惠民有感"成果丰硕"

新建成嘉陵书苑城市书房，形成"2+15+N"书香江北阅读矩阵，实现15分钟便捷畅达。文艺创作硕果累累，在重庆市街舞大赛、第八届戏剧曲艺大赛等各类重大文艺赛事活动中，摘夺51个市级文艺奖项（斩获一等奖7个、二等奖6个、三等奖10个，个人类夺得金奖、银奖、铜奖等奖项9个，获得组织奖、优秀奖等其他集体类奖项18个）；原创作品《我们的青春在田野》上榜2023全国"村晚"示范展示活动——2023年最喜爱的"村晚"节目榜，并收入国家公共文化云全民艺术普及资源总库。

沙坪坝区2023年文化和旅游工作亮点

沙坪坝区文化和旅游发展委员会

一、公共文化服务"动起来"，多点多面多彩

改造提升10个基层文服中心；红岩智慧阅读驿站入驻轨道站项目被列为全市全民阅读重点示范项目；三合美术馆、重庆1949大剧院被评为"长三角城市百家最美文化空间"。青春合唱团录制曲目12首；打造沉浸式剧目3部，文艺创作获市级奖项80个，国家级奖项14个。区图书馆连续7次被评为国家一级图书馆；举办文艺展演28场、送文化进基层260场；开设艺术普及班122个；举办成渝文旅交流活动7场。

二、文物保护传承"活起来"，用情用心用活

加强歌乐山抗战遗址保护利用，修缮金九公馆和二十四兵工厂旧址，并推进金九公馆权证办理，推荐云顶寺摩崖石刻群等3处文物申报市级文保单位。划定15处区级文保单位两线范围；启动成渝古驿道文博融合项目，调查不可移动文物点位232处。举办文博巡展，接待观众13万人次。组织文博研学25场，接待师生近10万人次。

三、文旅产业发展"火起来"，增量增强增光

五经普入库文旅及相关企业约2.21万家，增长452%，2023年新增升规企业8家；北京水晶石、博拉网络电等数字文旅头部企业入驻，形成"数字+文

旅"的文旅新业态；新增市场主体1200家、同比增长270%；签约项目61个、签约金额94.8亿元。打造南开步行街、磁器口后浪等一批"城市后巷"。推出飞越重庆、洞舰1号等VR实景体验项目及《重庆·1949》《歌乐忠魂》等沉浸式演出。

四、文旅市场规范"联起来"，有法有据有序

持续推进"放管服"改革，全年受理办结行政许可申请302件，网办开通率100%，申报材料平均减少40%以上，承诺时限平均缩减80%以上，服务对象满意率100%。强化重点领域安全监管，扎实开展专项整治工作。开创"八方共建"治理模式，以党建引领市场综合治理及执法工作。针对重点场所开展联合检查8次、风险研判11次，出动检查人员1258人次，检查企业629家次，排查整改安全隐患286个，推进市场秩序平稳。

五、文旅宣介推广"靓起来"，出声出圈出彩

央视《第一时间》《东方时空》《天下财经》等国家级媒体共报道我区文旅资讯30余条，创作的特色小视频在iChongqing、Facebook、Twitter等国际平台开展宣传。联合四川外国语大学和重庆邮电大学举办第十一届重庆青年电影展和2023年国际文化嘉年华。

九龙坡区2023年文化旅游发展工作亮点

九龙坡区文化和旅游发展委员会

2023年，九龙坡区文化旅游委坚持文旅发展"八项行动计划"，切实提升工作质效，进一步推动九龙坡文旅事业欣欣向荣。"文化报表"季度考核均荣获A档次；获"国家旅游休闲街区"等国家级荣誉6项和"重庆市文化旅游系统先进集体"等市级荣誉93项。

一、突出引领，文旅产业"添动能"

九龙坡区坚持以规划为引领，积极推动文旅产业项目落地见效，筑牢全域旅游发展基础。一是示范创建"树标杆"。深化国家文化和旅游消费试点城市建设，创建1个国家级旅游休闲街区（杨家坪步行街）、1个市级夜间文旅消费集聚区（科园四路）。二是多元业态"强品质"。五洲世纪文化创意中心、九龙意库等文化产业园区建成运营，动物园、166舰等人气火爆，剧本娱乐、密室逃脱、亲子游艺等新型业态日益升温。三是数字赋能"添动力"。承办中国数字艺术产业论坛，落户国家动漫创意研发中心重庆分中心。培优育强16家规上数字文旅企业，开发"i九龙坡"智慧文旅小程序，建成数字文化应用12个，重庆动物园等景区智慧旅游平台11个。四是招商引资"增后劲"。围绕数字文化、特色旅游等领域开展文旅招商考察专项对接，签约正式合同额5.35亿元，推进北冥有声数字内容创新创造中心等重点项目。

二、强基固本，文化事业"显特色"

九龙坡区立足于文化特色，实施一系列文艺行动，打造独具魅力的文化名片。一是文艺引领行动。创作优秀文艺作品，原创文艺作品获市级及以上奖项63个，其中一等奖（金奖、最高奖）24个，位居全市前列。二是文化共享行动。完成区文化馆、刘伯承六店旧居等改造提升工作，"黄桷坪涂鸦艺术街区"荣获全国"百佳公共文化服务空间奖"并入选首届中国群众文化品牌发展大会展示案例，钟书阁·重庆中迪广场店、九龙书城获评重庆十佳最美书店。三是文脉寻根行动。冬笋坝遗址被纳入"考古中国"巴蜀文明进程研究项目并启动新一轮考古发掘。举办"巴风烈烈—冬笋坝巴人遗址考古成果展""纪念刘伯承同志诞辰一百三十周年"书画藏品展等特色文博活动，在重庆市博物馆优秀展览评比中荣获创意、内容设计两大奖项。

三、融合创新，文旅精品"结硕果"

九龙坡区坚持与时代精神共振，不断加强融合创新，加大宣传力度，文旅精品硕果累累。一是重大节会"提能级"。高规格举办两届中国·重庆国际光影艺术节，央视新闻和央视频全媒体开展2次专题直播宣传，全网全媒体发稿超500条次，总传播量逾12亿次，入选重庆市国内文旅宣传推广十大优秀案例，区文化旅游委荣获首届重庆都市艺术节优秀组织单位一等奖。举办2023重庆·九龙坡十大主题游发布暨旅行商大会，发布推介"一城韵味 百里龙游—九龙坡区十大主题游"。文创产品荣获中国旅游商品大赛和"重庆好礼"大赛6个奖项。二是推介引流"造热点"。开展"品巴渝风情 游魅力九龙"宣传营销系列活动。策划推出"休闲养生·年味民俗之旅""且游清栖谷"两日游等旅游线路，推荐"重庆·美丽乡村 品巴蜀文化乡村游"线路入选"大美春光在路上"全国乡村旅游精品线路。三是惠民消费"有新意"。举办第七届重庆文化旅游惠民消费季（冬季）主会场等高规格节会活动和第八届重庆文化旅游惠民消费季九龙坡区分会场活动，在全市首推"十分旅行自在九龙坡"文旅惠民消费盲盒等特色活动，带动文旅消费逾3亿元。

南岸区2023年文化和旅游工作亮点

南岸区文化和旅游发展委员会

一、创新开拓实现文旅体商农康融合发展

创新打造3个文旅消费季。打造2022年12月至2023年2月"爱尚重庆·惠民迎新消费季"、2023年3月15—31日"爱尚重庆·重马国际消费季"、2023年10月至2024年1月"爱尚重庆·电竞消费季",同期举办城市音乐人选拔赛、MaxMara时尚秀等"赛、会、展、节、秀"系列文商旅体活动,有效促进区域文旅消费。

树立电竞"未来之都"新形象。协助举办《英雄联盟手游》全国联赛总决赛、《王者荣耀》8周年庆川美"保护长江生存"公益作品展、《无畏契约》中国英雄全球发布暨壹决山城年度盛典、《王者荣耀》全国大赛总决赛、《火影忍者手游》重燃盛典暨年度总决赛、《使命召唤手游》新春游戏地图全球发布会等大型品牌赛事和活动,汇聚行业资源催生重庆数字经济新业态。

参与并举办大型文旅体活动。举办新年2023首届重庆都市艺术节跨年焰火表演、第25届中国大学生篮球联赛CUBAL全明星之夜、2023长安汽车重庆国际马拉松、首届南山星空音乐节、2023第十三届重庆国际音乐啤酒节等文旅体活动,同时实施会、展、赛、节"四位一体"同步联动,重庆马拉松赛事获胡衡华市长等市领导在市体育局、南岸区《关于重马赛事暨重马国际消费节有关情况的报告》(南岸委文〔2023〕14号)上肯定件的批示。参与2023中国航空科普教育大会,协助举办2023成渝体育产业联盟暨第五届重庆市体育产业博览会(重马体博会)、第十一届重庆国际文化产业博览会、第

一届文物保护技术装备学术研讨会和文物保护技术装备应用展，促进多行业融合发展。

二、实现公共文化服务体系建设"双国标"

作为全国第六批 101个社会管理和公共服务综合标准化试点中唯一针对基本公共文化服务标准化进行试点的地区，南岸区承担起"南岸区基本公共文化标准化试点"项目。项目在全市首创4个子体系、100 项具体实施标准的"南岸区公共文化服务标准体系"，标准覆盖率达到90%（其中包含南岸区"嵌入式"公共文化服务经验的《社区嵌入式公共文化服务标准》和《社区嵌入式公共文化服务评估标准》等区域特色标准38项）。于2023年6月高分通过国标委专家组验收，成功创建国家级基本公共文化服务标准化试点项目。此次创建成功与2021年创建的第四批国家公共文化服务体系示范区一起，实现了南岸区公共文化服务体系建设上的"双国标"。

三、历史文化遗产保护取得实效

文物保护修缮创优。完成安达森洋行旧址等多项国保、市保文物修缮，立德乐洋行旧址（1号楼）修缮工程获评重庆市文物保护优质工程，弹子石摩崖造像砂岩质文物保护材料及技术路线研究获评重庆市文物科技创新项目。

红色资源运用创先。"联动保护传承红色基因"王朴烈士旧居活化传承项目获评重庆市文物优秀利用项目，并作为活化利用成功案例在全国革命纪念馆高质量发展论坛分享。重庆市规划展览馆、重庆故宫文物南迁纪念馆、重庆车渡文化陈列室被评为南岸区爱国主义教育基地，重庆抗战遗址博物馆和《挺进报》旧址获评"重庆市关心下一代党史国史教育基地"。

文保工作创新。举办首届国家级文物保护技术装备学术研讨会暨全国文物保护技术装备应用展，汇聚行业资源促进产业发展。积极推进《南岸区关于国家文物保护装备产业基地招商引资的优惠政策》出台，引导并吸纳重点文保装备企业入驻南岸国家文物保护装备产业基地。

北碚区2023年文化和旅游工作亮点

北碚区文化和旅游发展委员会

2023年，区文化旅游委深学笃用习近平新时代中国特色社会主义思想，始终抓好"一心四片"、"十四五"重点项目等中心工作，积极营造赛马比拼的干事氛围、两袖清风的廉洁氛围、向上向善的团结氛围，全年6个全国性活动落地北碚，3个集体、7个项目、4名干部获全国性奖项，文化报表文旅指标居全市前列，获评廉洁文化全市示范基地、文旅系统全市先进集体。

一、"国家公共文化服务体系示范区"创新发展

创作《巴女拓影》等一批国家级、市级文艺精品，中国群众舞蹈专业委员会落户北碚，山火雕塑获中国文联支持。艺术普及10万余人次，群文活动700余场次，文化馆获评2023年度全国优秀广场舞团队。"百馆之城"开放场馆90处，柏林楼等14个历史文化遗址完成保护修缮，四世同堂纪念馆、复旦大学重庆旧址实现活化更新，博物馆综合利用率连续保持全市第一，"北碚博物馆活化案例"入选川渝中小博物馆提升优秀案例，作为全市唯一区县代表获评全国优秀博物馆；图书馆古籍被纳入国家版本馆中华古籍数字化项目。

二、"全域旅游示范区"持续推进

有效利用生态人文资源及闲置空间，沿"缙云山环道、城市干道、东西山环线"三线，构建全域旅游"缙云山—北温泉度假区、城市文化休闲区、江东乡村生活体验区"三区互动格局。持续宣传发布"缙云有氧""缙云有

泉""缙云有村"等十大旅游精品线路，新增藏川渝旅游线路，启动境外游、外省研学游，"北碚嘉陵江小三峡风景道示范案例"代表重庆在川渝嘉陵江文旅联盟大会交流发言。举办第三届中国温泉产业博览会等商文旅体活动200余场，2家温泉入选重庆温泉十二金钗。入选市级旅游服务质量提升试点，金刀峡景区获评市级智慧旅游景区。全年接待过夜游客196.5万人次、同比增长14.5%，旅游收入同比增长13.8%。

三、"国家文化和旅游消费试点城市"走深走实

创新成立全市首个"文商农旅体联盟"，吸引70家会员单位共建。建成投用青少年健康成长动商培育中心，成功举办中国网球巡回赛·西南大学公开赛等大型品牌赛事活动。将泛缙云山片区纳入市级"红色基因传承示范区"建设，启动红色研学教育中心和缙云民宿集群项目，新添5家精品民宿。会同园城推进静观花木谷、偏岩袁家村等文旅重点项目，完成投资33.8亿元，文化产业增加值占GDP比重居全市前列，体育彩票销售2.96亿元，同比增长51%，全市7家体育产业示范单位北碚入选3家。

渝北区2023年文化和旅游工作亮点

渝北区文化和旅游发展委员会

2023年，立足新发展阶段、坚持新发展理念、构建新发展格局，整合优化中央地方各类资源渠道，大力协同推进文化旅游融合发展，取得较好效果。2023年前，完成文化产业增加值111.76亿元，增长11.6%；旅游产业增加值114.47亿元，增长46.7%。

一、推动文旅企业快速复苏

出台《渝北区促进文化旅游体育产业高质发展若干政策》，以政策为指引，重点从旧城改造利用、文旅融合消费场景、城市文化演艺等方面激发市场活力，促进文旅产业高质量发展。落实好市、区两级的文件精神，继续执行暂退旅行社质保金，开展惠民及宣传推广活动。

二、推动产业聚集发展

重庆动漫产业园已落地国盛数字文化产业园区，同泰数智获评第七批重庆市文化产业示范基地。重庆创意公园加快发展，四期招商已完成80%，园区现有企业1000多家，年产值达50亿元以上。龙塔紫薇路、龙山爱融荟、九九艺术长廊、金紫山文创园等文化街区成为新的网红打卡地。重庆中央公园商圈的电竞、音乐、书吧等沉浸式的文旅消费空间，成为文旅消费的新宠。中央公园文化节系列活动全面开展，目前5次活动线上线下参与超10万人次，引流成效明显。

三、推动提升文旅美誉度

推进与人民网、新华网、央广网、《重庆日报》等头部媒体和区融媒体中心外宣合作，深挖文化亮点特色，全年推出200余篇反映渝北文旅融合、中央公园文化节、渝北文化味、渝北微度假新闻报道，取得了显著的宣传效果。做优"渝北文旅"公众号，形成微信公众号、视频号、百度百家号三号联动的宣传矩阵，全年阅读量超过170万人次，领跑政务新媒体，传播力综合指数排名重庆区县文旅第一。直播中央公园文化节系列活动，进一步提升了渝北文旅社会影响力和传播力。

四、推动文旅消费有效增加

创新开展"游记渝北"体验活动，联动小红书、马蜂窝等知名新媒体和流量宣传平台，通过全网征集共同参与的方式大力宣传推介渝北旅游资源和产品，吸引上千人参加。持续开展文化旅游惠民消费季活动，带动文旅消费达5000万元以上。积极参加第十一届文博会、第八届西旅会等活动。指导和支持渝北春季乡村节会，有效扩大了印盒李花节、大盛樱花节、大湾桃花节、茨竹梨花节等节会的影响力和传播力。

五、推进服务监管双提升

严格落实"全渝通办""告知承诺制""一件事一次办""一窗综办""网跑一次流程 网巡一次纠错"等改革要求，深入推进"线上+线下"政务服务标准化建设。规范市场秩序，切实维护意识形态安全和文化安全，文旅市场无不良意识形态事件发生，无网络舆情事件发生，市场秩序进一步规范。全区文化旅游市场运行平稳，无亡人安全事故发生。受理各类投诉举报221件，回复及时率达到100%，及时化解矛盾纠纷，无负面舆情发生，文旅环境安全稳定。

巴南区2023年文化和旅游工作亮点

巴南区文化和旅游发展委员会

2023年，巴南区文化和旅游工作以习近平新时代中国特色社会主义思想为指导，坚持以满足人民日益增长的美好生活需要为着力点，融入巴蜀文化旅游走廊建设，进一步促进文化旅游高质量发展；坚持稳中求进，扎实推动巴南文旅流量质量双提升，取得了来之不易的新成绩。

一、传统文化传承保护成果突出

唯庐修缮保护利用工程顺利完成；完成巴南文史通俗读本初稿；举办校长官邸旧址"中央政治学校"主题临展，圆满完成马英九先生参访接待工作；《追寻晴皋——一位清代诗书画名家与重庆的故事》，荣获年度"重庆市博物馆优秀展览项目"称号；木洞山歌剧《爷爷的山歌》完成升级打造，获评重庆市文联主题文艺创作扶持项目，顺利完成首演。

二、公共文化服务体系不断完善

新建2个旅阅书房、1个轨道文化驿站、2个城市书房、1个城市会客厅等新型公共文化空间6处；"公共数字'云'服务"被评选为2023年重庆市全民数字素养与技能提升优秀案例；30余件文艺作品获得市级以上奖项；开展文化服务小分队阅读推广、文艺演出等活动1900余场，7个优秀案例在中国文化管理协会公共文化专业委员会官方平台推广；深入推进书香巴南建设，区图书馆被中共重庆市委宣传部评为2022年重庆市年度十佳全民阅读推广示范单位。

三、文旅产业发展步伐加快

全年涉及GDP附记指标核算相关的16家规上文化体育娱乐业企业实现营业收入2.42亿元，同比增长33.7%，高于全市平均水平15个百分点；花境院子民宿成功创建国家甲级旅游民宿，实现我区国家等级旅游民宿"零"的突破；丰盛镇旅游发展服务中心成功创建市级文明旅游示范单位；黄金林村、巴山村被评为第四批市级乡村旅游重点村；完成第二批"巴县老院子"授牌工作，"巴县老院子"品牌建设进一步强化。

四、文旅消费复苏活力增强

成功举办第二届巴蜀文化旅游融合发展论坛、第三届"舞动山城"国际街舞大赛等大型活动；全年举办各类文体活动90余场次，其中大型演唱会26场，占全市场馆类大型演出活动的93%，门票销售额超3亿元，吸引游客超135万人次；持续赋能"巴实游"智慧文旅平台建设，发放惠民消费券共计100万元，2023年全区累计接待游客4045.86万人次，实现旅游综合收入188.58亿元，分别同比增长11.55%、26.47%；不断提升巴南文旅影响力，巴南区入选"中国健康旅游目的地"，"巴南人文山水体育旅游线路""巴南都市近郊乡村休闲游路线"获国家体育总局、文化和旅游部、农业农村部等国家部委推荐。

五、旅游服务质量提升成效突出

基层旅游投诉纠纷多元化解机制工作被纳入文旅部的优秀创新案例，连续两年入选全市旅游服务质量提升试点区县名单并获奖励。全区全年无重大旅游安全责任事故、无行政诉讼及行政复议案件发生，共计受理投诉举报156件，办结率100%，满意率达到90%。

长寿区2023年文化和旅游工作亮点

长寿区文化和旅游发展委员会

2023年，区文化旅游委坚持以习近平新时代中国特色社会主义思想为指导，深入学习贯彻习近平文化思想，紧紧围绕"两地一城"建设目标任务，推动文化、旅游、广电工作迈上新台阶。

一、"文旅项目建设行动"实现新突破

完成全域旅游规划编制工作；与红树林公司签约合作打造大洪湖零碳康养旅游度假地；长寿山文化公园部分完工；区博物馆开馆接待游客超13万人次；重钢工业旅游景区已完成初评并开园试营业；长寿湖乐温院子、水上欢乐世界、长寿湖希尔顿欢朋酒店等文旅项目竣工并正式投用。

二、"文旅产业培育行动"汇聚新动能

菩提古镇获评第三批国家级夜间文化和旅游消费聚集区，长寿湖景区获评全国体育旅游十佳精品景区。累计发放助企纾困、惠民补贴、旅行社营销奖资金共150余万元，新增文旅市场主体276家、净增233家。联合明月山7区县推出了精品线路5条和旅游惠民政策，全年接待游客1400万人次，实现旅游收入110亿元。

三、"文化遗产保护传承行动"取得新成效

成功举办"5·18国际博物馆日"川渝主会场活动、"6·10文化和自然遗产日"重庆主场活动——非遗购物节·第八届重庆非物质文化遗产暨老字号博览会等一系列活动，文峰塔修缮竣工。"乐温县城遗址"考古发掘项目已纳入"考古中国"重大项目库。联合相关区县申报蜀道（荔枝道重庆段）为中国世界文化遗产预备名单项目。与市曲艺团合作共建国家级非遗传习社，建成市级非遗工坊1家、长寿非遗工坊3家、长寿区获评"重庆市非遗美食传承体验基地"。

四、"公共文体服务提升行动"获得新改善

成功举办明月山绿色发展示范带文化节、全市社区文化节、渝藏文化交流活动、全市夏季旅游启动仪式等大型文旅活动20场次。云集、石堰、凤城等街镇文化阵地提档升级，新建新型公共文化空间11个。区图书馆连续4次获评国家级一级馆，非遗文化馆、乡情文化驿站入选全国优秀公共文化空间案例。

五、"文艺精品创作行动"呈现新气象

坚持以人民创作为中心，开展"行走长寿"跨区文学创作、首届长江影像展等采风活动，创作文艺作品达5000余件；举办长寿区首届美术书法摄影名家作品展、邓刚红色主题雕塑作品展、长垫邻三区县优秀作品展等展览活动50余场次，累计获市级以上展赛达160件。评选出2021—2022年区级优秀文艺创作奖472件。

六、"安全稳定保障行动"巩固新防线

压实文旅行业意识形态、安全生产责任，建立合广长、川渝滇黔16市区执法协作交流机制，首次实现跨区域文化综合市场"双随机、一公开"抽查检查。统筹开展论坛活动、文化娱乐场所互动屏幕内容、文旅市场、高危体育项目、文物、广播电视等各类专项整治行动，受理办结行政许可、年检、备案94件，办结行政案件29件。

江津区2023年文化和旅游工作亮点

江津区文化和旅游发展委员会

2023年，江津区紧紧围绕"彰显山水特色，建设休闲旅游胜地"目标，积极作为，主动担当，文旅工作成绩喜人。

成功举办首届巴蜀非遗酿造技艺旅游创新发展大会，三地共同推出"津—泸—宜"巴蜀非遗酿造技艺旅游品牌。"千年巴蜀酿·醉美津泸宜"川渝非遗旅游品牌推广活动成功入选"2023中国旅游产业影响力案例"。江津区在海南省三亚市召开的"文旅融合、品牌焕新——深入推进公共文化高质量发展主题交流活动"上，就图文总分馆制建设经验作交流发言。原创舞蹈作品《丰收果实献给党》荣获中国舞蹈家协会颁发的"风采之星"称号。选送重庆市江记酒庄有限公司"梅见"果露酒荣获2023年中国特色旅游商品大赛金奖。区文化馆业务干部曾维惠获评中国作协"深入生活、扎根人民"主题实践先进个人。

一、公共文化服务效能提升

高质量完成国家公共文化服务体系示范区创新发展复核评审工作，排名西部前3，获评优秀。新增文化驿站、文化培训中心、书吧等新型公共文化服务空间37个，全区万人拥有公共文化设施面积达1521.72平方米。承办全国广场舞展演等国家级活动5项，开展"文润津邑"等品牌活动81场，开展流动文化下乡活动700场，镇街综合文化服务中心依托阵地开展活动1423场。

二、文旅产业加快恢复发展

2023年，全区累计接待游客1944.3万人次，旅游综合收入106.4亿元。纳入固定资产投资统计的文化旅游项目75个，总投资额达到63.1亿元。举办2023年文化旅游惠民消费季（春季）活动，拉动文旅消费超5000万元。印发《江津区旅游民宿建设服务指导标准（试行）》《江津区等级旅游民宿评定办法（试行）》《江津区工业旅游发展三年行动计划（2024—2026）》等文件，助推高质量休闲旅游胜地建设。

三、文旅宣传营销有声有色

2023年，各类媒体上刊江津文旅信息超过1300余篇次。其中，国家级媒体21次，部委媒体27次，市级官方主流媒体56次。开展"春季赏花""水果采摘""夏季避暑"等系列宣传。积极参与泸永江融合发展示范区、川南渝西文化旅游宣传营销联盟等平台工作，推送川渝两地文旅信息35篇，举办"川渝放歌·三城同唱"江津区新春云享音乐会等多项文艺活动。

四、文化遗产保护利用不断强化

完成了聂荣臻故居、石蟆镇清源宫等6个保护修缮工程。印发《江津区传统庄园保护利用实施方案》，启动重点项目27个，高效能推进传统庄园保护工作。开展非遗图文展、非遗项目展演、非遗传承培训"三进"活动70余场。

五、文旅市场平稳有序发展

开展各类专项行动8次，联合执法行动10次，检查各类文化场所1200余家次，出动执法人员2400余人次，共立案查办各类文化案件51起。妥善处理游客投诉及咨询，共处理并办结旅游投诉17起。

合川区2023年文化和旅游工作亮点

合川区文化和旅游发展委员会

2023年，在区委、区政府的正确领导和市文化旅游委的精心指导下，合川区文化旅游委扎实推动全区文旅产业高质量发展。

一、强供给，提升公共服务水平

夯实设施建设。投入专项资金400余万元，启动儿童画史馆和实施区文化馆分馆等文化工程建设。全区文化服务场馆免费开放率达100%。

丰富文化活动。举办纪念卢作孚先生诞辰130周年暨"作孚周"系列活动，完成大型原创文献话剧《民族脊梁》首演。开展钓鱼城旅游文化节、"川渝乐翻天"等群众文旅活动2000余场次。

做优文艺创作。创作《金扁担》《月亮田》等原创音乐，编印《合川文旅》等刊物3期册，累计服务群众超100万人次。联动区内2000余名文化人才，创作美术、书法、摄影等文化作品1800余件，其中市级及以上获奖（含入展）作品200余件。

二、强保护，用好用活文化遗产

推动文保品质提升。全年新增完成钓鱼城范家堰遗址本体（一期）等13项文物保护工程验收。启动钓鱼城东内城墙保护等6项工程施工建设，完成卢作孚旧居、双江小学、陶行知先生纪念馆等展陈设计、保护方案的编制工作。完成牛黄坝遗址群等4个保护单位第四批市级文物保护单位申报工作。

加强非遗文化保护。开展第八批区级非物质文化遗产代表性项目名录认定工作。新增13个区级非遗项目。组团参加中国成都第八届国际非遗博览节等活动7次。召开"伍舒芳膏药""合川善书"两个市级非遗项目学术研讨会。

扎实推进申遗工作。钓鱼城遗址纳入"川渝宋元山城体系"联合申遗项目。举办"川渝宋元山城体系联合申遗专家咨询会"。

三、强发展，全力推进旅游产业提质发展

加强重点项目推进。协同推进钓鱼城大景区、涪江片区城乡融合发展试验区、陶行知生活教育基地等重点项目。

积极培育旅游品牌。钓鱼城景区正式列入国家5A级旅游景区创建名单。开展涞滩古镇景区提质升级工作。文峰古街成功获评第三批市级夜间文化和旅游消费集聚区。草街古圣村列入重庆市第四批乡村旅游重点村名录名单。

全力推进钓鱼城高质量发展。围绕家军书记来合调研指示精神，全面厘清工作思路，优化管理职能，成立区委书记、区政府区长任双组长的推动钓鱼城高质量发展工作专班。组建考察组赴外地学习经验，扎实推动景区提质。

四、强营销，文旅形象进一步彰显

做精文旅宣传IP。组织开展"我把镇街说给你听"微视频大赛，推出"我们的节日"等系列短视频，策划"洪崖洞分洞"等线上营销事件，推出"周末去哪里？合川在等你"十大要事旅游产品。合川文旅线上平台共推出推文295篇、短视频137个，阅读量1177.5万人次，转发量56.79万人次，获赞82.61余万次。

做靓文旅形象推广营销。组团参加第十一届、第十二届重庆国际文化产业博览会。前往深圳、澳门、北京等地参节参展、专题推介，合川峡砚、黄杨木雕等文创产品随袁家军书记出访新加坡。完成网剧《山楂树之恋》、国

学少儿剧《独钓中原》在合独家取景拍摄，引进《七根心剑》《超越吧！阿娟》等影视作品在合川取景，联合重庆广电拍摄纪录片《卢作孚》，多渠道彰显合川文旅品牌形象。

　　做实区域文旅协作。积极融入成渝地区双城经济圈，深化合广长协同发展示范区建设，与武胜、广安等周边市区签订战略合作协议、开展营销互动活动。通过互相参节参会深化双方合作交流，资源共用，客源共享。

永川区2023年文化和旅游工作亮点

永川区文化和旅游发展委员会

一、文化强区强力推进

永川图书馆成功创建国家一级图书馆，荣获2022年长三角及全国部分省区、市最美公共文化空间大赛"优秀公共文化空间案例奖"；新建图书分馆2个，新布局书香漂流点8个，"书香永川"建设成效显著。建成中山路街道昌州路社区乡情陈列馆、胜利路街道石油人社区博物馆、红炉镇红色记忆馆，公共文化服务体系更加健全。举办2023永川区民族音乐会、庆新春广场文艺演出、《昌都往事》重庆巡演等文化活动20余场次，开展流动文化服务进村1800余场次，完成政府购买演出服务506场次，惠及群众超100万人次。组织开展"5·18国际博物馆日""文化和自然遗产日"系列活动，策划实施"一镇一品"老字号暨非物质文化遗产展演，让文化传承更加深入人心。创作音乐、舞蹈、戏剧、曲艺、美术、书法、摄影等文艺作品100余件，其中舞蹈《无穷之路》荣获第七届重庆市舞蹈比赛一等奖，广场舞《马到成功》荣获重庆市广场舞展演二等奖，音乐《绿竹猗猗》荣获重庆市乡村艺术节二等奖，版画《共和国印谱》荣获首届重庆都市艺术节优秀作品奖。

二、旅游品质持续提升

乐和乐都主题公园成功引进4只大熊猫，成为成渝中部地区唯一拥有大熊猫的旅游景区。累计投资2.04亿元，松溉古镇、茶山竹海、石笋山等重点文旅项目进展有序，景区游乐体验、服务品质得到较大提升。乐和乐都、茶山竹海、石笋山获评市级智慧旅游景区，旅游智慧化建设成效显著。与市文化旅游委组团赴英国、西班牙开展宣传推介，永川文旅名扬海外。松溉古镇入选第九届中国旅游产业年度中国旅游休闲街区创新发展案例，第十届重庆永川国际茶文化旅游节入选第十届中国旅游产业旅游影响力营销推广典型案例，茶山竹海街道茶园村入选重庆市第四批乡村旅游重点村，茶山竹海体育旅游线路入选川渝体育旅游精品项目，云阖特级秀芽、海棠药香获评"重庆外事好礼"，永川秀芽勇夺中国特色旅游商品大赛金奖，永川旅游再添多块"金字招牌"。策划2023年春游赏花季掀起乡村旅游热潮，举办第十届永川国际茶文化旅游节暨川渝旅行商大会彰显永川文旅新貌，文化赋能、旅游引客助力永川里·奥特莱斯盛大开业，多轮次发放消费券激发文旅消费潜力，以节为媒、多元融合助力我区旅游市场逆势增长、供需两旺。2023年，全区共接待游客3014.84万人次，实现旅游收入216.57亿元，同比增长10.11%和10.97%。

南川区2023年文化和旅游工作亮点

南川区文化和旅游发展委员会

2023年，南川区深入学习贯彻习近平新时代中国特色社会主义思想，围绕成渝地区双城经济圈建设"一号工程"，按照区委"1343"总体思路，把文旅康养作为三个增长极之一。加快构建"一山一片一带多点"产业空间布局，推动景区景点游、康养避暑游、民宿露营游、农旅融合游"四态齐升"，全力打造重庆文旅康养第一品牌、首选之地。

一、文旅品牌赋能增彩

做好"品牌"文章，入选首批全国文化产业赋能乡村振兴试点区县，南川东街获评国家级旅游休闲街区、国家级夜间文化和旅游消费集聚区，龙崖城成功纳入"川渝宋元山城防御体系"申报世界文化遗产。聚焦"趣"字做文章，成功打造"大金佛山178环山趣驾"，获评全国"旅游新业态创新发展典型案例"。

二、新兴业态联动增效

率先制定民宿、露营专项发展规划，成立民宿、露营行业协会，建立"主管部门+属地+行业协会"三重管理机制，引导民宿露营地有序发展、精品化提升。全区建成旅游民宿63家、露营地87个，接待游客190万人次。大观原点乡宿获评国家甲级民宿。

三、康养产业蓬勃发展

实施重点项目38个、完成投资46亿元，提档升级山王坪、神龙峡景区，销售康养物业23万平方米，招商完成协议引资272.89亿元。强力推进山王坪康养产业开发，成立区文旅康养产业领导小组、山王坪片区康养项目开发建设指挥部，加快建设高品质避暑康养集聚区，打造重庆主城康养旅居首选地。

四、文化惠民卓有成效

公共文化服务效能持续提升，建成区图书馆东街分馆等5个新型文旅融合空间，大观原点入选全国"最美乡村公共文化空间"，木凉镇汉场坝村被评为中国美丽休闲乡村。选送摄影作品《茶香》入围第十三届中国艺术节全国优秀摄影作品展览，《爱的代驾》获重庆市戏剧曲艺大赛一等奖。

五、川渝联动互市共赢

邀请中国首位滑雪世界冠军郭丹丹在金佛山领衔川渝10座城市倡议"我为南方冰雪代言"，与黄龙、稻城亚丁等4个景区签订协议，联合开展全球营销，参加西旅会组织"双城"联动营销获最佳创新奖。2023年全区接待四川游客达346.7万人次，增长9%。

六、节会赛事热力不断

成功举办全国"四季村晚"秋季示范展示、川渝春节联欢晚会、成渝地区双城经济圈新能源汽车环178定向赛等文旅节会赛事活动50余场次。2023年，全区接待游客、旅游综合收入分别增长8.5%、14.5%。

綦江区2023年文化和旅游工作亮点

綦江区文化和旅游发展委员会

2023年，綦江区文化旅游委坚持深学笃用习近平新时代中国特色社会主义思想，紧紧围绕市委、区委工作部署，在市文化和旅游委悉心指导下，坚持党建统领、实施"885"工作机制激励实干争先，全区文化旅游事业呈现良好发展态势。

一、文化惠民实效不断增强

区图书馆获批国家一级图书馆，建成4个社会分馆，扶持5个基层最美文化空间；三馆全年免费开放服务超50万人次，开展流动文化服务进村1370场次，惠及1140余万人次；创作《铁山魂》等文艺作品100件次，获得市级以上奖励81件次；綦江农民版画走进中国国家画院并参加《我的"村晚"我的年》直播推介，受邀参加卢森堡等国际交流活动2次。

二、产业融合发展实现突破

招引福建冠深集团等入驻綦江，重庆炙焱动力入选体育领域国家级"专精特新"名单；横山镇、古南街道花坝村成功创建市级乡村旅游重点镇、村，横山市级旅游度假区通过复核；举办文旅惠民消费季等文旅体活动100余场，全年接待游客1159.7万人次，实现旅游综合收入56.5亿元，同比分别增长31.1%、32.3%；有序推进红军长征转战重庆纪念馆等项目前期工作。

三、文物保护传承提优赋能

建成"1+N+21"文物管护网，成功创建市级文物安全示范区；率先建成全市街镇级非遗资源库和四级非遗保护体系；成功举办首届中国（綦江）食品产业高质量发展大会暨金街美食音乐汇活动，挂牌"重庆市非遗食品产业园"，非遗产业年产值超10亿元；东溪古镇入选首届全国古村古镇保护利用十佳案例，王良故居入选"第六批全国关心下一代党史国史教育基地"；第四届僚学研究国际学术研讨会在西部陆海新通道重要节点广西柳州成功召开，文化交流走向东盟。

四、文化市场管理平稳有序

创新推广"文旅安全日志"客户端，开展剧本娱乐等文旅市场整治专项行动；加强行业意识形态管理，创建"无小耳朵"社区（村）2个，《重钢四厂：时代记忆》等广播电视作品斩获市级奖项7个，保障了重要时段广播电视节目安全播出。

大足区2023年文化和旅游工作亮点

大足区文化和旅游发展委员会

2023年，大足区文化旅游委深入贯彻习近平总书记"一定要把大足石刻保护好"重要要求，全面落实市委主要领导来足调研指示精神，加速构建"日月辉映、繁星闪烁"的文旅融合发展新格局。大足石刻景区购票游客达116.57万人，同比增长356.85%，门票收入9397.66万元，同比增长431.07%。大足区获评"中国旅游高质量发展县（区）案例"。

一、一以贯之抓保护，文化内涵持续提升

推进实施大足石刻保护项目18个，完成宝顶山大佛湾水害治理工程（二期）等一批项目。成功举办首届石窟寺保护国际论坛，发布《气候变化背景下石窟寺保护大足宣言》，与巴基斯坦开伯尔—普赫图赫瓦省考古与博物馆局、中国文化遗产研究院、重庆师范大学签订协议合作发展。《大足石刻全集》获中华优秀出版物奖。

二、立足特色优供给，文旅格局加速构建

全面启动宝顶山景区保护提升工程，加快宝顶山—北山快速通道等项目建设，推动"三山一塔"联动开放。完成《石门山石刻—隆平五彩田园片区农文旅融合发展专项规划》。棠香人家成功创建为4A级景区。《天下大足》获评第一批全国智慧旅游沉浸式体验新空间。

三、坚定不移强支撑，产业体系愈加完善

召开旅行商大会发布161个项目总投资237.6亿元。新增2家市级文化产业示范基地。全区文旅企业达3126家，规上37家。大足石刻文创园签约入驻企业达168家、总投资255亿元，引进省级以上工艺美术大师27名。"大足雕客"入选全国首批"千行百品就业行"大型媒体重点推介项目。

四、用情用力惠民生，文化事业不断进步

新增图书馆社会分馆10个、文化馆社会分馆4个、24小时城市书房2个。区图书馆获评全国优秀文化空间案例基层文化空间及重庆市十佳提名最美阅读空间。创作文艺作品8件，参加全国各类活动获奖4项。编撰国家级非遗项目大足石雕调查立档及非遗学术丛书《大足石雕》。大足石刻博物馆斩获4项市级荣誉。

五、统筹兼顾强联动，区域融合深入推进

川渝石窟寺保护传承与科技创新项目纳入成渝地区双城经济圈建设重大项目。完成《川渝石窟寺国家遗址公园（重庆片区）总体规划工作方案》。与10余所川渝院校共建产教融合平台、实训基地。联动资阳推出石刻艺术直通线及主题旅游商品20余种，举办或互邀参加展演活动9场，"资足常乐"品牌进一步打响。

六、多管齐下强宣传，文旅形象大幅提升

运营"微信公众号+视频号+抖音+直播"新媒体矩阵，推出"文旅委主任带你high玩大足"系列短视频引领重庆文旅出圈，全网曝光量破亿次。大足石刻成功出海，赴瑞士、法国、纽约、东京、新加坡宣传推广。

璧山区2023年文化和旅游工作亮点

璧山区文化和旅游发展委员会

一、守正创新，推动文化事业繁荣

一是不断提升公共文化服务体系建设。重庆市考古标本库房及重庆考古展示中心开工建设。实施新型公共文化空间建设计划，全年建成劳动者港湾、"暖心驿站"等阅读空间9个。新建文化馆分馆2个、图书馆分馆2个。

二是做好文化遗产保护工作。加强文物保护修缮，谢唯进故居成功申报为市级爱国主义教育基地。探索数字化模式传承弘扬红岩精神，开展"重温红色电影—看剧照猜剧名"等线上活动10余场。常态化开展璧山鼓韵、正则绣等非遗培训，组织开展"文化和自然遗产日"非遗宣传展示暨非遗购物节活动。

三是丰富群众文化活动。开展璧山区学习宣传贯彻党的二十大精神演出等大型演出展览20余场。积极开展乡村村晚、"百姓大舞台"等一系列群众文化活动，全年进街镇演出30场、进村600场、精品文化惠民演出5场。开展全民阅读活动285场。免费组织开展文化艺术培训1.4万人次。《鼓儿咚咚》荣获第十二届"小荷风采"全国少儿舞蹈展演金奖"小荷之星"称号。

二、文旅融合，提升旅游发展质效

一是推进旅游市场复苏。加强服务满意度建设，强化旅游合同管理，受理有效旅游投诉10件，旅游咨询50余件，游客满意度100%。举办璧山户外露营生活节、第十五届中国西部动漫文化节、中国农民丰收节等大型文旅活动10余场。全年接待游客1773.15万人次，同比增长74.93%；实现旅游收入约97.38亿元，同比增长253.19%。

二是推进文旅融合。深入推动"成渝地区双城经济圈""一区两群"对口协同发展，与简阳市等3个文体旅局签订合作框架协议。全力推进"茅莱仙境"等重大文旅项目，建成璧山动漫公园、福禄太空研学小镇星空营地。正兴镇河堰村入选市级乡村旅游重点村。

三是推进智慧旅游建设。做好重庆市智慧文旅广电云等数字平台管理。累计推送璧山旅游智慧短信280余万条。丁家街道石垭村入选重庆市智慧旅游乡村示范点。

三、强化市场管理工作，推进产业发展

一是改善营商环境。强化文旅招商，引进常安献科技公司、北美时光（重庆）传媒公司等相关企业。打造玉泉湖"梦界空间"数字经济产业园1个。

二是实施重点项目。2023年，持续推进实施"茅莱仙境""乡愁二郎岗""石伞云遮"等10个重点文旅项目。

三是保障文化领域安全。开展"安全生产重大事故隐患专项排查整治2023行动"等8项专项整治行动。加强广播电视安全播出，创建"无小耳朵"社区（村）2个。

铜梁区2023年文化和旅游工作亮点

铜梁区文化和旅游发展委员会

2023年，铜梁区深入学习贯彻习近平新时代中国特色社会主义思想，坚持以成渝地区双城经济圈建设为总牵引总抓手，坚持文化铸魂、文化赋能、旅游为民、旅游带动，着力推动文化事业和文旅产业繁荣发展。

一、文化传承创新发展获肯定

中国群众文化学会龙灯龙舞委员会在铜梁成立，铜梁龙灯龙舞案例入选中国民间文化传承发展品牌案例，铜梁博物馆入围全国最具创新力博物馆。

二、文艺创作精品不断涌现

《龙之舞》荣获2023年重庆市街舞大赛银奖，《那一片云》获评巴山蜀水十大金曲奖，《我的原乡》获川渝生态文化作品歌曲类三等奖。

三、"铜梁龙"朋友圈不断扩大

铜梁龙舞代表重庆赴马来西亚、保加利亚等国家和地区开展文化交流，邀请来自20余个国家的国际学生、境外旅行商来铜感知非遗文化、体验非遗魅力。

四、"赛事+"融合经济火爆出圈

成功举办全国健身龙舞公开赛、刘雪庵音乐节等赛事节会活动70余个。铜梁龙足球队夺冠冲甲、荣膺足协杯黑马奖，主场赛事场均观众超8000人，球迷经济超1200万元，成为中字号职业联赛现象级主场。

五、乡村旅游提档升级

28个镇街以特色产业和特色活动吸引游客约220万人次，实现旅游综合收入约5.5亿元。推出"镇长晒主题"专题宣传活动，持续登上重庆热搜榜，新媒体曝光量超4亿次，镇街热度飙升，带来产业、人气双兴旺。

六、文旅产业持续高质量发展

实施文旅项目37个，新注册文旅体企业超200家，新发展旅游民宿9家、主题营地8个，开发文创单品18件。获重庆市2022年"推动文化和旅游产业高质量发展"督查激励。2023年接待游客1950万人次、实现旅游综合收入分别同比增长17.9%、24.8%。

七、"周末到铜梁"享誉巴渝

获评2023中国西部文旅总评榜奖项3个，新创建市级乡村旅游重点村2个、重庆演艺新空间1个，获评全国旅游商品大赛银奖2个。4个景点入选中国美丽乡村休闲旅游行精品线路，邱少云烈士纪念馆入选长江红色基因传承之旅。

八、文旅市场管理取得新成效

获全国信用应用场景最佳纪实奖，成为全国文化旅游系统唯一获奖单位。文化旅游信用案例获评2023年度重庆政务信息应用优秀评选活动十佳场景。以"打造游客服务驿站"为主题，入选重庆市2023年度旅游服务质量提升试点单位。

潼南区2023年文化和旅游工作亮点

潼南区文化和旅游发展委员会

2023年，潼南区文化旅游系统以习近平新时代中国特色社会主义思想为指导，深学笃用习近平文化思想，全面贯彻落实党的二十大精神，坚持党建引领，积极融入巴蜀文化旅游走廊建设，大力发展数字文旅，努力交出"885"高分报表，全区文旅工作取得新进步。在全面推进的基础上，重点完成八件事：

一、主要指标两位数增长

积极对上争取，大力招商引资，出台相关政策，加快发展文旅产业。文化产业增加值占GDP比重、旅游产业增加值占GDP比重、文化体育娱乐业规上企业营业收入转负为正，实现较大幅度增长。

二、获得近100项市级以上荣誉

在打造精品化、特色化、差异化文旅产品上集中用力，创建市级休闲农业与乡村旅游示范镇等文旅品牌7个。《光芒》等60余个文艺作品在国家级、市级平台展示展演、获奖夺牌。一名党员干部被评为重庆市担当作为好干部。

三、举办100余个区级以上节会

文化搭台，发展唱戏，举办黄门流水宴、《青染·双江》剧本杀、

"柠"聚力·涪江中国年等100余个区级以上文旅节会，为群众送去"文旅大礼包"。

四、争取到市级旅游服务质量提升改革试点

潼南被确定为市级2023年旅游服务质量提升改革试点，与遂宁联合提升，《中国旅游报》专题报道。

五、建成潼南博物馆

建成占地面积5000余平方米的潼南博物馆，设有恐龙、历史文化、石刻文化、建筑文化、人文文化5大展厅，成为潼南文旅"小爆款"。

六、建成基层应急广播体系

自加压力，自筹资金，建成基层应急广播体系，实现全域全量应急发布覆盖，解决了10多年来在全市拖后腿的老问题。通过数字化升级，实现后来居上，平战结合，发挥独特作用。

七、开办潼南非遗馆（非遗连锁超市）

指导区文化旅游发展研究会，利用闲置资源，开办潼南非遗馆（非遗连锁超市），力争3年内开办5家以上，走以文养文之路，办成非遗超市、文化超市和百姓超市。

八、创新推出"你开单、我买单"全民阅读改革

通过图书精准供给小切口，建设书香社会大民生，作为典型案例上报市委宣传部，《人民日报》通讯报道。

荣昌区2023年文化和旅游工作亮点

荣昌区文化和旅游发展委员会

2023年，荣昌区抢抓渝西地区高质量一体化发展重要机遇，聚焦"千年荣昌"历史文化名城城市名片，以中国西部陶瓷之都、非遗体验之城、运动健康之城、美食休闲之城"一都三城"文旅品牌为抓手，以活动为载体，融入非遗、体育等多种表现形式。成功举办第四届"重庆好礼"旅游商品大赛、"千年荣昌"系列活动等重大文旅活动，全区文旅融合发展取得较好成效。

一、抓基础、重惠民，丰富公共文化服务供给

装修升级荣昌陶博物馆，建成荣昌历史文化展览馆、全国首座电视艺术家艺术馆—邓在军电视艺术馆等一批城市文化空间。推进城乡公共文化服务一体化建设，争取到1万余平方米场地用于区图书馆新馆建设，新增图书馆分馆2个，自助书房1个，文化馆分馆3个。联手川渝地区50家美术馆成立"成渝地区双城经济圈美术馆联盟"，组织参办各类文化交流活动40余场。持续打造周末文艺荟、城市音乐沙龙等本土群众文化品牌活动，举办文化惠民活动600余场，服务群众近30万人次。

二、抓保护、重利用，提升文化遗产保护水平

成渝古道（荣昌）市级文化生态保护区创建顺利通过市级评审。荣昌地区石窟寺综合考古项目被纳入《中国石窟寺考古中长期计划（2021—2035

年）》。辖区清流镇发现宋代壁画墓群，雕刻纹饰丰富，为重庆首次发现。强化非遗理论研究，编撰出版《荣昌陶器》《荣昌折扇》《技艺留声——重庆荣昌陶非遗传承人访谈录》国家级非遗学术性研究丛书，鸦屿陶瓷成功获批国家级非遗生产性保护示范基地，新增区级非物质文化遗产代表性项目60个，荣昌非遗故事被央视《走遍中国》专题报道。

三、抓融合、重发展，构建全域旅游发展格局

立足"千年荣昌"历史文化名城城市名片，举办"千年荣昌·历史文化周""千年荣昌·品味巴蜀"等系列活动10场，形成消费生态圈。稳步推进安陶小镇创建国家4A级旅游景区，唯美陶瓷博览中心成功创建国家3A级旅游景区。"行吟荣昌千年棠城非遗体验游"入选全国20条非遗特色旅游线路，万灵古镇、安陶小镇、夏布小镇景区入选全国乡村旅游精品线路"大美春光在路上"。七夕河灯旅游文化节获评全市十大优秀夜间特色活动。2023年，累计接待游客1589.32万人次，同比增长19.56%；旅游综合收入85.4亿元，同比增长28.49%。

开州区2023年文化和旅游工作亮点

开州区文化和旅游发展委员会

一、强化文旅产品"新鲜感"

开州故城二期、刘伯承纪念馆、故居周都村红色研学基地、红色村史馆、红色乡宿、红色文创馆全新亮相，汉丰印秀、《致敬军神》大型情景史诗剧成功首演。汉丰湖被国家体育总局水上运动管理中心评为第一批15家国家水上国民休闲运动中心试点单位（重庆唯一），大德遇见云上民宿获评国家乙级民宿，大德九岭村、竹溪平溪村被评为市级乡村旅游重点村；赵家街道周都村被评为智慧旅游乡村示范点。

二、提升文旅融合"获得感"

原创短视频《稻香》获评国家广播电视总局优秀国产纪录片，刘伯承同志纪念馆基本陈列《党性坚强 贡献卓越——刘伯承同志生平业绩展》被国家文物局、中央文明办、中央网信办联合评选为"颂扬中华优秀传统文化、培育社会主义核心价值观"主题展览推介项目；重庆·水墨画廊 汉丰湖休闲之旅入选文化和旅游部"大美春光在路上"全国乡村旅游精品线路152条，刘伯承同志纪念馆及故居入选文化和旅游部推出的10条长江主题国家级旅游线路——长江红色基因传承之旅。

三、创新服务体验"仪式感"

汉丰湖成功创建市级夜间文化和旅游消费集聚区。全面推动汉丰湖休闲度假旅游高质量发展，环汉丰湖休闲带汇聚景观地标、餐饮娱乐、酒店民宿、购物休闲、活动演艺、水上运动、夜游体验等环湖文旅业态逐步成熟，在开州录制的展示开州年俗、民俗及非遗文化的节目《农家院里过大年》在中央电视台农业农村频道播出，开州中秋专场《月是故乡明》在中央电视台新闻频道播出。

四、打造文旅活动"氛围感"

推出"年味开州情满城""上九登高民俗文化节"等一系列活动。高水平举办"2023年绿水青山中国休闲运动挑战赛""4·23世界读书日""5·18国际博物馆日""5·19中国旅游日""第八届重庆文化旅游惠民消费季暨开州汉丰湖水上欢乐季""汉丰湖半程马拉松""全国桨板锦标赛"等大型活动。2023年，开州文旅信息成为中央、市、区各类媒体报道热点，在央视节目、华龙网、新浪网等各新媒体平台被深度报道，浏览量达1亿多人次，"帅乡帅湖 开心开州"知名度、美誉度进一步提升。

梁平区2023年文化和旅游工作亮点

梁平区文化和旅游发展委员会

一、文化旅游市场加速复苏

全年共接待海内外游客1502万人次，实现旅游综合收入97.6亿元，同比分别增长11.12%，14.46%；累计完成文旅固定资产投资29.6亿元，同比增长14.4%。培育新增市场主体117家，其中"四上"企业11家。

二、重点项目建设加快推进

巴蜀非遗文化产业园项目加快推进，都梁大剧院主体完工，双桂田园景区项目一期及市民文化艺术中心（文图大楼）基本完工，百里竹海观音洞4A级景区配套设施、滑石寨旅游接待中心等重点项目有序推进。

三、品牌活动开展丰富多彩

以明月山生态旅游文化节为统领，策划实施了中国年·梁平味2023年货节、梁娃闹新春·预制向"味"来、绿色中国行走进国际湿地城市梁平、长江三峡（梁平）耕春节、晒秋节、丰收节等一系列活动，品牌影响力逐步扩大，有效带动市民游客出游，推动文旅消费水平显著提升。

四、文化惠民工程持续推进

整合各类项目资金1000余万元，支持有条件的10余个乡镇提升优化综合文化服务中心，并为全区5个水毁公共文化设施的乡镇争取国债资金1600余万元，用于灾后修复；其中铁门乡创建全市首批公共文化服务示范乡镇。修订全区文艺创作奖励扶持办法，事后奖励与事前创作相结合，丰富全区文化供给。去年扶持文艺作品74件、兑现奖金15万元。承办全市第二十一届美术书法摄影联展，原创美术作品《高粱红了》等三个作品荣获该展一等奖。持续打造"周周讲·月月演"全民艺术普及、"书香重庆·都梁之声"全民阅读推广两大文化活动品牌。

五、文化传承保护不断强化

积极培育申报非遗项目、开展非遗传习活动，成功举办第一届癫子锣鼓技能大赛，新增区级非遗项目12个、区级非遗传承人36人。大力推动重点文物活化利用，持续推进赤牛城遗址考古发掘。文化进景区、进社区、进校园活态传承效果良好，泰和小学、西苑小学分别排练的梁山灯戏《柚子树之盼》《黄桷树下》均获"小梅花集体节目"称号。

六、旅游景区创建不断夯实

双桂田园景区实现当年建设当年开园。成功创建双桂湖国家4A级旅游景区、百里竹海·猎神景区国家3A级旅游景区，全区A级景区达到7个。

七、乡村旅游发展方兴未艾

万石耕春"五朵金花"农旅休闲项目业态不断丰富，服务不断优化，品质不断提升。乡村旅游活动竞相举办，相继举办合兴李花节、云龙镇趣味龙舟赛、蟠龙露营节等乡村旅游活动20余次，助力乡村振兴，推动农、文、旅深度融合，带动乡村旅游蓬勃发展。

八、文旅保障能力逐步提升

成功举办全市文化旅游安全工作培训暨消防安全标准化管理示范创建工作现场会，文旅部、国家文物局有关司局领导到会指导。兜牢安全底线，以日常监管和专项整治为抓手，积极排查整治安全事故隐患，全区文旅行业实现了安全生产"零事故"。

九、典型案例推广取得突破

梁平"渔米路"成功入选全国第一批交通运输与旅游融合发展典型案例。《创新"阅读+旅游"模式》荣获市公共图书馆公共文化服务"优秀案例"。

十、表彰肯定奖励再创佳绩

区文化旅游委被评为市文化旅游系统先进集体，区博物馆成功创建市级标准化单位并被命名为第二批重庆市国防教育基地，区图书馆获评国家一级馆，仁贤街道长龙村获评市级乡村旅游重点村。

武隆区2023年文化和旅游工作亮点

武隆区文化和旅游发展委员会

一、强推旅游"三次创业"，打造成渝地区双城经济圈"文旅主力店"

文化和旅游市场信用经济发展试点获全国优秀，联合涪陵、丰都成功入选国家文化产业和旅游产业融合发展示范区建设单位名单。2023年，景区接待持票游客545.7万人、其中境外游客9.1万人，实现景区收入5.2亿元，较2019年分别增长3.2%、2.6%、7.1%，均创历史新高。一是重点项目稳步推进。酷客部落酒店、千里走单骑特色民宿开门营业，仙女山室内滑雪场改造升级项目建成投用，引进世界首家女子马球俱乐部，成功签约华谊启明东方星聚城等项目。二是节会活动精彩纷呈。成功举办中国·重庆（武隆）精品酒店特色民宿产业发展大会、中国·仙女山1003 Polo Club全球新闻发布会、中国·武隆首届玩茶荟、中国·重庆（武隆）第四届世界蜂疗大会等一系列重大活动。仙女山国际露营音乐季实现市场化运营，其中8月12—13日仙女山明星音乐节创下"三个之最"：同期同城音乐节人气最旺、历届音乐节投资回报率最高、游客满意度最高，成功入选"2023影响力品牌节会"。三是乡村旅游多点开花。荆竹村入选《2022世界旅游联盟——旅游助力乡村振兴案例》。庙垭乡油菜花乡村旅游节入选全国"一县一品"特色文化艺术典型案例。乡村旅游接待游客1600万人次，实现综合收入32亿元。

二、坚持文化铸魂，繁荣发展文化事业和文化产业

图书馆获评国家一级图书馆，文化馆荣获"重庆市文化旅游系统先进集体"，选送团队荣登央视龙年春晚。重大考古发现明确纪年西汉早期墓葬——"关口西汉一号墓"，出土了漆器、木器、竹器、陶器、铜器、纺织品等600余件珍贵文物。

丰都县2023年文化和旅游工作亮点

丰都县文化和旅游发展委员会

2023年，丰都县文化旅游委锚定"世界文化旅游名城"目标，大力实施"文化创意、旅游创业"两大行动，砥砺前行、务实创新，取得显著成效。

一、旅游塑品牌，引爆了人气

成功列入国家文化产业和旅游产业融合发展示范区建设单位。南天湖景区加快创建国家级文明旅游示范单位并已通过文旅部实地验收，入选2023中国体育旅游精品项目、2023—2024全国十大冰雪旅游精品线路。国家级非遗项目丰都庙会获评成渝双城经济圈文旅品牌。新打造3A级旅游景区1个、市级乡村旅游重点村2个。2023年，全县接待游客2980万人次，实现旅游综合收入133.55亿元。

二、文化出成果，提升了名气

成功发布丰都城市徽标。系统梳理丰都历史文化本底，市级重大课题"丰都文化研究"顺利结题，并高质量召开成果发布会。集结形成10余万字《丰都瑰宝——丰都非物质文化遗产集锦》。首编出版《丰都文化通览》。

二、节会激活力，汇聚了财气

举办春季祈福文化节、丰都庙会，夏季高山避暑旅游季，秋季中元节、丰收节、采摘节，冬季冰雪旅游季。全年节会期间，累计接待游客近2000万人次，实现旅游综合收入近100亿元。节会期间招商洽谈达30余次，促成全县签订文旅、商贸、工业、农业、城建等方面正式项目69个。

四、发展提质效，增强了底气

新增文体娱规上企业4家，文化旅游产业发展质效迈上新台阶。文化惠民质效在全市工作晾晒中居于前列。应急广播系统实现全市区县中最高覆盖率、最高在线率和最高使用率，全覆盖项目工作进展在全市靠前。文化和旅游市场管理水平市对县考评全年获渝东北片区前三名。文物安全工作在全市文物安全监管与行政执法业务培训会上作交流发言。

五、指标创新高，彰显了锐气

名山景区游客实售门票130张，创26年以来接待新高。"巴渝神鸟"首度走出国门，摆件入选"重庆好礼"外事礼品。全国少年（U16）拳击锦标赛获第一名1人，市级锦标赛7个单项比赛获第一名7人，创历史最好成绩；全年签约文旅项目12个，总投资额为15亿元，其中夜游演艺《三生三世》、农文旅融合发展示范、丰都福街等5个重大项目总投资约为11亿元。

垫江县2023年文化和旅游工作亮点

垫江县文化和旅游发展委员会

2023年，垫江县文化旅游系统聚焦高质量发展，突出文旅融合创新，全县公共文化服务不断优化、文旅产业发展提质增效、全民健身迸发新活力。

一、开新局，惠民服务有保障

用心用情抓实公共服务。35项原创文艺作品获市级以上奖励，较上年增长450%，其中：情景剧《街角的电话亭》、小合唱《怀念战友》、成人男单街舞斩获市级一等奖。新建文图社会分馆、服务站23个，新增公共文化服务面积4万平方米。开展文化惠民演出活动70余场，送演出展览、培训宣讲进村约5000场次，送图书下乡约2000册，惠及群众30余万人次。图书馆安装川渝阅读一卡通并投入使用；应用数字文化云平台开展线上展览展示23次、主题活动118场，参与人数超8万人。峰门铺石刻群成功纳入蜀道（荔枝道重庆段）中国世界文化遗产预备名单项目申报名单。

二、稳增长，产业发展增活力

把握热点丰富文旅新业态。全年招商签约8.95亿元，新培育市场主体513个，完成率217.37%；体彩年销售额连续三年大幅增长，首破亿元大关。打造牡丹花海等景点项目10个，新增栈道探秘等体验项目8个，植入大型焰火秀等视景项目7个，巴谷·宿集、峰门铺驿站、多萝茜、巴山夜雨、石足迹等民宿群加快集聚，闲云茗居、瓜子坪、天池坝、金山寨、金桂果园等明月山露营基地群成形成势。创建三合湖湿地公园为4A级景区、明月天香旅游度假区为垫江县首个市级旅游度假区，新民镇被评为市级乡村旅游重点镇，毕桥村被评为市级智慧旅游乡村示范点，荣获"2023年全国县域旅游发展潜力百佳县"称号。

三、树品牌，品质提升新成效

善作善成加大县域品牌培育力度。一体谋划牡丹节、体育赛事和春节旅游系列活动，高质量举办牡丹文化节、牡丹花马、铁人三项、自行车公开赛等品牌活动11项，群众好评如潮，全年全县接待游客860.3万人次，实现旅游综合收入55.1亿元，分别同比增长28.06%、28.94%。垫江牡丹文化节获评2023中国西部最具影响力文旅节会和重庆市文化旅游系统最佳实践案例，垫江山水牡丹斩获2023中国牡丹之都（菏泽）"全国牡丹赛花会"1金1铜，恺之峰旅游区在中国·洛阳首届牡丹花王大赛中被评为"魅力山水牡丹园"。

忠县2023年文化和旅游工作亮点

忠县文化和旅游发展委员会

2023年，忠县文化旅游系统坚持以习近平新时代中国特色社会主义思想为指导，全面贯彻党的二十大精神，深入学习习近平文化思想和习近平总书记关于旅游工作的重要论述精神，坚决落实市委六届二次、三次、四次全会部署，紧紧围绕县委"1116"总体工作思路，唯实争先、埋头苦干，奋力开创全县文化旅游高质量发展新局面。

一、践行惠民之举，推进文化服务出彩出新

我们坚持以"满足文化需求、保障文化权益"为目标，推进文化事业繁荣发展，成效明显。一是艺术创作展演屡创佳绩。选送文艺作品获市级以上比赛奖项12个、优秀组织奖4个，选送小合唱参加全市大家唱群众歌咏活动获一等奖。4件农民画作品入围"成渝地·巴蜀情"川渝两地视觉艺术联展。二是公共服务质效持续提升。建成文图分馆5个。承办全市大家唱群众歌咏活动小合唱类决赛，举办社区艺术节、广场舞展演等品牌文化活动，开展线上展览、讲座等近100场，开展全民艺术普及培训近千人。三是赋能乡村振兴取得实效。指导创建磨子土家画乡，新建乡情陈列馆1个。创新打造拔山镇阿金河公园乡村书吧、乡村大舞台等公共文化空间。开展流动文化进村服务1500余场次。乌杨青岭社区获评市级第四批乡村旅游重点村，三峡橘乡田园综合体、灌湖水乡入选2023年文旅部推出的"大美春光在路上"全国乡村旅游精品线路。

二、秉持传承之要，推进文物保护有力有效

我们坚持以"守住文化根脉、延续精神命脉"为根本，推进文化遗产保护利用有效提升。一是文物保护利用不断加强。推进皇华城遗址纳入川渝宋元山城体系、中坝遗址纳入川渝盐业体系、石宝寨纳入蜀道—荔枝道（重庆段）联合申遗。皇华城遗址纳入川渝宋元山城体系保护利用联盟，文物保护利用改革经验做法被四川省文物局、重庆市文物局专题推介。县文保忠县曾艳同志荣获全国"最美文物安全守护人"称号。二是文物活化利用成效明显。忠州博物馆《千年忠文化 忠义行天下》研学活动获评"重庆市十佳文博研学实践教育案例"，获"重庆市十佳博物馆志愿服务典型案例推介"。皇华城考古遗址公园成为长江三峡首个开园的考古遗址公园。三是非遗保护传承更加活跃。开展忠州民歌教唱、忠州矮人舞推广、云上非遗展等活动20余场。举办红色课堂进校园、小小讲解员培训、知识讲座等宣教活动100余场次。

三、坚定融合之路，推进文旅产业做优做强

我们坚持以"以文塑旅，以旅彰文"为原则，推进文化旅游产业发展稳进向好。一是全力加快文旅企业发展。全年净增文体娱服务业市场主体745家，净增数同比增长155%。文体娱规上企业营业收入2.85亿元，同比增长9.8%。二是全力推进文旅项目建设。皇华城考古遗址公园开园、忠州巷子开街、独珠江村开村、石宝寨—三峡橘海提档升级项目开工、忠石沿江旅游公路一期通车。白公祠文博景区获评全国"第一批文明旅游宣传引导优秀案例"。三是全力激发文旅消费活力。三峡橘乡田园综合体成功创建国家4A级旅游景区，被授予"重庆市第四批'绿水青山就是金山银山'实践创新基地"称号。石宝寨景区入选"读李白·游神州"国家级文化主题旅游线路。全年实现旅游接待约1460.10万人次、旅游综合收入87.29亿元，分别增长18.20%、21.52%。

云阳县2023年文化和旅游工作亮点

云阳县文化和旅游发展委员会

2023年，云阳县坚持文化旅游高质量发展主线，以巴蜀文化旅游走廊建设作为总抓手、总牵引，连续6年入选中国县域旅游综合竞争力百强县，登榜2023年中国县域旅游发展潜力百佳县榜首。

一、文旅供给有丰度

加快具有云阳辨识度的品牌培育，申报世界地质公园高质量通过国家评审，张飞庙入选首批中国特品级资源推荐名录，龙缸景区入选2023—2024全国十大冰雪旅游精品线路。推进实施"100星100A"工程，侏罗纪世界（中国）恐龙主题公园加快建设，建成开放歧山草原户外综合性露营基地，A级旅游景区、星级饭店总量位居全市第一。不断激发乡村活力，精心打造五指印江田园综合体桃源人家、枇杷人家等一批农旅示范项目，清水土家族乡歧山村获评全国乡村旅游重点村。

二、文旅融合有深度

深化融合展示形式，与央视动漫集团联合创作云阳恐龙元素动画片《大头带你看中国》，成功打造全市首个恐龙IP"龙宝"和"乖妹"，高质量举办"梦回朐忍·集享非遗"民俗文化传承活动、首届长江国际华服艺术展等文旅融合活动，推出"兴云兔"剧本寻宝等沉浸式体验项目11个。加强融合性项目策划实施，发布云阳全域旅游机会清单（第二批）和露营基地机会清单，加快建设云阳博物馆新馆及旅游集散中心项目，建成开放黎明古村农文旅示范项目，4个项目入选国家文旅部产业项目服务平台精品项目。

三、文旅服务有温度

立足"游客优先"，投用智慧旅游项目（一期），上线"智游云阳"微信小程序，统筹调度重点节假日"吃住行游娱购"等文旅供给和服务保障，作为试点区县之一旅游服务质量提升改革做法获国家部委肯定，1名同志获国家版权局有功个人表彰。围绕"惠民有感"，多点布局"梯城·悦读吧"、24小时自助图书馆等文化服务设施，高质量举办2023兔年春节联欢晚会、梯城周末剧场等群文性活动，斩获"奋进新征程　建功新时代"2023重庆市大家唱群众歌咏活动一等奖。

四、文化保护有力度

坚持高位推动，同西北大学、重庆市文物局合作成立全市首个长江三峡文化遗产研究院，积极争取推动磐石城纳入川渝宋元山城防御体系联合申遗，论证启动云阳文化馆新馆、美术馆建设。坚持系统推进，实施"四个十"文物保护与利用工程，完成彭氏宗祠、张桓侯庙、温家祠堂等重点文物保护修缮工作，新增县级文保20个、县级非遗31项。

奉节县2023年文化和旅游工作亮点

奉节县文化和旅游发展委员会

2023年，奉节县坚持以文塑旅，以旅彰文，切实推进成渝地区双城经济圈建设，努力打造长江国家文化公园，着力提升全县文旅质效。实现旅游接待游客3131万人，过夜游客175万人，购票游客163万人，旅游综合收入174.9亿元，同比分别增长22.30%、16.12%、17.95%、21.71%。

一、精品线路熠熠生辉

我县乡村生态休闲赏花之旅入选"大美春光在路上"全国158条乡村旅游精品线路；白帝城·瞿塘峡入选国家文旅部10条长江主题国家级旅游线路长江风景揽胜之旅，同步入选《长江国际黄金旅游带精品线路路书》；白帝城、三峡之巅线路入选国家文旅部"读李白 游神州"文化主题旅游线路。

二、试点改革勇攀高峰

成功争取三大国家级试点，文化产业赋能乡村振兴示范县、第二批全国广播电视基本公共文化服务标准化试点县、智慧广电乡村工程试点县。

三、五绝九城实质进展

走深走实巴蜀文化旅游走廊建设，高规格承办巴蜀文化旅游走廊建设专项工作组第六次联席会议、川渝地区文旅产业人才论坛活动；举办"奉上好品"进成都推介会，先后与四川省都江堰市、大邑县、犍为县、达州市等地签订《共建"巴蜀文化旅游走廊"合作框架协议》。启动"百万职工游巴蜀"活动，举办"我来自四川我为奉节旅游代言"仪式，开展"奏响成渝双城之巅"极限音乐会、重庆白帝城&四川白马关中秋诗词音乐会，新华社、半月谈、人民网等官方媒体宣传报道，点赞互动受众超2800万人次。

四、宣传营销推陈出新

争取《2024中国诗词大会》重庆片区海选点到奉开展，《诗画中国》实景拍摄在奉"杀青"，《长安三万里》主创团队亲临奉节宣推，《2023中国诗词大会》呈现奉节文化名胜，获市委书记袁家军肯定性批示。

五、文化文艺再创佳绩

举办"纪念周恩来总理珍品展"，编辑出版《夔州名诗赏析》《竹枝词三百首》，《奉节诗旅指南》荣获第十届全国书籍设计艺术展文学类佳作奖，瞿塘关遗址博物馆荣获2023最美公共文化空间大赛网络人气奖。

六、文旅节会出新出彩

高水平举办第三届踏碛节、"三峡凉都"（奉节）康养旅游避暑季、第七届"中国·白帝城"诗歌节等文旅节会活动，2023重庆秋季旅游启动仪式在奉举办，开展竹枝舞比赛、乡镇文艺展演、农村演艺团队大比武、渝东北旅游歌曲展演等活动，服务群众近40万人次。

巫山县2023年文化和旅游工作亮点

巫山县文化和旅游发展委员会

一、文旅品牌创建再创佳绩

三峡之光、天路下庄成功创建国家4A级旅游景区。巫峡·神女景区获评第二批全国文明旅游示范单位。五里坡自然保护区、小三峡·小小三峡景区、竹贤乡下庄村分别入选长江主题国家级十大旅游线路。"巫山恋橙采摘之旅"入选"乡村四时好风光——瑞雪红梅 欢喜过年"全国乡村旅游精品线路。下庄村晚入选文化和旅游部2023年"四季村晚"全国春季示范展示点。巫山县荣膺"2023中国县域旅游综合竞争力百强县市""2023中国西部文旅新榜样"。"三峡之光 诗画长江"获评2023旅游创业创新（文化创造）示范案例。曲尺乡成功创建市级乡村旅游重点镇。双龙镇安静村、大昌镇光明村成功创建市级乡村旅游重点村。县图书馆通过"国家一级图书馆"复核，李季达陈列馆成功创建第二批市级国防教育基地。下庄事迹陈列馆完成国有博物馆备案。巫山神女谷岉野云端房车营地获评"全国汽车自驾运动营地"。巫山神女天路自驾线路被评为"全国十大精品自驾线路"。

二、旅游宣传营销再添光彩

旅游营销工作组分别赴北京、郑州、武汉、广州、西安、成都等城市开展旅游推介会18场，南阳推介会资讯在微博、抖音等同城榜持续"霸榜"。《合唱先锋》节目以巫山作为主会场拍摄地亮相央视音乐频道，巫山文旅宣传片同期在音乐频道《音乐周刊》播出。"三峡里的春天""巫山云海"等营销话题连续登上抖音、微博、今日头条等媒体热搜榜。开通"巫山文旅"官方抖音号，推出"大游可玩趣巫山"系列短视频120条，其中《长安三万里—太白的诗》短视频吸引自然流量超200万人次，跻身全国抖音热榜前五名。成功举办"三峡里的春天"第五届长江三峡（巫山）李花节、"5·19中国旅游日"重庆市分会场活动暨"三峡旅游论坛"年会、首届中国巫山"长江云上生活季"、第十七届中国·重庆长江三峡（巫山）国际红叶节等节会活动，活动话题频频登上微博、抖音热搜榜和同城榜。

三、文化发展质效再上台阶

完成川渝阅读"一卡通"项目建设，县图书馆数字资源建设总量超10TB，县文化馆数字资源总时长约3400小时。成功举办"唱和美 庆丰收"2023年中国村歌大赛总决赛暨颁奖仪式并获"优秀组织奖"。举办"大地欢歌 乡约四季"重庆市乡村文化活动年暨重庆市乡村网红培育计划启动仪式——巫山县下庄村春季村晚、"全民阅读——春风行动"系列活动、2023巫山县全民艺术普及成果展演暨文化馆服务宣传周等大型群文活动58场次。出版《风物巫山》《风雅巫山》，推出鼓乐敲出幸福路——大型文体鼓舞表演，创作《下庄精神美名扬》《幸福姐妹花》等文艺精品。龙骨坡遗址第五阶段主动性发掘完成，进入资料整理阶段，本次发掘遗物数量为历年单次发掘数量最多。三峡库区文物保护工程《巫山龙头山》考古报告出版。

巫溪县2023年文化和旅游工作亮点

巫溪县文化和旅游发展委员会

2023年，全县文化、旅游事业加快发展，旅游景区品质和文化内涵不断提升。

一、坚持规划引领，旅游发展全面提档

景区创建扎实有效。成功创建徐家一线天、通城耕歌龙池、兰英挂壁天路等3A级景区3个，巫溪县博物馆、胜利乡洪仙岩、上磺镇巫甸园、古路镇青龙洞等2A级景区4个，A级景区达到12个。乡村旅游提质增速。成功创建市级乡村旅游重点镇1个（通城镇），市级乡村旅游重点村1个（兰英村），红池坝镇茶山村被文旅部列入10条长江主题国家级旅游线路·长江乡村振兴之旅。基础建设精准发力。巫溪县全域旅游基础设施提升项目成功申报到专项债资金1500万元，宁厂古镇生态环境系统整治修复、国保单位修缮、遗址保护修缮项目立项争取到中央资金6155万元。

二、坚持IP塑造，宣传营销全面提效

策划系列宣传活动。赴陕西、山东等地开展系列文旅节会活动，宣传共计2.42亿次曝光。会同湖北、陕西八县成立文旅发展联盟。参与重庆区县特色文旅推介活动，话题#去巫溪找川西##溪游记攻略#等全网传播量超2000万次，登上各新媒体同城热搜榜20次以上。开展系列营销活动。创建百度百科巫溪IP相关词条，巫溪县网络热度同比上涨83%，日均搜索超过6000人次。与

通信运营商开展旅游大数据合作。成功入选"百度文心一言"首批生态合作伙伴，搭建一机游平台。

三、坚持文化惠民，公共服务全面提能

文化惠民成果精彩纷呈。开展戏曲进乡村活动439场，惠及群众6万余人次。开展各类选拔赛线上线下活动70余场次，惠及群众50万余人次。基层综合文化服务中心免费开放服务项目1000余场，惠及群众10万人次。文化馆、图书馆、博物馆年接待达29.89万人次。文艺作品创作持续繁荣。制作《巫溪民俗》非遗纪录片，推出巫咸论坛27期。承办国家级和市级活动15场。选送的《反诈防诈》《幺妹喊你来巫溪耍》《天下有情人》《无字书》等作品荣获市级奖项。

四、坚持抢抓机遇，产业发展全面提速

营商环境进一步优化。文化市场主体新发率50%，制定《巫溪县促进旅游民宿和星级农家乐发展的实施方案》。发放文旅消费券3万张，发放金额222万元，间接拉动文旅消费18.42亿元。文旅招商进一步发力。成功举办"2023巫溪烤鱼文化节"、制定《巫溪县巴绣产业化发展实施方案》。成功招引落地文旅项目4个，签约金额13.9亿元。

石柱土家族自治县2023年文化和旅游工作亮点

石柱土家族自治县文化和旅游发展委员会

石柱县聚焦"四新一地"总目标，坚持以文塑旅、以旅彰文，推动文旅事业迭代升级，七项工作获全国性肯定，七个品牌成功创建。全年接待游客2390万人次，创旅游综合收入170亿元。

一、黄水旅游度假区创建成效显著

黄水国家级旅游度假区创建完成文化和旅游部基础评价。森林王国景区植入夜间嗨场、林下酒吧等夜娱项目，秘境黄水乐园对标国家4A级旅游景区标准开展提升，月亮湖丰富对歌、飞天威亚等业态；重庆绿宫度假酒店获评四星级旅游饭店、"五叶级"中国绿色饭店，花溪别苑按照甲级民宿标准打造成高品质民宿；土家长桌宴、万人摆手舞冲上热搜，"土家文化旅游季"品牌系列沉浸式文旅融合活动广受好评。黄水旅游度假区《文旅融合主客共享 旅居度假"景"上添花》被《中国旅游报》刊发报道。

二、旅游市场展现新势头

"清凉"经济持续火爆，千野草场、云中花都等景区景点举办各类夏季音乐季，开展"酷暑那么长·石柱来纳凉"话题营销，2023年7—8月，接待游客1305.10万人次，同比增长29.22%，创旅游总收入89.78亿元，同比增长18.85%；文旅融合新场景新业态萌生，城区推出文旅融合场景表演"千年玉带河"，桥头镇强化校地合作，携手多所川渝美术院校打造艺术写生创作基地；乡村旅游激发消费新活力，新增有名堂国家丙级民宿1家，建成半山泮水民宿酒店、再别康桥民宿等高端露营地、民宿酒店，桥头镇长沙村、中益乡坪坝村获评市级乡村旅游重点村。

三、文化事业发展突出高质量

累计开展流动文化进村1023场次，46项文化艺术活动获得国家级、市级肯定，中益乡光明村村晚入选全国四季村晚春季示范展示点；舞蹈《蹓蹓地摆》获全市广场舞大赛三等奖，评书《选择》获第八届戏剧曲艺大赛三等奖，长篇小说《瓦屋村》出版并获市作协重点扶持长篇小说第一名；桥头、西沱"孔子学堂"教育基地获文化和旅游部、孔子基金会授牌，天上黄水大剧院入选重庆市演艺新空间；中益乡夏布非遗工坊获评"2022年全国非遗工坊典型案例"，入选第三届全球减贫案例最佳案例名单。

四、品牌效应提升文旅竞争力

全年签约招商引资项目8个，合同引资8.63亿元，落地陶然居瓦屋小镇农文旅项目、桥头湖畔野奢露营地等一批新业态；太阳湖景区创建国家4A级旅游景区；打造推出"石柱味·土家年""踏歌田园·体验非遗""文旅局长说文旅"等品牌活动，线上线下话题营销曝光量超5000万人次；"秋收农忙"体验之旅入选2023"乡村四时好风光"全国乡村旅游精品线路、"'氧'你一夏"线路入选"2023中国体育旅游精品项目"精品旅游线路；胶原纯露、中益华溪老鹰茶分获第四届"重庆好礼"旅游商品金奖、外事礼品奖和银奖。

秀山土家族苗族自治县2023年文化和旅游工作亮点

秀山土家族苗族自治县文化和旅游发展委员会

在市文化旅游委的倾情支持和指导下，秀山全面贯彻党的二十大精神，坚持以习近平新时代中国特色社会主义思想为指导，紧扣全县经济社会发展大局，坚持走文旅融合型高质量发展路子，紧紧围绕"武陵山区文旅融合发展新高地和旅游集散中心"目标要求，坚定信心、团结拼搏，埋头苦干、勇毅前行，奋力推动文化事业和文旅产业高质量发展。现将2023年度工作报告如下：

一、坚持政治标准，不断筑牢思想建设根基

深学笃用习近平新时代中国特色社会主义思想，深入贯彻落实党的二十大精神和习近平总书记关于文化旅游工作的重要论述。深刻领悟"两个确立"的决定性意义，切实增强"四个意识"、坚定"四个自信"、做到"两个维护"，不断提高政治素养，确保党的路线方针政策和党中央决策部署在秀山文旅系统不折不扣贯彻落实。紧密结合主题教育，认真开展学习《宪法》《非物质文化遗产法》《文物保护法》《旅游法》等法律法规，坚决依法办事、依法行政。认真执行"三会一课"制度，召开支部委员会、支部党员大会、支部"主题党日活动"及开展讲党课。牢牢把握文化和旅游工作的正确方向，把党中央决策部署、市委工作要求和市文化旅游委具体安排落实在秀山，全面贯穿到义化和旅游领域。

二、坚持务实求真，文旅产业基础不断夯实

新培育市场主体39家，新升规文旅企业2家，创新报表科技型企业入库任务4家。固定资产考核完成率137%，立项争资考核142.8%。全年体育彩票销售量突破1.9亿元，实现体育彩票公益金1900万元。2023年，接待海内外游客2562万人次，实现综合旅游收入159亿元。

一是在传统文化挖掘保护方面。完成清溪场民歌、溶溪高楼村薅草锣鼓、兰桥新院子花灯传承示范点建设。推进川渝阅读"一卡通"项目落地、全县文图总分馆体系建设。启动云隘黔东纵队联络站修缮工程项目。完成非遗数据库和博物馆非遗厅建设。

二是在重点项目建设方面。完成玫瑰之约（二期）项目建设，洞坪村乡村旅游项目基础设施建设。全民健身中心建设项目正在进行场地平整。完成农民体育健身工程，建成15分钟城市社区健身圈66个，覆盖率均达100%。全年体育场地面积增加27万平方米，总面积达129.95万平方米，人均体育场地面积达2.6平方米，体育设施免费开放率达99.76%。完善县级应急广播调度控制平台软、硬件设施，通过应急广播一期、二期项目建设，实现应急广播信号县域全覆盖。

三、坚持创新思路，文旅特色品牌持续打响

入选全国50个国家文化产业和旅游产业融合发展示范区建设单位。重庆秀山"盖揽川河·醉美生态"之旅入选文化和旅游部策划推出的全国乡村旅游精品线路。清溪场街道入选重庆市第二批乡村旅游重点镇、大溪乡丰联村入选重庆市第四批乡村旅游重点村。挖掘整理非遗项目20个，考察审批46名县级非遗代表性传承人。秀山竹编、金珠苗绣获成都国际非遗节双城非遗竞技展"最佳传承"和"最具匠心"奖。龙凤花烛香薰系列和秀山竹编获"重庆好礼"铜奖和入选外事礼品。图书馆获"全国三八红旗集体"称号。重庆市全民健身运动会获奖牌17枚。秀山女子U12组获第二届中国青少年足球联赛（重庆赛区）暨重庆市青少年足球锦标赛冠军。秀山女子U11组获2023年中国

足协青少年足球锦标赛（重点城市组）全国第六名。

四、坚持为民服务，不断实施文化惠民工程

文化馆舞蹈、书法、美术全面艺术普及培训有序推进，免费培训4000余人次。完成"戏曲进乡村""公益性花灯戏"等活动260余场。开展图书讲座、展览、阅读推广活动达125多场次。成功举办《文物保护法》、刘邓大军陈列馆图片展等活动。不断拓宽培训渠道，依托"乡旅学堂"开展基层文化干部培训，举办非遗技艺，太极拳、气排球等裁判员培训班。惠民活动效果明显，成功举办文化惠民消费季、秀山民歌大家唱、首届"桌山"文化旅游节、首届土家文化节、苗族羊马节、龙凤坝"乡恋龙凤"文化节、清溪油菜花节等节会活动。举办围棋邀请赛、门球联谊赛、篮球联赛等赛事活动，人民群众满意度进一步提升。

五、坚持保护利用，文化事业发展深入推进

全面实施文化遗产宣传、保护利用、项目建设等工作，文化生态保护实验区建设序时推进。清溪场街道、兰桥镇"非遗传承点"陈列室完成布设。推动全县《文物安全责任书》落实落地，建立文物安全巡查制度，完成文物行业重大事故隐患专项排查整治行动。接受秀山籍著名作家周春生先生捐赠珍藏本《汉译世界名著丛书》、"辽宁舰航空母舰"模型、当代中华书法泰斗冯树国先生字画，为秀山博物馆增添新亮点。推出"王兆荣捐赠精品文物图片展""2023年里耶秦简精品图片展""刘邓大军挺进大西南司令部旧址陈列馆文物图片展""中华人民共和国家庭教育促进法图片展"等巡展活动。

六、坚持区域联动，营销宣传推广再上台阶

围绕"书中边城·画里秀山"精准宣传和营销，推出"赏灯秀山一日游""踏歌武陵休闲游""盖揽川河度假游""寻梦边城一日游"4条主题

线路。指导旅行社开展"神韵古城 多彩合川"游活动，与德州市文化和旅游局签订《2023年度东西部协作合作协议》，制定《合川区·秀山县文化旅游对口协同发展工作方案》，推动巴蜀文旅走廊建设。组织图书馆参加"重庆·武陵山"公共图书馆联盟业务研讨会等活动。成功承办"重庆·武陵山"公共图书馆联盟业务研讨会暨重庆市第三、第四小组"少年儿童爱心接力服务"活动。依托武陵文旅推广中心秀山馆宣传秀山文旅资源、精品线路、非遗文创，携手武陵文旅联盟区县抱团聚力打响"大武陵旅游名片"。依托西部旅游产业博览会、武陵文旅峰会等，开展文旅推介，不断提升秀山品牌知名度美誉度。

七、坚持依法行政，持续推进文旅市场安全

出台专项监管文件10个，签订意识形态安全承诺书54份。开展艺术品市场、文化娱乐场所、印刷企业及出版物经营市场、文物安全排查、剧本娱乐、景区、2023年高中考期间保障等专项治理管控行动。出动执法人员3802人次，检查各类经营单位（场所）1091家次，办理案件30起，其中，安全案件2起，网络案件移交公安机关1起，警告25家次，停业整顿3家次，罚款12150元，没收非法出版物500余册。开展双随机检查26批次，检查经营场所297家次，出动执法人员1000余人次。利用"3·15"旅游普法宣传周、"5·19"中国旅游日等活动，采取多种方式广泛进行普法宣传。旅游投诉受理率、处理率和满意率达到100%。

八、坚持数字思维，推动文旅高质量发展

专题学习数字重庆建设工作，集中开展核心业务梳理，认真谋划"一件事"，目前，秀山文旅委"文旅研学进校园"一件事已报县数建办审核指导。扎实做好文化报表相关工作，建立健全"周计划、月调度、季汇总"工作机制。准确把握数字化、网络化、智能化发展趋势和特点，做好涉文涉旅党建统领"八张问题清单"问题管控。

酉阳土家族苗族自治县2023年文化和旅游工作亮点

酉阳土家族苗族自治县文化和旅游发展委员会

一、擦亮文旅品牌，全力塑造文旅地标

成功创建花田梯田、酉水河湾为国家4A级旅游景区，现有国家5A级旅游景区1个，国家4A级旅游景区7个。赵世炎烈士纪念馆入选全国职工爱国主义教育基地，酉州苗绣工坊被评为全国"非遗工坊典型案例"，酉州古城被评为国家级旅游休闲街区，全县新增国家级文旅品牌7大类23个，累计达20类76个。花源景区成功创建为重庆市智慧旅游示范区，叠石花谷景区成功创建为重庆市科普基地，酉州古城获评"2023年中国西部夜游新场景"，宜居乡宜居村、南腰界镇大坝村成功申报为重庆市第四批乡村旅游重点村，酉阳荣膺"2023年中国县域旅游综合竞争力百强县市"称号。

二、做强文旅产业，聚力提升文旅质效

酉州风情演艺公司被评为市级文化产业基地。酉阳—黔江—秀山成功入选"国家文化产业和旅游产业融合发展示范区建设单位名单"。实施酉龚路沿线农旅融合示范带项目43个，规划提升乡村旅游景点24个，打造网红打卡地100个，推出乡村旅游精品线路5条。打造推出了酉州苗绣、西兰卡普、柚子龟等100余款特色文创产品。

三、激活文旅活动，合力促进文旅营销

找准节会品牌价值，成功举办了首届中国·酉阳菖蒲文旅艺术季、第二届桃花源文旅艺术季、第三届中国·酉阳乡村艺术季、第七届全国高校师生写生艺术季等大型文化旅游系列活动，逐步形成酉阳地标性文旅活动品牌。联动巴蜀文化旅游走廊、武陵山文旅发展联盟，与市内外60余家专线商、近1000家旅行社合作，制定优免政策14项，推出"广东万人游酉阳""川渝一家亲""四省联游万人行"等系列营销产品13个，覆盖100个重点城市市场。

彭水苗族土家族自治县2023年文化和旅游工作亮点

彭水苗族土家族自治县文化和旅游发展委员会

2023年，县文化旅游将成渝地区双城经济圈建设和巴蜀文化旅游走廊建设作为总牵引和总抓手，按照"稳进增效、除险清患、改革求变、惠民有感"的工作导向，扎实做好"九苗""三养"文章，进一步彰显"生态、民族、文化"三大特色，加快建设具有民族特色的国际知名旅游城市。

一、文旅市场回暖，文旅经济恢复增长

近年来，各文旅市场主体争抓主动，结合重点节庆假日，推出一系列优惠政策活动等，充分释放文旅消费潜能，文旅行业回暖，旅游经济逐步复苏。全年接待游客2429.3万人次，其中过夜游客356.1万人次，实现旅游综合收入130.4亿元，同比分别增长51.8%、21.1%、53.1%。

二、加强项目建设，全力打造旅游精品

推进乌江画廊旅游示范带建设，启动周家寨创建国家4A级景区，完成"美丽家园"项目，有序实施民宿项目。组织召开广西南沙游轮母港和乌江夜游项目工作部署会议，组建了此项工作的工作专班，围绕"一台戏一座城一处景"推进"彭水之约·梦境乌江"夜游项目等工作。

三、挖掘文化内涵，文旅业态日益丰富

逐渐完备"吃、住、行、游、购、娱"旅游要素，丰富完善黄庭坚文化展示馆、苗医药馆、欢乐茶馆、苗绣馆的功能及产品等元素，苗艺馆已完成设计方案及项目招投标工作，目前设计公司根据方案正在进行美陈加工制作，完毕后即将进场施工。指导开展苗族特色、非遗系列文创产品开发，结合"线上+线下"的方式，展示、销售和推介一罐水、一袋粉、一盒饼、一听饮、一桌菜、一杯茶、一瓶蜜、一桶油"八个一"健康食品及200多种县内农特产品，进一步彰显"三品"内涵，助力打造具有西部影响力的生态绿色产品供给地。

四、发挥带动效应，助力实施乡村振兴

充分发挥文旅带动效应，落地中央彩票专项公益金支持乡村振兴示范区建设项目，竣工并验收黄家镇红军街传统民居修缮、红色文化教育基地建设、红军街红色文化建筑保护、黄家镇西南东北三大入口配套建设等项目。成功举办的民歌会、舞林会、乡村村晚、世界苗乡·养心彭水系列乡村旅游活动等，有效拉动了相关乡镇乡村旅游产业发展。2023年创建润溪乡莲花寺村、鞍子镇干田村为市级乡村旅游重点村，目前全县有5个市级乡村旅游重点村、1个国家级乡村旅游重点村，阿依河社区特色农旅融合之路被列入2023年世界旅游联盟——旅游助力乡村振兴案例。

两江新区2023年文化发展亮点

两江新区社会发展局

2023年，两江新区以习近平新时代中国特色社会主义思想为指导，围绕"举旗帜、聚民心、育新人、兴文化、展形象"的主线，完善公共文化服务体系，大力实施文化赋能，促进文化产业发展，更好满足群众精神文化生活新期待。

一、培根强基，完善公共文化服务"硬实力"

一是项目建设"加速跑"。两江新区市民中心即将完成接待服务中心主体建设，区级文化馆、图书馆建成指日可待；协同创新区明月湖等3处24小时城市智慧书房正式开放；推动2个街道文化服务中心、3个社区文化室改造升级；开展基层公共文化服务绩效评估，实现直属街道综合文化服务中心覆盖率、开放率100％。二是文化报表"有成绩"。开展"送文化下基层"系列活动210余场，实现数量质量双飞跃；文艺精品创作出新出彩，荣获国家级奖项12个，省、市级奖项41个；新区人均公共文化设施面积900平方米，首次超过市"十四五"规划目标。

二、求新求变，打好文化事业"惠民牌"

一是完善体系，创新社会力量参与公共文化建设。以社会组织模式创新成立了具有两江特色的文化艺术发展联合会，共同推动新区文化艺术工作健康有序发展。二是强化特色，文化品牌活动亮点纷呈。以成渝地区双城经济圈建设"一号工程"为指引，开展"双城之美"书画摄影系列活动、举办"川渝乐翻天"幽默展演活动，网络直播观看人数达435.48万人次；举办区级"大家唱"群众歌咏活动、全民阅读系列活动等。三是深入实施，文化惠民工程出新出彩。开展传统文化进校园、高雅艺术进基层等活动，包含歌舞、器乐、戏剧、曲艺、书画、专题讲座培训等多种形式，惠及观众20万余人。

三、统筹推进，提升文脉传承"影响力"

一是文化传承重点项目再提速。开工建设多功城遗址公园，推动"川渝宋元山城体系"列入申报《中国世界文化遗产预备名单》重大项目；积极推动柏溪抗战文化公园项目，打造两江文物新地标。二是文物保护管理水平再提升。全年实施文物保护修缮项目12处，创历史新高，最大限度维护文物资源延续性。三是非遗文化传承再推进。新增区级非遗代表性项目10个，涵盖音乐、美术、民俗等新类别；积极孵化特色项目，开展非遗课堂进学校、梨园川剧社等文化体验活动。

四、精准服务，催动文化产业"内驱力"

一是激发文化市场活力。指导重庆甲辰影视荣获市政府年度表彰；成功创建市级文化产业示范基地2家、市级演艺新空间1家；辖区内重点文化企业荣获国家级称号、表彰7项，市级荣誉表彰7项。二是释放文化消费潜力。联动龙兴足球场举办银河方舟音乐节、唛恩音乐节等文娱活动21场，参与人数约21万人次，全网总曝光1.3亿次，拉动商业消费上亿元。

五、做深做实，筑牢市场监管"主阵地"

一是文化审批"全方位"提升。2023年许可营业性演出139件，比2022年数量增加363%；2023年审核艺术品展览展陈31场，比2022年数量增加82%，均无问题发生。二是文化市场"全覆盖"监管。全年累计出动1695人次，实地巡查365家次，完成"扫黄打非"等专项整治行动10余项，行政立案13起。三是执法队伍"全维度"提升。在第三届全市文化市场综合执法岗位练兵技能竞赛中荣获团体全能三等奖；复核保留全国维护青少年权益岗荣誉称号；连续4年获得新区文明单位荣誉称号。

两江新区2023年旅游产业发展亮点

两江新区市场监管局

2023年度，两江新区旅游产业发展势头良好，现有旅游主体78家（A级景区5家、星级饭店8家、旅行社65家）。2023年新增28家，同比增长53%；旅游收入665亿元，同比增长28%；接待过夜游客776万人次，同比增长94%，排名全市第三。

一、落实旅游扶持政策

一是修订旅游业扶持办法，已纳入新区规范性文件修订。二是落实纾困措施，执行旅行社质保金暂退、缓交政策，30家旅行社缓交600万元。

二、做靓旅游营销推广

一是举办"大美两江，开放之旅""5·19中国旅游日"活动。邀请天府、万州、利川共同参与，四地互动推介文旅资源、出台优惠政策、为30余家旅游企业搭建平台、促进商务合作。二是开展"十大文旅新地标"全民推选活动。评出以特色主题公园、"产城景"融合场景、文创类等为代表的十大新地标。同时结合"非常重庆 非常好耍"活动，推广亲子游"玩"、休闲游"园"、文艺游"馆"、潮范游"购"4条主题线路，吸引线上1300万人次浏览，景区接待人次和收入创历史新高。三是组织参与第八届"西旅会"，并获"最佳创新奖"。

三、引导旅游主体高质量发展

一是景区提档升级。5家景区全部一次性通过年度复核。指导欢乐谷建成重庆首个公园式特色婚姻登记中心，成功创建市级夜间文旅消费集聚区，并获重庆市企业创新奖。二是酒店转型升级。4家星级饭店一次性通过评定性复核。渝商酒店成功创建市级无废饭店。世纪同辉成功创建市级文明旅游示范单位。组织4家饭店参加全市星级饭店服务技能竞赛，获"优秀组织奖"。三是旅行社提质增效。对新设立旅行社进行点对点行政指导，附送"政策包"，引导其规范经营。四是打造特色旅游项目。指导悦来会展城、礼嘉智慧公园、悦来汇、邮轮母港等重点文旅项目高起点、高标准打造。

四、深化对外合作交流

一是推动双城经济圈建设，协助成都麓湖文化旅游开发公司在悦来投资建设"麓溪湖景区"。二是深化"一区两群"协同发展，组织旅游主体到万州调研，促进万州恒合乡村旅游发展。三是加强与利川互动，引进利川非遗项目、农特产品到新区展演展销，结合"迎峰度夏"工作，广泛宣传利川避暑旅游产品。

万盛经开区2023年文化和旅游工作亮点

万盛经开区文化和旅游发展局

2023年，万盛积极抢抓"成渝双城经济圈""巴蜀文化旅游走廊"战略机遇，紧扣"885"工作机制，围绕万盛"一城两区一地"目标定位，启动旅游"三次创业"，迈入文旅融合高质量发展新阶段。

一、开启旅游"三次创业"，抢占高质量发展新赛道

启动万盛旅游"三次创业"，召开动员大会，印发实施《关于高质量推进万盛旅游"三次创业"加快建设世界旅游目的地的决定》，加快推动文化旅游工作。2023年度，文化惠民质效并列全市第一、文化旅游产业发展质效并列全市第三，均被评为A档。大娄山（万盛）文化生态保护实验区创建工作通过市级评审。全年接待游客突破2917万人次，同比增长6.1%。

二、推进一批项目，点燃高质量发展强引擎

奥陶纪（板辽湖）亲水旅游度假区项目落地建设，全国重点文物保护单位海孔洞保护项目计划获得国家文物局批复立项。对接四川都江堰、眉山等地，持续开展交流互访和招商活动。依托全国景区创新发展大会、全市精品项目交流会等平台，大力推介万盛·记忆157、汤窝温泉民宿村、路况·微度假社区、康养旅游地产等重点项目。

三、争创N个示范，打造高质量发展新形象

万盛成为全国夏季"村晚"示范展示点，荣获"文旅惠农"全国首批专项典型案例、全国乡村文化产业创新影响力典型案例、全国少儿舞蹈展演银奖、全国乡村旅游精品线路等"国字号"荣誉8项，获评重庆市广场舞展演决赛二等奖、重庆市第四批乡村旅游重点村等市级奖项10余个，63件/次文化文艺作品获评国家级、市级奖项。马风派民间吹打艺术团被评为"全国民族器乐展演优秀乐种组合"。万盛老街、万盛博物馆分别获评国家4A级和3A级旅游景区，渡云栖民宿获评全国乙级旅游民宿。

四、办好N场活动，营造高质量发展好氛围

圆满承办中国旅游景区协会第七届景区创新发展大会。联合四川宜宾、都江堰、攀枝花、泸州等地，开展渝川黔网络春晚，召开渝川黔博物馆研讨会，举办第二十三届苗族踩山会、第二届巴蜀非遗英雄会等品牌节会活动，引进中共一大纪念馆"伟大建党精神"专题展等展示展览，持续推出2023浪漫春游季、黑山谷音乐季等"四季"宣传活动。3则短视频入选中国景区短视频营销优秀案例。

五、凝聚合作共识，建起高质量发展"动力源"

与四川宜宾等11个市区签署《川南渝西文旅融合发展联盟合作协议》，与渝川黔4家博物馆签订《渝川黔博物馆红色旅游资源联盟合作共建协议》，推动渝川黔文化旅游发展形成更大合力。联合四川都江堰、重庆开州、贵州桐梓等地共推精品线路11条，互推文旅信息40余条，实现媒体矩阵共建共享。支持"黑山红"等品牌输出，"黑山红"专卖店首次入驻四川，"黑山红·水云长"被纳入重庆外事礼品名录。

六、抓好管理服务，增强高质量发展新动能

持续做好"三馆一中心"免费开放工作。万盛图书馆再次被评定为一级图书馆，成为"重庆市少先队校外实践教育基地"。为旅行社开通政务服务"绿色通道"，黑山谷旅行社有限公司完成升规纳统，旅业公司获评市级文明旅游示范单位，万盛旅游商品无理由退货试点经验作为全市典型案例报文化和旅游部。圆满承办2023年全市旅游度假区创建现场推进会。石林镇石鼓村获批市级智慧旅游乡村示范点，加快推进"一件事"场景谋划，积极争取更多试点落地万盛。

高新区2023年文化和旅游工作亮点

高新区公共服务局

一、突出重点项目，推动文旅融合发展

全力推进傅抱石艺术研学基地及周边文化景观打造项目。以文化艺术赋能乡村振兴，聚焦傅抱石文化IP和周边抗战文化艺术资源，按照近期、中期、远期分别制定傅抱石旧居及其周边区域发展规划，以傅抱石艺术研学基地为核心，形成可持续的文旅发展业态，促进文化旅游融合发展。项目受到市委、市政府高度重视，预计2024年底开馆。

二、丰富文化供给，提升服务效能

布局建设重庆高新区图书馆、文化馆、科普中心、青少年活动中心，打造高新区文化新地标。持续建设24小时智慧书房，截至2023年底，已建成智慧书房8个。高新区数字图书馆馆藏资源提档升级至28万册。举办高新区首届无界文化周系列活动，开展送文化进基层文化活动超600场。2023年，获各级各类奖项23个。

三、联动成渝双城，打造文化特色赛事

重庆高新区管委会、成都高新区管委会、重庆广电集团（总台）、成都市广播电视台共同主办"舞·无界"2023成渝双城青少年舞蹈大赛，打造特色文化IP赛事，助推区域文化事业和文化产业。活动共计吸引152支参赛队

伍，线上线下观众超1800万人次。

四、加强文物保护，推动文化传承发展

严格落实文物保护属地责任，完成4000余亩非工业用地文物考古调查勘探工作，推进落实"用地清单制"，完成超100宗地块出让前期文物相关工作。开展2023年"文化和自然遗产日"宣传体验活动19场，"戏曲进校园"系列活动31场。非遗产品"锁窗·刺绣笔筒"入选重庆外事礼品名录。

五、聚焦产业发展，助推文旅行业复苏

联合出台《西部科学城重庆高新区关于积极建设国际消费中心城市扶持办法》，对重大文旅产业活动、精品文化输出等予以资金扶持，激发文旅市场活力。指导熙街申报并获评第三批市级夜间文化和旅游消费集聚区。西部科学城重庆高新区亮相中国第八届旅游产业博览会，获"最佳创意奖"。

特载篇

市委、市政府及市文化旅游委2023年公开发行的有关文化旅游发展的重要规范性文件

重庆市文化和旅游发展委员会关于印发《重庆市文化生态保护区管理办法》的通知

渝文旅规〔2023〕1号

各区县（自治县）文化旅游委，两江新区社发局，重庆高新区公共服务局，万盛经开区文化旅游局，市非物质文化遗产保护中心，有关单位：

　　《重庆市文化生态保护区管理办法》已经市文化旅游委2022年第17次主任办公会议审议通过，现予印发，请认真遵照执行。

重庆市文化和旅游发展委员会

2023年1月6日

重庆市文化生态保护区管理办法

第一章　总　则

　　第一条　为加强非物质文化遗产区域性整体保护，维护和培育文化生

态，传承弘扬中华优秀传统文化，满足人民日益增长的美好生活需要，根据
《中华人民共和国非物质文化遗产法》《重庆市非物质文化遗产条例》《国
家级文化生态保护区管理办法》等法律法规，制定本办法。

第二条　本办法所称的"重庆市文化生态保护区"，是指以保护非物质
文化遗产为核心，对历史文化积淀丰厚、非物质文化遗产项目存续状态良
好、文化特色鲜明的传统文化形态进行整体性保护，并经重庆市文化和旅游
行政主管部门同意设立的重庆市内特定区域。

第三条　重庆市文化生态保护区建设要以习近平新时代中国特色社会主
义思想为指导，充分尊重人民群众的主体地位，贯彻新发展理念，弘扬社会
主义核心价值观，推动中华优秀传统文化创造性转化、创新性发展。

第四条　重庆市文化生态保护区建设应当坚持保护优先、整体保护、见
人见物见生活的理念，既保护非物质文化遗产，也保护孕育发展非物质文化
遗产的人文环境和自然环境，坚持文化与经济、社会、生态环境的全面协调
可持续发展，实现"遗产丰富、氛围浓厚、特色鲜明、民众受益"的目标。

第二章　申报与设立

第五条　重庆市文化生态保护区依托相关行政区域设立，区域范围为区
县（自治县）内全部或部分区域。

第六条　申报和设立重庆市文化生态保护区应本着少而精的原则，坚持
公开、公平、公正，履行申报、审核、论证、批准等程序。

第七条　具备下列条件的区域，可以申报重庆市文化生态保护区：

（一）传统文化历史积淀丰厚，具有鲜明地域或民族特色，文化生态保
持良好；

（二）非物质文化遗产资源丰富，是当地生产生活的重要组成部分；

（三）非物质文化遗产传承有序，传承实践富有活力、氛围浓厚，当地
民众广泛参与，认同感强；

（四）与非物质文化遗产密切相关的实物、场所保存利用良好，其周边
的自然生态环境能为非物质文化遗产提供良性的发展空间；

（五）所在区县（自治县）人民政府重视文化生态保护，对非物质文化遗产项目集中、自然生态环境基本良好、传统文化生态保持较为完整的乡镇、村落、街区等重点区域以及开展非物质文化遗产传承所依存的重要场所开列清单，并已经制定实施保护办法和措施；

（六）有承担文化生态保护区建设管理工作的机构和专门的工作人员；

（七）所在区域已探索或实行文化生态区域性整体保护，成效明显。

第八条　申报设立重庆市文化生态保护区，需由所在区县（自治县）文化和旅游行政主管部门组织开展审查论证，经所在区县（自治县）人民政府批准同意后，向市文化和旅游行政主管部门提出设立申请。

第九条　申报设立重庆市文化生态保护区，应当提交下列材料：

（一）区县（自治县）文化和旅游主管部门申报重庆市文化生态保护区的申请；

（二）区县（自治县）人民政府同意作为建设单位进行申报的批复文件；

（三）文化生态保护区规划纲要；

（四）区县（自治县）文化和旅游主管部门组织的专家评审论证意见；

（五）本区域内探索文化生态区域性整体保护以及成立保护区建设管理机构的相关文件等；

（六）其他有关材料。

第十条　文化生态保护区规划纲要由申报区县（自治县）文化和旅游行政主管部门、有关区域乡镇人民政府（街道办事处）负责编制。保护规划纲要应包括下列内容：

（一）对文化形态形成的地理环境、历史沿革、现状、鲜明特色、文化内涵与价值的描述和分析；

（二）保护区域范围及重点区域，区域内区（县）级以上非物质文化遗产代表性项目、文物保护单位、历史文化名城、名镇、名村（传统村落）、街区、传统风貌区、历史建筑、传统风貌建筑、其他相关实物和重要场所清单等；

（三）建设目标、工作原则、保护内容、保护方式等；

（四）保障措施及保障机制；

（五）其他有关资料。

第十一条　市文化和旅游行政主管部门对申报材料进行审核后，对申报材料齐全且符合要求的申报地区，组织专家考察组进行实地考察，并对规划纲要进行论证，并根据论证意见按照相关的核准程序，对符合条件的申请地区批复设立为重庆市文化生态保护实验区，其区域范围以正式批复为准。

第十二条　重庆市文化生态保护区采取成熟一个、认定一个的方式，原则上每批认定数量不超过5个。

第十三条　因保护需要，重庆市文化生态保护区需要更名的，由申报区县（自治县）文化和旅游行政主管部门组织开展更名审核论证，经区县（自治县）人民政府批准同意更名后，向市文化和旅游行政主管部门提出重庆市文化生态保护区更名的申请，市文化和旅游行政主管部门按照专家评审、核准、公示和公布等程序后进行更名工作。

第三章　规划与实施

第十四条　重庆市文化生态保护实验区批准设立后一年内，所在区县（自治县）人民政府应当在规划纲要的基础上，细化形成重庆市文化生态保护区总体规划，按相应程序审议通过后发布实施，并报市文化和旅游行政主管部门备案。

第十五条　重庆市文化生态保护区总体规划应当纳入所在地区国民经济与社会发展总体规划。要与相关的生态保护、国土空间、自然生态、土地环境、交通运输、文物保护、旅游发展、公共文化服务、文化产业等规划和国家公园、国家文化公园、自然保护区等专项规划相衔接。

第十六条　重庆市文化生态保护区总体规划实施两年后，由区县（自治县）文化和旅游行政主管部门提出验收申请；市文化和旅游行政主管部门根据申请组织开展重庆市文化生态保护实验区建设成果验收。验收合格后，正式公布为重庆市文化生态保护区并授牌。

第四章　建设与管理

第十七条　文化生态保护区建设管理机构负责统筹、指导、协调、推进文化生态保护区的建设工作。

第十八条　文化生态保护区建设管理机构承担以下主要职责：

（一）贯彻落实国家有关文化、旅游、非物质文化遗产保护的法律、法规和方针、政策；

（二）制定实施重庆市文化生态保护区的各项建设管理制度，创新工作机制和保护方式、措施；

（三）负责推进实施重庆市文化生态保护区总体规划；

（四）组织或委托有关机构开展文化生态保护理论和实践研究；

（五）组织开展区域内文化生态保护的宣传、教育和培训工作；

（六）定期组织对总体规划实施情况和建设工作成效开展评估、报告，并对社会公布。

第十九条　重庆市文化生态保护区应当根据非物质文化遗产各个项目、文化遗产与人文和自然环境之间的关联性，依照确定的保护区域范围、重点区域和重要场所保护清单，制定落实保护办法和行动计划。

第二十条　重庆市文化生态保护区应当尊重当地居民的意愿，保护当地居民权益，建立严格的管理制度，保持重点区域和重要场所的历史风貌。

第二十一条　重庆市文化生态保护区应当进一步加强非物质文化遗产调查工作，建立完善非物质文化遗产档案和数据库，妥善保存非物质文化遗产珍贵实物资料，实施非物质文化遗产记录工程，促进记录成果广泛利用和社会共享。

第二十二条　重庆市文化生态保护区应当依托相关研究机构和高等院校，开展与文化生态整体性保护和可持续发展有关的理论和实践研究。

第二十三条　重庆市文化生态保护区应当开展非物质文化遗产代表性项目存续状况评测和保护绩效评估，制定落实分类保护政策措施，优先保护急需保护的非物质文化遗产代表性项目，不断提高非物质文化遗产代表性项目的传承实践能力，弘扬当代价值，促进发展振兴。

第二十四条　重庆市文化生态保护区应当制定相关制度，为各级非物质文化遗产代表性传承人开展传承活动创造条件、提供支持，资助传承人开展授徒传艺、教学、交流等活动。组织实施非物质文化遗产传承人群研修研习培训，帮助非物质文化遗产传承人群提高传承能力，增强传承后劲。

第二十五条　重庆市文化生态保护区应建设综合性非物质文化遗产展示场所，根据当地实际建设非物质文化遗产专题馆，根据传承需要设立各类非物质文化遗产代表性项目传承体验中心（所、点），鼓励将具有地域、民族特色的传统文化元素或符号运用在当地城乡和设施建设中。

第二十六条　重庆市文化生态保护区应当整合多方资源，积极推动将非物质文化遗产保护知识纳入当地国民教育体系，编写非物质文化遗产传承普及辅导读本，在保护区内的中小学开设非物质文化遗产乡土课程，在职业院校设立非物质文化遗产相关专业，推进非物质文化遗产进校园、进课堂、进教材。

第二十七条　重庆市文化生态保护区应当每年定期组织举办有影响力的非物质文化遗产展示展演活动，利用传统节日、文化和自然遗产日等重要节点开展非物质文化遗产宣传传播活动。鼓励和支持当地民众按照当地习俗依法依规举办传统文化活动。

第二十八条　重庆市文化生态保护区应当挖掘区域内传统工艺项目资源，培养一批能工巧匠，培育一批知名品牌，推动传统工艺振兴；组织开展传统工艺相关技能培训，促进当地群众就业增收。

第二十九条　重庆市文化生态保护区应当依托区域内独具特色的文化生态资源，推动文旅融合，开展非遗研学游、非遗体验游、文化休闲游等多种形式的文旅特色活动。

第三十条　重庆市文化生态保护区应深入挖掘、阐释非物质文化遗产蕴含的优秀思想观念、人文精神、道德规范，培育文明乡风、良好家风、淳朴民风，提升乡村文明水平，助力乡村振兴。

第三十一条　重庆市文化生态保护区应当加强工作机构和队伍建设，配备一定数量的专职工作人员；定期组织开展文化生态保护培训，培养一批文化生态保护专业人才，提高工作人员业务水平和工作能力；建立一支文化生态保护志愿者队伍，鼓励和引导社会力量参与文化生态保护工作。

第三十二条　重庆市文化生态保护区建设经费应当纳入当地公共财政经常性支出预算，并作为重要评估指标，确保保护区总体规划得到有效落实。鼓励社会资金参与重庆市文化生态保护区建设工作。

第三十三条　重庆市文化生态保护区应当根据总体规划，每年对总体规划实施情况和建设工作成效开展自评，于年底前将年度重点工作清单和自评报告报送市文化旅游行政主管部门备案。

第三十四条　市文化旅游行政主管部门将不定期对重庆市文化生态保护区建设情况进行检查；每五年对重庆市文化生态保护区开展一次总体规划实施情况和建设成效评估，评估报告向社会公布。

第三十五条　对建设成绩突出的重庆市文化生态保护区，市文化和旅游行政主管部门将予以重点支持。对因保护不力或不当使文化生态遭到破坏的，市文化和旅游行政主管部门将予以通报并责成限期整改。对在限期内未予整改或整改不力的，按照程序进行摘牌处理，并向社会公布。

第五章　附　则

第三十六条　重庆市文化生态保护区内涉及历史文化名城、名镇、名村（传统村落）、街区、传统风貌区、不可移动文物、历史建筑、自然保护区、风景名胜区等，按照国家有关法律法规执行。

第三十七条　本办法由重庆市文化和旅游发展委员会负责解释。

第三十八条　本办法自公布之日起施行。

2023年重庆文化旅游工作大事记

1月

搜狐旅游发布《2022年全国旅游城市品牌影响力报告》，重庆市位列搜狐旅游全国旅游城市品牌影响力百强榜单榜首。

武隆区仙女山街道荆竹村入选联合国世界旅游组织2022年"最佳旅游乡村"名单，全球共32个乡村入选。

舞剧《绝对考验》荣获市十六届"五个一工程"奖。

重庆歌舞团舞蹈总监、舞蹈艺术中心主任、国家一级演员李庚入编《中国舞蹈美育家大辞典》名单。

国家文物局公布20件2022年度全国文物处罚案卷评查优秀案卷，"重庆市渝中区巴渝民风博物馆擅自改变市级文物保护单位国民政府军事委员会旧址用途案"获评优秀案卷。

2月

抗建堂·重庆抗战戏剧博物馆、重庆美术馆、黄桷坪涂鸦艺术街区获评"全国百佳公共文化空间奖"。

重庆考古"三馆一院"建设项目全面完成。建成开放全国首个考古虚拟展示体验馆、考古标本陈列馆、重庆故事馆和考古书院"三馆一院"研学基地，举办重庆首个密集型考古出土文物陈列展，展出考古出土文物标本2000余件。

3月

中国旅游研究院《2022年中国旅游经济运行分析与2023年发展预测》发布，重庆市位列2022年全国市域旅游目的地第一和客源地第二。

铜梁高楼火龙、秀山土家织锦、北碚静观花木蟠扎技艺及插花艺术、武隆油菜花乡村旅游节、秀山"边城韵"茶旅融合、巫溪老鹰茶等6个案例入选全国首批"一县一品"特色文化艺术典型案例。

四川美术学院历史建筑群、交通银行旧址、重庆谈判旧址群、重庆特园等4处入选第七批中国20世纪建筑遗产项目。

文化和旅游部通报表扬14个文化和旅游市场信用经济发展试点地区，武隆、铜梁上榜。

"重庆深化文化市场综合行政执法改革"入选中宣部《新时代文化改革发展案例选编》。

重庆歌舞团原创舞剧《杜甫》2.0版在重庆施光南大剧院举行新年首演。

重庆市推出陆海新通道中老铁路跨国旅游专列产品，线路串联西双版纳以及老挝万象、琅勃拉邦等地，行程8天。

4月

中新（重庆）文化和旅游产业联盟首次成员交流对接会在渝举办，活动取得圆满成功，达成多项合作意向。

重庆市斩获2023中国旅游商品大赛"一金三铜"，获奖总数位列全国第二。

重庆三峡移民纪念馆"云上博物馆"上线，为博物馆数字化建设搭建平台。

重庆图书馆联合重庆客运段打造首个列车书屋，有效推动文化和旅游有机深度融合。

重庆市6个节目入选全国我最喜爱的"村晚"节目榜单，并收录至全民艺术普及资源总库。

"磁器口—洪崖洞"水上航线开通，两大千万级游客接待量旅游景点首次从水上串联。

重庆市文化和旅游研究院巫溪分院正式挂牌。

5月

文化和旅游部发布10条长江主题国家级旅游线路，9条线路涉及重庆，包括重庆中国三峡博物馆、钓鱼城国家考古遗址公园、大足石刻、金佛山等众多知名景区。

重庆市开行首趟"全景东北"跨省旅游专列，优化"铁路+旅游"组织模式，带领旅客游览山海关古城等著名景点。

川渝文化旅游企业联盟成立，发布《川渝文化旅游企业联盟宣言》，启动"川渝数藏"文旅数字资产交易平台，签署各类合作协议9项。

国家级非遗代表性项目川剧国家级代表性传承人沈铁梅获评2022"中国非遗年度人物"。

涪陵816工程入选全国科学家精神教育基地。

6月

世界节庆协会（IFEA）主办的"2023亚太旅游节庆城市颁奖典礼"在韩国举行，重庆与澳大利亚悉尼、韩国统营共同入选"2023亚太三大旅游节庆城市"。

文化和旅游部推出"大美春光在路上"全国乡村旅游精品线路，重庆·美丽乡村 品巴蜀文化乡村游、重庆·水墨画廊 汉丰湖休闲之旅、重庆·三峡田园观光之旅、重庆·乡村生态休闲赏花之旅等4条线路入选。

巫山县竹贤乡下庄天路入选"2022年十大最美农村路"。

《开放考古遗产资源 推动让文物活起来》入围国家文物局首批文物事业高质量发展推介案例名单。

"重庆—武汉"直航航线成功首航，实现川渝地区至武汉港与外贸集装箱运输主干航线无缝衔接。

7月

2023武陵文旅大会在黔江区举办，集中推介武陵西环之旅、武陵东环之旅、巴蜀双城之旅、渝湘世遗之旅、渝黔民俗之旅5条大武陵旅游精品线路。达成文化和旅游产业合作项目16个，签约金额202.5亿元。武陵山文旅发展联盟理事会成员单位扩容至45个，覆盖重庆、湖北、湖南、贵州武陵山区，以及四川巴蜀文化旅游走廊。

第八届中国西部旅游产业博览会（西旅会）在重庆召开，全球25个国家和地区、全国20多个省（区、市）、上千家展商参展，现场签约38个项目、签约金额达210亿元。

重庆—新加坡旅游推介会在新加坡中国文化中心举行，重庆和新加坡签署合作协议，双方将开展资源共享、政策互惠、品牌互推、游客互送，携手共促旅游市场复苏振兴。

"重庆·1949"入选文化和旅游部2023年全国暑期文化和旅游消费季主场活动20个沉浸式文旅新业态示范案例。

重庆红岩研学——"小萝卜头"系列研学实践课程和"巴山蜀水"暑期研学实践入选2022全国文化遗产旅游百强案例。

重庆市"最宠游客的城市"入选2022—2023年度省域及城市品牌优秀案例。

重庆文艺职院教师主编教材《学前儿童健康教育》《人机交互界面设计（第2版）》入选首批"十四五"职业教育国家规划教材书目。

重庆市19处不可移动碑刻石刻文物、11件可移动碑刻石刻文物入选国家文物局第一批古代名碑名刻文物名录。

8月

《天下大足》智慧旅游沉浸式体验新空间入选第一批全国智慧旅游沉浸式体验新空间培育试点名单。

文化和旅游部发布《2023年全国县域旅游研究报告》，奉节、彭水入围"2023年全国县域旅游经济综合实力百强县"，云阳、巫山、丰都、酉阳、垫江入围"2023年全国县域旅游发展潜力百佳县"。

重庆歌舞团制作演出舞剧《绝对考验》获第十三届中国舞蹈"荷花奖"，系西部地区唯一获奖剧目、全国4部获奖舞剧之一。

重庆市国家级非遗项目大足石雕入选第二届全国技能大赛"最受欢迎的十大绝技"现场展演。

2023年中国夜经济繁荣度TOP100城市名单中，重庆以夜间用户活跃度全国第二、消费力全国第八的数据表现跻身中国夜经济繁荣度第一梯队。

9月

重庆文旅首次亮相新加坡国际旅游展，通过企业组团，充分利用境外展节会平台推广重庆文旅，服务全市文旅国际化、助力经贸繁荣。

2023长江文明论坛在重庆举行。论坛由中国社会科学院、重庆市人民政府主办，旨在深学笃用习近平总书记在文化传承发展座谈会上重要讲话精神，深入贯彻落实习近平总书记关于长江文化保护传承弘扬的重要论述和重要指示批示精神，搭建学术交流平台，汇聚八方智慧力量，保护传承弘扬长江文化。

文化和旅游部公示全国首批63个文化产业赋能乡村振兴试点名单，南川区、奉节县上榜。

白九江创新工作室获评"全国教科文卫体系统示范性劳模和职工创新工作室"，全国共选树98家工作室，重庆市2家工作室入选。

中国美食旅游发展论坛发布"大众旅游·美食系列"之十城、十街、十企获奖名单和特别贡献案例，重庆入围"十城"名单，洪崖洞美食街入围"十街"名单。

"行吟荣昌千年棠城非遗体验游"入选2022全国非遗特色旅游线路20条名单。

10月

文化和旅游部公布2023年国家工业旅游示范基地名单，816工程旅游景区、重庆工业文化博览园入选。

2023年世界大河歌会在万州区举办，活动吸引亚、欧、非、南美等国际知名表演团队以及国际顶级艺术家参演。

重庆市长江三峡旅游产品、梁平区"渔米路"分别入选全国第一批交通运输与旅游融合发展十佳案例、典型案例。

南川东街、江北观音桥商圈旅游休闲街区、九龙坡杨家坪旅游休闲街区3个街区获评第三批国家级旅游休闲街区。

11月

重庆市第一家外商投资旅行社楷新国际文化旅游开发（重庆）有限公司获批成立。

法中文化交流促进中心正式纳入重庆市文化和旅游发展委员会境外非政府组织代表机构管理。

重庆自然馆联合中科院成都生物所等多家单位研究人员在缙云山共同发现两栖类动物新种。

全国首个将考古科普展示与虚拟体验结合的互动展览馆——重庆考古虚

拟展示体验馆成功入选"典赞·2023科普中国"之"年度科普作品"奖。

"2023中国顶尖舞者成长计划"全国作品展演在渝开幕，1600余人参加全国训练营，83部作品进入全国作品展演。

世界旅游联盟和中国国际扶贫中心联合发布《2023世界旅游联盟—旅游助力乡村振兴案例》，来自41个国家和地区共50个典型案例入选，彭水阿依河社区、城口县东安镇2个案例成功入选。

12月

第三届中国温泉产业博览会在渝启幕，28家代表企业及协会机构现场签约，推广温泉旅游线路，提升重庆"温泉之都"知名度。

第三届重庆国际旅行商大会在江北区举办，吸引30个国家（地区）约400名国内外嘉宾参会。

2023白鹤梁国际学术研讨会在重庆涪陵召开，来自中国、埃及、法国、荷兰、澳大利亚、墨西哥、印度等七国的水与遗产专家共45人参加会议。

西南博物馆联盟2023年年会在重庆永川举行，450余件（套）文创产品参加"西南博物馆联盟——文创产品联展"展览。

重庆涪陵榨菜集团股份有限公司、重庆市大足区石刻艺术品有限公司等4家企业入选文化和旅游部2023—2025年国家非物质文化遗产生产性保护示范基地公示名单。

重庆武隆关口西汉一号墓考古发掘成果丰硕，"干支木牍"为全国首次发现。

第十届中国旅游产业发展年会发布"2023中国旅游产业影响力案例"，重庆南川区"大金佛山178环山趣驾"赋能乡村振兴新路径等多个典型案例入选。

后　记

　　《重庆蓝皮书·重庆文化和旅游发展报告》是了解重庆文化旅游发展的重要读本。自2009年以来，由重庆市文化和旅游发展委员会（原重庆市文化委员会）每年编辑出版1辑，目前已出版14辑。《重庆蓝皮书·重庆文化和旅游发展报告》主要内容分为综合篇、专题篇、区县篇、特载篇4个部分，旨在全面展示重庆文化旅游发展现状，客观分析重庆文化旅游发展形势，积极探索重庆文化旅游改革发展规律。《重庆蓝皮书·重庆文化和旅游发展报告（2023）》同样设置综合篇、专题篇、区县篇、特载篇4个篇章，收录75篇文章、1个重要文件和全年大事记。

　　《重庆蓝皮书·重庆文化和旅游发展报告（2023）》的编辑出版得到了各方面的大力支持和鼎力相助。重庆市文化和旅游发展委员会领导高度重视，重庆市文化和旅游发展委员会党委书记、主任冉华章和其他委领导分别担任主编、副主编，为本书倾注了大量心血。重庆市文化和旅游发展委员会相关处室、部分委属单位以及各区县（自治县）文化和旅游发展委员会积极参与本书各项课题的调研撰写，积极提供文稿。在此，对为本书编辑出版工作付出辛勤劳动的领导和同志表示衷心的感谢！

　　由于编辑工作能力和水平有限，难免存在疏漏和不足之处，敬请广大读者批评指正。

《重庆蓝皮书·重庆文化和旅游发展报告（2023）》编辑部

2024年8月